INTRODUCTION A L'ÉTUDE COMPARATIVE

DES

LANGUES INDO-EUROPÉENNES

OUVRAGES DU MÊME AUTEUR

Recherches sur l'emploi du génitif-accusatif en vieux slave, 1897, Paris (Bouillon).

De indo-europaea radice *men- « *mente agitare* », 1897, Paris (Bouillon).

Etudes sur l'étymologie et le vocabulaire du vieux slave, 1re partie, 1902, Paris (Bouillon).

Esquisse d'une grammaire comparée de l'arménien classique, 1903, Vienne (Autriche), chez les P.P. Mékhitharistes.

CHARTRES. — IMPRIMERIE DURAND, RUE FULBERT.

A. MEILLET

DIRECTEUR ADJOINT A L'ÉCOLE DES HAUTES ÉTUDES
PROFESSEUR A L'ÉCOLE DES LANGUES ORIENTALES

INTRODUCTION A L'ÉTUDE COMPARATIVE DES LANGUES INDO-EUROPÉENNES

PARIS
LIBRAIRIE HACHETTE ET Cie
79, BOULEVARD SAINT-GERMAIN, 79

1903

A MON MAITRE

M. FERDINAND DE SAUSSURE

A L'OCCASION

DES VINGT-CINQ ANS ÉCOULÉS DEPUIS LA PUBLICATION DU

MÉMOIRE SUR LE SYSTÈME PRIMITIF DES VOYELLES

DANS LES LANGUES INDO-EUROPÉENNES

(1878-1903)

AVANT-PROPOS

Ce livre a un objet très limité : celui d'indiquer brièvement les concordances qu'on observe entre les diverses langues indo-européennes et les conclusions qu'on en peut tirer.

Il n'est pas destiné aux personnes qui savent la grammaire comparée des langues indo européennes : elles n'y trouveraient ni une idée nouvelle ni un fait nouveau. Il présente seulement un aperçu de la structure de l'indo-européen, telle que la grammaire comparée l'a révélée.

La connaissance du sanskrit est utile pour avoir une vue même superficielle du sujet, et ceux qui voudraient pousser un peu avant ces études ne sauraient s'en dispenser non plus que de celle du grec ; mais elle n'est pas nécessaire pour lire le présent ouvrage, et bien qu'on ait dû naturellement citer des faits empruntés aux diverses langues de la famille, on s'est efforcé de rendre l'exposé intelligible à tout lecteur qui a étudié le grec.

Une esquisse de la grammaire comparée des langues indo-européennes n'est pas un traité de linguistique générale : les principes généraux de la linguistique n'ont donc été indiqués que dans la mesure où il a paru indispensable de le faire et auraient été entièrement passés sous silence s'il existait un bon précis sur la matière.

Ce qui forme l'objet du présent exposé, ce sont uniquement les traits particuliers et caractéristiques d'une famille de langues définie. Mais on n'a pas cherché à suivre le développement de telle ou telle langue indo-européenne ; c'est affaire aux grammaires comparées de l'indo-iranien, du grec, du latin, du germanique, etc. d'exposer cette histoire ; ce livre ne porte que sur les concordances entre les diverses langues de la famille.

Ce n'est pas non plus une grammaire de l'indo-européen : l'indo-européen est inconnu, et les concordances sont la seule réalité qu'ait à étudier le comparatiste. La grammaire comparée n'a pas pour but de reconstruire l'indo-européen, mais, grâce à la détermination des éléments communs indiqués par les concordances, de mettre en évidence ce qui, dans chacun des idiomes historiquement attestés, est la continuation d'une forme ancienne de la langue, et ce qui est dû à un développement propre et original. Elle se propose moins encore d'expliquer l'indo-européen : aucune méthode connue ne permet de faire, pour expliquer l'indo-européen, autre chose que des suppositions invérifiables.

Toutes les hypothèses relatives à la formation du système morphologique indo-européen ont donc été omises, et il n'a pas semblé utile de mentionner même celles qui passent pour le moins douteuses : à qui a le souci de la certitude et d'une rigueur scientifique, ce qui importe avant tout en pareille matière, c'est de savoir beaucoup ignorer.

On s'est abstenu de mêler aux problèmes précis et aux solutions certaines de la linguistique les questions obscures relatives à la race, à la religion, aux usages des peuples de langue indo-européenne : ces matières ne peuvent être traitées avec succès par les mêmes méthodes que la grammaire comparée ou par des méthodes analogues.

L'intérêt d'une matière ainsi réduite risque de paraître mince à beaucoup de lecteurs ; il est pourtant très grand. En effet nul phénomène social n'est plus universel ni plus essentiel que le langage, nulle manifestation de l'esprit humain n'en traduit plus complètement ni d'une manière plus délicate et plus variée toute l'activité ; le sociologue et le psychologue ont donc besoin d'avoir sur la linguistique des notions précises ; et la famille des langues indo-européennes, de toutes la mieux étudiée et d'ailleurs la plus importante, est celle qui peut leur fournir les témoignages les plus utiles. Or, on ne saurait, d'une manière quelconque, en tirer parti sans faire un départ exact entre ce qui appartient à toutes les langues de la famille et ce qui provient d'innovations propres à chacune. Le grammairien qui étudie une langue indo-européenne, s'il ne connaît pas la grammaire comparée, doit se résigner à la pure et simple constatation des faits, sans en jamais tenter l'explication ; car autrement il s'expose à expliquer à l'intérieur d'une langue, et par des particularités propres à celle-ci, des faits antérieurs à cette langue et qui reconnaissent de tout autres causes. Un helléniste par exemple peut noter la coexistence de ἐστί « il est » et de εἰσί « ils sont », mais il n'a pas le moyen de rendre compte du rapport de ces deux formes ; il peut apercevoir l'alternance de εν, ον et α dans τείνω, τόνος, τατός, mais il n'en saurait donner aucune interprétation. On le voit, le grammairien n'a le droit d'ignorer la grammaire comparée qu'autant qu'il est capable de s'arrêter à la simple observation des faits bruts et de ne jamais essayer de les comprendre.

Les exposés élémentaires qui permettent de s'initier à la grammaire comparée répondent donc à un besoin urgent. M. V. Henry a donné satisfaction à ce besoin du public français pour les langues les plus communément étudiées par ses *Précis de grammaire comparée du grec et du latin*, d'une part, de l'*anglais et de l'allemand*, de l'autre. Il restait à faire une esquisse d'ensemble qui permît d'embrasser d'un coup d'œil tout le groupe indo-européen, sans s'arrêter particulièrement sur l'une des langues qui le composent : c'est l'objet que l'on s'est proposé ici.

Comme pour toute autre langue, les différentes parties du système linguistique indo-européen forment un ensemble où tout se tient et dont il importe avant tout de bien comprendre le rigoureux enchaînement. Un livre de grammaire comparée n'est pas fait pour être consulté à l'occasion comme une grammaire descriptive, mais pour être lu d'un bout à l'autre, et il est impossible de tirer un profit quelconque de la lecture d'un fragment isolé. Demander à la grammaire comparée l'explication d'une difficulté de détail d'une langue donnée avant de savoir exactement en quoi la structure d'ensemble de cette langue diffère de celle de l'indo-européen, c'est déjà n'avoir pas compris. Chacun des traits de l'indo-européen a donc été analysé ici avec toute la précision qu'on a pu y mettre, mais il n'a son sens que dans l'ensemble dont il fait partie.

Outre cette nécessité d'embrasser tout un grand groupe de faits, la grammaire comparée présente une autre difficulté toute technique : dans les formes considérées, on ne doit jamais envisager que le point en discussion, en faisant abstraction de toutes les autres questions, toujours très multiples, qui peuvent se poser à propos de ces mêmes formes. Si par exemple le grec λείπω, le lituanien *lëkù* « je laisse », le latin *linquō* sont cités au point de vue de la gutturale finale de la racine, il ne faut fixer l'attention que sur la correspondance du grec π, lituanien *k*, latin *qu*, en oubliant provisoirement la différence de formation, et par suite de vocalisme, des présents grec et lituanien d'une part, latin de l'autre. Les personnes qui possèdent la grammaire comparée sont celles qui, dans un cas de ce genre, peuvent se représenter rapidement tout le détail de ces formes et de leurs variations depuis la période indo-européenne ; les débutants ou les personnes qui veulent se borner aux éléments doivent concentrer toute leur attention sur la partie du mot qui est étudiée, en négligeant tout le reste : ceci est surtout vrai d'un ouvrage général comme celui-ci où il était impossible de justifier dans le détail tous les rapprochements cités et d'expliquer les menues particularités propres à telle ou telle langue.

La tâche d'exposer des faits aussi complexes et aussi délicats n'aurait pas été réalisable si les maîtres dont l'auteur du présent livre a reçu les leçons ne l'avaient dès longtemps facilitée : M. Michel Bréal qui, par ses livres et par son brillant enseignement au Collège de France, a su imposer la grammaire comparée au public français et a toujours soutenu depuis l'attention qu'il a si heureusement éveillée ; le regretté Abel Bergaigne et son éminent successeur, M. Victor Henry, qui ont institué l'enseignement de la grammaire comparée à l'Université de Paris ; M. Ferdinand de Saussure enfin de qui l'on s'est surtout efforcé de s'assimiler et de reproduire la doctrine précise et systématique et la méthode rigoureuse : les personnes qui ont eu le bonheur d'entendre les leçons de M. F. de Saussure ou qui ont médité ses trop rares publications apercevront aisément tout ce que ce livre lui doit. On a usé sans scrupule du riche répertoire de faits bien contrôlés et bien classés et d'idées judicieuses qu'est le *Grundriss* de MM. Brugmann et Delbrück. Si le présent livre est capable de rendre quelques services, c'est surtout à ces savants que le mérite en est dû.

Au cours de l'exposé il n'a été intercalé aucune indication bibliographique ; les questions controversées ont été autant que possible évitées, et l'on s'est efforcé de s'en tenir aux résultats dont tout le monde doit convenir. En appendice sont ajoutés un bref historique de la grammaire comparée, indispensable pour comprendre comment cette science s'est constituée, et une série d'indications sur les ouvrages à consulter. En outre, un index renverra aux définitions de termes techniques données au cours de l'ouvrage.

Des personnes amies ont bien voulu consacrer une partie d'un temps précieux à conseiller l'auteur lors de l'établissement de son manuscrit et durant la correction des épreuves : il lui sera permis de remercier ici d'un concours dont seul il sait le prix, son ancien maître, M. V. Henry, ses amis et camarades d'études, MM. P. Boyer et M. Grammont, et enfin deux jeunes linguistes qui ont déjà fait brillamment leurs preuves, MM. R. Gauthiot et J. Vendryes.

ABRÉVIATIONS

Dans les travaux relatifs à la grammaire comparée, où des mots appartenant à des langues diverses se trouvent côte à côte, on est convenu de faire précéder chaque mot cité d'une abréviation indiquant la langue à laquelle il appartient ; ces abréviations s'interprètent aisément et n'arrêteront sans doute jamais le lecteur ; les principales sont :

ags.	anglo-saxon.	gr.	grec.
alb.	albanais.	hom.	homérique.
all.	allemand.	i.-e.	indo européen.
arm.	arménien.	ion.	ionien.
att.	attique.	iran.	iranien
balt.	baltique.	irl.	irlandais.
béot.	béotien.	isl.	islandais.
celt.	celtique.	lat.	latin.
dor.	dorien.	lesb.	lesbien.
éol.	éolien.	lit.	lituanien.
fr.	français.	ombr.	ombrien.
gâth.	gâthique.	osq.	osque.
gall.	gallois.	pers.	perse.
germ.	germanique.	pol.	polonais.
got.	gotique.	prâkr.	prâkrit.

pruss.	prussien.	tch.	tchèque.
sax.	saxon.	véd.	védique.
skr.	sanskrit.	v. h. a.	vieux haut allemand.
sl.	slave.	zd	zend.

Un v. placé devant une abréviation signifie vieux ; ainsi v. sl. signifie vieux slave, v. pruss. vieux prussien, etc.

L'abréviation cf. (*confer*) signifie « comparez ».

Les chants des poèmes homériques sont désignés par des lettres, majuscules pour l'Iliade, A, B, Γ, Δ, etc., minuscules pour l'Odyssée, α, β, γ, δ, etc.

Un astérisque indique toujours une forme restituée pour la clarté de l'exposition, mais non attestée, une forme indo-européenne, par exemple, une forme préhellénique, etc.

Un petit trait placé avant ou après une forme indique que cette forme n'est pas citée au complet, ainsi skr. *syā́t* « qu'il soit » est un mot complet, mais on écrira *s-* pour la racine, *-yā-* pour le suffixe et *-t* pour la désinence de ce mot.

TRANSCRIPTIONS

Suivant l'usage ordinaire en linguistique, toutes les langues autres que le grec sont citées non dans leur alphabet original, mais dans des transcriptions.

Il importe de définir d'une manière précise celles qui ont été adoptées ici.

La difficulté essentielle de la question des transcriptions provient de ce qu'un phonème est chose trop complexe et délicate pour qu'un signe unique en puisse exprimer la valeur exacte. Par exemple le *t* latin indique une occlusive dentale sourde et le *d* latin une occlusive dentale sonore, et l'on peut convenir de n'employer *t* et *d* qu'en ce sens ; mais le contact de la pointe de la langue et du palais qui caractérise *t* et *d* peut se produire en des points très différents depuis les dents jusqu'à la courbure du palais ; on peut convenir de désigner par *t* et *d* les dentales dont l'occlusion est réalisée plus ou moins près des alvéoles et par les lettres pourvues d'un signe diacritique *ṭ* et *ḍ* les dentales prononcées en arrière, mais ceci même ne définit le point d'articulation que par un à peu près très grossier. La voyelle qu'introduit le *t* peut commencer immédiatement après l'explosion ou en être séparée par un souffle plus ou moins prolongé : la différence sera indiquée, mais toujours sans précision, par *t* et *th*.

En ce qui concerne les langues anciennes auxquelles la grammaire comparée a surtout affaire, la question se pose d'une manière particulière. En effet la prononciation n'en est pas connue avec la même précision que celle d'une langue vivante, et, si l'on veut se tenir aux faits sans y mêler d'interprétation, la transcription doit purement et simplement calquer l'alphabet original, sans rien ajouter à ce qu'enseigne celui-ci et sans en rien ôter : toutes les transcriptions données ici sont conformes à ce principe général ; elles ne renferment qu'un minimum d'interprétation et permettent par suite de retrouver la graphie originale.

Mais les transcriptions n'ont pas été faites suivant un système arrêté et de la même manière pour toutes les langues, et il résulte de là les plus fâcheuses incohérences : dans la transcription du slave et de l'arménien, le *c* est employé pour transcrire une consonne mi-occlusive non chuintante, celle par exemple du mot russe *car'* « roi », qu'on écrit en français *tsar*, et *č* est la chuintante correspondante, c'est-à-dire le *c* de l'italien *ci* ; au contraire, dans la transcription du sanskrit, *c* transcrit un phonème identique non au slave *c*, mais au slave *č*. La lettre *y* sert presque partout à noter l'*i* consonne, mais, dans la transcription du slave, elle note une voyelle particulière, sorte d'*i* postpalatal et, dans l'orthographe du lituanien, elle note la voyelle *i* long ; et ainsi de beaucoup d'autres cas.

Enfin les linguistes ne sont pas encore parvenus à se mettre entièrement d'accord et, pour une seule et même langue, il existe des systèmes de transcriptions assez différents dans le détail. On a adopté ici ceux qui sont employés dans les meilleurs manuels de chaque langue.

SANSKRIT

L'alphabet sanskrit est syllabique, mais les voyelles y sont toujours indiquées d'une manière précise, si bien qu'il peut se transcrire sans difficulté avec les caractères latins. Le système employé ici est en principe celui qu'a recommandé le IXe Congrès des Orientalistes (à Genève) et qui a été adopté très généralement; il n'en diffère que par des particularités d'importance secondaire (en partie signalées entre parenthèses) :

Voyelles brèves : *a, i, u, ṛ (r̥), ḷ.*

Voyelles longues : *ā, ī, ū, ṝ.*

Anciennes diphtongues à premier élément bref : *e, o* (prononcés *ē, ō,* toujours longs).

Diphtongues à premier élément long : *ai, au* (c'est-à-dire *āi, āu*).

Sonantes consonnes : *y, v, r, l* (ce sont les consonnes qui répondent respectivement aux voyelles *i, u, ṛ, ḷ*; toutefois *v* n'est plus *u* consonne, mais bien labio-dental, comme le *v* français).

	SOURDES	SOURDES ASPIRÉES	SONORES	SONORES ASPIRÉES	NASALES
	—	—	—	—	—
Occlusives :					
Labiales	*p*	*ph*	*b*	*bh*	*m*
Dentales	*t*	*th*	*d*	*dh*	*n*
Cacuminales (ou cérébrales)	*ṭ*	*ṭh*	*ḍ*	*ḍh*	*ṇ*
Gutturales	*k*	*kh*	*g*	*gh*	*ṅ*
Mi-occlusives :					
Palatales	*c*	*ch*	*j*	*jh*	*ñ*

(prononcées chuintantes : *č, čh, ǰ, ǰh*).

Trois sifflantes s'articulent à peu près aux mêmes points, que les occlusives dentales, cacuminales et palatales : *s*, *ṣ* et *ç* (transcrit par *s'* dans les propositions du Congrès des Orientalistes) ; *ṣ* et *ç* sont des chuintantes, telles que *š*.

Le *h* sanskrit n'est pas un souffle sourd, mais une articulation *sonore* du larynx. Le *ḥ* au contraire est un souffle sourd ; c'est toujours par *ḥ* que sont représentées les sifflantes à la pause : toute sifflante finale sera donc indiquée par *ḥ* dans les mots cités isolément.

On désigne par *ṃ* une émission nasale qui se produit sans point d'articulation propre dans la bouche et sans doute en grande partie dans la position articulatoire de la voyelle précédente.

LANGUE DE L'AVESTA ET VIEUX PERSE

L'écriture du texte de l'Avesta est alphabétique : l'ancien alphabet pehlvi, qui n'est qu'une forme de l'alphabet araméen, en constitue le fond, mais, outre leur forme ancienne, la plupart des caractères y sont aussi représentés par des formes modifiées qui servent à noter, avec toutes sortes de nuances, les unes les voyelles, qui dans l'alphabet pehlvi et dans la graphie originale de l'Avesta n'étaient pas notées d'ordinaire, les autres divers détails de l'articulation des consonnes ; il est impossible de déterminer avec précision quelles articulations indiquent certains des signes.

Les signes des voyelles sont : *a, ā, i, ī, u, ū, e, ē, o, ō* (la différence entre *e* et *ē*, *o* et *ō* n'est pas une différence de quantité) ; *ə, ə̄* (sortes d'*e* muets) ; *ą* (*a* nasal) ; *å* (sorte de diphtongue *āo* à premier élément long).

Le système des consonnes est le suivant :

	OCCLUSIVES SOURDES	OCCLUSIVES SONORES	SPIRANTES SOURDES	SPIRANTES SONORES	NASALES
	—	—	—	—	—
Labiales	*p*	*b*	*f*	*w*	*m*
Dentales.	*t*	*d*	*θ*	*δ*	*n*
Gutturales.	*k*	*g*	*x*	*γ*	*ṅ*

A quoi il faut ajouter : le *ṯ*, sorte de *t* employé seulement à la fin des syllabes devant des consonnes et surtout à la fin des mots ; les mi-occlusives chuintantes *č* et *ǰ*, avec la nasale correspondante *n'*, et les sifflantes et chuintantes :

	SOURDES	SONORES
	—	—
Sifflantes.	*s*	*z*
Chuintantes.	*š* (avec plusieurs notations)	*ž*

l'aspiration *h*, écrite avec plusieurs caractères dont on ne connaît pas la valeur précise, et les sonantes : *y*, *v*, *r*.

Le vieux perse, écrit en caractères cunéiformes, a à peu près le même système phonétique, mais on n'y trouve pas de notation des spirantes sonores *w*, *δ*, *γ*, et les nuances vocaliques n'y sont pas distinguées avec autant de détails.

SLAVE

Le vieux slave est écrit au moyen de deux alphabets : l'un, le glagolitique, tiré de la minuscule grecque, est encore employé par quelques Dalmates catholiques, l'autre, le cyrillique, tiré de la capitale grecque, est demeuré en usage chez tous les peuples appartenant à l'église orientale qui parlent slave.

Les voyelles (sans quantité rigoureusement déterminable) sont :

Série dure : *a, o, u, y, ŭ, ą.*

Série molle : *ě, e, i, į, ĭ, ę.*

ą et *ę* désignent des voyelles nasales qu'on prononce à peu près comme *on* et *in* en français dans *pont, vin* ; *ŭ* et *ĭ* sont des voyelles très réduites de timbre mal déterminé, et non pas *u* et *i* brefs ; *y* est une sorte de *i* postpalatal ; la position de la langue est presque celle de *u*, mais les lèvres ont la position de *i* ; le *ě* est un *e* très ouvert. Les deux séries de voyelles se répondent exactement : devant les voyelles de la série dure, les consonnes se prononcent dures, devant celles de la série molle, elles se prononcent molles, c'est-à-dire avec une mouillure : le *t* de *to* n'est pas le même que le *t* de *te* ; *l* de *lo* est *l* « vélaire », *l* de *le* est *l* palatale ; devant les voyelles de la série dure on trouve *k* et *g*, devant celles de la série molle *č, ž* (aussi devant *a*) et *c, dz (z)*, etc.

Le système consonantique est :

		SOURDES	SONORES	NASALES
		—	—	—
Occlusives	labiales	*p*	*b*	*m*
—	dentales	*t*	*d*	*n*
—	gutturales	*k*	*g*	»
Mi-occlusives	sifflantes	*c*	*dz*	»
—	chuintantes	*č*	»	»

Les sifflantes et chuintantes sont :

	SOURDES	SONORES
	—	
Sifflantes.	*s*	*z*
Chuintantes.	*š*	*ž*

Il y a une seule spirante, la gutturale sourde transcrite ordinairement par *ch*, et non par *x*, qui serait préférable à tous égards ; il y faut ajouter la labio-dentale *v* ; les liquides *r* et *l*. Le yod joue un rôle immense dans la langue, mais n'a pas de notation propre dans l'alphabet et est indiqué de manières très compliquées : dans la transcription on l'indique par *j*, quelles que soient les notations complexes des originaux.

LITUANIEN

Le lituanien s'écrit en caractères latins ; comme en polonais, *ż* y note la chuintante sonore, et *sz* (ou la lettre double allemande ß) la chuintante sourde *š* ; *cz* la mi-occlusive *č*. Les voyelles *ė* et *o* sont longues et fermées ; *y* est *i* long ; *ů* est une sorte de diphtongue prononcée *uo* : *ę* et *ą* sont d'anciennes voyelles nasales qui ont perdu leur nasalité dans le lituanien occidental, forme sous laquelle le lituanien est cité ici en principe.

Les voyelles et diphtongues lituaniennes sont souvent surmontées de signes qui indiquent l'accentuation : une voyelle simple accentuée brève reçoit un accent grave, soit *à* ; une voyelle longue simple accentuée reçoit l'accent aigu si elle a dès le début le maximum de hauteur et d'intensité et qu'ensuite la hauteur et l'intensité décroissent, soit par exemple *ó* ; elle reçoit le signe ˜, soit par exemple *õ*, si elle a deux sommets d'intensité l'un au commencement et l'autre à la fin, et un sommet de hauteur à la fin. Il en est de même dans les diphtongues : on a ainsi *áu* et *aũ*, *àu* (avec *a* demi-long en lituanien occidental) et *aũ*, *ìr* (avec *i* bref en lituanien occidental) et *ir̃*, etc.

ARMÉNIEN

L'alphabet de l'arménien classique a toutes les lettres de l'alphabet grec, avec de nombreuses additions. Le système consonantique, noté avec une remarquable précision, est le suivant :

		SOURDES	SOURDES ASPIRÉES	SONORES	NASALES
Occlusives	labiales	*p*	*ph*	*b*	*m*
—	dentales	*t*	*th*	*d*	*n*
—	gutturales	*k*	*kh*	*g*	»
Mi-occlusives	sifflantes	*c*	*ç*	*j*	»
—	chuintantes	*č*	*č̣*	*ǰ*	»

Il y faut joindre les sifflantes sourde *s* et sonore *z* et les chuintantes sourde *š* et sonore *ž*, de plus la spirante gutturale sourde *x*, un *v* sans doute labio-dental, et un *w* qui était sans doute *u* consonne, *y* qui est *i* voyelle, *l* et *ł* (ce dernier était *l* vélaire), *r* (dentale) et *ṙ* (*r* plus roulée) et l'aspiration *h*. — Les voyelles sont *a, e, ē, i, o*; de plus *u* est écrit *ow*, d'après le grec ου ; ce signe double est transcrit ici par *u*. Les voyelles arméniennes n'ont pas de distinctions de quantité : la différence entre *e* et *ē* n'est pas une différence de durée, mais de timbre, *ē* étant plus fermé ; la transcription *ẹ* serait donc la meilleure, mais elle est inusitée.

GERMANIQUE

Le gotique est écrit avec un alphabet dérivé de l'alphabet

grec; les signes employés ici pour le transcrire n'appellent presque pas d'observations. Les voyelles *e* et *o* sont longues et fermées. Le caractère *þ* désigne la spirante dentale sourde (*th* anglais sourd); le *w* (qu'on transcrit aussi par *v*) est *u* consonne, très voisin par conséquent du *w* anglais; *j* est *i* consonne; enfin le groupe *hw* transcrit un caractère unique de l'alphabet original et *q* désigne un phonème complexe analogue au *qu* latin. Le groupe *ei* note *i* long; *ai* et *au* notent des diphtongues *ai*, *au* et aussi, dans certaines conditions déterminées, *e* et *o* brefs ouverts.

Dans l'islandais et l'anglo saxon, un accent mis sur une voyelle marque la quantité longue et non pas l'accentuation: *á* est donc *a* long. Les lettres barrées *ƀ* et *đ* indiquent en principe les spirantes sonores labiale et gutturale; toutefois *đ* est écrit pour la sourde en anglo-saxon.

Le *ʒ* du vieux haut allemand est une mi-occlusive sourde, comparable au *c* slave.

IRLANDAIS

L'alphabet irlandais n'est qu'une forme de l'alphabet latin et la transcription ne présente aucune difficulté; l'accent sur une voyelle indique la quantité longue; *th* indique la spirante dentale sourde notée en germanique par *þ*; *ch* la spirante gutturale sourde (*ch* de l'allemand).

ITALIQUE

Le latin a été reproduit tel quel, sans aucune part d'interprétation, par suite sans distinction de *i* et *j*, *u* et *v*; dans beaucoup de livres, *i* voyelle et *i* consonne sont également notés par *i*, tandis que *u* voyelle est noté par *u* et *u* consonne par *v* ; cette différence n'est pas justifiable ; il faut conserver la graphie originale ou faire la distinction de la voyelle et de la consonne dans les deux cas. La quantité a été marquée sur les voyelles.

Les mots osques et ombriens ont été transcrits en italiques s'ils sont empruntés à des inscriptions écrites en caractères latins, en romain espacé s'ils sont empruntés à des inscriptions écrites dans les alphabets locaux (qui tous remontent au grec, directement ou indirectement). Dans les alphabets locaux osques, *í* et *ú* notent *e* et *o*.

Pour le détail de la prononciation et de la graphie des diverses langues, on se reportera aux grammaires et aux manuels de chacune.

INTRODUCTION A L'ÉTUDE COMPARATIVE
DES
LANGUES INDO-EUROPÉENNES

CHAPITRE PREMIER

MÉTHODE

LA NOTION DE LANGUES INDO-EUROPÉENNES

Si l'on examine le sanskrit, le perse, le grec, le latin, l'irlandais, le gotique, le vieux slave, le lituanien, l'arménien, on constate que la grammaire et le vocabulaire de ces langues présentent une foule de concordances frappantes ; l'hébreu, le syriaque, l'assyrien, l'arabe, l'éthiopien coïncident de même entre eux à beaucoup d'égards, mais sans coïncider avec les langues précédentes ; de même encore les Cafres, les habitants du bassin du Zambèze et de la plus grande partie du bassin du Congo ont dans leurs parlers de nombreux traits communs qui ne se retrouvent ni dans l'un ni dans l'autre des deux groupes indiqués ci dessus. Ces concordances et ces différences permettent de distinguer trois familles de langues bien définies : l'indo européen, le sémitique, le bantou, et des faits analogues permettent d'en déterminer une série d'autres. L'objet propre de la grammaire comparée d'un groupe quelconque de langues est de poursuivre méthodiquement l'étude des concordances que ces langues présentent entre elles.

Cette étude est possible, et l'on tire de l'observation des ressemblances du sanskrit, du grec, etc. des conclusions précises. Il n'en va pas de même de toutes les coïncidences analogues que présentent deux populations ; par exemple, en dépit des ressemblances que l'on constate entre les religions des Hindous, des Iraniens, des Grecs, des Germains, etc., on n'a jamais pu constituer un corps de doctrines rigoureux de religion comparée de ces divers peuples. Mais les conditions générales d'existence des langues donnent au linguiste des facilités que n'ont pas les historiens des mœurs et des religions. Bien qu'ils ne soient nullement propres aux langues indo-européennes, il importe de poser dès l'abord quelques principes généraux ; il sera aisé ensuite de définir avec précision ce qu'on entend par une langue indo-européenne.

I. — Principes généraux.

1. Caractère de singularité des faits linguistiques. — Entre les idées et les mots considérés à un moment quelconque il n'y a aucun lien nécessaire : à qui ne l'a pas appris expressément, rien ne peut indiquer que fr. *cheval*, all. *pferd*, angl. *horse*, russ. *lôšad'*, gr. ἵππος désignent un même animal ; rien non plus dans l'opposition de fr. *cheval* et *chevaux* ne marque par soi-même l'unité et la pluralité, rien dans l'opposition de fr. *cheval* et *jument* ne marque la différence du mâle et de la femelle. Même pour les mots expressifs, la forme ne peut être prévue a priori : fr. *siffler* diffère beaucoup de all. *pfeifen* ou de russe *svistět'* par exemple. De là vient qu'un texte écrit en une langue inconnue est indéchiffrable sans traduction : si l'on a pu lire les inscriptions de Darius, c'est que le vieux perse dans lequel elles sont écrites

est la forme ancienne du persan, qu'il diffère assez peu de la langue de l'Avesta dont on a la clé, et enfin qu'il est étroitement apparenté au sanskrit ; au contraire, en l'absence d'une inscription bilingue, on n'a pu jusqu'à présent entrevoir dans les restes de l'étrusque autre chose que ce qui est indiqué par divers détails tout extérieurs et, malgré le nombre des inscriptions et l'étendue du texte récemment découvert sur les bandelettes d'Agram, la langue étrusque reste en somme incomprise.

Dès lors le système phonétique, la flexion, la syntaxe, le vocabulaire qui caractérisent une langue ne peuvent jamais se reproduire lorsqu'ils ont été transformés ou qu'ils ont disparu ; les moyens d'expression n'ont avec les idées qu'une relation de *fait*, non une relation de *nature* et de *nécessité*, et rien ne saurait par suite les rappeler à l'existence lorsqu'ils ne sont plus. Ils n'existent donc qu'une fois ; ils sont éminemment *singuliers*, car, si souvent qu'ils soient répétés dans une langue, un mot, une forme grammaticale, un tour de phrase sont toujours les mêmes en principe. Sans doute il peut arriver par hasard que deux langues expriment indépendamment la même idée par un même mot ; ainsi en anglais et en persan le même groupe d'articulations *bad* exprime la même idée « mauvais », sans que le mot persan ait rien à faire avec le mot anglais ; mais c'est là un pur « jeu de la nature » ; l'examen d'ensemble du vocabulaire anglais et du vocabulaire persan montre du premier coup qu'on n'en peut rien conclure.

Si donc deux langues présentent dans leurs formes grammaticales, leur syntaxe et leur vocabulaire un ensemble de concordances définies, c'est que ces deux langues n'en font en réalité qu'une : les ressemblances de l'italien et de l'espagnol proviennent de ce que ces deux idiomes sont tous deux des formes modernes du latin ; le français leur ressemble déjà moins, et pourtant il est aussi du latin *moderne,* mais plus modifié ; ainsi les divergences peuvent être plus ou moins grandes, mais tout ensemble de coïncidences dans la structure grammaticale de deux langues suppose nécessairement qu'elles sont des formes prises par une même langue parlée à date antérieure.

De là résulte la définition de la *parenté de deux langues* : *deux langues sont dites parentes quand elles résultent l'une et l'autre de deux évolutions différentes d'une même langue parlée antérieurement.* L'ensemble des langues parentes forme ce que l'on appelle une *famille de langues.* Ainsi le français et le persan sont des langues parentes parce que tous deux sont des formes de l'indo-européen ; ils font partie de la famille des langues dites indo-européennes. En ce sens la notion de parenté de langue est chose absolue et qui ne comporte pas de degrés.

Mais, à l'intérieur d'une même famille, une langue qui est devenue différente de la forme ancienne peut se différencier à son tour en plusieurs langues : ainsi le latin qui est une forme de l'indo-européen s'est différencié avec le temps en italien, espagnol, provençal, français, roumain, etc. ; il s'est créé par là une famille romane qui fait partie de la famille indo-européenne et dont on pourra dire que les membres sont plus étroitement apparentés entre eux qu'ils ne le sont avec les autres langues indo-européennes : ceci signifie seulement que les langues de la famille romane, étant toutes du latin transformé, n'ont commencé à diverger qu'en un temps où les divers groupes indo européens étaient déjà devenus distincts les uns des autres. Cette seconde définition n'est, on le voit, qu'une conséquence de la première.

Enfin quand une langue évolue sur un domaine continu et que chaque groupe social y introduit des changements d'une manière indépendante, on observe que les mêmes innovations et les mêmes conservations ont lieu en des régions plus ou moins étendues ; ainsi se produisent les *dialectes* ; les dialectes qui sont parlés en des régions voisines les unes des autres et qui se sont développés en des conditions analogues présentent des particularités communes ; il y aura lieu de revenir au chapitre suivant sur ces faits qui sont de grande conséquence ; on voit qu'ils sont d'une espèce absolument différente de ceux qu'exprime le terme de parenté de langue. Les ressemblances particulières que l'on peut constater entre le français et le provençal par exemple ne tiennent pas à ce que, à un moment quelconque, on ait parlé en Gaule une langue essentiellement différente du latin vulgaire représenté par les autres langues romanes ; elles proviennent de ce que sur le territoire du français et sur celui du provençal les conservations et les innovations ont été en partie pareilles, sinon identiques. — En pratique, il n'est pas toujours possible de discerner ces ressemblances dialectales de ce qui est dû à la parenté proprement dite des langues, c'est-à-dire à l'unité du point de départ.

2. Continuité linguistique. — Au point de vue propre de l'individu, la langue est un système très complexe d'associations inconscientes de mouvements et de sensations, au moyen desquelles il peut parler et comprendre les paroles émises par d'autres. Ce système est entièrement propre à chaque homme et ne se retrouve exactement identique chez aucun autre ; mais il n'a une valeur qu'autant que les autres membres du groupe social auquel appartient l'individu en présentent de sensiblement pareils : autrement celui ci ne serait pas compris et ne comprendrait pas les autres. La langue n'existe donc que dans les centres nerveux, moteurs et sensitifs, de chaque individu ; mais les mêmes associations s'imposent à tous les membres d'un groupe avec plus de

rigueur qu'aucune autre institution sociale ; chacun évite naturellement toute déviation du type normal et se sent choqué de toute déviation qu'il aperçoit chez autrui. Immanente aux individus, la langue s'impose d'autre part à eux ; et c'est par là qu'elle est une réalité, non pas physiologique et psychique, mais *sociale*.

Ce système d'associations ne se transmet pas directement d'individu à individu ; comme on l'a dit, le langage n'est pas une œuvre, un ἔργον, c'est une activité, une ἐνέργεια ; lorsqu'il apprend à parler, chaque enfant doit se constituer à lui-même un système d'associations de mouvements et de sensations pareil à celui des personnes qui l'entourent ; il ne reçoit pas des autres des procédés d'articulation : il parvient à articuler comme eux après des tâtonnements qui durent de longs mois ; il ne reçoit pas des paradigmes grammaticaux : il recrée chaque forme sur le modèle de celles qu'on emploie autour de lui et c'est pour avoir longtemps entendu dire : *nous mangeons, vous mangez ; nous jetons, vous jetez* que l'enfant saura dire au besoin *vous servez* s'il a entendu *nous servons* ; et ainsi pour toutes les formes. Mais on conçoit que, malgré l'effort intense et constant qu'il fait pour se conformer à ce qu'il entend, l'enfant, qui doit refaire pour lui-même le système tout entier des associations, n'arrive pas à reproduire d'une manière complète la langue des membres du groupe dont il fait partie : certains détails de prononciation ont échappé à son oreille, certaines particularités de la flexion à son attention, ou bien les systèmes qu'il s'est constitués ne recouvrent qu'en partie ceux des adultes ; à chaque fois qu'un enfant apprend à parler, il s'introduit des innovations.

Si ces innovations sont des accidents individuels, elles disparaissent avec la mort de la personne chez qui elles se sont produites ; les particularités qui en résultent provoquent la raillerie et non l'imitation. Mais il y a des innovations qui ont des causes profondes et qui apparaissent chez tous les enfants nés en une même localité, de parents indigènes, durant un certain laps de temps ; à partir d'un moment donné, tous les enfants nés au même endroit ont telle ou telle articulation différente de celle de leurs aînés et sont incapables d'émettre l'articulation ancienne ; par exemple les Français du Nord sont nés, à partir d'un certain moment, incapables de prononcer *l* mouillée et y ont substitué le *y* qui en tient aujourd'hui la place dans les parlers français : le mot *vaillant* a été prononcé *vayą* et non plus *val'ą* comme autrefois ; on peut encore observer tel parler où les générations anciennes ont *l* mouillée, où les enfants de 1850-1855 par exemple ont tendu à substituer *y* à *l* mouillée, et où ceux de 1855-1860 ne connaissent plus du tout *l* mouillée, prononcée par leurs aînés. De même les enfants nés à partir d'une certaine date présentent telle ou telle nouveauté dans la flexion ; ainsi le duel s'est conservé en Attique jusqu'à la fin du ve siècle, mais, vers 410 av. J. C., il commence à être négligé dans les inscriptions ; et en effet les auteurs nés de 440 à 425 qui, comme Platon et Xénophon, écrivent le dialecte attique, l'emploient encore, mais sans constance absolue ; puis il cesse d'être employé au nominatif accusatif, tandis que, sous l'influence de δυοῖν, il subsiste au génitif : Démosthène (383-322) dit ἀδελφοί, mais δυοῖν ἀδελφοῖν ; enfin il disparait entièrement même au génitif et, à partir de 329, ne se rencontre plus sur les inscriptions attiques. Les changements de ce genre, étant communs à toutes les générations depuis un certain moment, se transmettent aux générations nouvelles, ils s'accumulent donc et, suivant la rapidité avec laquelle ils ont lieu, transforment la langue au bout d'un temps plus ou moins long. Mais il y a *continuité* : les changements qui ont lieu ne proviennent pas d'un désir d'innover ; ils se produisent au contraire malgré l'effort fait pour reproduire exactement la langue des adultes, et à aucun instant ils ne sont si grands ni si nombreux que les générations dont les représentants vivent simultanément perdent le sentiment de parler une même langue. — Il importe d'ailleurs de noter que, dans certaines langues, à certains moments, les innovations se précipitent tandis que, ailleurs, les générations successives conservent presque sans changement le même parler.

Tel est le type normal de l'évolution linguistique. Il résulte de la succession naturelle des générations et de l'identité de tendances et d'aptitudes que présentent les membres d'une suite de générations pendant une période de temps donnée. Bien qu'ils se produisent indépendamment dans chacun des parlers d'une région, on doit s'attendre à ce que les changements de ce type aient lieu, à des dates différentes, mais voisines, et avec de légères variantes, dans toutes les localités occupées par une population sensiblement homogène parlant la même langue et placée dans des conditions semblables ; ainsi *l* mouillée est devenue *y* dans toute la France du Nord ; le duel a disparu dès avant la période historique dans l'éolien et l'ionien d'Asie Mineure et dans le dorien de Crète, et au IVe siècle av. J.-C. en attique, en dorien de Laconie, en béotien, en delphique, c'est-à-dire dans les parlers de la Grèce propre. Les causes — en général inconnues — des changements ne sont pas propres à une localité et agissent par suite sur des domaines plus ou moins étendus.

A côté de ces changements, réalisés d'une manière propre dans chaque parler, même quand ils en dépassent de beaucoup les limites, il en est d'autres très variés d'aspect, mais qui tous se ramènent à un même phénomène : l'emprunt à d'autres langues. En effet, aussitôt que les membres d'un groupe social sont en rapports commerciaux, politiques, religieux, intellectuels avec les membres d'autres groupes et que certains hommes acquièrent la connaissance d'une langue étrangère, apparaît la possibilité d'introduire dans le parler indigène des éléments tout nouveaux. Si la langue en question est essentiellement différente du parler local, on ne lui pourra prendre que des mots isolés : le grec a pris aux Phéniciens des termes commerciaux comme le nom de la toile d'emballage, σάκκος, de l'or, χρυσός, d'un vêtement, le χιτών, etc. ; de même le français a emprunté des mots anglais ; quel qu'en soit le nombre, ces emprunts ne changent rien à la structure d'un idiome. Il n'en est pas de même s'il s'agit d'une langue assez proche du parler indigène pour que l'on reconnaisse l'identité foncière des deux : le parler de Paris étant généralement employé dans les relations entre toutes les populations de langue française, tous les autres parlers français empruntent de plus en plus des éléments parisiens, non seulement du vocabulaire, mais aussi de la prononciation et de la flexion ; s'il a constaté par exemple que *toi, moi, roi*, prononcés *twè, mwè, rwè* dans son dialecte sont, en français normal (au fond parisien), *twa, mwa, rwa*, un paysan qui pourra n'avoir jamais entendu prononcer le mot *loi* saura substituer naturellement *lwa* à la forme de son parler *lwè* ; des substitutions de ce genre aboutissent, on le voit, à un résultat qui peut être entièrement pareil à celui de changements du type normal, et, une fois qu'elles sont opérées, il devient souvent impossible de les en distinguer ; elles n'en sont pas moins essentiellement différentes ; car dans le second cas il s'agit d'emprunts à un autre parler.

Un troisième type de transformation a lieu enfin lorsqu'une population change de langue. Quand des circonstances politiques amènent une population à apprendre la langue de vainqueurs, de colons étrangers ou, comme il arrive aussi, de populations sujettes plus civilisées, les adultes qui la composent ne s'assimilent jamais exactement la langue nouvelle ; les enfants qui apprennent à parler une fois que la langue nouvelle a pénétré réussissent mieux ; car ils l'apprennent comme une langue maternelle ; ils tendent alors à reproduire non le parler défectueux de leurs compatriotes adultes, mais le parler correct des étrangers, et ils y réussissent souvent dans une large mesure : c'est ainsi qu'un enfant né d'un Français et d'une étrangère ne reproduit guère les défauts du parler de sa mère et s'exprime comme son père. Néanmoins, pour diverses raisons dans le détail desquelles il n'y a pas lieu d'entrer ici, il subsiste des particularités ; et même, si une population apprend une langue profondément différente de la sienne, elle pourra ne jamais s'assimiler certains traits essentiels : les nègres qui ont appris à parler français ou espagnol n'ont pu acquérir ni une prononciation exacte ni l'emploi correct des formes grammaticales : les patois créoles ont gardé le caractère de langues africaines. Au contraire, lors des nombreuses substitutions de langues qui ont eu lieu au cours de l'histoire et qui ont lieu actuellement encore, les populations européennes se sont montrées capables d'acquérir la langue les unes des autres, sans qu'il y ait eu d'altérations fondamentales. Rien ne permet de croire que les particularités qui caractérisent les langues romanes datent pour la plupart du moment où le latin a pénétré dans le pays où on les parle. Il ne faut donc pas exagérer l'importance de ce type de changements. — Au surplus, dès que la substitution de langue est accomplie, on rentre absolument dans le cas du changement normal par développement continu ; seulement le caractère propre de la population qui a accepté une autre langue provoque des changements relativement rapides et nombreux.

En faisant abstraction de ces deux derniers genres de changements qui ont pour causes des accidents historiques, tout le développement des langues est continu et se réduit à la somme des altérations qui interviennent chaque fois que les enfants d'une même localité apprennent à parler. C'est ce développement qui forme l'objet propre de la linguistique; les autres ne sont pas le produit d'un développement régulier et continu, mais des phénomènes accidentels, dont il importe d'ailleurs de tenir grand compte, car ils ont souvent une part capitale aux transformations observées.

3. De la régularité du développement des langues. — L'étude du développement des langues n'est possible que parce que les conservations de l'état ancien et les innovations ont lieu suivant des règles définies.

Les règles suivant lesquelles ont lieu les conservations et les innovations relatives aux articulations s'appellent les lois phonétiques. Si dans une langue une articulation est conservée dans un mot, elle est conservée également dans tous les mots où elle se présente dans les mêmes conditions : ainsi *f* initiale latine est conservée en français dans *fiel* (*fel*), *four* (*furnum*) et dans tous les mots comparables ; elle devient *h* en espagnol dans *hiel*, *horno*, etc. Au moment où l'innovation apparaît, il arrive parfois qu'elle se manifeste d'abord dans quelques mots seulement, mais comme au fond elle porte sur le procédé d'articulation et non sur tel ou tel mot, elle ne manque bientôt en aucun cas et, pour les longues périodes qu'étudie la grammaire comparée, ce flottement des premières générations où se manifeste l'innovation est dépourvu d'intérêt. Il y a eu un temps où les anciens *p*, *t*, *k* de l'indo-européen sont devenus en germanique *ph*, *th*, *kh*, c'est-à-dire *p*, *t*, *k* séparés de la voyelle suivante par l'émission d'un souffle ; dans ces occlusives suivies de souffle, l'occlusion est faible ; elle a été supprimée et le germanique a eu *f*, *þ*, *x* (*x* servant à noter ici la spirante gutturale, c'est-à-dire un phonème de même sorte que le *ch* de l'allemand moderne) : il y a donc eu un certain nombre de générations germaniques pour lesquelles *p, t, k* étaient imprononçables et en effet *p, t, k* initiaux ou intervocaliques de l'indo-européen ne sont jamais représentés en gotique par *p, t, k,* mais toujours par *f, þ, h* (ou respectivement par *b, d, g* dans des conditions bien déterminées). Tel est le principe de la constance des lois phonétiques.

S'il n'intervenait nulle autre action, on pourrait, avec la simple connaissance des lois phonétiques, déduire d'un état donné d'une langue son état à un moment ultérieur. Mais les choses sont en réalité beaucoup plus complexes. Le détail de toutes les actions particulières qui, sans contrarier réellement le jeu régulier des lois phonétiques, en masquent au premier abord la constance, serait infini ; il convient seulement de signaler ici quelques points importants.

Tout d'abord, les formules des lois phonétiques ne s'appliquent, par définition, qu'à des articulations exactement comparables les unes aux autres. Les mots qui ont une prononciation particulière échappent donc en partie à leur action. Ainsi les mots enfantins, comme *papa, maman,* etc., ont souvent une phonétique à part. Les termes de politesse ou d'appel sont sujets à des abrègements qui les rendent méconnaissables : *msyö* n'est pas un traitement phonétique régulier de *mon sieur* ; il en est de même de tous les mots qu'il suffit d'indiquer pour qu'on les comprenne et qu'on ne prend pas dès lors la peine d'articuler complètement : v. h. a. *hiutu* (all. *heute*) n'est pas un traitement normal de *hiu tagu* « ce jour » ; l'abrègement de l'ancien τριάκοντα « trente » en τριάντα en grec moderne est de même nature. Certaines articulations, notamment celle de *r,* sont sujettes à être anticipées, comme dans le fr. *trésor* représentant lat. *thesaurum,* ou transposées, comme dans gr. mod. πρικός de πικρός, sans qu'on puisse toujours ramener à des formules générales ces altérations qui tiennent à la structure particulière et aux conditions spéciales d'emploi des mots où elles se rencontrent. D'autres articulations enfin se continuent trop longtemps, ainsi l'abaissement du voile du palais de l'*n* de all. *genug* est maintenu, si bien que le mot arrive à sonner dialectalement *genung*, etc. Il ne manque pas ainsi de changements dont les causes sont trop complexes pour se laisser formuler en lois phonétiques définies.

En second lieu, des associations de formes introduisent des changements ; ainsi, en attique, où *s* initiale est représentée par un esprit rude, c'est *εἱσι (issu de *ἕντι) qui devrait répondre à skr. *sánti*, got. *sind* « ils sont » ; en fait on trouve l'esprit doux, εἰσι, d'après εἰμι, εἶ, etc. C'est ce que l'on appelle les changements par analogie.

Enfin beaucoup de dérogations apparentes sont dues à des emprunts. Ainsi, à Rome, un ancien *ou* devient *ū* et un ancien *dh* après *u* devient *b* entre voyelles : à lit. *raũdas*, got. *rauþs*, v. irl. *rúad* « rouge », etc. répondrait donc **rūbus* ; mais dans d'autres parlers latins *ou* est représenté par *ō*, par exemple à Préneste : *rōbus* n'est pas un mot romain et a été pris à l'un de ces parlers ; en samnite, *dh* est représenté par *f* entre voyelles : *rūfus* est sans doute samnite ; le mot romain **rūbus* subsiste dans les dérivés *rūbigō* (à côté de *rōbigō*) et *rūbidus*. Quand les circonstances historiques déterminent beaucoup d'emprunts de ce genre, la phonétique d'une langue finit par offrir un aspect très incohérent : c'est à certains égards le cas du latin. Les emprunts à la langue écrite sont dans la période historique une autre cause de trouble, ainsi le français a pris au latin écrit une quantité de mots : par exemple *fragilis* a naturellement abouti à *frêle*, mais plus tard on a pris au latin écrit le même mot en en faisant *fra-*

gile; cette cause de trouble n'existe naturellement pas pour les périodes considérées par la grammaire comparée.

Rien dans tout cela ne va contre le principe de la constance des lois phonétiques : ce principe exige seulement que, lorsque dans l'apprentissage de la langue par les générations nouvelles, un procédé articulatoire se maintient ou se transforme, le maintien ou la transformation ait lieu dans tous les cas où cette articulation est employée de la même manière, et non pas isolément dans tel ou tel mot. Or l'expérience montre qu'en effet les choses se passent ainsi. Ce qui doit être considéré, ce n'est pas le *résultat*, c'est l'*acte*. Les effets d'une loi peuvent fort bien être entièrement détruits au bout d'un certain temps par des changements propres à certains mots, par des actions analogiques, par des emprunts : la loi ne perd pour cela rien de sa réalité, car toute cette réalité est transitoire et consiste en la manière dont les enfants nés pendant une période déterminée ont fixé leur articulation ; mais la loi pourra échapper au linguiste ; et il y a ainsi des lois phonétiques inconnues et qui resteront inconnues, même dans des langues bien étudiées, pour peu qu'on n'ait pas une série parfaitement continue de documents.

Ce qui est vrai de la phonétique l'est aussi de la morphologie ; de même que les mouvements articulatoires doivent être combinés à nouveau toutes les fois qu'on a à émettre un mot, toutes les formes grammaticales, tous les groupements syntaxiques sont créés inconsciemment à nouveau pour chaque phrase prononcée, suivant les habitudes fixées lors de l'apprentissage du langage. Quand les habitudes changent, toutes les formes qui n'existent qu'en vertu de l'existence générale du type changent donc nécessairement : quand, par exemple, en français on a dit, d'après *tu aimes, il aime(t)*, à la 1re personne *j'aime* au lieu de l'ancien *j'aim* (représentant le lat. *amo*), tous les verbes de la même conjugaison ont reçu aussi *e* à la 1re personne : l'extension de *e* à la 1re personne est donc une loi morphologique exactement aussi rigoureuse que n'importe quelle loi phonétique.

Toutefois il y a une différence entre les lois phonétiques et les lois morphologiques : quand une articulation est transformée, elle ne tarde pas à l'être dans tous les cas où elle apparaît et les générations nouvelles naissent incapables d'en réaliser la prononciation antérieure ; par exemple aucune *l* mouillée ne subsiste dans les parlers de l'Ile-de-France après le passage de *l* mouillée à *y* ; au contraire quand un type morphologique est transformé, il en peut subsister certaines formes très employées qui sont fixées dans la mémoire ; ainsi l'indo-européen avait un type verbal de présent caractérisé par l'addition directe des désinences à la racine et l'alternance d'un vocalisme *e* au singulier et d'un vocalisme sans *e* au pluriel dans cette racine ; par exemple gr. εἶ-μι, pluriel ἴ-μεν, et skr. *é-mi* « je vais » (ancien **ai-mi*), pluriel *i-máḥ* « nous allons » ; cette série, autrefois très importante, a été éliminée peu à peu de l'usage dans tous les dialectes indo-européens ; mais des formes du verbe « être » ont subsisté jusqu'aujourd'hui parce que la fréquence de leur emploi les avait fixées dans la mémoire et c'est ainsi que le latin a encore *es-t* : *s-unt*, et de là vient fr. *il est* : *ils sont* ; de même l'allemand a *er ist* : *sie sind*. Le type a disparu depuis longtemps, mais l'une de ses formes est encore employée.

Le fait que les lois phonétiques et morphologiques s'appliquent à tous les mots où figurent les éléments visés dans leur formule est fort naturel ; le fait qu'elles s'appliquent à tous les enfants d'une même série de générations est moins attendu, quoiqu'au fond assez peu surprenant : il exprime en effet simplement ceci que les mêmes causes produisent les mêmes effets sur tous les enfants qui apprennent une même langue dans les mêmes conditions. La circonstance, au premier abord si frappante, que tous les enfants d'une même localité présentent vers le même temps les mêmes innovations d'une manière indépendante n'est en somme qu'une conséquence d'une grande règle, au fond beaucoup plus remarquable : tous les enfants placés dans les mêmes conditions apprennent la même langue de la même manière (sauf anomalie individuelle) et cette règle essentielle s'explique bien dans l'ensemble. En effet :

1° S'il est vrai que les éléments de la langue n'ont avec les idées à exprimer aucun lien nécessaire, du moins ces divers éléments sont liés *entre eux* par une infinité d'associations et chaque langue forme un système dont toutes les parties sont étroitement unies les unes aux autres. La phonétique du slave fournit de ce principe une excellente illustration. Le slave commun possédait deux séries de voyelles, les unes *dures*, précédées de consonnes *dures* : *a, o, u, y, ŭ*, les autres *molles*, précédées de consonnes *molles* : *ě, e, i, ĭ* ; les langues slaves qui, comme le russe et le polonais, ont conservé la distinction des deux séries ont aussi conservé la distinction de *y* (sorte de *i* prononcé vers la partie postérieure du palais) et de *i* et la distinction des voyelles réduites *ŭ* et *ĭ*, sous la forme de *o* et *e* en russe, *e* (dur) et *ie* en polonais : le russe a donc *syn* « fils » et *sila* « force » ; *den'* « jour » (de **dĭnĭ*) et *son* « sommeil » (de *sŭnŭ*) ; mais les langues slaves qui, comme le serbe, ont perdu la distinction des deux séries ont confondu *y* et *i*, *ŭ* et *ĭ* : l'*i* de serbe *sin* est le même que celui de *sila* ; le *ĭ* de *dĭnĭ* est représenté par *a* tout comme le *ŭ* de *sŭnŭ* : serbe *dan* et *san* ; la distinction de *y* et de *i*, de *ŭ* et de *ĭ* n'était donc qu'une conséquence du système et n'a pas persisté une fois le système détruit ; il est dès lors fort naturel que ce changement se soit produit dans tous les parlers serbes et que des changements tout à fait analogues aient en lieu dans les autres langues slaves méridionales et même en tchèque. — On conçoit donc bien que toute altération grave d'une partie du système phonétique ou grammatical d'une langue ait des conséquences pour tout le reste ; en germanique, ce n'est pas une série d'occlusives qui a été transformée, ce sont toutes les séries, et, ce qui montre qu'il n'y a là rien de fortuit, l'arménien présente des innovations exactement parallèles : les occlusives sourdes indo-européennes *p, t, k* y sont représentées par des aspirées **ph* (d'où *h*), *th, kh* qui présentent le premier degré de l'altération supposée en germanique et les sonores i.-e. *b, d, g* par des sourdes faibles *p, t, k,* comme en germanique. De même certains dialectes bantous ont pour *p, t, k* du héréro et du souahéli par exemple, *ph, th, kh,* ainsi le kondé, d'autres ont déjà *f, r* (notation d'une vibrante sourde de ces dialectes), *x* (spirante gutturale sourde), ainsi le péli ; enfin le douala a des sonores à la place de consonnes, par exemple *l* répond à *t* du héréro, *r* du péli, de même que le haut allemand *d* est issu du *þ* germanique (*th* anglais sourd) ; par exemple le nom de nombre « trois » est héréro *-tatu,* kondé *-thathu,* péli-*raro,* douala *-lalo.* Ce qui change dans les cas de ce genre, ce n'est pas une articulation isolée, c'est la manière générale d'articuler.

Les combinaisons d'articulations par lesquelles, dans une langue donnée, sont réalisés les phonèmes sont chose toute particulière à cette langue ; mais les mouvements élémentaires qui figurent dans ces combinaisons sont déterminés et limités par certaines conditions générales anatomiques, physiologiques et psychiques ; il est donc possible de fixer de quelle manière *peut* en principe évoluer une articulation dans un cas donné. Soit par exemple le phonème *s*, qui suppose une élévation de la langue près des dents, avec écoulement d'air constant, et qui est constitué par un sifflement : si la langue est relevée d'une manière insuffisante, il devient un simple souffle, le bruit du frottement de l'air entre la langue et les dents disparaissant, ainsi en français *asne* est devenu *ahne* (d'où *âne*) ; si la langue est relevée avec excès, on se rapprochera d'une occlusion et *s* sera remplacé par *þ* (le *th* anglais) ou même par l'occlusive *t* ; enfin, si l'on ajoute à *s* des vibrations glottales et si l'on affaiblit en conséquence l'intensité du souffle, on aboutit à la sonore correspondante *z* : ce sont là au fond toutes les variations possibles d'un phonème *s*, quelles que soient les particularités d'articulation. Soit encore un groupe tel que *anana* ou *anama* où un même mouvement articulatoire, l'abaissement du voile du palais, est répété deux fois : si, comme il arrive souvent, l'un des deux mouvements est supprimé, ce sera en principe le premier, non le second, et le phonème où figurait le mouvement supprimé subit des altérations qui le rendent prononçable et lui permettent de figurer dans le système de la langue : *anana* ou *anama* deviennent alors *alana, alama* ou *arana, arama*. — Les changements possibles de formes grammaticales ne se laissent pas formuler d'une manière aussi simple et aussi générale que les changements phonétiques, mais, dans chaque cas donné, ils ne sont pas moins limités.

En somme les possibilités de changements sont très étroitement définies par le système propre de chaque langue et par les conditions générales anatomiques, physiologiques et psychiques ; quand une même cause vient à provoquer des innovations, elle ne peut donc produire que des effets ou identiques ou très pareils les uns aux autres chez les hommes qui parlent une même langue, et il est naturel que les enfants d'un même groupe social présentent indépendamment les mêmes conservations de l'état ancien et les mêmes innovations.

II. — Application des principes généraux à la définition de l'indo-européen.

1. Définition de la notion de langues indo-européennes. — Certaines langues qui apparaissent dès 1000 av. J.-C. environ, depuis l'Hindoustan à l'Est jusqu'aux rives de l'Atlantique à l'Ouest, et depuis la Scandinavie au Nord jusqu'à la Méditerranée au Sud, présentent tant de traits communs qu'elles se dénoncent au premier coup d'œil comme étant les formes diverses prises par un même idiome, parlé antérieurement ; celles qui sont connues par des textes étendus de date plus ou moins ancienne et qui toutes sont encore représentées aujourd'hui par au moins un de leurs dialectes sont : l'indo iranien, le baltique et le slave, l'albanais, l'arménien, le grec, le germanique, le celtique, l'italique (latin et osco-ombrien). On est convenu d'appeler *indo-européen* (les Allemands disent *indo-germanique*) cet idiome inconnu dont les langues qui viennent d'être énumérées sont les formes historiquement attestées. *On appellera donc langue indo-européenne toute langue qui, à un moment quelconque, en un lieu quelconque, à un degré d'altération quelconque, est une forme prise par cet idiome.*

Cette définition est purement historique ; elle n'implique aucun caractère commun aux diverses langues, mais simplement le fait que, à un moment (d'ailleurs non défini) du passé, ces langues ont été une seule et même langue. Il n'y a donc aucun trait auquel on puisse reconnaître en tout cas une langue indo européenne. On verra par exemple que l'indo européen distinguait trois genres ; mais certaines langues comme les langues romanes et le letto lituanien n'en ont plus que deux, d'autres, comme l'arménien et le persan, ignorent toute distinction de genres.

Pour établir qu'une langue est indo-européenne, il faut et il suffit qu'on y montre un certain nombre de particularités qui sont propres à l'indo-européen et qui par suite seraient inexplicables si cette langue n'était pas une forme de l'indo-européen. Les coïncidences grammaticales sont très probantes ; les coïncidences de vocabulaire ne le sont au contraire presque pas : de ce que le finnois renferme beaucoup de mots indo-européens il ne suit pas qu'il soit indo-européen, car ces mots sont empruntés au germanique, au baltique et au slave ; de ce que le persan renferme une foule de mots sémitiques, il ne suit pas qu'il ne soit pas indo-européen, car tous ces mots sont empruntés à l'arabe. En revanche, si différent de l'indo-européen que soit l'aspect d'une langue, il ne résulte pas de là que cette langue ne soit pas indo-européenne : avec le temps les langues indo-européennes ont de moins en moins de traits communs, mais, aussi longtemps qu'elles subsisteront, ces langues ne pourront perdre leur qualité de langues indo-européennes, car cette qualité n'est que l'expression d'un fait historique et ne tient nullement à tel ou tel caractère défini.

Par exemple, si l'on ne possédait pas le latin et si les dialectes italiques étaient représentés seulement par le français, il ne serait pas impossible de démontrer que ces dialectes sont indo-européens. La meilleure preuve serait fournie par la flexion du présent du verbe « être » : l'opposition de *(il) est : (ils) sont* (prononcés *il ẹ : il* [ou plutôt *i*] *sọ*) répond encore à celle de skr. *ásti* « il est » : *sánti* « ils sont », de got. *ist : sind*, de v. sl. *jestŭ : sątŭ* ; les pronoms personnels *moi, toi, soi, nous, vous*, qui rappellent si exactement skr. *mām, tvām, svayám, naḥ, vaḥ* et v. sl. *mę, tę, sę, ny, vy*, complètent la preuve, que plusieurs détails de la flexion verbale viendraient confirmer. Mais en somme le français ne présente au premier abord que fort peu de traces de la forme indo-européenne, et il ne faudrait plus beaucoup de changements pour qu'il n'en restât pas du tout. La qualité indo-européenne du français n'en serait pas moins réelle, mais elle deviendrait indémontrable directement.

Il se peut donc qu'il y ait dans le monde des langues indo-européennes méconnues et qui ne peuvent pas ne pas être méconnues ; c'est d'ailleurs assez peu probable : ainsi malgré la date récente où il est attesté, l'albanais a été fort bien reconnu pour indo-européen. — Il se peut aussi que l'indo-européen soit lui-même une forme d'une langue antérieure représentée par telle ou telle autre langue ; mais aussi longtemps qu'on n'aura pas relevé entre la flexion indo-européenne et celle d'un autre groupe des coïncidences qui ne puissent être fortuites, cette communauté d'origine est comme si elle n'avait jamais été ; car elle est indémontrable. Si jamais on arrive à établir une série probante de concordances entre l'indo-européen et un autre groupe, il n'y aura d'ailleurs rien de changé au système ; seulement une nouvelle grammaire comparée se superposera à celle des langues indo-européennes, exactement comme la grammaire comparée des langues indo-européennes se superpose à celle des langues néo-latines par exemple ; on remontera d'un degré de plus dans le passé, mais la méthode restera exactement la même.

2. La « restitution » de l'indo-européen. — La parenté de plusieurs langues une fois établie, il reste à déterminer le développement de chacune depuis le moment où toutes étaient identiques jusqu'à une date donnée.

Si la forme ancienne est attestée, le problème est relativement simple : on s'aide de tous les renseignements historiques pour suivre du plus près possible les transformations de la langue dans les divers lieux, aux divers moments. — Si la forme ancienne n'est pas connue, ce qui est le cas des langues indo-européennes, on n'a d'autre ressource que de déterminer toutes les correspondances qu'on peut constater. Au cas où les langues ont très fortement divergé et où les correspondances sont rares et en partie incertaines, on ne peut guère faire plus que de constater la parenté. Pour les langues indo-européennes, les circonstances sont heureusement plus favorables ; ces langues présentent en effet des concordances extrêmement nombreuses et précises ; deux d'entre elles, l'indo-iranien et le grec, sont attestées à date assez ancienne et sous une forme assez archaïque pour que l'on puisse entrevoir ce qu'a dû être l'indo-européen. Le système de toutes les coïncidences présentées par les langues indo-européennes permet ainsi une étude méthodique et détaillée.

Un exemple tiré des langues romanes donnera immédiatement une idée du procédé employé. Soient les mots :

italien	*pẹra*	*tẹla*	*vẹro*	*pẹlo*
espagnol	*pera*	*tela*	*vero*	*pelo*
sicilien	*pira*	*tila*	*viru*	*pilu*
vieux français	*peire*	*teile*	*veir*	*peil*
(fr. mod.	*poire*	*toile*	*voire*	*poil*)

Étant connu que ces langues sont parentes, il n'est pas douteux que l'on a ici quatre mots de la langue commune, en l'espèce, du latin vulgaire ; la voyelle accentuée étant la même dans les quatre, on peut poser qu'on a affaire à une voyelle de cette langue, qu'on définira par les correspondances :

it. *ẹ* = esp. *e* = sic. *i* = v. fr. *ei* (fr. mod. *oi*).

On pourra convenir de désigner par *ẹ* fermé le phonème défini par cette correspondance. Mais certains dialectes de Sardaigne ont d'une part *pira, pilu,* de l'autre *veru* ; comme la différence entre *i* et *e* ne s'explique pas par l'influence des articulations voisines, elle doit être ancienne et l'on est amené à poser deux correspondances distinctes :

> sarde *i* = it. *ẹ* = esp. *e* = sic. *i* = v. fr. *ei*
> sarde *e* = it. *ẹ* = esp. *e* = sic. *i* = v. fr. *ei*

et l'on distinguera ainsi deux sortes d'*ẹ* fermé du latin vulgaire. Si le latin n'était pas connu, on ne pourrait aller plus loin, et la grammaire comparée des langues néo-latines n'autorise aucune autre conclusion. Le hasard qui a conservé le latin justifie cette conclusion : le premier *ẹ* fermé est un *i* bref du latin : *pĭra, pĭlum,* le second est un ancien *e* long : *uērum, tēla*.

La grammaire comparée des langues indo-européennes est exactement dans la situation où serait la grammaire comparée des langues romanes si le latin n'était pas connu : *la seule réalité à laquelle elle ait affaire, ce sont les correspondances entre les langues attestées*. Les correspondances supposent une réalité commune, mais cette réalité reste inconnue et l'on ne peut s'en faire une idée que par des hypothèses, et par des hypothèses invérifiables : la correspondance seule est donc objet de science. On ne peut pas restituer par la comparaison une langue disparue : la comparaison des langues romanes ne donnerait du latin vulgaire ni une idée exacte, ni une idée complète ; il n'y a pas de raison de croire que la comparaison des langues indo-européennes soit plus instructive. On ne restitue pas l'indo-européen.

Ceci une fois bien posé, il est permis, pour abréger le langage, de désigner par un signe chaque correspondance définie. Soit par exemple :

skr. *mádhu* « miel » et « hydromel » = gr. μέθυ, cf. v. isl. *mjǫðr* (v. h. a. *meto*)
skr. *ádhāt* « il a posé » = arm. *ed*, cf. gr. ἔθηκε, got. *(ga-)de-þs* « action »

il résulte de là une correspondance :

(1) skr. *dh* = gr. θ = arm. *d* = germ. *đ* (got. *d*, v.h.a. *t*)

Soit maintenant :

skr. *bhárāmi* « je porte », arm. *berem*, got. *baira*, gr. φέρω
skr. *nábhaḥ* « nuage » = gr. νέφος, cf. v. sax. *neƀal*

il résulte de là une correspondance :

(2) skr. *bh* = gr. φ = arm. *b* = germ. *ƀ* (got. *b*).

On pourra convenir de désigner la première par *dh*, la seconde par *bh*, puisque sans doute il s'agit d'occlusives sonores, l'une dentale, l'autre labiale, suivies ou accompagnées d'une certaine articulation glottale ; mais les correspondances sont les seuls faits positifs et les « restitutions » ne sont rien autre chose que les signes par lesquels on exprime en abrégé les correspondances.

La régularité des correspondances que fait attendre le principe de la constance des lois phonétiques est très souvent troublée en apparence. A part les anomalies dues à l'analogie, à l'emprunt, etc., il y a deux grandes causes d'irrégularités apparentes :

1° Deux phonèmes anciennement distincts se confondent souvent ; on a vu comment *ĭ* et *ē* du latin aboutissent dans la plupart des langues romanes à un même résultat ; à un même phonème d'une langue d'autres répondent par deux phonèmes différents ; ainsi en iranien, en baltique et en slave, en celtique, le phonème *d* qui répond au système :

skr. *dh* = gr. θ = arm. *d* = germ. *đ*

répond aussi au système :

skr. *d* = gr. δ = arm. *t* = germ. *t*

par exemple, le v. sl. *darŭ* « don » répond à gr. δῶρον, et v. sl. *medŭ* « miel, hydromel » à gr. μέθυ.

2° Un même phonème peut avoir deux traitements distincts suivant la position qu'il occupe ; en latin, par exemple, c'est *f* qui, à l'initiale, répond à skr. *bh* = gr. φ, mais entre voyelles on a *b*; de là le contraste de *ferō* et de *nebula*.

L'application de ce principe oblige à des combinaisons souvent subtiles et délicates. Ainsi quand on rapproche got. *bindan* « lier », skr. *bandháḥ* « lien », *bándhuḥ* « parent », gr. πενθερός « beau père du côté maternel » (littéralement « allié »), on est tenté de poser une correspondance :

skr. *b* = germ. *b* = gr. π

différente de celles qu'on observe par ailleurs :

(1) skr. *bh* = germ. *b* = gr. φ
(2) — *b* = — *p* = — β
(3) — *p* = — *f* (resp. *b*) = — π

Mais, si l'on se souvient que, en sanskrit et en grec, une aspirée en dissimile une autre, on voit que skr. *bandháḥ*, *bándhuḥ* peuvent représenter de plus anciens **bhandháḥ*, **bhándhuḥ*, et que gr. πενθερός peut représenter un plus ancien *φενθερός ; on rentre donc exactement dans le cas de la première correspondance et comme, en dehors des cas où il y a deux aspirées dans le mot, il n'y a pas de correspondance skr. *b* = germ. *b* = gr. π, il n'y a lieu de poser ici aucun phonème indo-européen distinct.

En tenant compte des lois particulières à chaque langue, on peut dire qu'un phonème indo-européen est défini par un système régulier de correspondances. Le nombre de ces systèmes indique le nombre minimum de phonèmes indo-européens distincts : l'indo européen en a pu naturellement distinguer d'autres, mais la grammaire comparée n'a aucun moyen de les déterminer et n'a d'ailleurs aucun intérêt à le faire, puisque son objet n'est pas la chimérique restitution d'une langue disparue, mais l'examen méthodique des coïncidences entre les langues attestées.

En morphologie on procède de la même manière. Ainsi la désinence de 3e personne sing. primaire active du présent est skr. *-ti*, gr. -τι (dialect. -σι), v. russe *-tĭ*, v. lit. *-ti*, celt. **-ti*, lat. *-t(i)* ; si l'on est une fois convenu de désigner par **t* le phonème défini par la correspondance skr. *t* = gr. τ = letto-slave *t*, etc., et par **i* le phonème défini par la correspondance skr. *i* = gr. ι = v. russe *ĭ* = lit. *i*, etc., on peut dire que la désinence en question est i.-e. **-ti* : skr. *ás-ti* « il est », gr. ἔσ-τι, v. russe *jes-tĭ*, v. lit. *es-ti*, got. *is-t*, lat. *es-t* ; l'exemple qui vient d'être cité permettrait de même de définir un thème verbal (qui est en même temps une racine) i.-e. **es-*.

Beaucoup de coïncidences résultent de développements parallèles dans plusieurs langues et dès lors ne prouvent pas pour l'indo-européen ; ainsi la 1re personne sing. primaire active du présent du verbe « porter » est skr. *bhárāmi*, serbe *bȅrēm*, arm. *berem*, v. irl. *berim* et l'on serait tenté de conclure de là que, dans les verbes dits thématiques (les verbes grecs en -ω), cette personne était caractérisée par une désinence **-mi* ; mais ceci est contredit par gâthique *barā*, gr. φέρω, lat. *ferō*, got. *báira* ; et en effet on constate que *-mi* est une addition récente dans toutes les formes ; le v. sl. *berą* n'a pas **-mi* et *bȅrēm* n'apparaît qu'au cours même de l'histoire du serbe ; l'irlandais, qui a *berim*, a aussi *do-biur*, qui suppose **bherō* ; l'arm. *berem* ne prouve rien pour diverses raisons dont le détail serait trop long à donner ; enfin le gâthique *barā* suffit à montrer que skr. *bhárāmi* ne représente pas la forme indo-iranienne. On ne doit donc utiliser une correspondance qu'après une critique très serrée.

L'ensemble des correspondances phonétiques, morphologiques et syntaxiques permet de prendre une idée générale de l'élément commun des langues indo-européennes ; quant au détail, soit de l'indo-européen, soit du développement de l'indo-européen entre la période d'unité et les formes historiquement attestées de chaque langue, il échappe nécessairement dans une large mesure. Et surtout, comme on vient de le voir, ce que fournit la méthode de la grammaire comparée n'est pas une restitution de l'indo-européen, tel qu'il a été parlé : *ce n'est rien autre chose qu'un système défini de correspondances entre les langues historiquement attestées.*

Sous le bénéfice de cette réserve, la grammaire comparée est la forme qu'affecte la grammaire historique pour les parties du développement linguistique qui ne peuvent être suivies à l'aide de documents. Toute grammaire historique est aussi comparative dans une certaine mesure, car, même pour les langues les mieux connues, il s'en faut de beaucoup que les détails de l'évolution de chaque parler soient attestés par des textes. Mais, ce qui fait l'originalité et la difficulté de la grammaire comparée générale des langues indo-européennes, c'est qu'elle est purement comparative : c'est pour elle que la méthode a été créée et elle reste le meilleur modèle, ou pour mieux dire le seul exemple complètement réalisé, de l'application de cette méthode.

Les définitions qui viennent d'être données permettent d'écarter en peu de mots deux conceptions également erronées et contraires à l'esprit même de la méthode :

1° On a longtemps cru que l'indo-européen était une langue *primitive* : on entendait par là que la grammaire comparée permettait d'entrevoir une période « organique » où la langue se serait constituée et où sa forme se serait établie. Mais il n'y a aucune raison de croire que l'indo-européen soit par rapport au sanskrit, au grec, etc., autre chose que ce qu'est le latin par rapport à l'italien, au français, etc. Assurément les populations qui parlaient l'indo-européen devaient être à un niveau de civilisation assez analogue à celui des nègres de l'Afrique ou des Indiens de l'Amérique du Nord : mais les langues des nègres et des Indiens n'ont rien de « primitif » ni d'« organique » ; chacun de leurs parlers a une forme arrêtée et le système grammatical en est souvent très délicat et complexe ; il en était de même de l'indo-européen. Aucun linguiste ne peut croire aujourd'hui que la grammaire comparée fournisse la moindre lumière sur les commencements du langage. L'indo-européen n'est sans doute pas plus ancien et, en tout cas, pas plus « primitif » que l'égyptien et le babylonien.

2° Sans avoir l'illusion que la grammaire comparée puisse rien révéler sur la manière dont s'est constituée une langue, on essaie souvent de donner des formes indo-européennes des explications historiques. Par exemple on s'est demandé si les désinences personnelles des verbes ne sont pas d'anciens pronoms suffixes ou si les alternances vocaliques telles que celle de εἶμι, ἴμεν ne seraient pas dues à certains changements phonétiques. Mais les explications de ce genre sont de pures hypothèses et échappent à toute démonstration. En effet on ne peut expliquer historiquement une forme que par une forme plus ancienne ; or, ce qui manque ici, ce sont précisément les formes plus anciennes : non seulement elles ne sont pas attestées, mais on ne peut les « restituer » par aucune comparaison : on n'aura le moyen d'expliquer historiquement l'indo-européen que dans la mesure où l'on démontrera sa parenté avec d'autres familles de langues et où l'on pourra poser ainsi des systèmes de correspondances. Tout ce que l'on sait du développement des langues montre que les faits sont trop complexes pour se laisser deviner ; personne ne doute qu'il serait puéril d'expliquer le français si l'on ne connaissait ni les autres langues romanes, ni le latin ; il n'est pas moins puéril d'expliquer l'indo-européen et c'est plus absurde encore, puisqu'on ne possède pas l'indo-européen même, mais seulement des systèmes de correspondances qui en donnent indirectement une idée. Toutes les hypothèses qu'on a faites et qu'on continue de faire pour expliquer les détails de la flexion indo-européenne seront donc simplement passées sous silence dans ce livre.

On n'envisagera ici qu'une seule chose : celles des concordances entre les diverses langues indo-européennes qui supposent d'anciennes formes communes : l'ensemble de ces concordances constitue ce que l'on appelle l'indo-européen.

CHAPITRE II

LES LANGUES INDO-EUROPÉENNES

Dans chacune des divisions du groupe social où elle est parlée, une même langue présente certaines particularités de prononciation, de grammaire et de vocabulaire ; ces particularités s'héritent de génération en génération et chaque génération nouvelle tend à y ajouter. Ce fait est universel ; on doit donc considérer comme certain a priori que, même au temps où l'indo-européen ne formait à proprement parler qu'une langue et où ceux qui l'employaient n'étaient pas encore dispersés, les parlers indo-européens présentaient entre eux des différences plus ou moins graves.

Quand on observe le développement des idiomes historiquement attestés, on reconnaît que la plupart de ces particularités ne sont pas propres à une seule localité, mais se retrouvent dans plusieurs groupes d'hommes voisins les uns des autres. Par exemple la prononciation *e* de l'*a* accentué latin (*cantāre* donnant *chanter*) se retrouve dans tous les parlers du Nord de la France ; de même la prononciation *v* du *p* latin entre voyelles ou phonèmes de caractère semi-vocalique (*căpra* donnant *chèvre*). Mais chacune de ces particularités a ses limites propres ; par exemple l'*a* latin accentué devient *e* dans des parlers où le *p* latin entre voyelles ou éléments vocaliques devient non pas *v* comme dans le Nord de la France, mais *b* comme dans le Midi : tel parler berrichon a, dans le mot lat. *căpra, e* comme le français *chèvre* et *h* comme le provençal *cabra* et dit *chieb*. On dresse ainsi des cartes de France où est marquée la limite propre de chacune des innovations qui se sont produites au cours de l'histoire de la langue latine sur le territoire français. Les diverses particularités des parlers indo-européens avaient de même leurs limites géographiques et l'on en reconnaît aujourd'hui encore quelques indices : les gutturales se prononçaient autrement dans les parlers d'où sont sortis l'indo-iranien, l'arménien, l'albanais, le baltique et le slave que dans ceux d'où sont sortis le grec, le germanique, le celtique, l'osco-ombrien et le latin ; après *r* et *k*, la consonne *s* est représentée en indo-iranien, en baltique, en slave et en arménien autrement que dans les autres langues ; *s* initiale est traitée en iranien, en arménien et en grec autrement qu'en sanskrit et dans toutes les autres langues ; les types de verbes tels que gr. τείνω et de noms tels que gr. τόνος jouent en indo iranien, en baltique, en slave et en grec un grand rôle, un très petit dans les autres dialectes ; beaucoup de mots sont communs au letto slave et à l'indo iranien et ne se retrouvent pas ailleurs, par exemple skr. *kṛṣṇáḥ*, v. sl. *črŭnŭ*, v. pruss. *kirsnan* « noir » : d'autres n'existent qu'en germanique, celtique et italique, ainsi lat. *nāstus*, irl. *fās* « vide », v. h. a. *wuosti* « wüst ».

D'ordinaire un certain nombre de parlers locaux présentent des caractères communs : on appelle *dialecte* un ensemble de parlers qui, sans être identiques les uns aux autres, présentent des particularités communes et un air général de ressemblance sensible aux sujets parlants. On oppose ainsi en grec le dialecte ionien au dialecte dorien, au dialecte éolien, etc. ; mais le dorien par exemple ne forme pas pour cela une unité et, en fait, le parler laconien différait de celui d'Argos, de celui de Gortyne, etc. Aussi longtemps qu'il n'intervient pas d'accidents historiques, les dialectes n'ont pas de limites définies, puisque chacune de leurs particularités a son extension propre ; on ne saurait dire où commencent les dialectes français du Nord et où finissent les dialectes provençaux ou les dialectes gallo-romans du Sud-Est (le moyen rhodanien) ; certains groupes sont franchement du Nord, d'autres franchement du Midi, mais il y a des zones intermédiaires. Seuls des accidents historiques déterminent la création de frontières précises : le langage de Paris tend à se répandre sur toute la France ; il vient ainsi à la rencontre de la forme du toscan sur laquelle repose l'italien et qui tend à se répandre sur toute l'Italie : il y a dès lors contact de deux dialectes autrefois très éloignés l'un de l'autre et la limite, qui coïncide avec une frontière politique, peut être tracée avec rigueur, tandis que, entre le parisien et le toscan, les parlers locaux présentent toute une série de transitions presque insensibles.

Les dialectes indo-européens n'ont été fixés par l'écriture et ne sont connus qu'à des dates où depuis longtemps les groupes de populations qui les parlaient s'étaient absolument séparés et où chacun des dialectes avait subi dans son développement isolé des changements profonds inconnus à tous les autres. La distinction des principaux dialectes ne présente donc aucune difficulté de l'ordre de celles qu'on rencontre en roman par exemple, et le nombre des dialectes indo européens conservés ne prête à aucune contestation. On a, en partant de l'Orient, huit groupes d'importance très inégale : l'indo-iranien, l'arménien, le baltique et le slave, l'albanais, le grec, le germanique, l'italique (latin et osco-ombrien) et le celtique.

Trois seulement de ces groupes sont connus par des documents suivis antérieurs à l'ère chrétienne : l'indo-iranien, le grec et l'italique. Tous les autres ne sont connus qu'à partir du moment où l'apostolat chrétien y a fixé la langue par écrit, c'est-à-dire à une date de plusieurs siècles au moins plus basse que celles des premiers textes des groupes précédents et après que l'influence des civilisations hellénique et romaine s'est exercée.

I. — L'indo-iranien.

L'indo-iranien comprend deux groupes absolument séparés et bien distincts, celui de l'Inde et celui de l'Iran. Ces deux groupes présentent un très grand nombre de particularités communes et ne diffèrent pas plus l'un de l'autre que le haut allemand du bas allemand par exemple. Les populations qui les parlaient se désignaient également par le nom de *ārya-*, et le nom même de l'Iran représente encore aujourd'hui ce nom ancien : c'est le génitif pluriel *āryānām* qui a fourni le pluriel *ērān* du moyen persan, prononcé ensuite *īrān*. Un nom propre correspondant à celui-ci ne se trouve dans aucun autre dialecte indo-européen ; seuls les dialectes *indo-iraniens* doivent donc porter le nom de *aryens* et en effet en Allemagne on désigne par *arisch* ce qui est appelé ici indo-iranien. Le mot *aryen* a été entièrement évité dans ce livre pour parer à toute ambiguïté.

1. L'indo-iranien dans l'Inde. — Le plus ancien texte daté d'une manière précise ne remonte pas au delà du milieu du IIIe siècle av. J.-C. ; ce sont les inscriptions d'Açoka. Ces inscriptions, qui se trouvent dans les régions les plus diverses de l'Inde et jusqu'en plein Dekhan, présentent des rédactions locales qui diffèrent sensiblement suivant les régions, mais qui ont ce trait commun de n'être pas en sanskrit et qui représentent une forme plus récente de la langue : le plus ancien texte daté de l'Inde n'est pas du vieil indien,

c'est du moyen indien. Car on possède toute une série de textes non datés, mais qui par leur langue et par leur contenu se dénoncent comme antérieurs de plusieurs siècles aux inscriptions d'Açoka : ce sont les textes védiques ; en premier lieu, la grande collection des hymnes récités dans les sacrifices par l'un des prêtres, le *hotar* : ces hymnes, tous composés en strophes, ont formé d'abord plusieurs recueils différents avant d'être réunis dans le recueil qui est connu sous le nom de *Ṛgveda* (Véda des chants) ; c'est de tous les textes de l'Inde celui qui présente la langue la plus archaïque. Les autres recueils d'hymnes, sans être peut-être moins anciens au point de vue du fond, ont un aspect moins archaïque au point de vue linguistique ; c'est le cas du plus important d'entre eux, l'Atharvaveda, dont la forme ancienne s'est moins bien conservée parce qu'il n'appartenait pas au même type de sacrifices que le Ṛgveda et avait un caractère moins liturgique. Les textes en prose des *brāhmaṇas* où est exposée la théorie de la religion védique présentent un aspect du sanskrit plus récent encore. La langue des brāhmaṇas se rapproche progressivement de celle dont le grammairien Pāṇini a donné les règles et qui, avec certains changements, est celle des grandes épopées, le *Mahābhārata* et le *Rāmāyaṇa,* et enfin celle de la littérature artificielle de l'Inde : cette littérature est tout entière postérieure au IIIe siècle av. J.-C., c'est-à-dire à un temps où l'étage sanskrit était depuis longtemps dépassé dans le langage parlé ; la langue dans laquelle elle est rédigée devait donc l'existence à une tradition littéraire et grammaticale et ne fournit pas un témoignage linguistique direct et immédiat ; bien qu'il soit loin d'être exempt de fortes influences littéraires et traditionnelles, le texte des védas et celui des brāhmaṇas donnent des témoignages d'une tout autre valeur et les linguistes ne se servent des textes du sanskrit classique que là où par hasard les textes plus anciens font défaut. — Le *Ṛgveda* semble avoir été composé dans le Nord-Ouest de l'Inde, nommément dans le Pendjab et la région immédiatement voisine à l'Est ; les particularités des textes plus récents ne remontent pas en général à des différences dialectales antérieures à la composition des védas et résultent pour la plupart du développement linguistique au cours des siècles. Le sanskrit classique n'est qu'un compromis traditionnel et réglé par les grammairiens entre la richesse de flexion de la langue védique et la pauvreté relative de la langue parlée ensuite. Pour aucun texte sanskrit, on n'a le moyen de définir avec quelque précision des différences dialectales.

Le moyen indien est représenté par les inscriptions les plus anciennes depuis Açoka, par le pâli, langue religieuse du bouddhisme du Sud, et par les textes prâkrits : les prâkrits sont des langues littéraires employées par certains auteurs, notamment les auteurs dramatiques qui mettent dans la bouche de leurs personnages soit le sanskrit, soit tel ou tel prâkrit, suivant leur condition sociale. La langue des plus anciennes inscriptions a visiblement un certain caractère local, mais sans rigueur ; d'autre part les prâkrits portent pour la plupart des noms locaux, comme *mâhârâṣṭrî* « langue du *Mahârâṣṭra* », *çaurasenî* « langue du pays de *Çûrasena* », etc. Quoi qu'on puisse penser de l'exactitude avec laquelle les textes reproduisent telle ou telle langue locale, il est certain qu'on n'y trouve presque rien qui ne s'explique par la langue védique. Les documents du moyen indien donnent une idée du développement de la langue, mais ils ne permettent en aucune manière de supposer qu'il y ait jamais eu dans l'Inde à date ancienne un dialecte différent de celui que représente le védique.

Tous les dialectes indo-iraniens employés actuellement dans l'Inde, de l'Himalaya à Ceylan (le singhalais est un dialecte indo-iranien) semblent provenir de l'extension progressive à travers la péninsule des dialectes dont le représentant le plus ancien est le texte du R̥gveda et qui était parlé dans le Pendjab par les Âryas qui s'y sont établis. Aujourd'hui encore les dialectes indo-iraniens ne couvrent pas l'Inde tout entière et des langues non indo-européennes sont parlées, surtout dans les régions les plus éloignées du Pendjab, à savoir la côte orientale d'une part et le sud du Dekhan de l'autre.

2. L'indo-iranien dans l'Iran. — Ici on rencontre dès le début deux dialectes distincts :

a. L'un est le *vieux perse* attesté par les inscriptions de Darius (roi de 522 à 486 av. J.-C.) et de ses successeurs, écrit en une écriture cunéiforme très simple ; les inscriptions de Darius sont le plus ancien texte *daté* de grande étendue qu'on ait d'une langue indo-européenne. Une forme plus récente et complètement transformée du même dialecte est conservée dans les inscriptions *pehlvies* des rois sassanides et des textes pehlvis assez nombreux, mais en général postérieurs à l'époque sassanide ; la plus ancienne inscription pehlvie qu'on possède est du fondateur même de la dynastie sassanide, *Artaxšatr i Pāpakān,* c'est-à-dire Ardaschir (226-241 ap. J.-C.) ; la graphie du pehlvi est obscure et bizarre, ce qui enlève à ces documents une bonne part de l'intérêt linguistique qu'ils pourraient avoir ; le persan littéraire apparaît lorsque, après la conquête arabe, il s'élève des dynasties musulmanes nationales, au IXe siècle ap. J.-C. ; il y a eu depuis cette date des changements de détail, mais aucune transformation de la langue.

b. Un dialecte oriental est conservé dans le texte religieux du mazdéisme, l'*Avesta* ; sous sa forme actuelle, l'Avesta, dont il ne subsiste d'ailleurs qu'une assez petite partie, n'a été fixé d'une manière définitive qu'à l'époque des Sassanides ;

on n'a pas la moindre notion précise sur les dates auxquelles les diverses parties de l'Avesta ont pu être écrites, non plus que sur le pays des auteurs. Le contenu du texte et le caractère du dialecte établissent seulement que la patrie de l'Avesta est la région orientale de l'Iran. L'Avesta comprend deux parties bien distinctes : d'une part les *gâthâs,* presque toutes en strophes assez analogues aux strophes védiques, et dont l'archaïsme ne le cède guère à celui du *Ṛg*veda même, de l'autre tout le reste du livre, écrit d'une manière plus ou moins correcte et en très grande partie, sinon en totalité, en une langue qui n'était pas la langue usuelle des auteurs, mais un idiome savant et religieux, comparable au latin mérovingien ou carolingien.

Indépendamment de ces deux dialectes attestés sous forme relativement ancienne, et qui ont une littérature, on a étudié un grand nombre de dialectes modernes parlés depuis les vallées du Pamir jusqu'au Kurdistan et depuis le Balutchistan et l'Afghanistan jusqu'à la mer Caspienne ; ces dialectes présentent de l'intérêt pour la connaissance générale de l'iranien, car ils permettent de combler en quelque mesure les lacunes que laissent subsister l'obscurité et la brièveté des anciens textes.

L'indo iranien est de tous les dialectes celui qui a le moins profondément altéré l'aspect général de la morphologie indo-européenne ; c'est le seul qui permette d'entrevoir le rôle ancien des racines ; le seul qui ait conservé la distinction des huit cas de la déclinaison indo européenne ; etc. C'est pourquoi la grammaire comparée des langues indo européennes ne s'est constituée que le jour où l'on a rapproché l'indo iranien du grec, du latin et du germanique et, sans une sérieuse connaissance de l'indo iranien, il est impossible de poursuivre sur cet ordre de questions aucune recherche personnelle ou même d'arriver à posséder sur le sujet autre chose que des notions générales.

II. — Le grec.

A la date où commencent la tradition littéraire et la tradition épigraphique, c'est-à-dire du VIIe au Ve siècle av. J.-C., chacune des villes grecques a son parler propre ; mais ces parlers ne différaient pas assez les uns des autres pour qu'on ne reconnût pas immédiatement l'unité fondamentale de la langue et pour qu'un Hellène pût avoir une difficulté réelle à se faire comprendre en un point quelconque du domaine hellénique. Les principaux groupes dialectaux sont les suivants :

1. *Ionien-attique.* — α. L'ionien était employé : dans la Dodécapole d'Asie mineure : Hérodote y distinguait quatre dialectes, ceux de Milet, d'Ephèse, de Samos et de Chios, que les textes actuellement connus ne permettent plus de caractériser, — dans une partie des Cyclades : Paros, Thasos, Naxos, Ceos, — dans l'île d'Eubée ; les inscriptions, peu nombreuses, indiquent peu de particularités propres à chacune des villes. Le dialecte ionien a été écrit dès le VIIe siècle par des poètes tels que Archiloque de Paros et Callinos d'Éphèse, dès le VIe par des prosateurs ; le principal texte conservé est celui de l'historien Hérodote (environ 484-425 av. J.-C.).

β. L'attique est à beaucoup d'égards très proche de l'ionien ; il est connu par une grande quantité d'inscriptions depuis le VIIe siècle av. J.-C. et par une riche littérature en vers et en prose.

2° *Dorien.* — Les parlers doriens diffèrent plus entre eux que les parlers ioniens, soit qu'ils aient été en réalité plus différents les uns des autres, soit que l'absence d'un dialecte littéraire constitué de bonne heure ait permis à chaque ville de noter plus exactement la manière locale. Appartiennent au dorien : la Laconie et les colonies laconiennes, Tarente et Héraclée — la Messénie — Argos — Corinthe et ses colonies, Corcyre et Syracuse — Mégare et ses colonies — la Crète — les îles doriennes : Égine, Cos, etc. Le dorien est surtout connu par des inscriptions dont les principales sont la loi de Gortyne (en Crète) et les tables d'Héraclée. Les textes littéraires ne donnent qu'une idée assez trouble du dialecte.

3° *Parlers du Nord-Ouest*. — Épire, Étolie, Locride, Phocide, etc. De ces parlers on n'a que des inscriptions ; le mieux connu est celui de Delphes.

4° *Éléen*. — Connu seulement par des inscriptions.

5° *Parlers du Nord-Est*. — Béotie, Thessalie, Lesbos et villes éoliennes d'Asie mineure. Les poètes lesbiens, Alcée et Sapho, qui écrivaient à la fin du VIIe siècle av. J.-C. et au commencement du VIe, ont écrit le parler de leur île natale, Lesbos : c'est le dialecte littéraire éolien. Le thessalien et le béotien sont surtout connus par des inscriptions ; les inscriptions béotiennes sont rendues particulièrement intéressantes par le soin avec lequel la prononciation locale y est notée à chaque époque.

6° *Arcadien et cypriote*. — Les inscriptions dialectales de Cypre, bien qu'elles ne remontent pas pour la plupart au delà du IVe et du Ve siècle av. J.-C., sont écrites dans un alphabet syllabique absolument différent de l'alphabet grec ordinaire et présentent par là un intérêt spécial.

Les poèmes homériques, l'Iliade et l'Odyssée, dont la composition est sûrement antérieure au VIIe siècle et qui sont le plus ancien monument littéraire grec, sont rédigés en une langue littéraire qui a au premier abord l'aspect général de l'ionien, mais qui renferme de nombreux éléments éoliens ;

bien qu'elle ne représente aucun parler local défini, cette langue est d'un extrême intérêt pour le linguiste à cause de sa haute antiquité et des vieilles formes qu'elle renferme en grand nombre.

Les parlers locaux n'ont pas subsisté ; dès le IVe siècle av. J.-C., il se constitue une langue commune (κοινή) qui élimine progressivement toutes les particularités locales, et c'est sur la κοινή que reposent les divers parlers du grec moderne.

Le grec ancien est la seule langue indo-européenne connue à la même date que l'indo-iranien ; la morphologie y est moins bien conservée, mais le vocalisme y a subsisté sous une forme beaucoup plus claire ; et la connaissance du grec ancien n'est pas moins indispensable au linguiste que celle de l'indo-iranien.

III. — Dialectes italiques.

Un troisième groupe de langues indo-européennes est attesté antérieurement à l'ère chrétienne, celui des dialectes italiques. L'étrusque, qu'on n'a aucune raison de rattacher à l'indo-européen, n'a en tout cas rien de commun avec ces dialectes, dont les principaux sont le latin, l'ombrien et l'osque :

1° Le latin, représenté par le parler de Rome et des environs immédiats de la ville, n'est réellement un peu connu qu'à partir de la seconde moitié du IIIe siècle av. J.-C. ; les textes plus anciens, non datés, ont très peu d'importance. A la suite de la conquête romaine, le latin est devenu la langue de toute la partie occidentale de l'empire romain et, quand l'empire s'est dissous, il s'est développé d'une manière indépendante dans chaque localité ; avec la constitution des nouvelles nations européennes, il s'est constitué aussi une série de langues absolument indépendantes les unes des autres qui représentent autant de formes du latin : l'italien, l'espagnol, le portugais, le français, le provençal, le roumain, etc. Depuis le XVIᵉ siècle, la colonisation européenne a donné à ces formes récentes du latin une extension toute nouvelle : le portugais est la langue du Brésil, l'espagnol celle du reste de l'Amérique du Sud et de l'Amérique jusqu'aux États-Unis au nord, le français est parlé au Canada, en Algérie et sur un grand nombre de points d'Amérique, d'Afrique et d'Asie. Grâce à ces diverses extensions successives, le parler de Rome s'est ainsi répandu sur presque toutes les régions du monde.

2° L'ombrien n'est plus guère connu que par les tables eugubines, rituel de sacrifice, non daté, mais sûrement antérieur à l'ère chrétienne.

3° L'osque n'est également connu que par des inscriptions qu'on a trouvées à Messine, dans le Bruttium, en Lucanie, en Campanie (notamment à Pompéi, Abella, Capoue), et au Nord jusque dans le Samnium.

L'osque et l'ombrien diffèrent profondément du latin ; ils se ressemblent entre eux dans une certaine mesure, mais non pas d'une manière telle qu'un Ombrien dût comprendre immédiatement l'osque ou inversement. Les divers parlers italiques ont tous cédé la place au latin au commencement de l'ère chrétienne.

On rapproche souvent le latin du grec, mais c'est uniquement pour des raisons historiques et parce que l'éducation classique a compris jusqu'à présent l'étude des deux langues ; au point de vue linguistique, le latin n'est pas particulièrement proche du grec et, s'il est un groupe de dialectes qu'il y ait lieu de rapprocher de ceux de l'Italie, ce sont les dialectes celtiques.

IV. — Dialectes celtiques.

Du celtique on possède trois dialectes :

1° Le gaulois, que des expéditions militaires ont répandu sur la Gaule et l'Italie du Nord et jusqu'en Asie Mineure, a été éliminé partout dès les premiers siècles de l'ère chrétienne; il n'en reste aucun texte étendu; de nombreux noms propres transmis par les historiens grecs et latins permettent cependant d'avoir quelque idée de sa phonétique dont l'aspect est remarquablement archaïque; les inscriptions sont trop rares et trop obscures pour qu'on pénètre la morphologie et la syntaxe.

2° Le brittonique, langue de la Grande-Bretagne, a été refoulé par le germanique et n'est plus représenté que sous trois formes relativement récentes :

a. Le gallois, dans le pays de Galles, attesté par des textes littéraires depuis le XIe siècle; très vivace;

b. Le cornique, en Cornouaille, connu par un glossaire du XIIIe siècle et quelques textes à partir du XVe; mort depuis le XVIIIe siècle;

c. Le breton, dans l'Armorique française, connu par des gloses dès le VIIIe siècle, par des textes littéraires depuis le XIVe, encore parlé dans les parties rurales de l'Armorique. Le breton n'est pas un reste du gaulois; c'est la langue d'émigrants venus de Grande-Bretagne, surtout au moment de la conquête saxonne.

3° Le gaélique, attesté par de nombreuses gloses irlandaises dès le VIIIe siècle et ensuite par une littérature abondante en Irlande; parlé aujourd'hui encore dans une partie de l'Irlande et de l'Écosse et dans l'île de Man. L'irlandais est la seule langue celtique qui, surtout sous ses formes les plus anciennes, ait conservé une flexion riche et très archaïque, et c'est par suite celle dont on se sert constamment en grammaire comparée.

V. — Dialectes germaniques.

Les dialectes germaniques forment trois groupes nettement distincts :

1° Le gotique, essentiellement représenté par les restes de la traduction de la Bible qu'a faite l'évêque *Wulfila*, au IVe siècle ap. J.-C. ; quelques chartes écrites au VIe siècle en Italie sont rédigées à peu près dans la même langue. Au XVIe siècle, le Hollandais Busbeck a trouvé en Crimée une population parlant encore une langue sans doute gotique et a relevé quelques mots de cet idiome ; ailleurs le gotique est mort de bonne heure.

2° Le germanique septentrional, représenté tout d'abord par des inscriptions runiques, dont les plus anciennes ne remontent pas au delà du IIIe siècle ap. J.-C. Il comprend plusieurs dialectes :

a. L'islandais : les plus anciens manuscrits datent de la fin du XIIe siècle : c'est la langue conservée dans ces manuscrits qu'on appelle vieil islandais et qui est citée d'ordinaire en grammaire comparée comme le représentant du germanique septentrional ou norrois.

b. Le norvégien, très proche de l'islandais et attesté à peu près à la même date.

c. Le suédois.

d. Le danois.

3° Le germanique occidental, beaucoup moins un que le germanique septentrional. On y distingue :

a. Le haut allemand, qui n'a lui-même aucune unité : chacun des textes représente un parler différent ; du VIIIe siècle on n'a guère que des gloses ; la littérature commence au IXe siècle ; le haut allemand proprement dit comprend le bavarois et l'alémannique, ce dernier représenté notamment par la règle des Bénédictins (IXe siècle) et les œuvres de Notker, moine de Saint-Gall (Xe siècle) ; le franconien est, sous ses diverses formes, la langue de Trèves, Cologne, Fulda, Würzburg, Bamberg, Mayence, Francfort, Worms, Spire. — L'allemand littéraire moderne repose essentiellement sur le franconien.

b. Le bas allemand a pour texte le plus ancien le poème du *Hêliand,* composé vers 830 et conservé dans des manuscrits du IXe et du Xe siècles ; on désigne sous ce nom la langue de ce poème et de quelques autres de date postérieure. La seule langue littéraire qui représente aujourd'hui le bas allemand est le néerlandais ou flamand ; mais dans toute la plaine allemande à l'est de la région du Rhin les parlers locaux sont du bas allemand ; les anciens colons européens de l'Afrique du sud, les Boers, parlent aussi un dialecte néerlandais.

c. Le frison et l'anglo-saxon. L'anglo-saxon est devenu la langue de la plus grande partie de la Grande-Bretagne ; il est attesté depuis le IXe siècle et l'on désigne particulièrement sous le nom d'anglo-saxon la langue d'Aelfred le Grand et d'Aelfric. L'anglais est devenu à date récente l'idiome de l'Amérique au nord du Mexique, de l'Australie et de beaucoup de régions plus ou moins étendues dans le monde entier.

VI. — Baltique et slave.

Il y a ici deux dialectes nettement distincts : le baltique et le slave ; les ressemblances assez nombreuses qu'ils présentent entre eux tiennent au parallélisme de leur développement autant et plus qu'à une séparation tardive des deux groupes ;

car on y rencontre des innovations pareilles plutôt qu'identiques.

1. BALTIQUE. — A. Vieux prussien, aujourd'hui mort, et connu seulement par un vocabulaire du XVe siècle contenant 800 mots et par une traduction de trois petits catéchismes et de l'Encheiridion de Luther (cette dernière datée de 1561).

B. Letto lituanien, comprenant deux groupes de dialectes encore aujourd'hui vivants :

a. Le lituanien ; le plus ancien texte est seulement de 1547 ap. J.-C. ; les principales différences qu'on observe aujourd'hui entre les parlers des diverses régions de la Lituanie apparaissent nettement dès les plus anciens textes du XVIe et du XVIIe siècles et, sauf la perte de quelques archaïsmes, la langue ne diffère que peu aujourd'hui de ce qu'elle était au XVIe siècle. Le lituanien est remarquable par son aspect d'antiquité indo-européenne ; il est frappant d'y trouver encore au XVIe siècle et jusqu'aujourd'hui des formes qui recouvrent exactement des formes védiques ou homériques et qui reproduisent presque parfaitement des formes indo-européennes, par exemple *ěsti* « il est » = skr. *ásti*, gr. ἐστι ou *gývas* « vivant » (y est la notation de *i* long) = skr. *jīváḥ*, lat. *uiuos*. Le vieux prussien n'a pas un caractère moins archaïque, mais il n'est connu que trop imparfaitement, et c'est sous la forme du lituanien qu'on cite d'ordinaire le baltique en grammaire comparée.

b. Le lette, parlé au nord de la Lituanie, est connu à peu près à la même date, mais sous un aspect un peu plus altéré que le lituanien.

Sous la forme moderne sous laquelle on les cite ordinairement, le lituanien et le lette ne donnent pas moins d'enseignements utiles que le latin ou le gotique, connus tant de siècles auparavant : par là, on peut entrevoir le merveilleux archaïsme de ces langues.

2. Slave. — Dès les premiers textes, dont le plus ancien ne remonte d'ailleurs pas au delà du IX[d] siècle ap. J.-C., le slave présente une grande variété de dialectes. Les trois principaux groupes sont les suivants :

A. *Groupe méridional.* — *a.* Macédonien et bulgare. Les apôtres orientaux des Slaves, Cyrille et Méthode, originaires de la région de Salonique, et leurs disciples, ont traduit au IXe siècle dans leur dialecte natal l'Évangile et d'autres textes nécessaires au culte et à l'enseignement du christianisme ; c'est la langue de ces textes conservés dans des manuscrits du Xe siècle qu'on appelle vieux slave et qui représente d'ordinaire le slave en grammaire comparée ; on ne doit pas oublier que cette langue a de nombreuses particularités dialectales et il serait erroné de considérer les autres dialectes comme en étant issus ; c'est seulement le dialecte slave le plus ancien et le plus archaïque qui soit attesté. La langue des vieux traducteurs est restée pendant tout le moyen âge la langue religieuse et savante de tous les Slaves appartenant à l'église d'Orient ; mais elle a pris de bonne heure un aspect spécial dans chacun des pays où on l'a employée, si bien qu'il y a un vieux slave de Bulgarie, de Serbie et de Russie ; par suite aucun document de ces pays ne peut passer pour représenter exactement le parler local : la tradition du vieux slave domine toujours plus ou moins les écrivains et les scribes. Aujourd'hui encore, l'orthographe russe présente des anomalies dues à l'influence du vieux slave. Les parlers de Macédoine et de Bulgarie ont beaucoup divergé les uns des autres et actuellement le bulgare est l'une des langues slaves les plus altérées.

b. Serbo-croate (Serbie, Monténégro, Dalmatie, Bosnie et Croatie.)

c. Slovène ; à part quelques pages isolées des monuments de Freising, attesté seulement depuis le XVe siècle ; les parlers slovènes (dans le sud de l'Autriche) sont assez différents les uns des autres.

B. *Russe*. — On y distingue le petit russe et le grand russe ; à part le blanc russe, à l'Ouest, les parlers du grand russe sont restés remarquablement voisins les uns des autres. Le grand russe n'est d'ailleurs devenu qu'à date toute récente la langue de la plupart des régions où on le parle : Moscou date du XIIe siècle et Nijni Novgorod a été fondé en 1220 au milieu de populations mordves (donc ougro-finnoises) ; l'extension du russe aux populations finnoises du bassin de la Volga se poursuit encore maintenant ; d'autre part, les limites du russe du côté de l'est reculent sans cesse : en Sibérie il a atteint les bords de l'Océan Pacifique et en même temps il se répand rapidement sur le versant sud du Caucase et en Transcaspie.

C. *Groupe occidental*. — *a*. Tchèque (et slovaque).

b. Sorabe de Lusace, parlé seulement par quelques dizaines de milliers d'individus.

c. Polabe, sur le cours inférieur de l'Elbe, dans le Hanovre ; mort au cours du XVIIIe siècle ; représenté par divers textes récents.

d. Polonais (et diverses langues, très différentes du polonais, notamment le *kašub*).

Les populations qui parlent ces langues sont catholiques ; par suite les textes tchèques et polonais du moyen âge qu'on possède présentent sur les textes de même époque des autres dialectes slaves l'avantage d'avoir en général échappé à l'influence du vieux slave et d'être une notation sincère de la langue des écrivains et des scribes.

Comme les dialectes baltiques, les dialectes slaves ont conservé un aspect remarquablement archaïque, malgré la date relativement basse où ils sont attestés, et, au moins au point de vue de l'accent qui n'est pas noté dans les vieux textes, on est constamment amené à utiliser des formes modernes russes et serbes : le letto-slave est, avec l'albanais et dans une certaine mesure le celtique, presque le seul groupe dont on emploie les parlers actuels pour la grammaire comparée des langues indo-européennes.

VII. — Albanais.

L'albanais n'est connu qu'à dater du XVIIe siècle et sous des formes extrêmement altérées : la plus grande partie du vocabulaire se compose de mots empruntés au latin, au grec, au turc et au slave. On a supposé, sans preuves décisives, que le fond indo-européen de la langue représente le dernier reste des dialectes des anciens Illyriens.

VIII. — Arménien.

L'arménien est attesté depuis le Ve siècle ap. J.-C. par une traduction des textes sacrés et par toute une littérature assez étendue ; seule cette langue écrite est connue à date ancienne et les dialectes modernes, qui ne diffèrent d'ailleurs pas assez les uns des autres pour empêcher les Arméniens de s'entendre entre eux, ne supposent pas l'existence de dialectes nettement distincts à la date où commence la littérature. — On a pendant longtemps rattaché l'arménien au groupe indo-iranien avec lequel il n'a en réalité rien à faire ; l'arménien forme, comme l'albanais, un groupe à part au même titre que le grec et le germanique.

Les huit groupes qui viennent d'être énumérés sont représentés à la fois par des textes littéraires ou épigraphiques plus ou moins anciens et par des parlers actuellement vivants. Les autres dialectes indo européens sont inconnus ; quelques inscriptions donnent cependant une idée du vénète et du messapien, mais trop vague pour qu'on puisse décider si ces langues doivent ou non être rapprochées de l'albanais ; le peu que l'on sait du phrygien ne permet pas non plus d'affirmer ou de nier que l'arménien soit, comme le disent les anciens, une forme du phrygien ; les rapports du thrace et du phrygien, aussi indiqués par les anciens, ne sont pas mieux reconnaissables avec les documents dont on dispose. Les noms propres et les gloses que l'on connaît ne suffisent même pas à rendre tout à fait certain que le ligure soit indo-européen. De même la question de savoir si la langue des inscriptions lyciennes est ou n'est pas indo européenne n'est pas définitivement tranchée ; mais, si le lycien est indo-européen, ce qu'on a réussi à en déchiffrer montre du moins qu'il serait infiniment plus altéré qu'aucune autre langue attestée à même date et qu'il divergerait du reste des dialectes beaucoup plus que les huit sûrement indo-européens ne divergent les uns des autres.

Le trait le plus saillant de l'histoire des langues indo européennes est leur extension croissante sur toute la terre : la pénétration de l'indo iranien dans l'Inde est en grande partie un fait historique, qui se poursuit actuellement ; encore au vᵉ siècle av. J.-C., il y avait en Crète des populations de langue non hellénique, qu'on appelle les Etéocrétois ; c'est seulement le latin qui a éliminé l'ibère de la péninsule ibérique et le basque est jusqu'aujourd'hui un témoin du caractère non indo européen des langues parlées autrefois dans cette partie de l'Europe ; enfin l'extension des langues romanes (espagnol, portugais et français), de l'anglais et du russe date des derniers siècles ; sur certains points, elle commence seulement depuis quelques années. Là même où l'indo-européen a reculé devant des langues non indo-européennes, il n'a pas disparu : en Asie Mineure, le turc n'a éliminé ni le kurde (dialecte iranien), ni le grec, ni l'arménien ; et l'immigration juive y a introduit l'espagnol. L'envahissement du monde par les dialectes indo-européens est l'un des faits les plus remarquables de toute l'histoire du langage.

On ignore comment l'indo-européen s'est répandu sur l'Europe presque entière où on le rencontre dès le seuil de l'époque historique ; les peuples de langues indo-européennes n'ont en effet appris l'écriture que des sémites et à une date où ceux-ci écrivaient déjà depuis de longs siècles ; ils apparaissent pour la première fois sans doute sur une inscription égyptienne du xve siècle av. J.-C. qui relate des incursions de pirates achéens ; les Perses sont mentionnés parmi les peuples contre lesquels a combattu le roi d'Assyrie Salmanassar III en 935 av. J.-C. Mais, si aucun texte ne permet d'établir en fait comment les dialectes indo-européens ont couvert l'Europe, il n'y a du moins pas de raison de supposer que cette extension ne se soit pas opérée comme celles qu'on peut observer historiquement : par conquête, par infiltration lente, par colonisation et par élimination de la langue des vaincus au profit de celle des conquérants et des colons ; mais on ne saurait naturellement dire dans chaque cas particulier quelles ont été les parts respectives de la colonisation d'une part, de l'absorption des vaincus de l'autre. De plus un peuple résultant d'un mélange de colons et d'indigènes parlant autrefois des langues distinctes et parvenu à l'unité de langue peut devenir à son tour conquérant et colonisateur : ainsi le peuple anglais, autrefois de langue celtique et qui a reçu le germanique des envahisseurs Angles, Saxons et Jutes. La *langue,* qui dépend d'événements historiques, est donc indépendante de la *race,* qui est une chose toute physique ; la définition des langues indo européennes est très précise, mais purement historique ; la définition d'une « race indo-européenne » ne pourrait être obtenue que si l'on reconnaissait que tous les membres de cette race sont issus de parents présentant les mêmes particularités anatomiques ; mais il n'y a aucune raison de croire que les limites des langues indo-européennes et des races indo-européennes ainsi établies coïncideraient ; en fait les diverses populations de langue indo européenne ont des aspects très différents et on ne leur a trouvé jusqu'à présent aucun caractère physique commun qui les distingue des populations parlant d'autres langues. On évitera donc d'une manière absolue de parler de *races* dans ce livre uniquement consacré aux *langues*.

Au surplus, on ne sait ni où, ni quand, ni par qui a été parlé l'idiome qui a abouti aux langues historiquement attestées et que, par convention, on appelle l'indo-européen. On a cru longtemps, sans raison sérieuse, que c'était en Asie ; il paraît beaucoup plus vraisemblable aujourd'hui que l'indo européen a été parlé en Europe, non pas dans la région méditerranéenne ni à l'Occident, mais dans les régions du Nord-Est. Cette question, intéressante pour l'historien, est au fond très indifférente au linguiste : le linguiste n'a en effet qu'à examiner et à interpréter les systèmes de correspondances qu'on peut constater entre les diverses langues : or, le fait que l'indo européen ait été parlé en Europe ou en Asie ne change évidemment rien à ces systèmes qui sont la seule réalité saisissable et par suite le seul objet de la grammaire comparée des langues indo européennes.

En l'absence de tout document écrit, il n'y a nul moyen de définir, à vingt siècles près, la date de séparation des dialectes indo-européens. Mais on ne voit pas pourquoi cette date serait antérieure par exemple à celle des plus anciens textes écrits de la Babylonie et de l'Égypte : l'indo-européen est la forme *ancienne* des langues indo-européennes ; ce n'est, à aucun degré, on l'a vu, une langue *primitive*.

De même que le français est une forme prise par le latin, que le latin est une forme prise par l'indo-européen au cours d'un long développement historique, l'indo-européen est la forme prise par une langue parlée antérieurement. Pour l'expliquer, il faudrait découvrir d'autres langues apparentées et qui seraient à l'indo-européen ce que le grec et le sanskrit sont au latin par exemple ; ainsi, si l'on parvenait à établir que l'indo-européen, le sémitique et l'ougro-finnois sont issus d'un même idiome, il pourrait se constituer une nouvelle grammaire comparée pour une période antérieure. Mais on n'a jusqu'à présent rien prouvé de pareil et l'indo-européen est le dernier terme qu'atteigne maintenant sur ce domaine la linguistique historique.

CHAPITRE III

PHONÉTIQUE

I. — LES PHONÈMES

Le système phonétique de l'indo-européen comporte trois sortes d'articulations: 1° les consonnes proprement dites comprenant deux espèces de phonèmes essentiellement différents au point de vue du mode d'articulation : les occlusives et les sifflantes ; 2° les voyelles ; 3° les sonantes.

1. OCCLUSIVES ET SIFFLANTES

Occlusives.

Les *occlusives* — aussi nommées *muettes* ou *momentanées* — sont caractérisées par une fermeture totale des organes articulatoires et un arrêt complet du passage de l'air en un point quelconque de la bouche ; au moment où a lieu l'occlusion, l'émission de l'air s'arrête, c'est l'*implosion* ; au moment où cesse l'occlusion, l'émission de l'air reprend brusquement, c'est l'*explosion*.

Si la pression exercée par la langue ou par les lèvres pour réaliser l'occlusion est intense, les occlusives sont dites *fortes*, ainsi *p, t, k* en français ; si la pression est faible, elles sont dites *douces*, ainsi *b, d, g* en français. Si, à un moment quelconque depuis l'implosion jusqu'à l'explosion (comprise), l'occlusion est accompagnée de vibrations glottales, la consonne est *sonore*, ainsi fr. *b, d, g*, accompagnés de vibrations dès le commencement de l'implosion, ou arm. *b, d, g*, pourvus de vibrations seulement au moment de l'explosion dans certains dialectes ; s'il n'y a pas de vibrations glottales, l'occlusive est *sourde*, ainsi fr. *p, t, k*. Les sonores sont toujours douces et les fortes toujours sourdes, mais l'inverse n'est pas vrai ; les Alsaciens par exemple ont des douces qui ne sont pas sonores. Si l'émission d'air continue après l'explosion, sans vibrations glottales, avant que la voyelle commence, l'occlusive est dite *aspirée* ; une occlusive aspirée est ordinairement douce.

Si l'occlusion est produite par le rapprochement des lèvres, on a des *labiales*, si elle l'est par le contact du bord de la langue et du palais, des *dentales*, si enfin elle l'est par le contact de la surface de la langue et du palais, des *gutturales* ; les occlusions peuvent avoir lieu en divers points du palais : les dentales sont produites à hauteur des alvéoles, au-dessus des alvéoles ou plus loin encore en arrière : le français a ainsi des dentales proprement dites, l'anglais des cacuminales, le sanskrit à la fois des dentales et des cacuminales ; de même, suivant que le dos de la langue touche la partie antérieure, médiane ou postérieure du palais, on distingue des prépalatales, des médio-palatales et des postpalatales (ordinairement nommées vélaires, parce que le contact se produit au niveau du voile du palais) ; il n'y a naturellement pas de limites précises d'une série à l'autre. Par suite de la brusque courbure de la partie antérieure du palais, il est malaisé de réaliser dans cette région une occlusion complète par contact de la surface de la langue : les prépalatales ne comportent que difficilement une occlusion parfaite, elles se mouillent, ce qu'on indique par un accent après la lettre (ainsi *k'* pour *k* prépalatal mouillé), et tendent enfin à devenir des mi-occlusives, telles que sl. *c* ou *č*.

Les occlusives forment la partie la plus complète et la plus développée du système phonétique de l'indo-européen. Au point de vue de l'intensité, de la sonorité et de l'aspiration, on y distingue trois séries principales : les sourdes, les sonores, les sonores dites aspirées et, en outre, une série moins importante de sourdes aspirées. A l'égard du point d'articulation, il y a aussi quatre séries : labiales, dentales, prépalatales, vélaires.

A. *Sourdes simples.*

Abstraction faite des altérations particulières à certaines situations, les sourdes (non aspirées) sont définies par ce tableau de correspondances :

I.-E.	SKR.	ZD	V. SL.	LIT.	ARM	GR.	LAT	IRL.	GOT.
**p*	*p*	*p*	*p*	*p*	*h* (*w*)[2]	π	*p*	ø	*f* (*b*)[4]
**t*	*t*	*t*	*t*	*t*	*th*	τ	*t*	*t*	*þ* (*d*)[4]
*k_1	*ç*	*s*	*s*	*sz*	*s*	κ	*c*	*c*	*h* (*g*)[4]
*k^w	*k* (*c*)[1]	*k* (*č*)[1]	*k* (*č*)[1]	*k*	*kh*	π (τ)[3]	*qu*	*c*	*hw* (*w*)[4]

Notes :

1. skr. *c*, zd. *č*, sl. *č* devant la voyelle i.-e. *ĕ* et la sonante *i* (voyelle ou consonne).

2. arm. *h* à l'initiale. *w* (*v*) entre voyelles.

3. τ seulement devant ε, η.

4. les sonores germaniques, entre voyelles ou sonantes,

toutes les fois que la syllabe précédente n'était pas tonique (il s'agit ici du ton indo-européen, non de l'accent germanique). Les sonores *b, d, g* du gotique étaient sans doute spirantes entre voyelles.

Exemples des diverses occlusives sourdes :

*p :

skr. *pátiḥ* « maître, époux », lit. *pat(i)s* « lui-même », gr. πόσις « époux », lat. *potis* (d'où *possum*), got. *-faþs* dans (*bruþ-*)*faþs* « fiancé ».

skr. *prá-* « avant », sl. *pro,* gr. προ, lat. *pro-,* got. *fra-,* irl. *ro.*

skr. *ápi* « aussi », zd *aipi,* gr. ἔπι « à côté, en plus », arm. *ew* « aussi, et ».

*t :

skr. *tanúḥ* « mince », v. sl. *tĭnĭkŭ,* gr. τανυ- (dans τανύγλωσσος « qui a la langue mince »), lat. *tenuis,* v. isl. *þunnr* « dünn », irl. *tana.*

*k_1 :

skr. *çrávaḥ* « gloire », gr. κλέ(ϝ)ος, v. irl. *clú* « gloire » ; zd *sravah-* « parole », v. sl. *slovo* « parole » ; skr. *çrutáḥ* « entendu », gr. κλυτός, lat. (*in-*)*clutus,* v. irl. *cloth* « célèbre » ; v. h. a. *hlūt* « haut (en parlant de la voix) ».

*k^w :

lit. *lëkù* « je laisse », gr. λείπω « je laisse », got. *leihwa* « je prête » ; skr. *riṇákti* « il laisse » (avec un infixe nasal *-na-*), lat. *linquō*; arm. *elikh* « il a laissé » = gr. ἔλιπε.

skr. *cáyate* « il punit », gr. τείσω « je paierai » (cypr. πείσω) ; zd *kaēna* « punition », gr. ποινή « rançon, prix du sang », v. sl. *cěna* « prix » (le *c* devant *ě* is[illegible] *oi* représente en slave un ancien *k*).

L'accord de l'indo-iranien, du baltique, du slave, du grec, du latin et du celtique, auxquels il faut encore ajouter l'albanais, donne tout lieu de croire que les phonèmes de cette série étaient en indo-européen des occlusives sourdes non aspirées ; l'arménien en a fait des sourdes aspirées, le germanique des spirantes *f*, *þ*, *h* (ancien *x*), *hw*, issues sans doute d'anciennes sourdes aspirées.

B. *Sonores*.

Tableau des correspondances :

I.-E.	SKR.	ZD	V. SL.	LIT.	ARM.	GR.	LAT.	IRL.	GOT.
**b*	*b*	*b*	*b*	*b*	*p*	β	*b*	*b*	*p*
**d*	*d*	*d*	*d*	*d*	*t*	δ	*d*	*d*	*t*
*g_1	*j*	*z*	*z*	*ž*	*c*	γ	*g*	*g*	*k*
*g^w	*g*(*j*)[1]	*g*(*j*)[1]	*g* (*ž*)[1]	*g*	*k*	β (δ)[2]	*u* (*gu*)	*b*	*q*

Notes :

1. skr. *j*, zd *j*, sl. *ž* devant i.-e. *ĕ* et la sonante *i*, voyelle ou consonne.

2. gr. δ seulement devant ε ou η, comme plus haut τ.

Exemples des diverses occlusives sonores :

**b* :

Le *b* est relativement rare ; il ne figure dans aucun suffixe ni dans aucune désinence ; il semble secondaire dans une partie des mots où on le rencontre, ainsi skr. *pibāmi* « je bois », irl. *ibim* « je bois », lat. *bibō* (avec *b* initial par assimilation) a l'air d'une forme à redoublement en regard de skr. *pāhi* « bois », gr. πῶθι, v. sl. *piti* « boire », lat. *pōculum* « coupe », et le **b* y résulte sans doute d'une altération secondaire : d'autres mots sont imitatifs, ainsi gr. βάρβαρος, lat. *balbus*, etc., et le *b* n'y a peut-être été introduit que secondairement ; d'autres sont limités à peu de langues et ont l'air d'emprunts récents.

*d :

skr. *dámaḥ* « maison », gr. δόμος, v. sl. *domŭ*, lat. *domus*.

skr. accusatif *pā̆dam* « pied », gr. πόδα, lat. *pedem*, got. *fotu*, arm. *otn*.

*g_1 :

skr. *jánaḥ* « race », arm. *cin* « naissance », gr. γένος, lat. *genus* ; skr. *jantúḥ* « race », zd *zantuš* « tribu ».

*g^w :

skr. *gáyaḥ* « état de maison », zd *gayō* « vie », serbe *gôj* « prospérité » ; skr. *jīváḥ* « vivant », zd *j(ī)vō*, lit. *gývas*, v. sl. *živŭ*, lat. *uīuos*, osq. bivus « uiui » (nomin. plur.), v. irl. *beo*, got. *qius* ; cf. gr. βίος « vie », arm. *keam* « je vis ».

Cette série représente d'anciennes sonores ; l'arménien en a fait des sourdes douces et le germanique, qui pousse le changement un degré plus loin que l'arménien, des sourdes fortes.

C. *Sonores dites aspirées.*

Tableau des correspondances :

I.-E.	SKR.	ZD	SL.	LIT.	ARM.	GR.	LAT.	IRL.	GERM.
*bh	bh	b	b	b	b	φ	f (b)[3]	b	*ƀ (got. b)
*dh	dh	d	d	d	d	θ	f (d)[3]	d	*đ (— d)
*g_1h	h	z	z	$ž$	j	χ	h	g	*γ (— g)
*g^wh	gh (h)[1]	g (j)[1]	g ($ž$)[1]	g	g (j)[1]	φ (θ)[2]	f (u)[3]	g	*γ^w (— w)

Notes :

1. skr. *h*, zd *j*, sl. *z*, arm. *j* devant i.-e. *ē* et devant la sonante *i*, voyelle ou consonne.

2. gr. θ seulement devant ε ou η, comme plus haut τ et δ.

3. lat. *b*, *d*, *u* (consonne) entre voyelles.

Exemples des diverses sonores aspirées :

**bh* :

skr. *bhárāmi* « je porte », arm. *berem*, gr. φέρω, lat. *ferō*, got. *baira*, v. irl. *berim*, v. sl. *berą*.

skr. *nábhaḥ* « nuage », gr. νέφος, v. sl. *nebo* « ciel » ; gr. νεφέλη, lat. *nebula*, v. sax. *nebal* « nuage ».

**dh* :

skr. *dhūmáḥ* « fumée », lat. *fūmus*, lit. *dúmai*, v. sl. *dymŭ* ; peut être aussi gr. θυμός, « souffle vital, courage ».

**g₁h* :

skr. *váhati* « il va en char », zd *vazaiti*, v. sl. *vezetŭ*, lit. *vėža*, lat. *uehit* ; got. *(ga-)wigan* « mettre en mouvement » ; gr. ὄχος « char » = v. sl. *vozŭ*.

**gʷh* :

skr. *hánti* « il frappe », *ghnánti* « ils frappent », zd *jainti* « il frappe » ; gr. θείνω, ἔπεφνον, φόνος « meurtre » ; arm. *gan* « coup » ; lat. *(of-)fen-(d-ō)* ; irl. *gonim* « je blesse ».

zd *snaēžaiti* « il neige » (avec *ž* issu de *j* entre voyelles), v. irl. *snigid* « il pleut » ; got. *snaiws* « neige », lit. *snẽgas*, v. sl. *snĕgŭ* ; gr. (accus.) νίφα = lat. *niuem* (nomin. *nix*).

Dans les deux séries précédentes, le seul examen du tableau des correspondances révélait la nature du phonème indo-européen. Il n'en est pas de même ici. Il s'agit de sonores, car, en iranien, slave, baltique, albanais, celtique (sauf un reste de distinction pour la vélaire), les sonores dites aspirées sont confondues avec les sonores simples ; en arménien et en germanique, les anciennes sonores aspirées sont seules sonores, les anciennes sonores simples étant devenues sourdes ; en sanskrit elles sont représentées par des sonores suivies d'une résonnance glottale sonore, désignée par *h*, qui répond à elle seule à *g_1h et aussi à *g^wh devant un ancien *ĕ et devant *i ; en grec on trouve les sourdes aspirées φ, θ, χ et en italique les spirantes sourdes *f (anciennement bilabiale), *þ, *x, qui, en latin, ont abouti à *f*, *f*, *h*. Les sonores aspirées de l'indo-européen se distinguaient assurément des sonores simples, mais il n'existe aucun moyen de déterminer par quels traits.

D. *Sourdes aspirées.*

Aux trois grandes classes précédentes qui présentent au total douze groupes de correspondances bien distinctes définissant autant de phonèmes indo-européens, s'ajoute une quatrième catégorie, d'importance beaucoup moindre, celle des sourdes aspirées. Le sanskrit a *ph*, *th*, *kh*, à quoi répondent en zend *f*, θ, *x*, en arménien *ph*, *th* (en partie confondu avec le représentant de i.-e. *t), *x* et en grec φ (identique au représentant de i.-e. *bh et *g^wh), τ (identique au représentant de i. e. *t), χ (identique au représentant de i.-e. *g_1h), en slave *p*, *t* (identiques aux représentants de i.-e. *p, *t), sans doute *x* (ce qui est contesté). Dans les autres langues, i.-e. *ph, *th, *kh ainsi définis semblent se confondre avec i.-e. *p, *t, *k. Ce qui rend fort obscure toute la question des sourdes aspirées, c'est que les exemples sont peu nombreux et ne se présentent pas en toutes conditions ; on trouve des sourdes aspirées notamment :

1° dans des mots imitatifs :

skr. *kakhati* (mot de lexiques) « il rit » (par dissimilation d'aspirée au lieu de l'ancien *khakhati), gr. καχάζω (de *χαχάζω), arm. *xaxankh* « rire bruyant », v. sl. *xoxotŭ* (même sens), v. h. a. *huoh* « raillerie », lat. *cachinnus*.

skr. *phūt-karaḥ* « action de souffler, de siffler », arm. *phukh* « souffle », gr. φῦσα « souffle », lit. *pūsti* « souffler ».

2° après *s* :

skr. *skhalāmi* « je fais un faux pas », arm. *sxalim* (même sens) ; cf. peut être lat. *scelus*.

3° en alternance avec une sourde aspirée à la fin de certaines racines (v. ci-dessous, chap. IV).

4° dans quelques mots isolés :

skr. *pṛthukaḥ* « petit d'un animal », arm. *orth* « veau » (avec *th* issu de i. e. **th* ; après *r*, le *th*, issu de i.-e. **t*, devient *d*), gr. πόρτις « veau ».

Remarques sur les gutturales. — 1. Chacune des langues indo-européennes a deux séries de phonèmes issus de gutturales ; les deux correspondances principales, telles qu'elles résultent des tableaux ci-dessus, peuvent se résumer dans les formules :

$$\begin{cases} 1^\circ \text{ lat. } c \;=\; \text{skr. } ç \quad (\text{i.-e. } {}^*k_1) \\ 2^\circ \text{ lat. } qu = \text{skr. } k\,(c) \quad (\text{i.-e. } {}^*k^w) \end{cases}$$

La première série de correspondances définit des prépalatales *k_1, *g_1, *g_1h, qui sont représentées par des « gutturales » en grec, italique, celtique et germanique, c'est-à dire dans le groupe occidental, ainsi gr. κ, γ, χ, lat. *c*, *g*, *h*, etc., et par des mi occlusives, des sifflantes ou des chuintantes en indo-iranien, slave, baltique, arménien et albanais, c'est-à dire dans le groupe oriental, ainsi arm. *s*, *c*, *j* ; dans le premier groupe de langues, « cent » se dit gr. (ἑ-)κατόν, lat. *centum*, irl. *cét*, got. *hund*, et, dans le second groupe, skr. *çatám*, zd *satəm*, v. sl. *sŭto*, lit. *szimtas*.

La seconde série de correspondances définit des postpalatales i.-e. $*k^w$, $*g^w$, $*g^wh$, accompagnées d'une émission labio-vélaire qui en faisait partie intégrante. Dans le groupe occidental, ces consonnes conservent leur aspect ancien, ainsi en latin et en germanique : lat. *quis*, got. *hwas* ; là où l'articulation labiale se transforme en occlusive, il y a passage aux labiales, ainsi en osco-ombrien, osque *pis* « qui », et en grec, πότερος « lequel des deux » ; en celtique le passage à la labiale est panceltique pour la sonore simple, mais ne s'est produit pour la sourde qu'en gaulois et en brittonique : en regard de lit. *keturi* « quatre », lat. *quattuor*, le v. gallois a *petguar*, le gaulois *petor-*, conservé dans l'emprunt latin *petor-ritum* « char à quatre roues » ; ces dialectes ont ainsi restitué un *p*, alors que le *p* indo-européen avait disparu en celtique commun ; au contraire le gaélique a conservé *q* et en a fait *c* avant la date des plus anciens textes littéraires : irl. *cethir* « quatre ». Dans le groupe oriental, on a de simples gutturales, devenues mi-occlusives devant i.-e. *ĕ ou *i* (voyelle ou consonne) dans une partie des dialectes : skr. *káḥ* « qui », *cit* (= lat. *quid*) ; zd *čiš* ; v. sl. *kŭ-to* « qui », *či-to* « quoi », lit. *kàs* « qui », arm. *khan* « que ». — Les postpalatales labio-vélaires sont des phonèmes uns, et non pas des groupes de consonnes ; $*k^w$ est tout autre chose que $*k_1w$: le $*k_1w$, attesté par skr. *çv*, lit. *szv*, dans skr. *áçvaḥ* « cheval », lit. *aszvà* « jument », est représenté en grec par ππ dans ἵππος, et non par un simple π comme le $*k^w$ de ἔλιπον, cf. arm. *elikh* « il a laissé ».

Cette opposition dans le traitement des gutturales entre un groupe occidental et un groupe oriental est la principale trace des différences dialectales qui ont dû exister à l'intérieur de l'indo-européen.

II. Outre les deux correspondances qui définissent, l'une

les prépalatales, l'autre les postpalatales labio vélaires, il en existe une troisième :

lat. *c* = skr. *k*

ou, d'une manière plus générale :

lat. *c* = gall. *c* = germ. *h* = gr. κ
= skr. *k(c)* = sl. *k(č)* = lit. *k* = arm. *kh*.

Beaucoup de linguistes ont conclu de là que l'indo-européen avait une série de médio-palatales intermédiaire entre les deux séries établies ci-dessus. Mais, en fait, aucune langue indo européenne ne présente la coexistence de ces trois types. D'autre part le type de correspondance lat. *c* = skr. *k* apparaît surtout dans certaines conditions particulières, notamment :

devant *r* : skr. *kravíḥ* « viande crue », v. sl. *krŭvĭ* « sang », lit. *kraũjas* « sang », en regard de gr. κρέ(Ϝ)ας « viande », lat. *cruor*, gall. *crau* « sang », v. isl. *hrár* « roh » (qui n'est pas cuit) ;

après *s* : lit. *skiriù* « je sépare », en regard de v. h. a. *sceran* « couper, tondre » et de gr. κείρω « je tonds » (pour l'alternance *sk-* : *k-*, v. le chap. IV) ;

à la fin des racines, surtout après *u* : skr. *rócate* « il brille », zd *raočah* « lumière », lit. *laũkas* « qui a une tache blanche », v. sl. *lučĭ* « lumière », en regard de gr. λευκός, lat. *lūcēre*, got. *liuhaþ* « lumière » ; il y a souvent, dans le groupe oriental, alternance entre les représentants de i.-e. $*k_1$ et ceux de i. e. $*k^w$, ainsi skr. *rúçant* « brillant », arm. *loys* « lumière » à côté des mots cités.

Dans la plupart de ces cas, les *k*, *g*, *gh* du groupe oriental sont donc suspects de résulter de situations particulières et il peut s'agir d'anciens $*k_1$, g_1, g_1h traités d'une manière spéciale par suite de leur position. Dès lors, on ne saurait considérer comme prouvée l'existence d'une série intermédiaire de gutturales indo-européennes et, sans perdre de vue la difficulté grave que pose la correspondance lat. *c* = skr. *k(c)*, on s'en tiendra aux quatre séries d'occlusives ainsi définies :

labiales : skr. *p* = lat. *p*
dentales : skr. *t* = lat. *t*
prépalatales : skr. *ç* = lat. *c*
postpalatales labio-vélaires : skr. *k (c)* = lat. *qu*.

Sifflantes.

Si, en indo-européen, le système des occlusives est très riche et complet, celui des consonnes continues formées par simple rétrécissement du passage de l'air, des fricatives, est au contraire extrêmement pauvre. Il ne comprend, à proprement parler, qu'un seul phonème, la sifflante *s*, dont l'emploi est d'ailleurs très fréquent. Le traitement de i.-e. **s* est une des parties les plus compliquées de la phonétique indo-européenne : c'est que l'influence des articulations voisines y joue un grand rôle.

A l'initiale, les correspondances sont : *s* en sanskrit, slave, baltique, germanique, gaulois et gaélique, italique ; *h* en iranien, arménien, grec, brittonique (le traitement albanais n'est pas clair) :

skr. *sánaḥ* « vieux », lit. *sẽnas*, got. *sinista* « le plus vieux », v. irl. *sen*, lat. *senex*, mais zd *hanō*, arm. *hin*, gr. ἕνη (dans ἕνη καὶ νέα).

L'articulation de la sifflante *s* est conservée en certaines positions dans toutes les langues, notamment entre *e* et *t* :

skr. *váste* « il se vêt », zd *vaste*, gr. Ϝέσται ; lat. *uestis*, arm. *(z-)gest* « vêtement ».

L'une des particularités du traitement de *s* se retrouve sous une forme presque identique dans des dialectes contigus les uns aux autres et sollicite l'attention par le fait qu'elle indique ainsi des parentés dialectales. Après *k, r, i, u,* en indo-iranien, l'articulation de *s* se transforme en celle des chuintantes : skr. *ṣ*, zd *š* ; par exemple le futur en *-sya-* de la racine indo-iranienne *vak-* « parler » est : skr. *vakṣyâmi* « je parlerai », gâth. *vaxšyā* (avec la spirante *x* remplaçant régulièrement *k* devant *š*) ; le locatif pluriel en *-su* des thèmes *pitṛ-* « père », *ávi-* « brebis », *sūnú-* « fils » est skr. *pitṛṣu, áviṣu, sūnúṣu*. Dans les mêmes conditions, on trouve, au lieu de *s* des autres langues, des chuintantes dans certains mots baltiques et arméniens ; ainsi, en regard de gr. τέρσομαι « je me dessèche », ags. *þyrst*, v. h. a. *durst* « soif », on a skr. *tṛ́ṣyati* « il a soif », lit. *tìršztas* « pâteux, à demi desséché », arm. *tharšamim* « je sèche, je me flétris » (à côté de *tharamim*) ; en slave, *ch* a pris la place de l'ancienne chuintante : l'aoriste en *-s-* de *rekǫ* « je dis » est *rěchŭ* (de **rěk-chŭ*) ; les locatifs de thèmes en -i- et en *-ŭ-* sont *-ĭ-chŭ* = skr. *-i-ṣu*, *-ŭ-chŭ* = skr. *-u-ṣu* ; etc. Mais, si le slave a *ch* dans tous les cas où le sanskrit a *ṣ* et l'iranien *š*, le baltique a souvent *s* après *i, u* (sans qu'on connaisse la règle), par exemple la « puce » est en lituanien *blusà* en regard de v. sl. *blŭcha* et, en arménien, si l'on a trace de la prononciation *š* après *k* et après *r*, le traitement de l'intervocalique est **h*, d'où zéro, et non *š*, après *i* et *u*, ainsi à lat. *nurus* « bru » (de **nuzus*, **nusus*), v. h. a. *snura* (de **snuzâ*, **snusâ*) et skr. *snuṣâ*, v. sl. *snŭcha*, l'arménien répond par *nu* (de **nuhos*), génit. *nuoy* (de **nuhohyo*), tout comme gr. νυός. Il n'est pas accidentel sans doute que la chuintante apparaisse en indo-iranien, en slave, en baltique et en arménien, c'est-à-dire dans les langues du groupe oriental qui concordent dans leur manière de traiter les gutturales. Comme le détail du traitement diffère d'un dialecte à l'autre, il s'agit ici de développements parallèles, mais indépendants.

Entre voyelles, *s* est particulièrement sujette à des altérations : elle devient *h* en iranien, elle tombe (après avoir été *h*) en arménien et en grec, elle devient sonore en italique et le *z* ainsi produit devient *r* en latin, etc., par exemple au génitif-ablatif skr. *mánasaḥ* « de l'esprit » répondent zd *manaṅhō*, gr. μένεος, μένους ; au génitif-ablatif v. sl. *nebese* « du ciel » répond gr. νέφεος ; au skr. *jánasaḥ* « de la race » répondent gr. γένεος et lat. *generis*, etc. Il n'y a pas lieu de donner ici le détail infini des faits dans les diverses langues.

La sonore de *s*, le *z*, n'a pas en indo-européen d'existence par elle-même ; elle n'est autre chose que la forme sonore prise par la sourde *s* dans certaines conditions. Soit par exemple la racine de lat. *sedēre*, gr. ἕδος « siège », got. *sitan* « être assis », etc. ; avec le vocalisme au degré zéro, elle est **sd-*, d'où, par assimilation de la sourde *s* à la sonore suivante, **zd-* ; l'indo-iranien la fait précéder très souvent du préverbe **ni-* qui n'a pas subsisté par ailleurs, sauf peut-être en arménien : skr. *ni-ṣīdati* « il s'assied », persan *ni-šastan* « s'asseoir », arm. *n-stim* « je m'assieds » ; le grec le remplace par κατα- (par exemple καθ-ίζω), mais il était indo-européen, et il y a eu un substantif i.-e. **ni-zdo-* « lieu où l'on est assis, établi » : **nizdos* donne indo-iranien **niždas* (avec chuintante sous l'influence de *i* précédent), d'où, dans l'Inde, **niždas*, et enfin véd. *nīḍáḥ* ; en arménien *nist*, avec la sifflante conservée après *i*, le *d* devenant *t* suivant la règle générale et par suite *z* étant changé en *s* ; ailleurs le mot s'est fixé au sens de « nid » : lat. *nīdus* (de **nizdos*), v. irl. *nett*, v. h. a. *nest* ; le lit. *lizdas* « nid » a subi une altération de l'initiale, mais a conservé le *zd* intérieur qui n'est pas exactement maintenu ailleurs. — La forme sonore *z* de *s* est aussi employée devant les sonores aspirées : v. sl. *mĭzda* (de **mīzda*) « salaire », got. *mizdo*, zd *mīždəm*, véd. *mīḷhám* « prix (du combat) », de **miždhám* ; en grec, la sonore aspirée étant représentée par une sourde, le *z* est devenu σ : μισθός.

La sifflante *s* est donc la seule fricative qu'on soit en droit de tenir pour indo-européenne ; toutefois, on a été conduit à supposer pour quelques mots l'existence d'une fricative de nature non définie, mais autre que *s*, par la circonstance suivante : tandis que le grec a δεξιός « droit » et le vieil irlandais *dess* en regard de skr. *dákṣiṇaḥ* « droit », zd *dašina-*, v. sl. *desna* « main droite », lat. *dexter*, got. *taihswa*, on observe une tout autre correspondance par exemple dans gr. ἄρκτος « ours », v. irl. *art* en regard de skr. *ṛkṣaḥ*, zd *arəšō*, lat. *ursus* (d'un plus ancien **orcsos*) ; on ne voit pas d'autre moyen d'expliquer ce contraste que d'attribuer à l'indo-européen des fricatives différentes dans les deux cas. Ce détail, d'importance assez minime en lui-même, montre qu'il est impossible de fixer avec précision le nombre de phonèmes qu'employait l'indo-européen.

2. Voyelles proprement dites

Les deux voyelles essentielles de l'indo-européen sont les brèves **e* et **o* ; leur importance en morphologie ressortira de leurs alternances exposées au chapitre IV ; leur extrême fréquence dans les langues révèle du reste à elle seule toute l'étendue du rôle qu'elles jouent. Elles sont définies par les correspondances suivantes :

i.-e. **e* : gr. ε, lat. *e*, celt. *e*, germ. *e* (attesté par v. h. a. *e* = v. isl. *e* = got. *i*), balt. *e*, sl. *e*, arm. *e*, alb. *e*, indo-iranien *a*.

i.-e. *o : gr. ο, lat. *o*, celt. *o*, arm. *o* (et peut-être *a* dans des conditions non déterminées), germ. *a*, balt. *a*, sl. *o*, indo-iran. *a*.

Exemples :

*e : skr. *sácate* « il suit » = gr. ἕπεται (avec π d'après ἕπομαι), lit. *sekù* « je suis », lat. *sequitur*, v. irl. *-sechetar* « ils suivent ».

*o : lat. *rota*, v. irl. *roth*, v. h. a. *rad* (de germ. **raþan*), lit. *rãtas* « roue », skr. *ráthaḥ* « char », zd *raþō*.

gr. ὄζος « branche » (de i.-e. **ózdos*), arm. *ost*, got. *asts*.

Le seul idiome où *e* et *o* ne soient plus distincts est l'indo-iranien, mais l'existence antérieure de la distinction y est attestée par le fait que i.-e. *k^wo y a donné skr. *ka*, zd *ku* et que i.-e. *k^we y a donné skr. *ca*, zd *ča* :

skr. *kataráḥ* « lequel des deux », zd *katārō*, en regard de gr. πότερος, got. *hwaþar*, lit. *katràs*, v. sl. *kotoryjĭ* et *koteryjĭ* ;

skr. *ca*, zd *ča* « et », en regard de gr. τε, lat. *que*.

Au parfait où la voyelle du redoublement est *e* et la voyelle de la racine *o* au singulier, type gr. γέγονα, δέδορκα, etc., l'indo-iranien a donc une opposition de la gutturale pure devant l'*a* radical représentant *o* et de la gutturale mouillée devant l'*a* du redoublement représentant *e* : véd. *cakára* « j'ai fait », *jagára* « j'ai avalé », *jaghána* « j'ai frappé ».

Dans un certain nombre de formes grammaticales, l'i.-e. *o est représenté en indo-iranien par *ā*, en syllabe ouverte, et non par *ă* ; ainsi skr. *bhárāmaḥ* « nous portons » répondrà dor. φέρομες en regard de skr. *bháratha* « vous portez » = gr. φέρετε ; à l'*o* attesté par le nominatif pluriel gr. πόδες, arm. *otkh* (avec chute du *h* initial représentant *p*) « pieds » répond *ā* dans skr. *pā́daḥ* « pieds » (l'*e* de lat *pedēs* est emprunté à d'autres cas, le génitif sing. lat. *pedis* = skr. *padáḥ* par exemple); etc. Cet *ā* est diversement interprété. D'excellents linguistes y voient le représentant indo-iranien normal de i.-e. **o* en syllabe ouverte; d'autres au contraire le considèrent comme produit par des actions analogiques, ainsi l'*ā* du nominatif pluriel *pā́daḥ* serait analogique de celui du nominatif singulier *pā́t* qui est d'origine indo-européenne : dor. πώς, got. *fotus* (avec une finale nouvelle); le lat. *pēs* a aussi une longue, mais avec le timbre *e*, sans doute sous l'influence du génitif et d'autres cas. La seconde interprétation est préférable à la première pour plusieurs raisons : d'abord un changement de quantité des voyelles en syllabe ouverte au cours de l'histoire de l'indo-iranien est invraisemblable si l'on songe à l'absolue fixité de la quantité des syllabes dans les anciennes langues indo-européennes et au trouble profond du rythme qu'une pareille altération aurait entraîné; en second lieu, l'importance prise en indo-iranien par les alternances quantitatives dont le rôle était si limité en indo-européen s'explique fort bien : en effet, la confusion de **e* et **o* dans le timbre *a* ayant éliminé les alternances de *e* et *o*, essentielles dans la morphologie indo-européenne, l'alternance quantitative de *ā* et *a* a été substituée à l'alternance de timbre; ainsi l'opposition de l'accusatif skr. *pā́dam* « pied » (avec *pād-*) et du locatif *padí* (avec *păd-*) a pris la place d'une ancienne opposition de **pod-* (gr. πόδα) et de **ped-* (lat. *pede*); enfin, si l'on tient *ā* pour le représentant phonétique de **ŏ* indo-européen, en certaines conditions, il faut admettre que les *ā* indo-iraniens qui répondent à d'autres **ŏ* indo-européens, dans les mêmes conditions, représentent une autre sorte d'*o*; et c'est en effet ce qu'il a fallu faire pour sauver l'hypothèse : l'*o* de skr. *pā́daḥ* = gr. πόδες serait différent de l'*o* de mots tels que celui-ci :

gr. ὄ(ϝ)ις, lat. *ouis,* v. irl. *oi* « brebis », arm. *(h)owi-w* « berger » (litt. « gardeur de brebis » ?), lit. *avis,* v. sl. *ovĭ-ca* « brebis », en regard de skr. *áviḥ* ;

or, on ne saurait établir par ailleurs cette distinction de deux sortes d'*o* ; on est donc conduit à une hypothèse gratuite.

On le voit, le plus probable est que l'*ā* indo-iranien est analogique dans tous les cas où il répond à un *o* des autres langues : l'*ā* de l'accusatif skr. *pā́dam* est dû à l'influence du nominatif *pā́t,* exactement comme l'*ō* de l'accusatif got. *fotu* en regard du gr. πόδα est dû à un nominatif prégermanique **fōþs* (de **pōts*).

Outre **e* et **o,* l'indo-européen avait une troisième voyelle brève, beaucoup plus rare, et qui ne joue pas de rôle essentiel dans les alternances employées en morphologie, c'est *a,* défini par les correspondances :

gr. α, lat. *a,* celt. *a,* germ. *a,* lit. *a,* sl. *o,* arm. *a,* indo-iran. *a,*

c'est-à-dire distinct de *o* seulement en grec, en latin, en celtique et en arménien : la confusion de **a* et de **o* dans une grande partie des langues indique que le **o* indo-européen était très ouvert.

Exemples :

skr. *ájāmi* « je conduis », zd *azāmi,* arm. *acem,* gr. ἄγω, lat. *agō* ; v. irl. *agat* (subjonctif) « agant » ; v. isl. *aka* « conduire » ;

skr. *tatáḥ* « papa », gr. τάτα, lat. *tata,* moy. bret. *tat* « père » ; le même mot du langage enfantin a une autre forme dans gr. ἄττα, lat. *atta,* v. irl. *aite* « père nourricier », got. *atta* « père », v. sl. *otĭcĭ* « père » (avec un suffixe de dérivation) ; cf. skr. *attā* « maman ».

En ce qui concerne les brèves, le vocalisme peut donc être résumé par le tableau suivant de correspondances :

I.-E.	GR.	LAT.	IRL.	ARM.	GERM.	LIT.	SL.	INDO-IRAN.
*e	ε	e	e	e	e	e	e	a
*o	ο	o	o	o	a	a	o	a
*a	α	a	a	a	a	a	o	a

La voyelle *a*, telle qu'elle vient d'être définie, n'est pas toujours aisée à distinguer de deux autres phonèmes indo-européens : *ə et *^{ə}.

1° Dans beaucoup de mots, skr. *i*, zd *i* répondent à gr. α, lat. *a*, celt. *a*, germ. *a* (en syllabe initiale), arm. *a*, lit. *a*, v. sl. *o* ; on désigne le plus souvent par *ə le phonème indo-européen que suppose cette correspondance ; exemple :

skr. *pitā́* « père », zd *pita*, en regard de gr. πατήρ, lat. *pater*, v. irl. *athir*, got. *fadar*, arm. *hayr*.

En grec ce phonème peut être aussi représenté par ε ou ο sous l'influence d'un η ou d'un ω avec lequel il est en alternance régulière ; de là les trois séries :

στατός = skr. *sthitáḥ*, cf. dor. ἵσταμι
θετός = skr. *hitáḥ* (altéré de **dhitáḥ*), cf. dor. τίθημι
δοτός = lat. *dătus*, cf. δίδωμι

Cette particularité met en relief le trait caractéristique de i.-e. *ə, qui autorise à distinguer ce phonème de la voyelle **a*, bien qu'il ne soit distinct de *a* qu'en indo-iranien : *ə est en alternance régulière avec **ā*, **ē*, **ō*, tandis que **a* est isolé, comme on le verra dans la théorie des alternances ; là même où il s'agit d'un mot non attesté en indo-iranien, l'alternance avec une voyelle longue indique en principe qu'on est en présence de *ə, ainsi dans lat. *sătus* « semé », moyen breton *hat* « semence », en regard de lat. *sē-men*, *sē-uī*, lit. *séti* « semer ». Quand on n'a ni la forme indo-iranienne ni une alternance vocalique, il est impossible de déterminer si l'on est en présence de *a* ou de *ə*, ainsi dans le nom du « sel » : arm. *al*, gr. ἅλς, lat. *sălēs* (pluriel), v. irl. *salann*, got. *salt*, v. sl. *solĭ*.

En seconde syllabe non finale de mot, i.-e. **ə* tombe en iranien, slave, baltique, arménien (?) et germanique ; ainsi à skr. *duhitā* « fille », gr. θυγάτηρ (avec une correspondance inexpliquée de skr. *h* et de gr. γ) répondent : gâth. *dugədā* (dissyllabique), persan *duxt*, v. sl. *dŭšti*, lit. *duktė̃*, arm. *dustr*, got. *dauhtar*. Dans la syllabe finale du mot, *ə* subsiste : v. h. a. *anut* (de **anuđ*) « canard », où *u* représente **ə*, en regard de lat. *anas*. Après les sonantes *y, w, r, l, m, n*, la chute de **ə* a eu pour conséquence une intonation particulière de la diphtongue que formait dès lors la sonante avec la voyelle précédente : tandis que à une diphtongue sanskrite *an* répond une diphtongue lituanienne montante et à double sommet (douce) *eñ* : skr. *mántraḥ* « formule de prière », lit. *(pa-)meñklas* « monument », au contraire, à un groupe tel que skr. *ani* issu de i.-e. **enə* répond une diphtongue lituanienne descendante à un seul sommet (rude), *én* ; ainsi, avec *m* : skr. *vámiti* « il vomit », *vamitvā* « vomir » : lit. *vémti* « vomir », ou, pour *n*, lit. *ántis* « canard » en face de lat. *anas*.

Devant voyelle, **ə* n'est conservé dans aucune langue : la 3e personne du pluriel de skr. *vámiti* est *vam-ánti* « ils vomissent » ; en regard de skr. *jani-tā* « parens », gr. γενε-τήρ, lat. *geni-tor* (de **genatōr*), on trouve seulement skr. *ján-aḥ* « race », gr. γέν-ος, lat. *gen-us*.

2° A côté de **ə*, quelques correspondances qui autrement seraient inexplicables obligent à reconnaître une voyelle réduite, désignée ici par °, qui est en alternance non pas avec *ē, ō, ā*, mais avec *ĕ, ŏ*. En indo-iranien, elle n'est jamais *i* et se confond par suite avec le représentant ă de *e*, *o*, *a*. En slave elle est ĭ (et peut-être parfois ŭ), en baltique *i* (et *u* ?), en italique et en celtique *a*, en germanique *a* en syllabe intense (initiale du mot), *u* en syllabe faible, en grec α (?) et ι devant ς. Exemples :

arm. *tasn* « dix », sl. *-*disęt*- (supposé par russe *dva-dcát'*, tch. *dva-dcet* « vingt », etc.), v. h. a. *zwein-zug* « vingt », en regard de gr. δέκα, lat. *decem*, etc.

lat. *quattuor*, sl. *čĭtyr*- (supposé par tch. *čtyři* « quatre », etc.), hom. πίσυρες, en regard de gr. τέτταρες, skr. *catvā́raḥ*, lit. *keturi*, v. sl. *četyre*, etc.

Les voyelles de timbres *e*, *o*, *a* existent aussi avec la quantité longue et sont attestées avec cette quantité par les correspondances suivantes :

I.-E.	GR.	LAT.	CELT.	ARM.	GERM.	LIT.	V. SL.	INDO-IRAN.
*ē	η	ē	ī	i	ǣ	ė	ě	ā
*ō	ω	ō	ā (ū)[2]	u	ō	ů, o	a	ā
*ā	ᾱ[1]	ā	ā	a	ō	o	a	ā

Notes. — 1° gr. ᾱ dans tous les dialectes autres que l'ionien-attique.

2° ā en syllabe intense, ū en syllabe inaccentuée.

Exemples :

*ē :

skr. *mā́* (négation prohibitive), gr. (panhellénique) μή, arm. *mi* ;

lat. *sēmen*, v. sl. *sěmę* « semence », lit. *sė́menys* « semence », v. h. a. *sāmo* (avec ā représentant normalement germ. ǣ);

got. [*mana-*]*sēþs* « *humanité », littéralement « semence d'hommes » ; irl. *síl* « semence ».

**ō* :

skr. *dā́nam* « don », lat. *dōnum*, gall. *dawn* (*aw* représentant celt. *ā*, lui-même issu de *ō* en syllabe intense) — v. sl. *darŭ* « don », gr. δῶρον, arm. *tur* — lit. *dúti* « donner ».

**ā* :

skr. *mātā́* « mère », dor. μάτηρ, arm. *mayr*, lat. *māter*, v. irl. *máthir*, v. isl. *móđer*, v. sl. *mati*, lit. *mótė* « femme ».

Dans les périodes relativement récentes où le rythme quantitatif a tendu à disparaître et où il s'est développé un accent d'intensité indépendant, les voyelles longues manifestent une tendance très nette à se fermer : *ē* et *ō* sont des voyelles plus fermées que *ĕ* et *ŏ* dans les dialectes italiques ; en celtique *ē* devient *ī* ; en gotique *e* et *o*, c'est-à-dire *ē* et *ō*, sont très fermés ; en lituanien *ė* et *o* (*ē* et *ō*) sont aussi fermés ; en arménien i.-e. **ē* et *ō* sont représentés par *i* et *u* ; l'η du grec ancien est devenu *i* dès avant l'époque byzantine. Là au contraire où la langue a conservé son rythme quantitatif ancien, les voyelles longues sont traitées en général comme les brèves et peuvent même devenir plus ouvertes : **ē*, **ō*, **ā* aboutissent également à *ā* en indo-iranien.

Le fait que le timbre *ē* a été connu de l'indo-iranien est attesté par le traitement des gutturales ; les gutturales pures sont employées devant **ā* : skr. *kā́sate* « il tousse », cf. lit. *kósiu* « je tousse », ags. *hwōsta* « toux », et devant **ō* : accus. skr. *gā́m* « bœuf » = dor. βῶν ; mais les gutturales altérées se trouvent devant l'ancien **ē* : skr. *-jāniḥ* « femme », cf. got. *qens* « femme ». En slave, en baltique, en germanique, *ā* et *ō* ont un même traitement, mais la confusion s'est produite indépendamment sur chacun de ces domaines ; en effet l'un des deux groupes du baltique, le letto-lituanien, représente souvent un ancien **ō* par *ů*, alors que **ā* est toujours représenté par lit.

o, lette *ā*. Ce traitement *ů* de certains *ō en letto-lituanien a conduit à attribuer à l'indo-européen deux sortes de *ō parallèles aux deux sortes de *ē déjà signalées ; mais l'hypothèse ne trouve en dehors du letto-lituanien aucun appui, et il n'est pas impossible d'entrevoir un moyen d'expliquer la différence de letto-lituan. *ů* et de lit. *o*, lette *ā* à l'intérieur du dialecte : lit. *o* est régulier toutes les fois qu'il est en alternance avec un *ė* : *stė́giu* « je couvre » : *stógas* « toit » ; *ů* est la forme isolée, ainsi dans *dů́ti* « donner » ; dans les premières personnes en *-ů* de verbes comme **lĕkṓ* « je laisse » (représenté par *lĕkù*), en face de gr. λείπω, le lituanien a *-ů* et non *-o* parce qu'il n'a plus dans cette flexion l'alternance des timbres *e* et *o* attestée par gr. λείπομεν, λείπετε et qu'il a généralisé *a* (issu de *ŏ). On n'a donc aucun droit de poser deux sortes de *ō en indo-européen.

En lituanien, les anciennes longues sont représentées en syllabe intérieure par des longues *rudes* (d'intonation descendante, à un seul sommet) *ė́, ó, ů́* ; à la finale, outre ces longues rudes (altérées secondairement en *ė, à, ù*), il a des longues *douces* (d'intonation montante, à deux sommets) *ẽ, õ, ů̃* ; or on constate que, dans la syllabe finale du mot, aux longues rudes lituaniennes le grec répond par des longues qui sont oxytonées, si elles ont le ton, aux longues douces par des longues périspomènes (en tant qu'elles sont toniques). Ce contraste est surtout net dans les thèmes féminins en *-*ā* :

nom. sing. *-*ā* : lit. **(merg-)ó*, d'où *(merg-)à*, gr. (θε-)ά.
gén. sing. *-*ās* : lit. *(merg-)õs*, gr. (θε-)ᾶς.

Divers faits de quelques autres langues, dont le détail ne saurait être reproduit ici, montrent que l'opposition de lit. *-ó* et *-õ*, de gr. -ά et -ᾶ remonte à l'indo-européen ; le plus remarquable de tous est que les longues de l'indo-iranien qui répondent, dans la syllabe finale du mot, à des longues douces du lituanien et périspomènes du grec comptent parfois pour deux syllabes dans les vers védiques et avestiques : on reconnaît ici l'intonation lituanienne à double sommet et le périspomène grec ; ces longues semblent d'ailleurs être issues, en grande partie, de contractions indo-européennes ; ainsi le génitif lit. *-ōs*, gr. *-ᾶς* repose sur i.-e. **-ās* qui représente sans doute **-ā-* du thème plus **-es*, désinence du génitif.

3. Les sonantes

On comprendra ici sous le nom de *sonantes* tout l'ensemble des formes variées que prennent, suivant leur position, les phonèmes *y, w, r, l, m, n*.

A les considérer au point de vue purement phonétique, les sonantes occupent une situation intermédiaire entre les voyelles et les consonnes.

Comme les voyelles, les sonantes comportent essentiellement dans la prononciation normale à voix haute une résonance glottale, modifiée par le résonnateur que constituent les organes de la bouche et du nez, et excluent toute occlusion complète : *n* et *m* se prononcent avec occlusion de la bouche (dentale ou labiale), mais avec un abaissement du voile du palais qui permet une émission continue de l'air par le nez ; l'occlusion buccale est d'ailleurs la plus faible de toutes, plus faible même que celle de *d* ou de *b* ; pour *l*, la pointe de la langue touche le palais, mais les bords sont abaissés (ou au moins l'un des bords) de manière que l'émission de l'air ne soit pas interrompue ; *r* est caractérisé par une vibration de la pointe de la langue, sans aucun arrêt durable de l'émission ; enfin *y* et *w* sont les formes consonantiques de *i* et *u* qui sont dans la plupart des langues les plus fermées de toutes les voyelles, mais des voyelles.

Comme les consonnes, les sonantes *y, w, r, l, m, n* introduisent les voyelles proprement dites *ĕ, ŏ, ă* ou des sonantes voyelles, comme *i, ṇ*, etc., et peuvent servir à marquer les limites des syllabes : ce sont des phonèmes caractérisés par un resserrement plus grand du passage de l'air que celui employé pour les voyelles proprement dites et comportant par suite une articulation plus marquée.

Il résulte de là que les sonantes peuvent jouer le double rôle de voyelles et de consonnes suivant qu'on met en évidence leur résonance et leur continuité ou le mouvement articulatoire de fermeture. Le parti que l'indo-européen a tiré de cette particularité constitue l'un des traits les plus originaux de sa phonétique.

Il y a dans les diverses langues quatre traitements différents des sonantes suivant la position, et ces quatre traitements indiquent autant de rôles distincts des sonantes en indo-européen : 1° Consonne : à l'initiale du mot, devant voyelle ou devant sonante ; entre deux voyelles ; et aussi entre consonne proprement dite et voyelle. — 2° Second élément de diphtongue : entre voyelle et consonne (proprement dite ou sonante consonne). — 3° Voyelle devant une autre voyelle — 4° Voyelle : à l'initiale devant consonne, ou entre deux consonnes. — La racine **pleu-* « couler, flotter, naviguer » fournit des exemples des quatre emplois de *w* :

1° *w* consonne : skr. *plávate* « il flotte », v. sl. *plovetŭ*, gr. πλέ(ϝ)ει.

2° *w* second élément de diphtongue : skr. *ploṣyati* (de indo-iran. **plausyati*) « il flottera », gr. πλεύσομαι, v. sl. *pluchŭ* « j'ai navigué » (de **plouchŭ*, cf. gr. ἔπλευσα).

3° *w* voyelle devant voyelle, noté ici ᵘ*w* : skr. parfait *pupluve* « il a flotté » (de **pupl*ᵘ*wai*) ; cf. peut-être lat. *pluit* « il pleut ».

4° *w* voyelle, c'est-à-dire *u* : skr. *plutáḥ*.

Ces quatre traitements doivent être passés en revue successivement et il convient d'y ajouter le cas très important de : sonante suivie de *ə.

a. — Sonantes consonnes.

TABLEAU DES CORRESPONDANCES

I.-E.	SKR.	ZD	ARM.	SL.	LIT.	GR.	LAT.	IRL.	GOT.
*y	y	y	?	j	j	ʽ, «	i	«	j
*w	v	v	g, v	v	v	ϝ	u	f	w
*r	r	r	r	r	r	ρ	r	r	r
*l	r, l	r	l	l	l	λ	l	l	l
*n	n	n	n	n	n	ν	n	n	n
*m	m	m	m	m	m	μ	m	m	m

Les nasales *m, n* sont conservées sur tous les domaines avec une remarquable fidélité. — De même aussi *r* et *l* ; l'indo-iranien seul tend à confondre *r* et *l* ; et encore le sanskrit conserve-t il *l* dans bon nombre d'exemples ; on n'a pas encore réussi à déterminer dans quelle mesure la conservation de *l* et le passage à *r* en sanskrit tiennent à des faits dialectaux ou à des différences de position dans le mot.

Les deux sonantes les plus vocaliques, *y* et *w*, sont celles dont la forme consonantique a subi le plus d'altérations.

A l'initiale, **y* a subsisté en indo-iranien, en slave, en lituanien, en germanique, en italique ; la tendance à augmenter l'étendue du mouvement articulatoire de fermeture n'apparaît que postérieurement aux plus anciennes périodes connues de la langue, par exemple dans le passage du vieux perse au persan, ou du latin au roman : lat. *iacet* est devenu fr. *gît* ; en grec, le *y* est devenu sourd et la fermeture du passage de l'air est devenue moindre ; ainsi *y* est représenté par *h* (noté H sur les anciennes inscriptions, ʽ chez les Alexandrins), qui a disparu de très bonne heure dans certains dialectes et que la κοινή n'a conservé nulle part ; le *y* initial est tombé de la même manière en irlandais. A l'intérieur du mot, entre voyelles, *y* est conservé en indo-iranien, slave, lituanien, germanique, mais tombé en arménien, grec, latin, irlandais. Le grec ignore entièrement le phonème *y* : du yod de l'alphabet phénicien on a fait la notation de la voyelle ι.

Le **w* a une histoire plus complexe encore que celle de **y* à cause de sa double articulation : le dos de la langue rapproché de la partie postérieure du palais et les deux lèvres rapprochées l'une de l'autre et arrondies ; la tendance à substituer à la sonante *w* la spirante labio-dentale *v* est très ancienne : déjà pour les grammairiens de l'Inde, le *v* sanskrit est une labio-dentale et non plus un *w* ; le *u* latin est devenu *v* dans les langues romanes, de même le germ. *w* en allemand ; en baltique et en slave on prononce aussi *v* ; là où le rapprochement de la langue et du palais a été augmenté, *w* est devenu **gʷ*, *g* : ainsi à l'initiale en arménien et en brittonique ; là où c'est le rapprochement des lèvres, *w* est devenu *b* à l'initiale, ainsi en persan dans certaines conditions. En grec, le ϝ qui représente i.-e. **w* a une articulation très faible ; entre voyelles, il a disparu presque dans tous les dialectes avant la date des plus anciennes inscriptions ; à l'initiale, il n'a cessé d'être émis que vers le vᵉ et le ivᵉ siècles av. J.-C., sauf en ionien-attique où il n'existe plus même dans les plus anciens textes ; dans certains dialectes, notamment en laconien, il n'est sans doute jamais tombé. — Presque partout on entrevoit encore le temps où *y* et *w* étaient de pures sonantes ;

ainsi en iranien, le persan représente *w* initial tantôt par *g*, tantôt par *b*, ce qui suppose que le vieux perse avait encore la sonante *w* et non un *v* labio-dental ; en celtique, le *w* initial est représenté par *f* en irlandais, par *g* en brittonique : le celtique commun avait donc encore *w*.

Exemples :

**y* :

skr. *yákṛt* « foie » (génit. *yaknáḥ*), lat. *iecur (iecinoris)*, lit. *jeknos* ; zd *yākarə*, gr. ἧπαρ (ἥπατος).

**-ye-* dans les verbes dénominatifs : skr. *(pṛtanā)yáti* « il combat », v. sl. *(ląka)jetŭ* « il trompe », lit. *(lankó)ju* « je plie », gr. (τῑμά)ω « j'honore ».

skr. *mádhyaḥ* « qui est au milieu », gaul. *Medio-(lānum)*, lat. *medius* (avec *y* représenté par *i* voyelle après consonne), got. *midja* (féminin) ; la consonne précédente est altérée par le *y* dans : gr. μέσσος, μέσος (de *μέθyος) ; arm. *mēǰ* « milieu » ; v. sl. *mežda* « limite », russe *mežá*, polon. *meza*, serbe *mèđa*.

**w* :

skr. *viç-*, zd *vīs-* « village », v. sl. *vĭsĭ* « uicus », alb. *vise* « lieux » ; gr. Ϝοῖκος « maison », lat. *uīcus*, got. *weihs* « bourg ».

skr. *návaḥ* « neuf », gr. νέ(Ϝ)ος, lat. *nouos*, v. sl. *novŭ*.

**r* :

skr. *rudhiráḥ* « rouge », gr. ἐρυθρός (avec prothèse vocalique devant i.-e. **r* initial, suivant une règle constante du grec), v. sl. *rĭdrŭ* (de **rŭdrŭ*), lat. *ruber* (avec *b* représentant *ƀ* issu de *þ* après *u*) ; lit. *raũdas*, got. *rauþs*, v. irl. *ruad*.

**l* :

gr. λείχω « je lèche », lat. *lingō*, v. irl. *ligim*, got. *(bi-)laigon* « lécher », lit. *lëžiù* « je lèche », v. sl. *ližą*, arm. *lizem*, skr. *rélhmi* et *lehmi* (zd *riz-*).

*n et *m :

skr. *nâma* « nom », zd *nāma*, lat. *nōmen*, got. *namo*, gr. ὄνομα.

Remarque. — Dans quelques cas, le grec répond par un ζ et non par *h* (noté ʽ) à un *y* des autres langues, ainsi :

gr. ζυγόν, en regard de skr. *yugám* « joug », lat. *iugum*, got. *juk*, tchèque *jho* (de **jĭgo*) ;

gr. ζωστός, en regard de zd *yāstō*, lit. *júostas* « ceint d'une ceinture », v.sl. (*po-*)*jasŭ* « ceinture » ;

on a souvent conclu de là que l'indo-européen possédait une sorte de spirante, différente du *y défini ci-dessus, et qu'on pourrait désigner par **j*. Mais ce traitement ζ n'apparaît qu'à l'initiale du mot, et aucune langue ne confirme la distinction de *y et **j* suggérée par le grec ; il est donc possible que l'on soit ici en présence d'une innovation hellénique dont les conditions ne se laissent pas déterminer.

b. — Sonantes dans les diphtongues.

Une diphtongue est une émission vocalique continue dont le commencement et la fin sont articulés d'une manière nettement différente et dont la partie médiane est constituée par la transition de l'une des deux articulations à l'autre. L'indo-européen forme des diphtongues avec ses voyelles **e*, **o*, et aussi **a*, suivies de l'une quelconque de ses sonantes ; dans toutes ces diphtongues, la voyelle, c'est-à-dire la partie la plus ouverte de l'articulation, est au commencement et la sonante, qui est la partie la plus fermée de l'articulation, à la fin.

On réserve souvent le nom de diphtongues aux groupes formés par **e*, **o*, **a* avec les sonantes *y et **w*, mais il n'y a pas de différence essentielle entre ces groupes et ceux qui sont formés avec les autres sonantes : **r*, **l*, **m*, **n*. Ce parallélisme des diphtongues formées avec les six sonantes est particulièrement clair en lituanien où les diphtongues telles que *ar, al, an, am* sont susceptibles des deux intonations, douce et rude, tout comme *ai* et *au*, soit :

aĩ	*aũ*	*ar̃*	*al̃*	*añ*	*am̃*
ái	*áu*	*ár*	*ál*	*án*	*ám*

Dans lit. *añ* le passage continu de la voyelle *a* à la nasale *n* se manifeste par ceci que la fin de l'*a* est nasale, et, dans les dialectes orientaux du lituanien où l'ancien *ą* (*a* nasal) est représenté par *u*, il résulte de là que *an* est représenté par *ún* ; l'*a* de *an* était donc, du moins en partie, nasal. En grec, une diphtongue εν est susceptible d'être périspomène comme une diphtongue ει par exemple ; ce qui le montre, c'est que les deux groupes jouent le même rôle dans le cas d'addition d'un mot enclitique : il se développe un ton secondaire dans ἔνθά τε tout comme dans εἶτά τε.

Les sonantes employées comme seconds éléments de diphtongues ont des traitements spéciaux et devraient en bonne méthode être désignées par des signes particuliers. Conformément aux usages de l'alphabet latin, elles seront désignées ici par *i, u, r, l, n, m* ; ces notations ont toutefois le défaut de présenter une inconséquence assez grave : les sonantes *y* et *w* sont désignées par leur forme vocalique, les autres par leur forme consonantique ; pour être conséquent, il faudrait écrire : *ey, ew, er, el, en, em*, ou *ei, eu, er̯, el̯, en̯, em̯*.

Les diphtongues indo-européennes sont définies par les correspondances suivantes (on observera que l'élément vocalique initial a en principe son traitement normal, c'est-à-dire que i.-e. **e*, **o*, **a* sont également représentés tous les trois par indo-iran. *a*, que i.-e. **o* et **a* sont représentés par sl. *o*, etc.) :

I.-E.	SKR.	ZD	V. PERSE	V. SL.	LIT.	ARM.	GR.	LAT.	IRL.	V. H. A.
*ei	e[1]	aē	ai	i	ẽ[2], eĩ	(?)	ει	ī[3]	é, ia	ī
*eu	o[1]	ao	au	ju	iaũ	oy	ευ	ū[3]	ó, ua	eo, iu
*er	ar	ar	ar	rě	er̃	er	ερ	er	er	er
*el	ar[1]	ar	ar	lě	el	el	ελ	ul	el	el
*en	an	ən	a(n)	ę	eñ	in	εν	en	(en)	in
*em	am	əm	am	ę	em̃	im	εμ	em	(em)	im
*oi	e[1]	aē	ai	ě (i)[5]	ẽ, aĩ	ē	οι	ū[3]	oe	ai, ei, ē
*ou	o[1]	ao	au	u	aũ	oy	ου	ū[3]	ó, ua	au, ou, ō
*or	ar	ar	ar	ra	ar̃	or	ορ	or	or	ar
*ol	ar	ar	ar	la	al̃	ol	ολ	ul	ol	al
*on	an	ən	a(n)	ą	añ	un	ον	on	(on)	an
*om	am	əm	am	ą	am̃	um	ομ	um	(om)	am
*ai	e[1]	aē	ai	ě (i)[4]	ẽ, ai	ay	αι	ae	ae	ai, ei, ē
*au	o[1]	ao	au	u	au	aw	αυ	au	ó, ua	au, ou, ō
*ar	ar	ar	ar	ra	ar	ar	αρ	ar	ar	ar
*al	ar	ar	ar	la	al	al	αλ	al	al	al
*an	an	ən	a(n)	ą	an	an	αν	an	an	an
*am	am	əm	am	ą	am	am	αμ	am	am	am

Notes :

1° Skr. *e* et *o* sont des longues issues d'anciennes diphtongues indo-iraniennes *ai*, *au* conservées en vieux perse ; le fait qu'elles représentent des diphtongues est très reconnaissable en sanskrit même et a été vu par les grammairiens indigènes. — Les diphtongues indo-européennes en *ḷ donnent régulièrement des diphtongues sanskrites en ṛ.

2° Les conditions de la différence de traitement ē d'une part, ei, ai de l'autre, en letto-lituanien ne sont pas connues.

3° Les diphtongues *ei, oi, ou* sont encore écrites sur les plus anciennes inscriptions latines et n'ont pas été entièrement réduites à *ī, ū, ū* avant la fin du IIIe siècle av. J.-C.

4° Sl. *i* représente i.-e. **oi, *ai* à la fin du mot dans quelques cas.

Exemples de quelques diphtongues :

**ei* :

gr. εἶσι « il ira », skr. *éti* « il va », v. perse *aitiy*, zd *aēiti*, lat. *it* (de **īt, *eit[i]*; cf. *īs*), v. lit. *eĩti* « il va ».

v. pr. *deiwas* « Dieu », lit. *dẽvas* « Dieu » (et *deivẽ* « fantôme »), lat. *deus* (de **deios, *deiuos*), pluriel *dīuī*, osq. deívaí « diuae », v. h. a. *Zīo* et v. isl. *Týr* (de germ. **tīwaz*), irl. *déa*, skr. *deváḥ* « dieu », zd *daēvō* « démon ».

**au* :

lat. *augmen* « accroissement », lit. *augmũ*, génitif *augmeñs* « croissance », skr. *ojmā́*, génit. *ojmánaḥ* « force » ; lat. *augēre*, got. *aukan* « croître » ; gr. αὐξάνω.

**on* :

v. sl. *pątĭ* « chemin », arm. *hun* « passage », skr. *pánthāḥ*, zd *pañtå* (avec *t* issu de *th* après *n*) « chemin » ; lat. *pons* « pont », et sans doute gr. πόντος « mer ».

**om* :

gr. γόμφος « dent », v. sl. *ząbŭ* « dent », lit. *žam̃bas* « angle formé par les côtés d'une poutre », v. isl. *kambr* « peigne » (all. *kamm*), skr. *jámbhaḥ* « dent ».

**er* et **or* :

lat. *uertō* « je tourne », skr. *vártе* « je me tourne », got.

wairþan « devenir », lit. *veȓsti* « tourner » ; v. sl. *vrêteno*, gall. *gwerthyd* « fuseau ».

lit. *vartýti* « tourner », v. sl. *vratiti* (russe *vorotit'*, polon. *wrócić*), got. *fra-wardjan* « gâter » (cf., pour le sens, all. *ver-derben*), skr. *vartáyati* « il fait tourner ».

**al*:

gr. ἀλφή, lit. *algà* « salaire », skr. *arghàḥ* « prix, valeur », ossète (dialecte iranien du Caucase) *arγ* « prix ».

Après une voyelle et devant une consonne, une sonante ne peut en principe avoir d'autre forme que celle de second élément de diphtongue : ainsi, en face de Ϝρήγνυμι « je brise », l'éolien a un aoriste εὐράγη et non *ἐϜραγη, un adjectif αὔρηκτος et non *ἀ-Ϝρηκτος (hom. ἄρρηκτος est refait sur ῥήγνυμι) ; le parfait moyen de skr. *yájati* « il sacrifie » n'est pas **ya-yj-e*, mais *yeje*, c'est-à-dire **ya-ij-ai*.

Outre les correspondances précédentes, il en existe une seconde série qui est surtout claire en indo-iranien, et, dans une moindre mesure, en grec :

skr.	*ai*	*au*	*ān*	*ām*	*ār*
zd	*āi*	*āu*	*ąn*	*ąm*	*ār*
gr.	ηι	«	ην	«	ηρ
	ᾱι	«	ᾱν	«	ᾱρ
	ωι	«	ων	«	ωρ

Ce sont les diphtongues à premier élément long, soit i.-e. **ēi*, **ēu*, **ēn*, **ēm*, **ēr* (et **ēl*), etc. ; on ne saurait naturellement déterminer avec précision en quoi **ēi* se distinguait de **ei*, mais on ne doit pas croire que ces diphtongues aient eu la durée de voyelle longue plus sonante, c'est-à-dire trois temps, alors que les diphtongues à premier élément bref auraient eu deux temps seulement ; dans les vers védiques et grecs anciens, une diphtongue à premier élément long compte pour deux temps comme une longue ou une diphtongue à premier élément bref ; or d'autre part, pour que le premier élément d'une diphtongue semble long, il suffit qu'il soit plus long que la moitié du groupe total formé par la diphtongue et que la sonante soit relativement brève ; la différence entre *ēi et *ei peut donc fort bien avoir consisté simplement en ceci que, dans *ēi, le e était plus long et le i plus bref que ne l'étaient respectivement e et i dans *ei. Ce qui rend probable qu'il en était ainsi, c'est que la sonante des diphtongues à premier élément long est souvent tombée soit au cours de l'histoire des diverses langues, soit déjà en indo-européen même. Ainsi la diphtongue *-ōi du datif zd *vəhrkāi*, gr. λύκωι (écrit λύκῳ), lit. *vilkui* (avec *-ui* représentant *-ōi*, tandis que *-ē*, issu de *-ai*, représente *-oi*) s'est réduite à *-ō* en grec où la prononciation *-ō* de l'ancien -ωι est générale au moins dès le IIe siècle av. J.-C. ; de même en latin le datif correspondant est *lupō* (de *lupōi*).

Dans tous les dialectes autres que l'indo-iranien, les diphtongues à premier élément long ont été transformées en diphtongues à premier élément bref devant consonne suivante du même mot ; ainsi à la finale *-ōis* de l'instrumental pluriel attestée par skr. *vṛkaiḥ*, zd *vəhrkāiš*, le grec répond par -οις, le lituanien par *-aīs*, le latin par *-īs* (issu de *-eis*, anciennement *-ois*) : gr. λύκοις, lit. *vilkaīs*, lat. *lupīs*. Le grec répond à skr. *dyáuḥ* « ciel », *gáuḥ* « bœuf », *náuḥ* « bateau » par Ζεύς, βοῦς, ναῦς, avec ευ, ου, αυ et non *ηυ, *ωυ, *ᾱυ ; si l'ionien a νηῦς, c'est que la longue des autres cas, acc. sing. *νᾶϝα, génit. *νᾶϝός, etc., y a été introduite par analogie ; et en effet Ζεύς et βοῦς dont la flexion n'a de voyelle longue qu'au nominatif (et à l'accusatif) singulier ont conservé ευ, ου dans tous les dialectes. Les diphtongues à premier élément long ne subsistent donc qu'à la finale, ainsi πατήρ, ἄκμων, ἡμέρᾱν ; dans l'Inde même, les diphtongues à premier élément long, encore nettes en sanskrit, se confondent avec les autres dans les prâkrits.

Dès l'époque indo-européenne, l'élément sonantique relativement bref des diphtongues à premier élément long a disparu dans certains cas ; par exemple, l'accusatif pluriel des thèmes en **-ā-* avait, du moins dans certaines positions, **-ā-s* issu d'un ancien **-ā-ns* : skr. *-āḥ*, lit. *-ás* (d'un baltique ancien **-ōs*) ; le grec a la nasale (peut-être d'après les autres déclinaisons) et abrège en conséquence la voyelle ᾱ, d'où *-α-νς, conservé en crétois par exemple, et c'est ainsi que l'accusatif pluriel de τιμᾱ́, ion. att. τιμή, est *τιμᾱνς, d'où ion. att. τιμᾱ́ς, lesb. τίμαις. De même *i* et *u* sont tombés dans les accusatifs indo-européens des thèmes **dyeu-* « ciel, jour », **gʷou-* « bœuf », **rēi-* « richesse » : skr. *dyā́m*, *gā́m* et hom. Ζῆν, dor. βῶν, lat. *rem*, c'est-à-dire **dyēm*, **gʷōm*, *rēm*, de **dyēum*, **gʷōum*, **rēim*.

En indo-européen, le point d'articulation de la sonante nasale était indépendant de celui de la consonne suivante : le lituanien a *m* devant *t*, par exemple dans *szim̃tas* « cent », *rem̃ti* « appuyer », le gotique devant *þ*, ainsi dans *ga-qumþs* « arrivée », et devant *s*, ainsi dans *ams* « épaule ». Si donc on trouve, pour une ancienne *m*, une *n* devant dentale, c'est par suite d'une innovation : ainsi devant *t* dans lat. *centum* et devant *d* dans got. *hund* « cent ». De même il est possible que la nasale gutturale provienne d'une innovation de chaque dialecte, bien qu'elle soit assez générale : skr. *aṅkáḥ* « crochet », gr. ἄγκος ; lat. *quinque* (avec *i* issu de *e* devant nasale gutturale tandis que *e* subsiste devant *n* dentale, par exemple dans *centum*) ; le sanskrit a une nasale palatale devant palatale et une nasale gutturale devant gutturale : skr. *páñca* « cinq » et *paṅktiḥ* « groupe de cinq ».

c. — Sonantes voyelles devant voyelles.

Il arrive souvent qu'un groupe phonétique constitué par une sonante suivie d'une voyelle forme deux syllabes ; alors la sonante est représentée dans toutes les langues indo-européennes par une voyelle suivie du phonème qui représente en règle générale la sonante consonne intervocalique. On peut donc désigner ces groupes, par exemple devant la voyelle *e*, de la manière suivante :

**ₒye, *ₒwe, *ₒre, *ₒle, *ₒne, *ₒme.*

Mais comme, en fait, **ₒy* et **ₒw* se comportent toujours de même que **i* et **u* voyelles suivies de **y* et **w*, on écrit dans ces deux cas :

**iye, *uwe.*

Exemples :

**iy :*

gr. βιός « arc » (le *y* intervocalique tombe en grec), véd. *j(i)yā́* « corde d'arc » (écrit *jyā́*, mais encore dissyllabique dans plusieurs passages du *Ṛgveda*), lit. *gijà* « fil de trame » ;

**uw :*

véd. *d(u)vā́u, d(u)vā́* « deux » (orthographiés *dvā́u, dvā́*, mais dissyllabiques dans les vers), hom. δύω, lat. *duo*, v. sl. *dŭva*.

skr. génit. *bhruváḥ* « du sourcil », gr. ὀφρύος de *ὀφρύϝος, v. sl. accusatif *brŭvĭ*, lit. accus. *brùvį*.

Le traitement des autres sonantes voyelles devant voyelles est résumé dans le tableau suivant :

I.-E.	SKR.	ZD	ARM.	GR.	LAT.	IRL.	GOT.	LIT.	V. SL.
*ₒr	*ir, ur*[1]	*ar*	*ar*	αρ	*ar*	*ar*	*aur*[4]	*ir, ur*[2]	*ĭn, ŭn*[2]
*ₒl	*ir, ur (il, ul)*	*ar*	*al*	αλ	*al*	*al*	*ul*	*il, ul*	*ĭl, ŭl*
*ₒn	?	?	*an*	αν	*an, in*[3]	*an*	*un*	*in, un*	*ĭn, ŭn*
*ₒm	?	?	*am*	αμ	*am, im*[3]	*am*	*um*	*im, um*	*ĭm, ŭm*

Notes :

1° Les timbres *i* et *u* en sanskrit sont en grande partie déterminés par les consonnes précédentes.

2° Les timbres *i* et *u* en letto-slave apparaissent dans des conditions encore inconnues pour la plupart.

3° Lat. *in, im* devant un *i* de la syllabe suivante, par exemple dans *sine* de *s°ni, cf. v. irl. *sain* (celt. *sanī) « séparément ».

4° Got. *aur,* parce que germ. *u* devient toujours *au* (notant *o* ouvert) devant *r* en gotique; *ur* subsiste dans les autres dialectes germaniques.

Exemples :

*°r :

skr. *puráḥ* « avant », zd *parō,* gr. πάρος; v. h. a. *furisto* « prince »; irl. *ar* « devant », gaul. *Are-morica* (région près de la mer).

*°l :

gr. βαλεῖν « jeter », lit. *gulė́ti* « être couché » (pour le sens cf. le rapport de lat. *iacĕre* « jeter » et de *iacēre* « être couché »).

*°n :

v. sl. *mĭnĕti* « penser », lit. *minė́ti,* got. *munan* « penser », gr. μανῆναι « être furieux ».

*°m :

gr. *-ἀμο-, dans οὐδ-αμοί « aucuns », got. *sums* « quelqu'un »; v. h. a. *sumar* « été », arm. *amaṙn*; v. irl. *sam.*

d. — Sonantes voyelles.

Placées entre deux consonnes ou à l'initiale devant une consonne, les sonantes servent de voyelles. Les sonantes voyelles sont définies par les correspondances suivantes :

I.-E.	SKR.	ZD	GR.	V. SL.	LIT.	GOT.	ARM.	LAT.	IRL.
*i	i	i	ι	ĭ	i	i	i	i	i
*u	u	u	υ	ŭ	u	u	u	u	u
*r̥	r̥	ərə	ρα, αρ[1]	rŭ	ir̃, ur̃[2]	aur[4]	ar	or	ri
*l̥	r̥	ərə	λα, αλ[1]	lĭ, lŭ[2]	il̃, ul̃[2]	ul	al	ul	li
*n̥	a	a	α	ę (ŭ)[2]	iñ, uñ[2]	un	an	en	(v. note[3])
*m̥	a	a	α	ę (ŭ)[2]	im̃, um̃[2]	um	am	em	(v. note[3])

Notes.

1° Les conditions dans lesquelles le grec a ρα ou αρ, λα ou αλ ne sont pas exactement déterminées.

2° Les conditions dans lesquelles le vieux slave a *lĭ* ou *lŭ* (c'est-à-dire *l* voyelle ou *l̥* voyelle), etc., le lituanien *il̃* ou *ul̃*, etc., sont inconnues.

3° Le traitement de *n̥ et *m̥ en irlandais est trop complexe pour être résumé dans le tableau.

4° Got. *aur* représente germ. **ur*.

Exemples :

**i* :

skr. *diç-* « direction, région », lat. *dĭc-* dans *dĭcis causa* ; gr. δίκη « droit, justice » ; lat. *dĭctus* (ital. *detto*), skr. *diṣṭáḥ* « montré » ; ags. *tigen* « montré ».

**u* :

skr. gén. *çúnaḥ* « du chien », gr. κυνός, v. irl. *con* (de celt. **cunos*), lit. *szuñ(e)s*.

**r̥* :

skr. *pr̥ccháti* « il demande », zd *pərəsaiti*, arm. *harçanem*

« j'interroge », lat. *poscō* (de **porcscō*) ; v. h. a. *forsca* « demande » (avec *or* de germ. **ur*) ; lit. *piřszti* « fiancer ».

hom. κραδίη (et καρδίη) « cœur », lat. *cor, cordis,* v. sl. *srŭdĭce,* v. irl. *cride.*

**ḷ* :

skr. *vṛkaḥ* « loup », zd *vəhrkō* (avec notation par *h* d'une particularité due sans doute au ton), lit. *vilkas,* v. sl. *vlĭkŭ,* got. *wulfs* (avec une *f* due à une influence particulière).

**ṇ* :

skr. *á(-jñātaḥ)* « inconnu », gr. ἄ(-γνωτος), lat. *ignōtus,* c'est-à-dire *iṅnōtus,* de **in(-gnōtos),* v. irl. *in(-gnad),* got. *un(-kunþs),* arm. *an(-canawth).*

**ṃ* :

skr. *çatám* « cent », zd *satəm,* gr. (ἑ-)κατόν, lit. *szim̃tas,* v. sl. *sŭto* (avec un traitement *ŭ* contesté par beaucoup de linguistes), got. *hund* (de **humdan*), lat. *centum* (de **cemtom*), gall. *cant,* v. irl. *cét.*

On le voit, **i* et **u* ne sont pas au point de vue indo-européen des voyelles, mais seulement les formes vocaliques des sonantes **y* et **w*, exactement comme **ṛ*, **ḷ*, **ṃ*, **ṇ* sont les formes vocaliques des sonantes **r*, **l*, **m*, **n* : skr. *suptáḥ* « endormi », gr. ὕπνος, v. sl. *sŭnŭ* « sommeil » (de **sŭpnŭ*) sont à skr. *svápnaḥ* « sommeil », v. isl. *suefn* « sommeil », ce que skr. *pṛccháti* « il demande », etc., sont à skr. *práçnaḥ* « question », lat. *precēs,* got. *fraihna* « j'interroge » ; skr. *diṣṭáḥ* « montré », etc., sont à gr. ἔδειξα « j'ai montré », lat. *dīcō* (de **deikō*) et ce que skr. *baddháḥ* « lié », got. *bundans* « lié » sont à skr. *bándhuḥ* « allié », got. *binda* « je lie », lit. *beñdras* « associé ».

Les sonantes voyelles **i*, **u*, **ṛ*, **ḷ*, **ṇ*, **ṃ* sont brèves au point de vue indo-européen : le sanskrit les représente toutes par des brèves *i, u, ṛ, ṛ, a, a* ; le grec également sauf **ṛ* et **ḷ* dont il fait ρα (ou αρ), λα (ou αλ) : le gr. πατράσι est, chez

Homère, un dactyle, tandis que le locatif pluriel véd. *pitṛ́ṣu* « chez les pères » vaut trois brèves ; presque partout ailleurs qu'en indo-iranien i.-e. *r̥, *l̥, *n̥, *m̥ étant représentés par une voyelle suivie de *r, l, m, n* et devenant par là même des diphtongues, comme gr. αρ, αλ, ont pris valeur de longues ; mais les traitements indo-iranien et hellénique indiquent bien que cette quantité longue résulte d'un développement postérieur à l'époque de l'unité indo-européenne.

On a beaucoup discuté la question de savoir si ces brèves i.-e. *r̥, *l̥, *n̥, *m̥ étaient de pures sonantes vocalisées, comme *i* et *u*, ou si ces articulations comprenaient une voyelle extrêmement brève précédée ou suivie de *r, l, m, n* consonnes ou seconds éléments de diphtongues. Cette question n'a qu'une importance très secondaire, car l'essentiel n'est pas de déterminer si *r̥, *l̥, *m̥, *n̥ se sont prononcés de telle ou telle manière, mais quels en sont les représentants dans les diverses langues et quelle en est la place dans la structure de l'indo-européen. — L'existence d'un élément vocalique très bref, indépendant de la sonante, ne pourrait être solidement établie que par des coïncidences de timbre des représentants de cette voyelle dans les diverses langues ; le fait le plus remarquable à cet égard est le double traitement baltique *ir̃* et *ur̃*, auquel répondent les deux traitements slaves communs *ĭr* et *ŭr*, confondus dans v. sl. *rŭ*, mais distincts dans russe *er* et *or*, et qui ont entraîné des formes différentes des gutturales ; ainsi on trouve d'une part v. sl. *črŭnŭ* (de *čĭrnŭ) « noir », russe *čërnyj*, v. pruss. *kirsnan*, cf. skr. *kṛṣṇáḥ* « noir », mais de l'autre v. sl. *krŭma* « proue » (de *kŭrma), russe *kormá*, et, à ce dernier mot le grec répond peut-être par πρύμνα, πρύμνη « proue », avec un traitement ρυ de *r̥ qui rappelle le sl. *ŭr, et qui diffère du traitement ordinaire ρα. Les faits de ce genre sont trop isolés pour qu'il soit licite de rien affirmer.

Le caractère essentiel à retenir est celui-ci : *i, *u, *$r̥$, *$l̥$, *$m̥$, *$n̥$ sont des éléments vocaliques entièrement parallèles les uns aux autres et jouent tous un même rôle dans la langue.

e. — Sonantes devant *ə.

Dans les groupes de la forme : voyelle + sonante + *ə + consonne, soit *-*enət*- par exemple, la sonante consonne et *ə ont leur traitement normal et il ne se pose aucune question, c'est le type :

skr. *janitā́*, gr. γενετήρ, lat. *genitor*.

Dans les groupes de la forme : consonne (ou initiale du mot) + sonante + *ə + consonne, on observe deux cas différents :

1° La sonante a la forme de sonante voyelle devant voyelle et alors *ə a son traitement normal ; ce n'est pas le cas ordinaire, mais on en rencontre néanmoins d'assez nombreux exemples, notamment en grec :

**iyə*:

gr. πρίασθαι (de *k^w*riyə*-) « acheter.

*°*rə* :

gr. βάραθρον « gouffre ».

v. irl. *tarathar* « terebra ».

*°*lə* :

gr. παλάμη « paume de la main », lat. *palma* (si c'est un ancien **palamā*, avec syncope de la voyelle intérieure).

*°*nə* :

gr. θάνατος « mort ».

lat. *ianitrices* « femmes de deux frères ».

*°*mə* :

gr. (ἀ-)δάματος « indomptable ».

Aucun de ces exemples ne se rencontre d'une manière sûre dans plus d'une langue ; ceci tient à ce que, dans toute une partie des dialectes indo-européens, ceux qui perdent *ə* en seconde syllabe, ce traitement se confond presque entièrement avec le suivant ; en latin et en irlandais, des syncopes en ont fait disparaître ou obscurci la plupart des exemples ; en sanskrit, il paraît n'être plus distinct du suivant ; il ne reste guère que le grec où on puisse l'observer.

2° La sonante et **ə* se combinent et le résultat de la combinaison diffère essentiellement des traitements isolés de la sonante et de **ə*. Dans le cas des sonantes **y* et **w* suivies de **ə*, le résultat est partout *ī* et *ū* (ou les représentants de **ī* et **ū*) ; on est ainsi conduit à écrire **r̥̄*, **l̥̄*, **n̥̄*, **m̥̄* pour **r*, **l*, **n*, **m* suivis de **ə* après consonne, sans préjuger par là, bien entendu, la prononciation de ces éléments, sans vouloir dire par exemple qu'il s'agit de **r̥*, **l̥*, **n̥*, **m̥* allongés. Le tableau des correspondances est le suivant :

I.-E.	SKR.	ZD	LIT.	V. SL.	SERBE	GR.	LAT.	IRL.	GOT.
**ī*	*ī*	*ī*	*ý*	*i*	*ī*[1]	ῑ	*ī*	*í*	*ei*
**ū*	*ū*	*ū*	*ū́*	*y*	*ū*	ῡ	*ū*	*ú*	*ū*
**r̥̄*	*īr, ūr*	*ar*	*ìr, ùr*	*rŭ*	*r̄*	ρᾱ, ρω	*rā*	*rá*	*aur*
**l̥̄*	*īr, ūr*	*ar*	*ìl, ùl*	*lĭ, lŭ*	*ū*	λᾱ, λω	*lā*	*lá*	*ul*
**n̥̄*	*ā*	*ā*	*ìn, ùn*	*ę*	*ē*	νᾱ	*nā*	*ná*	*un*
**m̥̄*	*ā*	*ā*	*ìm, ùm*	*ę*	*ē*	μᾱ	*mā*	*má*	*um*

Note :

Le serbe distingue par l'intonation et par la quantité les voyelles qui répondent aux sonantes brèves et « longues » ;

ainsi la longue *ū* représente *l̥*, par exemple dans *vĭlk* « loup », cf. lit. *vilkas*, tandis que la brève *ŭ* représente *l̥*.

Exemples :

*ī :

skr. *krītáḥ* « acheté » ; irl. *crithid* « emax » ; cf. gr. πρίασθαι.

*ū :

skr. *tūyaḥ* « fort » ; lit. *túlas* « plus d'un, maint », v. pruss. *tūlan* « beaucoup » ; gr. τύλη « enflure ».

*r̥̄ :

skr. *gīrṇáḥ* « avalé » ; lit. *gìrtas* « ivre » et accusatif *gùrklį* « gosier » ; v. sl. *grŭlo* « gosier », serbe *gȑlo* ; gr. βεβρώσκω ; cf. gr. βάραθρον.

v. sl. *sŭ-trŭtŭ* « frotté », serbe *tȓti* « frotter, user » ; gr. τρᾱνής « pénétrant » ; cf. v. irl. *tarathar*.

skr. *pūrvaḥ* « premier », zd *paourvō* (de iran. **parva-*), v. sl. *prŭvyjĭ*, gr. *πρωϝατος (ion. πρῶτος, dor. πρᾶτος) ; lit. *pìrmas*.

*l̥̄ :

irl. *lám* « main », v. h. a. *folma* (de germ. **fulmō*) ; cf. gr. παλάμη.

skr. *pūrṇáḥ* « plein », v. sl. *plŭnŭ*, serbe *pȕn*, lit. *pìlnas*, v. irl. *lán*, got. *fulls* (de **fulnaz*).

*n̥̄ :

gr. θνητός (dor. θνᾱτός) « mort » ; cf. θάνατος.

skr. *yātā* « femme du frère du mari » ; cf. lat. *ianitrices*.

skr. *jātáḥ* « né », zd *zātō*, lat. *(g)nātus*, gaul. *(Cintu)-gnātus*.

lit. *(pa-)žìntas* « connu », got. *kunþs*.

gr. νῆσσα « canard » (de *νᾶτyα), skr. *ātíḥ* « oiseau aquatique ».

*m̥̄ :

δμητός (dor. δμᾱτός) « dompté », cf. (ἀ-)δάματος.

lit. *timsras* « de couleur alezan brûlé ».

Les traitements indiqués ici semblent certains ; néanmoins sur le traitement grec l'accord n'est pas établi d'une manière absolue.

Les cas, relativement rares, où l'on rencontre après consonne ou à l'initiale une sonante consonne suivie de *ə sont dus sans doute à des actions analogiques, ainsi gr. τέθναμεν à côté de τέθνηκα, cf. ἕσταμεν à côté de ἕστηκα.

Les correspondances notées par *r̄, *l̄, *n̄, *m̄ n'existent pas en dehors des combinaisons *r+ə, *l+ə, etc. On n'en saurait peut-être dire autant de *ī et *ū. En effet ces sonantes longues alternent parfois avec *i et *u brefs :

skr. *vīráḥ* « homme », zd *vīrō*, lit. *výras*, mais lat. *uĭr*, v. irl. *fer* (de *wĭros), got. *wair* (de *wĭraz).

skr. *nū́* « maintenant », gr. νῦν, v. sl. *nyně*, mais skr. *nú*, gr. νύ, lat. *nu(-diūs)*, v. irl. *nu*; v. sl. *nŭ*.

Dans ces mots, l'emploi de *ī ou *ĭ, *ū ou *ŭ était sans doute déterminé par des raisons rythmiques ; par exemple, dans les aoristes à redoublement, l'*i* du redoublement est long devant syllabe brève dans skr. *rīriṣat* « il a nui » et bref devant syllabe longue dans *didīpat* « il a brillé ». La longue résulte d'ailleurs en grande partie de développements indépendants propres à chaque langue ; on en a la preuve par ceci que, en sanskrit, le *i* représentant i.-e. *ə est souvent long ; or ce *i* est purement indo-iranien.

En aucun cas ces *ī et *ū ne sont autre chose que des sonantes voyelles ; ainsi le *ū* de *nū est *w* dans le mot de même famille skr. *návaḥ* « neuf », gr. νέ(F)ος, lat. *nouos*, etc.

Remarque sur les sonantes.

Les conditions dans lesquelles apparaissent les diverses formes des sonantes ne pourront être étudiées qu'à propos de la syllabe et, au chapitre IV, à propos des alternances vocaliques ; mais on voit dès maintenant que ce jeu des formes si variées des sonantes est l'un des traits les plus éminemment caractéristiques de l'indo-européen ; aucune langue ne l'a conservé au complet : le sanskrit même, qui l'a le mieux gardé, en a déjà perdu quelque chose ; l'aspect très archaïque du lituanien est dû en grande partie à la conservation du système des sonantes, dont, seul de toutes les langues indo-européennes vivantes, cet idiome donne aujourd'hui encore une idée approchée.

II. — La syllabe

Une suite de phonèmes comprend une série de divisions naturelles qu'on appelle *syllabes* : ces divisions sont déterminées par les différences d'*ouverture* des divers phonèmes ; les *voyelles* (voyelles proprement dites ou sonantes voyelles) représentent dans la série les maxima d'ouverture et les consonnes (consonnes proprement dites ou sonantes consonnes) les minima ; et tandis que les voyelles ont pour élément essentiel, dans le parler normal à haute voix, la vibration glottale modifiée par le résonnateur buccal et nasal, les consonnes ont pour élément essentiel le mouvement articulatoire d'ouverture et de fermeture ; il y a donc des tenues de sons, les voyelles, séparées par des mouvements articulatoires d'ouverture et de fermeture, les consonnes. Soit par exemple une série schématique de phonèmes telle que :

atesoyoungiwepe.

Les tenues sont *a*, *e*, *o*, *o*, *u*, *i*, *e*, *e* ; les consonnes qui séparent ces tenues sont *t*, *s*, *y*, *n*, *g*, *w*, *p* : dans les unes la fermeture est totale, ainsi dans *t*, *g*, *p*, dans les autres elle est partielle, ainsi dans *s, y, n, w* ; dans les unes il y a des vibrations glottales, ainsi *y, n, g, w,* dans les autres il n'y en a pas, ainsi *t, s, p* ; mais, ce qui est commun à toutes les voyelles, c'est qu'elles sont essentiellement des tenues sonores, et ce qui est commun à toutes les consonnes, c'est qu'elles comportent un mouvement de fermeture suivi d'un mouvement d'ouverture ; et un même élément est voyelle où consonne, *i* ou *y, u* ou *w, ṇ* ou *n,* suivant que, d'après sa position dans le groupe, il sert de tenue ou d'articulation de fermeture et d'ouverture ; le point d'articulation, la qualité sonore restent les mêmes, mais ce qui est mis en évidence est dans un cas la tenue, dans l'autre le mouvement articulatoire.

La voyelle appartient tout entière à la syllabe dont elle forme le centre ; au contraire la consonne est partagée entre les deux syllabes qu'elle limite : sa partie de fermeture ou, autrement dit, d'*implosion* termine une syllabe et le moment d'ouverture ou d'*explosion* en commence une autre ; dans un groupe tel que *epe,* la fermeture des lèvres termine la première syllabe, qui comprend aussi la durée de l'occlusion, et l'ouverture des lèvres commence la seconde syllabe. La même définition s'applique aux consonnes sonores : dans *ebe,* il n'y a pas de moment de silence, d'arrêt complet de son, puisque les vibrations glottales continuent, mais il y a un arrêt de l'émission du souffle qui marque la limite des deux syllabes. Quand il s'agit de sifflantes comme *s* ou de sonantes comme *y, w, r, l, n, m,* de continues en un mot, il ne se produit pas d'arrêt du souffle, mais il y a un mouvement tendant au rétrécissement du passage de l'air, un temps de fermeture relative et un mouvement de réouverture : la définition de la limite de la syllabe s'applique donc ici aussi et, en un sens étendu, on peut encore parler d'implosion et d'explosion. Dans le cas de *h,* qui est un simple souffle et ne comporte aucune fermeture ni aucun ré trécissement du passage de l'air en aucun point, il n'y a pas à proprement parler d'ouverture et de fermeture, mais seulement arrêt (ou absence) des vibrations glottales de la voyelle : c'est ce qui fait sans doute que ce phonème est peu durable et que, entre voyelles, il tend en général à être rapidement éliminé : *ehe* tend à devenir *ē*.

Certaines langues n'admettent pas d'autre forme syllabique que le type simple constitué par une série de voyelles séparées les unes des autres chacune par une consonne. Tel n'est pas le cas de l'indo européen. L'élément consonantique peut y être fort complexe : outre la forme simple décrite ci-dessus, il peut se composer de deux occlusives, par exemple *kt*, *pt* ; de sifflante et occlusive, ainsi *st*, *zd* ; d'occlusive et sifflante, ainsi *ts* ; d'occlusive (ou sifflante) et sonante consonne, ainsi *ty*, *su*. La graphie ne doit naturellement pas faire illusion sur la nature des éléments qui composent ces groupes : le *k* et le *t* d'un groupe *ekte* ne peuvent pas être identiques au *k* de *eke* et au *t* de *ete* : le *k* de *ekte* a une implosion pareille à celle de *eke*, mais l'explosion se fait dans la plupart des langues pendant l'implosion de *t* et n'est accompagnée d'aucune émission d'air ; et l'implosion de *t* ayant lieu pendant l'occlusion de *k* n'est naturellement pas précédée d'un arrêt de l'émission d'air ; il y a donc bien dans *ekte* deux articulations consonantiques distinctes, mais toutes deux différentes de celles de *k* et de *t*.

Que l'élément consonantique soit simple ou complexe, étant donnée une série de phonèmes, *la syllabe est la tranche comprise entre deux minima d'ouverture*.

Ceci posé, il est possible de définir les notions de syllabe *longue* et de syllabe *brève*, telles que la comparaison de la prosodie du sanskrit et du grec et aussi, dans une moindre mesure, des autres langues permet de les fixer.

Est brève toute syllabe dont l'élément vocalique est une brève (voyelle ou sonante) suivie d'une consonne simple, ainsi la première syllabe de skr. *sácate* « il suit », gr. ἕπεται, lat. *sequitur* (où *qu* note une articulation une), lit. *sekù* « je suis » ; de skr. *imáḥ* « nous allons », gr. ἴμεν ; de skr. *pṛthúḥ* « large » ; etc.

Une syllabe est longue dans deux cas :

1° Quel que soit l'élément consonantique suivant, quand son élément vocalique est une voyelle longue, une sonante longue ou une diphtongue, ainsi la première syllabe de skr. *bhrā́tā* « frère », gr. φράτωρ, lat. *frāter*, v. irl. *brāthir*, got. *broþar*, lit. *broter(-ė̃lis)*; de skr. *pū́tiḥ* « pourri », lat. *pūtidus*, v. h. a. *fūl* « pourri », gr. πύθω « je fais pourrir », lit. *pū́ti* « pourrir » ; de gr. Ϝοῖδα, skr. *véda* « je sais », got. *wait*; de skr. *páñca*, gr. πέντε.

2° Quelle que soit la quantité de l'élément vocalique, quand l'élément consonantique qui suit celui-ci est un groupe de consonnes : ainsi la première syllabe de skr. *saptá*, gr. ἑπτά, lat. *septem*; de skr. *pitré* « à un père », gr. πατρῶν « des pères » ; de skr. *váste* « il se vêt », gr. Ϝέσται, lat. *uestis*; etc.

L'élément consonantique qui précède une syllabe ne contribue en rien à en déterminer la quantité : la première syllabe de σπέρω, τρέφω, στρέφω n'est pas moins une brève que celle de νέφος.

La quantité longue de la première syllabe de groupes comme *epte*, *este* s'explique aisément : dans *este*, toute la durée de la sifflante fait partie de la première syllabe qui ne se termine qu'avec l'explosion du *t* ; dans les groupes de deux occlusives, par exemple dans *epte*, la première syllabe comprend, outre la durée de la voyelle, tout le temps nécessaire pour articuler la labiale et sans doute aussi l'occlusion de la dentale.

Le cas d'un groupe comme *etre* ou *etye* est plus embarrassaut ; la première syllabe se termine ici avec l'occlusive *t* comme dans *ete*, et en effet, en attique ou en latin, dans les groupes de ce genre, la première syllabe est brève ; mais en prosodie védique comme en prosodie homérique, elle est longue et ceci demande une explication que fournit la phonétique du sanskrit : les descriptions des grammairiens de l'Inde montrent en effet qu'un mot *putráḥ* « fils » se prononçait en réalité *puttráḥ*, ou du moins de manière à donner l'impression d'un *t* géminé ; de là vient que, en prâkrit, où les groupes de consonnes sont simplifiés, le skr. *putrá-* est représenté par *putta-*, et non par *puta-* ; de même, en grec, le groupe *k_1w*, attesté par skr. *áçvaḥ* « cheval », lit. *aszvà* « jument », aboutit non pas à π, comme *k^w*, mais à ππ : ἵππος ; de même **dhy-* devenu *-θy-* aboutit en grec commun à σσ et non à σ, et ce σσ est encore conservé dans certains dialectes et partiellement chez Homère : μέσσος de *μεθyος, cf. skr. *mádhyaḥ* « qui est au milieu ». Si le groupe consonne plus sonante consonne suffit à déterminer la quantité longue de la syllabe qui la termine en indo-européen, c'est que sa première consonne est plus longue qu'une consonne intervocalique ; il ne suit naturellement pas de là que cette consonne géminée soit aussi longue qu'une consonne géminée intervocalique et doive avoir le même traitement ; en fait le **t* de **ete* est traité tout autrement que le *tt* de **ette*.

Il résulte de ce fait une conséquence curieuse : si une racine se termine par une consonne et qu'il lui soit ajouté un suffixe commençant par la même consonne suivie de sonante, tout se passera comme si le suffixe commençait par la sonante : au point de vue de la phonétique indo-européenne, **pet-tro-* (avec suffixe *-*tro-*) n'est pas distinct de **pet-ro-* (avec suffixe *-*ro-*) : dans les deux cas la prononciation est **pettro-*. Si la racine est terminée par une sonore et que le suffixe commence par une sourde, la différence apparaît : **med-ro-*

reste *medro- (prononcé *meddro-), mais *med-tro- devient *met-tro-, qui se confond avec *metro-, et c'est ainsi que, en regard de lat. *modus* « mesure ». et de got. *mitan*, ags. *metan* « mesurer », le grec a μέτρον, c'est-à-dire un ancien *mettro-, dont la première syllabe est encore longue dans les plus anciens textes grecs.

Sur le groupe voyelle longue plus consonne plus sonante consonne, soit le type *ātre*, la prosodie n'enseigne rien, car skr. *atra* et *ātra*, gr. ετρε et ητρε ont même valeur en métrique, mais il est à peu près évident a priori que leur consonne était simple et non pas géminée. Il semble d'ailleurs que certaines sonantes au moins aient eu dans ce cas non la forme consonantique, mais la forme de sonante voyelle devant voyelle ; le védique a d'ordinaire consonne plus *y* consonne après voyelle brève, soit *ătya* ; mais consonne plus *iy* après voyelle longue, diphtongue ou voyelle plus consonne : *ātiya*, *artiya*, *astiya* ; ainsi, des 120 cas où la désinence skr. *-bhyaḥ* de datif-ablatif pluriel a dans le R̥gveda la prononciation *-bhiyaḥ*, dissyllabique, deux seulement ont une simple voyelle brève avant le *bh* ; tous les autres *iy* sont après syllabe longue, comme par exemple dans *tébh(i)yaḥ* « à ceux-ci » ; le *y* est toujours consonne dans skr. *satyáḥ*, zd *haiθyō* « vrai », voyelle dans véd. *márt(i)yaḥ*, v. perse *martiya* « homme » ; tel était sans doute l'état indo-européen, à en juger par le contraste de skr. *mádhyaḥ* « qui est au milieu », hom. μέσσος, ou skr. *pádyaḥ* « pédestre », gr. πεζός, avec *y consonne, et de skr. *veç(i)yam* « maison », gr. (ϝ)οικίον, avec *iy. Quant aux sonantes autres que *y*, les faits sont moins clairs.

En dehors de l'emploi dans les groupes de consonne plus sonante, tels que *ty ou *tr, il semble que l'indo-européen a tendu à éliminer les consonnes géminées. Le groupe *ss se simplifie là où il était amené par des circonstances morphologiques : ainsi la 2e pers. prés. sing. de la racine *es- est *ési (skr. ási, zd ahi, gr. εἶ), et *essi, qu'on trouve aussi (hom. ἐσσί, arm. es, lat. ess chez les anciens auteurs), s'explique par analogie. Le groupe tt n'est pas conservé tel quel à l'état isolé : en iranien, en baltique, en slave et en grec, il donne st ; en latin, celtique et germanique, ss ; le sanskrit a tt, mais, comme tst y aboutit aussi à tt, cette consonne géminée n'y représente sans doute pas l'état indo-européen, qui, à en juger par toutes les autres langues, comportait une altération de l'occlusive t. Ainsi de la racine *sed- et du suffixe *-to-, donc de *setto-, on a skr. sattáḥ « assis », zd hastō, lat. sessus ; de *weid- et de *-to-, on a zd vīstō « connu », gr. -ϝιστος, v. irl. fess, v. h. a. (gi)wisso ; cf. aussi gr. ϝίδμεν « nous savons », ϝίστε « vous savez », et v. sl. věste « vous savez ». De même pour les sonores, le zd dazdi « donne » repose sur *ded-dhi et le gr. ϝίσθι « sache » sur *weid-dhi.

L'altération des groupes *tt, *ddh est d'autant plus remarquable qu'elle n'a pas lieu dans les termes propres au langage enfantin, dans les hypocoristiques, et dans les onomatopées, c'est à dire dans les mots qui sont en quelque sorte en dehors de la langue normale, ainsi gr. ἄττα, lat. atta « papa », gr. τίτθη « nounou », gr. Νικοττώ hypocoristique de Νικοτέλεια. Dans les mots de ce genre, les consonnes sont souvent géminées, ainsi encore dans skr. akkā « maman », gr. Ἀκκώ, lat. Acca (Lārentia) ; gr. ἄππα « papa » ; v. h. a. Sicco hypocoristique de Sigbert ; gr. κακχάζω « je ris aux éclats » ; etc. La voyelle ā qui se rencontre dans beaucoup de ces mots indique à elle seule qu'ils ont une place à part ; car ā ne figure pas d'ordinaire dans les mots indo-européens.

Les groupes de consonnes sont soumis aux règles suivantes :

1° Chaque phonème conserve le point d'articulation qui lui est propre, ainsi *k* reste une gutturale devant *t* : lat. *dictus*.

2° Une consonne proprement dite (occlusive ou sifflante) est sourde ou sonore devant consonne proprement dite, suivant que celle-ci est sourde ou sonore. De la racine **yeug-* de lat. *iungō, iugum*, l'adjectif formé avec suffixe **-to-* est : skr. *yuktáḥ* « joint », zd *yuxtō*, gr. ζευκτός, lat. *iunctus*, lit. *jùnktas* ; l'aoriste en **-s-* est : skr. *áyukṣi* « j'ai attaché », gr. ἔζευξα, lat. *iunxī*. L'impératif en **-dhi* de **es-* est zd *zdī* « sois », gr. ἴσθι.

3° Devant les sonantes consonnes, les occlusives sourdes et **s* gardent au contraire leur qualité de sourdes comme elles le feraient devant une voyelle. Exemples :

skr. *tásya* « de celui-ci », gâth. *tahyā*, hom. τοῖο (de **τοhyo*) ;

skr. *catvā́raḥ* « quatre », lat. *quattuor* ; lit. *ketviȓtas*, v. sl. *četvrŭtŭ* « quatrième » ;

skr. *áçmā* « pierre », gr. ἄκμων « enclume » ;

skr. *svápnaḥ* « sommeil », lit. *sãpnas*, v. isl. *suefn*, gr. ὕπνος ;

skr. *çvaçrū́ḥ* « mère du mari » (avec *s* initiale devenue *ç* par assimilation au *ç* intérieur), lat. *socrus* ;

skr. *pā́tram* « vase », lat. *pōculum* (de **pōtlom*).

4° Les groupes du type : sonore aspirée plus consonne sourde (occlusive ou *s*) font une difficulté particulière. En indo-iranien ils aboutissent, non pas au groupe : sourde plus sourde attendu d'après la règle générale, mais à un groupe : sonore plus sonore aspirée ; ainsi de **dṛbh-*, avec suffixe indo-iranien **-ta-* (i.-e. **-to-*), skr. *dṛbdháḥ* « attaché », zd *dərəwδō* ; de **bhudh-*, avec le même suffixe **-ta-*, skr. *buddháḥ*

« éveillé » ; etc. L'existence à date ancienne d'un groupe à sonore aspirée est rendue certaine par gr. *χθών* en regard de skr. *kṣā́ḥ* « terre », locat. *kṣámi* (avec skr. *kṣ* issu de **gžh*), en regard du doublet à **g₁h* initial zd *zā̊* « terre », locat. *zəmi*, gr. *χαμαί*, lat. *humus*. Mais, d'une manière générale, le traitement indo iranien n'est pas représenté dans les autres dialectes ; en iranien même, dans l'Avesta récent, ce traitement est éliminé par des actions analogiques ; ainsi de **augh* « dire » la 3ᵉ personne moyenne de l'aoriste est dans les gâthâs *aogədā* « il a dit » (c'est à dire *aogda*), mais dans l'Avesta récent *aoxta*, d'après toutes les troisièmes personnes secondaires moyennes en *-ta*. Les autres langues ne présentent pas un seul exemple tout à fait sûr du traitement du groupe tel qu'il apparaît en indo iranien ; le grec par exemple a constamment ἐκτός, πιστός, etc. en regard de ἔχομαι, πείθομαι, etc.

Lorsque deux sonantes sont en contact, la question se pose de savoir quelle est la forme employée pour chacune. Il y a cinq cas à distinguer :

1° Entre deux consonnes après syllabe brève ou dans la syllabe initiale du mot : la première sonante est consonne, la seconde voyelle : ainsi skr. *srutáḥ* « coulé », gr. ῥυτός ; skr. *çvábhiḥ* « par les chiens » (de **k₁wn̥bhis*) et non **çunbhiḥ* ; gr. φρασί (de **bhrn̥si*) chez Pindare et en vieil attique, etc. ; lit. *ketvirtas* « quatrième », v. sl. *četvrŭtŭ*, gr. τέταρτος représentant **kʷetwr̥tos* ; le traitement phonétique de *-wr-* entre consonnes est d'ailleurs le renversement *-ru*, tel qu'il est attesté par zd *čaθru* (dans *čaθru-ratuš* « qui a quatre maîtres »), gr. τρυ- (de **κτρυ-*), lat. *quadru* (ainsi *quadru pes*), gaul. *petru-* (ainsi *Petru corii* à côté de *Tri corii*) ; et c'est plutôt **catruthaḥ* que **catvr̥thaḥ* que remplace la forme analogique skr. *caturtháḥ* « quatrième » (d'après l'accusatif *catúraḥ*

« quatre »); ce renversement reste conforme à la règle en ceci que la sonante voyelle suit la sonante consonne. — Après syllabe longue, il semble difficile de trouver des exemples clairs permettant de définir le traitement.

De la règle générale il résulte qu'il n'existait pas en indo-européen de diphtongue constituée par sonante voyelle plus sonante second élément de diphtongue ; quand donc, dans un mot de date indo-européenne, le lituanien a *ir*, *ur* devant consonne, il ne s'agit jamais d'anciens **i* + *r*, **u* + *r*, mais toujours d'anciens **ṛ*. Les seules exceptions à ce principe proviennent de circonstances morphologiques ; ainsi les verbes à nasale infixée présentent des diphtongues telles que *in* : skr. *ri-ñ-cánti* « ils laissent », à côté de *riṇákti* « il laisse », lat. *li-n-quō*, v. pruss. *(po-)li-n-ka* « il reste », ou skr. *kṛ-n-tán* « tournant » (participe présent de *kṛṇátti* « il tourne »).

2° Entre consonne précédée de syllabe brève et voyelle : la première sonante est voyelle, la seconde consonne : skr. *çúnaḥ* « du chien », gr. κυνός ; skr. (accus.) *catúraḥ* « quatre », lit. (nomin.) *keturi* (le gr. τέτταρες, τέτταρας est analogique ; cf. dor. τέτορες et ion. τέσσερες) ; skr. *diváḥ* « du ciel », gr. ΔιFός ; zd *zimō* « de l'hiver », gr. -χιμος, skr. *himáḥ* « hiver ». Donc skr. *pítriyaḥ* « paternel », gr. πάτριος sont embarrassants : on attend i.-e. **pətṛyos* ; on est sans doute en présence de quelque altération due à l'analogie. D'ailleurs, d'une manière générale, l'application de la règle est limitée par beaucoup d'actions analogiques, ainsi le sanskrit a *çuçruve* « il a été entendu », et non **çuçṛve*, sous l'influence de *çuçráva* « j'ai entendu », *çuçrūyā́t* « qu'il entende », etc. ; mais le lituanien oppose très bien *tvirtas* « solide », de **twṛtos*, à *turė́ti* « avoir » (littéralement « tenir »), de **turē-* ; de même skr. *cakṛvā́n* « ayant fait » a pour génitif *cakrúṣaḥ*.

3° Après voyelle, devant consonne ou à la fin du mot : la première sonante est consonne, la seconde voyelle ; ainsi skr.

nâva « neuf », lat. *nouem*, gr. ἐννέ(F)α, de **newn̥*, ou skr. *navatiḥ* « 90 », de **newn̥tis*, v. pruss. *newīnts* « neuvième », got. *niunda* (de **newundō*) « neuvième ».

4° Entre deux voyelles : la première sonante est second élément de diphtongue et l'autre est consonne : ainsi v. perse *aiva* « un », cypr. οἶFος « seul » et v. lat. *oinos* (d'où *unus*) « un », got. *ains*, v. pruss. *ainan* (accus.), gr. οἰνή « un » ; lit. *dervà* (accus. *dérvą*) « bois de sapin », v. sl. *drěvo* (russe *dérevo*), gall. *deruen* « chêne », hom. (génit.) δουρός (lire sans doute δορFός). — Le **y* a, pour des raisons physiologiques, une place à part, et certains des groupes où il figure ne sont pas conformes à la règle générale ; ainsi un groupe tel que *ewye* a *u* second élément de diphtongue et *y* consonne en iranien, slave, baltique et germanique, mais *w* et *y* tous deux consonnes en sanskrit, grec, italique, celtique : par exemple à lit. *naũjas* « nouveau » (avec *au* au lieu de *iau* par dissimilation), got. *niujis* (de **neuyos*), le sanskrit répond par *návyaḥ* « nouveau », le grec par νέος (de **νεFyος*), le gaulois par *Novio-* (*Novio-dūnum* « la nouvelle citadelle »), etc.

5° A l'initiale : il n'y a pas de règle générale. Ainsi *y* n'est consonne devant aucune autre sonante, mais *w*, *r*, *l*, *m*, *n* peuvent être consonnes devant *y* ; *w* peut être consonne devant *y*, *r*, *l*, ainsi gr. Fρήγνυμι, mais est toujours voyelle devant *n* et *m* ; etc. Les exemples sont d'ailleurs rares et manquent même entièrement pour nombre de groupes.

III. — Le mot et la phrase

Accentuation

Le mot n'admet pas, comme la syllabe, une définition

phonétique précise ; en effet la notion de mot n'est pas proprement phonétique, mais surtout morphologique et syntaxique ; et, s'il est possible de déterminer avec rigueur où commence et où finit un mot morphologique indo-européen, il n'est pas toujours aussi aisé de marquer la limite exacte du mot phonétique. Soit le vers d'Homère :

Λ 82 εἰσορόων Τρώων τε πόλιν καὶ νῆας Ἀχαιῶν.

Τρώων et τε y sont deux mots indépendants, le premier fléchi, le second invariable, jouant dans la phrase un rôle indépendant, et ils ont chacun leur signification propre ; mais au regard de la phonétique, Τρώων τε ne forme qu'un mot. D'autre part, même les mots qui ont leur indépendance phonétique ne sont pas tous également isolés ; νῆας Ἀχαιῶν forme un groupe dont les deux termes sont plus unis que εἰσορόων Τρώων τε.

Néanmoins, grâce à la structure morphologique de la langue, le nombre des mots de chaque phrase se laisse assez bien déterminer. En français il est fort difficile de dire combien il y a de mots dans *il est venu à Rome*, car *il est venu* n'est en un certain sens qu'une forme une exprimant une certaine idée, et pourtant on peut dire *il n'est pas venu* ou *il y est venu* ou *il n'y est pas encore venu* et les trois éléments de *il est venu* sont alors séparés dans la réalité même de la phrase, comme ils le sont par l'écriture ; au contraire, dans le latin *uenit Romam*, représentant exactement ici un type indo-européen, il n'y a aucun doute sur le nombre des mots.

On ne saurait donc être surpris de constater que le mot indo-européen est limité d'une manière précise, même au point de vue phonétique : il est terminé par un phonème qui a une prononciation particulière à cette position et, en second lieu, il comprend une syllabe qui porte le ton ou qui est susceptible de le porter.

Le caractère tout particulier de la fin de mot est attesté dès l'abord par la métrique : dans tous les vers de plus de huit syllabes, le védique et le grec ancien ont une coupe, qui consiste simplement en une séparation de mots obligée, à une place définie ; de même aussi le saturnien latin.

Les occlusives finales sont traitées tout autrement que les occlusives intérieures ; pour le sanskrit, les définitions des grammairiens montrent qu'elles étaient réduites à l'élément implosif et qu'elles paraissaient « écrasées » (*piḍita*) ; elles sont sourdes ou sonores suivant qu'elles sont suivies d'une sourde ou d'une sonore, tandis que, sauf devant occlusive sonore, les occlusives de l'intérieur du mot conservent leur qualité propre : le sanskrit oppose donc *-at ta* , *ad da* , *ad ra* , *ad a* de la finale à *-atna-*, *-ata* , etc. de l'intérieur du mot ; en grec, en slave, en baltique, en germanique, en celtique, les occlusives finales ainsi réduites à la simple implosion ne sont plus représentées : à skr. *ábharat* « il portait » le grec répond par ἔφερε, à skr. *tát* « ceci » par τό, cf. v. sl. *to* ; dans les cas de ce genre le latin a toujours *-d*, ainsi *istud* : le *t* des troisièmes personnes comme *uehit* provient sans doute de ce que ce sont d'anciennes finales en * *eti* (cf. skr. *váhati* « il va en char », v. russe *vezetĭ*) dont le * *i* final est tombé en latin.

La sifflante finale est traitée, comme on doit l'attendre, d'une manière parallèle aux occlusives. En sanskrit, à la fin du mot, il n'y a pas à proprement parler de *s*, mais un simple souffle qu'on désigne par *ḥ* ; et tandis que, à l'intérieur, *s* reste sourde devant les voyelles et les sonantes (indo-iran. * *asa* , * *asya* , * *asna* , * *asra-*, etc.), à la fin *s* est sonore en indo-iranien devant toute sonore, voyelle ou consonne, et ce *-*z* final, absolument différent de **z* intérieur, comme *-*s* finale est différente de **s* intérieure, subit divers changements et produit diverses altérations : * *az* devant consonne donne skr. *-o* : *áçvo* « cheval » ; le pâli et le zend ont généralisé le *-ō* correspondant et le nominatif ordinaire du même type est en *-ō* : pâli *asso*, zd *aspō* ; la chuintante finale qui, après **i* et **u*, représente i.-e. **-s* est en indo-iranien **ẓ* devant sonore ; ainsi le correspondant de gr. δυσ- au premier terme des composés (avec traitement de la finale et non de l'intérieur) est devant sonore zd *duẓ-*, skr. *dur-* (avec *r* représentant *ẓ* final) : zd *duẓ-ita-* « mal » (« où l'on va mal »), skr. *dur-itá-* ; zd *duẓ-vačah-* « qui a une mauvaise parole », skr. *dur-vacas-* ; etc. En slave, *-s* finale disparaît en principe, mais s'est conservée après consonne dans quelques prépositions et préverbes monosyllabiques, comme *vŭs-*, *vŭz-* (de **ups*, **ubz*) et la répartition de *s* et *z* répond alors exactement à la répartition indo-iranienne : *vŭs-choditi* « monter », mais *vŭz-iti* « monter ». Le latin a généralisé la sourde *-s*, mais avec une prononciation si affaiblie que, dans les plus anciens textes, la sifflante n'est pas écrite et que les poètes de l'époque républicaine ont pu n'en pas tenir compte au point de vue prosodique ; Ennius écrivait couramment des vers comme celui-ci :

postquam lumina sis oculis bonus Ancus reliquit.

En germanique, la sonore finale, usuelle devant les sonores, a été généralisée au moins dialectalement ; elle est conservée en islandais sous la forme *r* et aussi dans les dialectes occidentaux, dans les monosyllabes, par exemple v. h. a. *hwer* « qui », cf. skr. *káḥ*. Le traitement de *-s* finale dans tous les dialectes est trop compliqué pour être traité ici avec plus de détails ; on voit qu'il est très différent du traitement de *-s* intérieure.

A la fin du mot, les nasales ont aussi un traitement à part : le grec ne connaît que -ν, ainsi ἵππον en regard de lat. *equom*, skr. *áçvam* « cheval » ; le vieux prussien et l'irlandais n'ont aussi que *n*, et, dans des langues comme l'arménien, le slave, le germanique, où la nasale finale est tombée, on trouve, en certaines positions particulières, des traces de *-n*, et non pas de *-m*. Le *m* du latin est un signe de nasalisation plutôt qu'une labiale nasale, car *-m* finale n'empêche pas l'élision : *anim-aduertere* de *animum-aduertere* ; de même, en sanskrit la nasale finale n'est, à l'intérieur de la phrase, qu'un prolongement nasal de la voyelle précédente, l'*anusvāra*, et non un phonème ayant un point d'articulation propre.

Après voyelle longue les sonantes finales étaient même sujettes à disparaître en indo européen : le sanskrit a *mātā́* « mère », le lituanien *mótė*, en regard de dor. μάτηρ, lat. *māter* ; de même skr. *áçmā* « pierre » et lit. *akmů*, mais gr. ἄκμων, cf. le type latin *homō*, *hominis* ; en védique *vŕ̥kāv* « les deux loups » (avec *-āv* de i.-e. **-ōw*) alterne avec *vŕ̥kā* (de **wḷkʷō*, cf. gr. λύκω, lit. *vilkù* de **vilkúo*) et le *-v* final de skr. *d(u)vā́v* « deux » se retrouve dans v. irl. *dáu*, en face de véd. *d(u)vā́*, hom. δύω, v. sl. *dŭva*.

Enfin, la voyelle de syllabe finale du mot est sujette à certains allongements ; par exemple le védique a *bhatá* et *bhatā́* « frappez » ; la préposition (et préverbe) i.-e. **pro* a aussi une forme *prō*, par exemple véd. *pra-* et *prā-*, sl. *pro-* et *pra-*, lat. *prŏ-* et *prō-*, gr. πρό et πρω- (πρῴην).

Tout se réunit donc pour établir que la fin de mot était marquée en indo européen par des particularités caractéristiques de la prononciation. Le mot avait son individualité phonétique dans la phrase.

Dans ce groupe d'articulations, terminé par des phonèmes prononcés d'une manière particulière, qu'on appelle un mot, l'une des syllabes peut être prononcée plus haute ou plus intense que les autres. L'acuité particulière d'une syllabe sera appelée ici *ton* et la syllabe la plus aiguë du mot la syllabe *tonique* ; le nom d'*accent* sera réservé à l'intensité, et par suite la syllabe intense sera dite *accentuée* ; le mot *atone* désignera l'absence de *ton* et le mot *inaccentué* l'absence d'*accent d'intensité*.

Chaque syllabe du mot porte dans les textes védiques un signe qui, d'après les indications des grammairiens, marque la hauteur à laquelle doit se prononcer l'élément vocalique de cette syllabe ; sauf un certain nombre de petits mots, particules ou pronoms, qui sont toujours *atones*, tout mot védique porte, ou du moins peut recevoir, en certaines conditions, le ton sur l'une de ses syllabes qui est dite *udātta-* « élevée » ; ainsi *bharati* « il porte » peut suivant les cas être atone ou tonique et, quand il est tonique, a le ton sur *bha* : *bhárati*. De même chaque mot grec (exception faite d'un petit nombre d'atones) a une syllabe oxytonée, prononcée plus haut que les autres, à un intervalle d'une quinte d'après Denys d'Halicarnasse. Or on observe aisément que la syllabe oxytonée du grec répond à l'*udātta* védique ; par exemple, pour les thèmes neutres en **-es-*, la syllabe radicale a le ton dans : skr. *nábhaḥ* « nuage », gr. νέφος ; skr. *sádaḥ* « siège », gr. ἕδος ; etc. ; au contraire le suffixe a le ton dans le féminin skr. *uṣā́ḥ* « aurore », hom. ἠώς ; parmi les thèmes en **-o-*, les abstraits ont le ton sur la racine, les adjectifs et noms d'agents sur **-o-*, ainsi gr. τόμος « coupure » et τομός « coupant », skr. *váraḥ* « choix » et *varáḥ* « prétendant » ; gr. πλέ(ϝ)ος « navigation » et skr. *plaváḥ* « bateau ». Le ton indo-européen défini par cette correspondance précise du védique et du grec ancien fait partie intégrante du mot, et les désaccords que présentent à cet égard les deux langues appellent chacun une explication comme toute autre anomalie.

De même que l'accent d'intensité du grec moderne occupe

en principe la place du ton du grec ancien, l'accent d'intensité du lituanien, du russe, du serbe, etc. occupe encore la place du ton que possédaient le baltique commun et le slave commun. Ainsi russe *nébo*, serbe *nëbo* « ciel » sont accentués à la même place où gr. *νέφος* et skr. *nábhaḥ* ont le ton. Malgré de très nombreuses divergences qu'on a d'ailleurs en partie réussi à expliquer, l'accent de certains dialectes baltiques et slaves représente donc le ton indo-européen.

Enfin si le ton indo-européen ne s'est pas maintenu dans les dialectes germaniques, du moins sa persistance en germanique commun est attestée par un de ses très rares effets phonétiques : une sifflante ou spirante sourde y devient en règle générale sonore entre deux éléments sonantiques (voyelles proprement dites ou sonantes), mais la sourde est conservée après le ton. De là deux traitements, par exemple pour i.-e. **k* :

> v. h. a. *swehur* « beau père », en regard de :
> skr. *çváçuraḥ*, russe *svëkor* ;
> v. h. a. *swigar* « belle mère », en regard de :
> skr. *çvaçrū́ḥ*, russe *svekróv'* ;

pour *t* :

ags. *weorþe* « je deviens », *wearþ* « je suis devenu », mais *wurdon* « nous sommes devenus », *worden* « devenu », en regard de :

skr. *vártate* « il se tourne », *vavárta* « je me suis tourné », mais *vavṛtmá* « nous nous sommes tournés », *vṛttáḥ* « tourné » ;

pour *s* :

got. *amsa-*	« épaule »,	cf.	skr. *áṃsa-*.
— *mimza-*	« viande »,	cf.	— *māṃsá-*.

De la comparaison du védique, du grec, des dialectes slaves et baltiques, et du germanique commun il résulte que le ton indo-européen a deux caractéristiques essentielles :

1° Il peut occuper dans le mot une place quelconque : les exemples cités suffisent à illustrer ce principe. La limitation du ton aux dernières syllabes du mot, telle qu'elle apparaît en grec, est une innovation proprement hellénique ; ni le védique, ni le letto-slave, ni le germanique n'ont rien de pareil : le védique a le participe moyen *bháramāṇaḥ* « portant » en face de gr. φερόμενος et, au féminin, *bháramāṇā* en face de gr. φερομένη ;

2° Le ton n'a exercé sur les voyelles des anciennes langues indo-européennes, et en particulier sur celles du védique, du grec ancien, du slave commun, du baltique commun, du germanique commun, aucune action comparable à l'action exercée par l'accent sur les voyelles des dialectes néo-latins, celtiques, germaniques, slaves modernes, grecs modernes, etc. C'est que l'accent de ces dialectes est un accent d'intensité, tandis que le ton indo-européen consistait essentiellement en une élévation de la voix.

Le ton des mots n'a aucune influence sur le rythme de la phrase indo-européenne ; ni en indo-iranien, ni en grec commun, ni en slave commun, ni en baltique commun, ni en germanique il ne provoque ces changements du timbre et de la quantité des voyelles qui résultent ordinairement de la présence d'un accent d'intensité ; il ne sert jamais de temps fort comme l'accent du français, de l'allemand, du russe, du grec moderne, etc. ; il n'en est tenu par suite aucun compte dans la métrique védique ou dans celle du grec ancien. En revanche, toute syllabe de l'indo-européen ayant, d'après les principes posés ci-dessus, une quantité brève ou longue rigoureusement fixée, les oppositions quantitatives étaient très sensibles à l'oreille et rigoureusement constantes : c'est donc seulement sur le retour régulier de syllabes brèves et de syllabes longues à des places déterminées que repose la métrique du védique et du grec ancien ; en d'autres termes, *le rythme de l'indo-européen était un rythme quantitatif, non un rythme d'intensité.*

Il n'y a pas trace que l'intensité ait joué dans la phonétique indo-européenne, telle qu'elle apparait dans la période ancienne de tous les dialectes sans aucune exception, aucun rôle défini, abstraction faite naturellement des différences de force déterminées par le désir d'insister sur tel ou tel mot, différences purement accidentelles, propres à une phrase donnée, et qui n'ont rien à faire avec le système de la langue seul en question ici. L'intensité initiale que présentent le germanique, l'irlandais (mais non le brittonique), le latin préhistorique provient d'innovations de ces langues où elle a provoqué une multitude d'altérations de toutes sortes.

Le système phonétique qui vient d'être décrit a des traits fort originaux : la richesse de son consonantisme, la monotonie de son vocalisme essentiellement borné aux timbres *e* et *o*, le jeu infiniment complexe de ses sonantes, la variété des formes de ses syllabes à quantité toujours déterminée, la limitation précise des mots les uns par rapport aux autres, la grande place faite aux différences de hauteur, le caractère purement quantitatif du rythme. L'aspect phonétique de l'indo européen était assurément tout autre que celui de l'un quelconque des représentants actuels de la famille.

CHAPITRE IV

MORPHOLOGIE

I. — Généralités

Pour exprimer ce qu'exprime le français par « le donateur est venu », le grec a ὁ δώτωρ ἦλθε ; pour « les donateurs sont venus », il a οἱ δώτορες ἦλθον ; pour « la maison du donateur », ὁ τοῦ δώτορος οἶκος, et pour « la maison des donateurs », ὁ τῶν δωτόρων οἶκος ; pour « j'ai vu le donateur », τὸν δώτορα εἶδον, et pour « j'ai vu les donateurs », τοὺς δώτορας εἶδον ; pour « je donne au donateur », τῷ δώτορι δίδωμι, et pour « je donne aux donateurs », τοῖς δώτορσι δίδωμι ; dans tous ces cas, le nombre singulier ou pluriel et le rôle dans la phrase du mot « donateur » qui sont exprimés en français (l'orthographe mise naturellement à part) par l'article, par la préposition et par la place respective des mots sont indiqués en grec par la forme même du nom δώτωρ : le grec représente à cet égard, avec une parfaite fidélité, l'état indo-européen que le latin représenterait également bien.

Quand on examine ces formes de δώτωρ, on y reconnaît immédiatement un élément commun δωτορ- ou δωτωρ- et un élément variable : zéro, -α, -ος, -ι ; -ες, -ας, -ων, -σι. Cet élément variable qui sert à marquer le nombre, le rôle dans la phrase (et aussi, pour les noms, le genre ; pour les verbes, la voix, etc.) se retrouve dans un nombre indéfini d'autres noms, ainsi dans θήρ « animal », θῆρ-α, θηρ-ός, θηρ-ί; θῆρ-ες, θῆρ-ας, θηρ-ῶν, θηρ-σί; on l'appelle la *désinence*; la partie du mot qui précède la désinence et à laquelle est attaché le sens se nomme le *thème*. Le thème peut être irréductible, comme dans θήρ; ailleurs, il est analysable, ce qui est le cas de δώτωρ : en effet l'élément δω- se retrouve, joint à l'idée de « donner », dans δίδωμι, δώσω, ἔδωκα et dans δῶρον, δόσις, δωτίνη, et l'élément -τορ- (-τωρ-) dans toute une série de noms d'agents, comme ἄκτωρ « conducteur » en regard de ἄγω « je conduis », θηράτωρ « chasseur » en regard de θηράω « je chasse », etc. Le thème δώτορ- se compose donc de deux éléments, l'un δω- qui indique l'idée générale de « donner », l'autre -τορ- auquel est due la valeur précise du mot comme nom d'agent : le premier est la *racine*, l'autre le *suffixe*.

Le mot indo-européen comprend ainsi trois parties : la *racine*, le *suffixe* et la *désinence*, dont chacune a un rôle bien distinct : la racine indique le sens général du mot, le suffixe en précise la valeur, et la désinence en marque (concurremment avec d'autres moyens d'expression) le rôle dans la phrase.

De ces trois parties aucune n'existe à l'état isolé, en dehors de l'unité du mot : la désinence -ος de δώτορος n'est pas un petit mot qui s'ajoute au thème δώτορ- et qui en puisse jamais être séparé comme la préposition *de* en français dans : *la maison de ce riche et généreux donateur*; le thème δώτορ- n'existe pas davantage isolément : au singulier, le nominatif δώτωρ et le vocatif δῶτορ n'ont pas de désinence, il est vrai, mais, ce qui caractérise ces deux cas, c'est précisément l'absence de désinence, par contraste avec les autres cas qui ont telle ou telle désinence ; la désinence est zéro ; considérés dans l'ensemble de la flexion, δώτωρ et δῶτορ ne sont pas des thèmes nus, ce sont des formes à désinence zéro. Enfin il n'y a pas de racine nue : il y a seulement des thèmes qui sont caractérisés par l'absence de suffixe, ou autrement dit par le suffixe zéro : tel est le cas de θήρ-. Le nominatif θήρ est une forme à suffixe et à désinence zéro. — La racine, le suffixe et la désinence ne peuvent donc être isolés par le linguiste que comme les membres d'un animal le sont par l'anatomiste : par le fait même qu'on les isole pour les analyser, on leur enlève la vie.

De ce que les trois parties du mot indo-européen forment une unité et ne sont pas séparables autrement que par analyse scientifique, il ne résulte pas qu'elles n'aient pas été, dans un passé plus ou moins lointain, trois mots indépendants les uns des autres. La ressemblance de la désinence *-*mi* des premières personnes du singulier, gr. εἰμι, skr. *asmi*, v. sl. *jesmĭ* « je suis », et du pronom personnel de première personne du singulier gr. με, skr. *mām*, v. sl. *mę* « moi » (à l'accusatif) a naturellement suggéré l'idée que la désinence *-*mi* serait un ancien pronom. Mais comme cette désinence est à peu près la seule dont la ressemblance avec un pronom soit frappante, la coïncidence peut être fortuite ; et comme, en tout cas, l'hypothèse échappe à toute vérification, on s'accorde à la négliger entièrement aujourd'hui. — On peut imaginer aussi que tel élément morphologique a été détaché d'un type de radicaux dont il faisait originairement partie intégrante, par exemple que le *-*ē*- de thèmes d'aoristes passifs grecs comme λιπῆναι en regard de λείπω ou d'infinitifs latins comme *manēre* en regard de gr. μένω aurait été emprunté à une série de mots où il aurait appartenu à la racine ; mais cette hypothèse, très plausible en elle-même, n'est pas davantage susceptible de vérification et doit par suite être également négligée.

Toutefois, si l'on ignore la façon dont s'est constituée l'unité du mot indo-européen, l'analyse en racine, suffixe et désinence ne doit pas pour cela être considérée comme un procédé arbitraire dont on se servirait afin d'éclaircir et de faciliter l'étude. Elle n'enseigne rien sur les origines et sur le développement de la flexion indo-européenne, mais elle est le seul moyen correct et conforme à la réalité à l'aide duquel on puisse exposer cette flexion telle que la comparaison la révèle. Qu'on examine fr. *aimer, j'aime, nous aimons, vous aimez, j'aimais*, etc., et *rouler, je roule, nous roulons, vous roulez, je roulais*, etc. : il n'y a pas en français de radical isolé *aim-* ou *roul-*, ni de désinence isolée *-er, -e, -ons, -ez, -ais*, etc. ; mais les éléments *aim-, roul-*, etc., d'une part, *-er, -e*, etc., de l'autre, sont ceux qui sont *substitués* les uns aux autres suivant le sens à exprimer, *aim-* étant associé à l'idée d' « aimer », *-ons* à l'idée de « moi et d'autres », etc., ainsi *aim-, roul-*, etc. d'une part, *-ons, -ez*, etc. de l'autre sont *réels* en tant qu'éléments de substitution. De même la racine, le suffixe et la désinence de l'indo européen, dont le rôle est d'ailleurs tout différent de celui des radicaux et les terminaisons du français, n'ont pas à être envisagés autrement que comme des éléments de *substitution* : par exemple -ς et -τε se substituent l'un à l'autre dans gr. ἔφερε-ς et ἐφέρε-τε suivant qu'on veut dire « tu portais » ou « vous portiez » ; mais, ainsi conçus, ils sont des réalités et non pas de pures abstractions. Il appartient aux psychologues de déterminer comment s'opèrent les substitutions dans le cerveau des sujets parlants ; le grammairien a pour tâche propre de reconnaître ces éléments, de les classer et d'en suivre les transformations ; il a affaire à la langue d'une manière objective, sans d'ailleurs avoir le droit d'oublier jamais que les éléments de substitution qu'il étudie représentent des procès psychiques très complexes.

Ainsi les éléments morphologiques du mot indo-européen ne sont pas de simples abstractions des grammairiens : ce sont les symboles au moyen desquels le linguiste exprime les systèmes d'associations communs aux divers membres d'une même communauté linguistique. Un paradigme n'est que la traduction grammaticale d'un ensemble de faits psychiques qui se retrouvent sensiblement identiques dans tout un groupe d'hommes.

Il est à peine utile, après ce qui précède, de dire que la *racine* sera toujours entendue ici comme un élément corrélatif du suffixe et de la désinence, et jamais comme un élément primitif dont les mots seraient dérivés par voie de composition et de dérivation : cette dernière manière, tout historique, d'envisager la racine n'aurait aucun sens ici, puisque de la préhistoire de l'indo-européen on ignore tout. Ainsi un mot *appartient* à une racine, c'est-à-dire qu'il fait partie d'un ensemble de mots ayant en commun un groupe de phonèmes auquel est associé un certain sens général, mais il n'est pas *tiré*, il ne *sort* pas d'une racine.

La racine, le suffixe et la désinence sont les éléments essentiels de la morphologie indo-européenne. La comparaison des formes françaises *aimons, roulons,* etc., indiquées ci-dessus, donne une première idée générale de leur nature, mais n'en fait pas même soupçonner l'importance non plus qu'elle n'indique à aucun degré le caractère propre de leur emploi. En français, en effet, ce sont les pronoms qui indiquent les personnes et les nombres ; d'une manière générale, chaque mot français est entouré de petits mots, plus ou moins indépendants et en tout cas séparables, qui expriment ce que l'indo-européen marque dans le mot lui-même à l'aide de ces trois éléments ; la valeur du mot indo-européen est donc extrêmement complexe. Soit par exemple hom. δέξατο « il a reçu », la racine δεχ- y exprime l'idée de « recevoir », — le suffixe -σα-, la notion de l'aoriste, — la désinence -το, qu'il s'agit d'une troisième personne, d'un singulier, d'un moyen, etc. ; l'absence de suffixe après -σα- montre qu'il ne s'agit pas d'un subjonctif ou d'un optatif, mais d'un indicatif : voilà tout ce qu'indique à lui seul le mot δέξατο, et le grec représente exactement ici l'état indo-européen.

L'ordre des trois éléments : racine, suffixe, désinence est fixe : la racine est au commencement du mot, la désinence à la fin et le ou les suffixes dans la partie médiane.

L'indo-européen ignore la préfixation : le seul préfixe qu'on pourrait alléguer est l'augment : skr. *á bharat* « il portait », gr. ἔ-φερε, arm. *e-ber* « il a porté » ; mais l'augment, comme on le verra, ne faisait pas partie intégrante de la forme verbale. A cet égard, l'indo-européen se distingue profondément d'autres langues à flexion riche, comme le sémitique et le géorgien, qui font grand usage de la préfixation.

Quant à l'infixation, on la rencontre dans un seul type, celui des verbes à nasale : la racine **leikʷ*-, **likʷ*- « laisser, être laissé », par exemple, a un thème de présent **li-ne-kʷ*-, **li-n kʷ*-, attesté par skr. *riṇákti* « il laisse », *riñcanti* « ils laissent », lat. *linquō*, v. pruss. *(po-)linka* « il reste ».

Le mot indo-européen est donc bien délimité au point de vue morphologique par sa racine d'une part, par sa désinence de l'autre.

Abstraction faite des composés, un mot ne comprend qu'une racine et qu'une désinence ; si une forme russe telle que *poidëmte* « allons toi et moi », d'ailleurs exceptionnelle en russe même, comprend ou semble comprendre deux désinences : *-m-* de première personne et *-te* de seconde, c'est dans le groupe indo européen une innovation d'un caractère étrange et imprévu.

Mais un même mot peut avoir un nombre indéfini de suffixes. Des thèmes **swep-no-*, **swop-no-*, **sup-no-*, attestés par skr. *svápnaḥ* « sommeil », lat. *somnus*, gr. ὕπνος, v. sl. *sŭnŭ*, sont tirés, avec un suffixe secondaire *-*iyo*-, d'autres thèmes attestés par skr. *svápn(i)yam* « rêve », lat. *somnium*, gr. (ἐν-)ύπνιον, v. sl. *sŭnĭje*. A la racine i.-e. **tewə-* « être fort » appartient skr. *távi-ṣ-ī* « force », avec deux suffixes, d'où, avec un troisième, *távi-ṣ-ī-vān* « pourvu de force », et, avec un quatrième, *távi-ṣ-ī-vat-tara-ḥ* « plus pourvu de force »; de même en grec χάρ-ι-ς « grâce », χαρι-Ϝεντ- « pourvu de grâce », avec deux suffixes, d'où, avec un troisième, χαρι(Ϝ)έσ-τερο-ς « plus pourvu de grâce ». Chaque suffixe s'ajoute au thème, comme un premier suffixe à la racine ou comme une désinence au thème. D'une manière générale, les éléments morphologiques de l'indo européen s'ajoutent purement et simplement les uns aux autres.

Outre l'addition des éléments morphologiques, l'indo-européen disposait de deux caractéristiques grammaticales : la place du ton et les alternances vocaliques.

Chaque mot pouvait avoir une syllabe tonique; et comme la place du ton n'était limitée par aucune règle phonétique, elle variait suivant les mots et les formes grammaticales et par suite constituait un moyen de caractériser chaque mot et chaque forme. Tout d'abord le ton peut manquer : beaucoup de mots sont caractérisés par le ton zéro, par l'atonie : ainsi des particules comme skr. *ca* « et », gr. τε, lat. *que*, ou, dans certains cas, des verbes, comme skr. *asti*, gr. ἐστι, etc. Le vers suivant du Ṛgvéda (V, 57, 7), qui comprend onze syllabes réparties entre quatre mots, n'a qu'un seul ton :

práçastiṃ naḥ kṛṇuta rudriyāsaḥ

littéralement « faites pour nous célébrité, ô Rudriyas ». Ailleurs, la place du ton varie suivant le sens, ainsi dans gr. τόμος « la coupe » opposé à τομός « coupant » (cf. p. 112), ou suivant la forme grammaticale, ainsi dans le nominatif pluriel gr. πόδες

« les pieds », skr. *pā́daḥ*, opposé au génitif singulier gr. ποδός « du pied », skr. *padáḥ*, dans russe *ljúdi* « les gens » (nominatif), opposé au génitif *ljudéj* « des gens ». Un mot indo européen n'est donc défini que lorsqu'on connaît la place occupée par le ton dans chacune des formes de sa flexion.

Les alternances vocaliques appellent une discussion spéciale.

II. — Alternances

A. Alternances vocaliques. — Les alternances vocaliques sont les seules employées dans la morphologie indo européenne.

Pour se rendre compte du rôle que peuvent jouer dans une grammaire ces sortes d'alternances, il est utile de jeter un coup d'œil sur les langues sémitiques. Une racine arabe n'est caractérisée que par les consonnes; quant aux voyelles, chaque consonne de chaque racine peut être suivie de *ă*, *ā*, *ĭ*, *ī*, *ŭ*, *ū* ou zéro, soit en tout sept formes, et chacune de ces sept formes sert à caractériser non la racine, mais la fonction grammaticale. Soit la racine arabe *q t l* « tuer », son parfait actif est *qatala*, son imparfait actif *ya-qtulu*, son parfait passif *qutila*, son imparfait passif *yu-qtalu*, son parfait actif de troisième espèce *qātala*, l'imparfait correspondant *yu-qātilu*, le parfait passif *qūtila*, l'imparfait *yu-qātalu*, l'infinitif du premier type *qatlun*, le participe *qātilun*, etc. Dans les noms, au singulier, le nominatif est caractérisé par *-un*, l'accusatif par *-an*, le génitif par *-in* et, au pluriel, le nominatif par *-ūna*, l'accusatif-génitif par *-īna*. D'une manière générale, les voyelles ne servent qu'à la flexion et la signification de la racine est attachée seulement aux consonnes.

L'indo européen emploie ses voyelles exactement de la

même manière. Une racine ou un suffixe n'est jamais caractérisé par les voyelles, mais seulement par les consonnes et les sonantes ; et c'est uniquement le type de formation qui est indiqué par le vocalisme. Par exemple le vocalisme *e* de la racine indique le présent dans gr. πέτομαι « je vole », le vocalisme zéro l'aoriste dans ἐ-πτόμην et le vocalisme *o* l'itératif dans ποτάομαι ; le vocalisme *ē* de l'élément prédésinentiel sert à caractériser le nominatif singulier dans πατήρ, le vocalisme *ĕ* le nominatif pluriel dans πατέρες, le vocalisme zéro le génitif pluriel dans πατρῶν ; etc.

Les phonèmes qui forment la partie fixe et significative des éléments morphologiques sont les consonnes, les sonantes (et, en un certain sens, *ə) ; les phonèmes vocaliques employés dans les alternances (avec valeur purement grammaticale) sont **e* et **o* et les voyelles longues **ā*, **ē*, **ō* (avec *ə). La voyelle **a* ne figure pas dans les alternances régulières et doit être négligée provisoirement.

Le type normal des alternances peut être résumé en une formule très simple :

Tout élément morphologique comprend une voyelle qui apparaît sous l'une des formes suivantes :

e (ou *ē*) *o* (ou *ō*) zéro.

Les degrés *ē* et *ō* sont bornés à quelques cas bien déterminés (presque tous dans la fin du mot) et, en somme, la formule essentielle est :

e *o* zéro

par exemple en grec :

πέτ-ομαι	ποτ-άομαι	ἐ-πτ-όμην
ἔχ-ω (de *ἕχ-ω i.-e. **seg₁h*-)	ὄχ-ος « celui qui tient »	ἔ-σχ-ον

La voyelle réduite *ə (définie ci-dessus, p. 72 et suiv.), n'est qu'un des aspects du degré zéro, ainsi dans lat. *patēre*, en face de gr. πετάννυμι « j'étends ».

Les sonantes compliquent l'aspect du vocalisme, sans rien changer au fond. Dans le cas des diphtongues, les alternances se présentent ainsi (en représentant la sonante du degré zéro par sa forme vocalique) :

ei	*oi*	*i*
eu	*ou*	*u*
er	*or*	*r̥*
el	*ol*	*l̥*
en	*on*	*n̥*
em	*om*	*m̥*

Exemples :

gr.	πείθ-ω « je persuade »	πέ-ποιθ-α	ἐπέ-πιθ-μεν
lat.	*fīd-ō* « j'ai confiance »	*foed-us*	*fid-ēs*
got.	*kius-an* « éprouver »	*kaus*	*kus-um*
gr.	δέρκ-ομαι « je vois »	δέ-δορκ-α	ἔ-δρακ-ον
lit.	*telp-ù* « j'ai de la place pour »	*talp-à*	*tilp-ti*
gr.	πένθ-ος « douleur »	πέ-πονθ-α	ἔ-παθ-ον
lit.	*kemsz-ù* « j'appuie »	*kamsz-aũ*	*kìmsz-ti*

ou, en utilisant des rapprochements entre plusieurs langues :

lit. *erž-ilas* « étalon » gr. ὄρχ-ις « testicule » arm. *mi orj-i* « μόνορχις » zd *ərəz-i-* « testicule »

Dans le cas de sonante consonne plus voyelle, on a :

we	*wo*	*u*
re	*ro*	*r̥*

etc., par exemple :

v. isl. *svefn* « sommeil » arm. *khun* (de **swopnos*) gr. ὕπνος

lat. *precēs* « prières »	*procus* « prétendant »	*poscō* (de **porcscō*)
v. isl. *fregna* « demander »,	v. sl. *prositi* « demander »	skr. *pṛcchâti* « il demande »

Quand l'élément morphologique se termine par la sonante, celle-ci est naturellement sujette à apparaître sous ses diverses formes :

gr. χέ(F)-ω « je verse »	χο(F)-ά	κέ-χυ-ται
χεύ-σω « je verserai »		skr. *ju-hv-e* « il a été sacrifié »

ou :

gr. τέν-ων « tendon »	τόν-ος	τα-τός
skr. *tán-tram* « fil »	*ta-tán-tha* « tu as tendu »	*ta-tn-e* « il a été tendu ».
		gr. ταν-αός « mince ».

Un même élément morphologique ne peut pas renfermer deux sonantes consécutives ; il n'y a donc pas de racine indo-européenne de la forme **teul-* ou **teirp-*, etc. Quand deux sonantes font partie du même élément morphologique, elles sont séparées par la voyelle ; ainsi :

**tleu-* **tlou-* **tlu-*

Dans **tlu-*, les deux sonantes sont en contact, mais accidentellement, parce que le vocalisme est au degré zéro. En fait il n'existe pas de racine **dheurgh-*, mais il y a une racine **dhreugh-* :

v. sax. *driogan* « tromper »	v. isl. *draugr* « fantôme »
	skr. *drógbaḥ* « offense »
v. sax. *drugun* « ils ont trompé »	
skr. *drúhyati* « il nuit ».	

Si donc on rencontre v. lat. *(com-)moinis* (lat. *commūnis*), got. *(ga-)mains* « commun », lit. *maĩnas* « échange », v. sl. *měna* « changement », on peut affirmer a priori que la racine est *moi-, non *moin-, et qu'il y a un suffixe commençant par *n* : en fait les verbes correspondants sont skr. *máye* « j'échange », lette *mīju*, qui ne laissent nul doute sur la forme de la racine.

Les degrés longs *ē* et *ō*, sans être fréquents dans les racines où ils alternent avec *ĕ* et *ŏ*, se rencontrent ; ainsi :

*sed-		*sēd-	
gr. ἕδ-ος « siège »		lit. *sėd-mi* « je suis assis »	
got. *sita* « je suis assis »		got. *set-un* « ils se sont assis »	

*sod-	*sōd-	*zd-
got. *sat* « il s'est assis »	v. sl. *saditi* « planter »	arm. *(ni-)st* « siège »

En tenant compte à la fois de tous les degrés et des diverses formes des sonantes, on peut donc trouver pour un même élément morphologique les formes suivantes :

De la racine *$k_1$leu- « entendre » :

*$k_1$leu- : got. *hliuma* « ouïe », zd *sraoman-* « ouïe ».
*$k_1$lew- : gr. κλέ(F)ος, skr. *çrávaḥ* « gloire ».
*k_1lēu- : skr. *(á)çrauṣīt* « il a entendu ».
*k_1lēw- : sans exemple sûr dans cette racine.
*$k_1$lou- : skr. *çuçrotha* « tu as entendu ».
*$k_1$low- : skr. *çrávaḥ* « résonnant, ouïe ».
*k_1lōu- : sans exemple sûr dans cette racine.
*k_1lōw- : v. sl. *slava* « gloire », lit. *szlovė̃* (même sens).
*$k_1$lu- : skr. *çrutáḥ* « entendu », gr. κλυτός, lat. *-clutus*.
*$k_1$luw- : skr. *çuçruve* « j'ai été entendu ».

De même pour le suffixe *-ter- des noms de parenté :

*-ter- : gr. πατέρες, skr. *pitáraḥ* « pères » (nominatif plur.).

*-ter- (avec *r* deuxième élément de diphtongue) : gr. πάτερ, skr. *pítar* (vocatif).

*-tēr- (avec *r* deuxième élément de diphtongue) : gr. πατήρ.

*-*tor*- : gr. ἀπάτορες, skr. *(tvát-)pitāraḥ* « qui l'ont pour père ».

*-*tor*- (avec *r* deuxième élément de diphtongue) : gr. ἄπατορ.

*-*tōr*- (avec *r* deuxième élément de diphtongue) : gr. ἀπάτωρ.

*-*tṛ*- : gr. πατράσι, skr. *pitṛṣu* (locatif pluriel).

*-*tr*- : gr. πατρῶν (gén. plur.), skr. *pitré* (dat. sing.).

La formule générale :

ĕ(ē) *ŏ(ō)* zéro

ne suffit pas à rendre compte de tous les types d'alternances. Soit en effet l'opposition de skr. :

bí-bhar-mi « je porte » *bhṛ-táḥ* « porté »,

on n'en saurait séparer les oppositions parallèles de skr. :

dá-dhā-mi (cf. gr. τί-θη-μι) « je pose », *(d)hi-táḥ* (cf. gr. θε-τός) « posé » ;

ti-ṣṭhā-mi (cf. dor. ἵ-στᾱ-μι) « je me tiens », *sthi-táḥ* « se tenant » (cf. gr. στα-τός) ;

dá-dā-mi (cf. gr. δί-δω-μι) « je donne », *di-tíḥ* (cf. gr. δό-σις) « action de donner ».

A l'*i* du sanskrit le latin répond par *ă* dans *făc-t-us, stătiō, dă-tus.* Soit encore l'opposition de gr. :

φέρ-μα φορ-μός

on n'en saurait séparer les oppositions de gr. :

(ἀνά-)θημα θω-μός
dor. βᾶ-μα βω-μός.

Donc à côté du type général d'alternances vocaliques :

e (ē) *o (ō)* zéro

il y a trois autres types :

ē	*ō*	*ə*
ā	*ō* (rare)	*ə*
ō	»	*ə*

qu'on peut illustrer par des exemples tels que les suivants :

gr. ῥῆγμα	ῥωχμός	ῥαγῆναι
ἵ-η-μι	(ἀφ-)έ-ω-κα	ἑ-τός
lat. *sē-men*	got. *sai-so* « il a semé »	lat. *să-tus*
dor. φᾱ-μι	φω-νά	att. φα-μεν
lat. *dō-num*		*dă-tus*

Le fait d'appartenir au type général d'alternances, *e*, *o*, zéro, ou à l'un des types à voyelle longue essentielle : *ē*, *ō*, *ə* ; *ā*, *ō*, *ə* ; *ō*, *ə*, caractérise le sens d'un élément morphologique au même titre que le fait d'avoir telle ou telle consonne ; une racine * *wrēg* * *wrəg* (telle que celle du gr. ῥήγνυμι) est donc essentiellement différente d'une racine **wreg-*, **wrg-* ; seule, l'alternance des voyelles à l'intérieur d'un même type a une valeur grammaticale.

Quand une sonante précède la voyelle longue, le *ə* du degré zéro se combine avec elle de la manière indiquée, p. 94 et suiv. : ainsi le degré zéro du suffixe de l'optatif skr. *-yā-*, gr. -ιη-, lat. *-iē-* est skr. *-ī-*, lat. *-ī-*, v. sl. *-i*, etc. ; et l'on s'explique de même l'alternance de :

véd. *drāgh-mā́* « longueur »	*dīrgh-áḥ* « long »
zd *drāj-ō*	*darəγ-ō*
	v. sl. *dlĭg-ŭ* (serbe *dûg*)

Devant voyelle, **ə* tombe suivant la règle générale, de là la 3ᵉ pers. plur. skr. *dá-d-ati* « ils donnent », v. sl. *da-d-ętŭ* « ils donneront » et, sans doute par analogie de cette forme, skr. *da-d-máḥ* « nous donnons », en regard de gr. δί-δο-μεν.

L'alternance :

ē	*o*	*ə*

où les longues *ē et *ō ont une tout autre signification que dans le type ĕ(ē), ŏ(ō), zéro, est exactement parallèle à l'alternance :

ei *oi* *i*

par exemple ; et, en fait, alors qu'il n'existe aucune racine de la forme **te-, to-, t-* ; **se-, so-, s-* ; etc., toute une série de racines se terminent par *ē* (resp. *ā, ō*), *ō*, ainsi gr. θη-, ἡ-, φᾱ-, στᾱ-, δω-, etc.

Une très notable partie des racines indo-européennes a une forme plus complexe que celle qui vient d'être décrite : la consonne ou la sonante qui termine la racine est suivie d'une longue *ā, *ē ou *ō, alternant avec *ə ; alors, en vertu d'une règle générale d'après laquelle un même élément morphologique ne renferme pas deux *e* simultanément, si la première partie est au degré *e* ou *o*, la seconde partie est nécessairement au degré zéro, c'est-à-dire a la forme *ə (qui tombe devant voyelle), et, si la seconde partie est au degré *e*, c'est-à-dire si elle a la forme *ē, *ā ou *ō, la première est au degré zéro. Les racines de cette forme sont dites *dissyllabiques*. Une racine dont les consonnes sont *p* et *t* et qui admet une voyelle de seconde syllabe *ā, alternant naturellement avec *ō et *ə, peut se présenter sous les aspects suivants :

DEVANT CONSONNE	DEVANT VOYELLE
pĕtə-* (pētə-* [?])	**pĕt-* (**pēt-*)
pŏtə-* (pōtə-* [?])	**pŏt-* (**pōt-*)
**ptā-*	
**ptō-*	
**ptə-*	**pt-*
**p°tə-*	**p°t-*

Cette racine est en effet attestée au sens de « tomber, voler » :

**petə-* : gr. πέτα-ται « il vole », skr. *pati-tum* « voler ».
**pet-* : gr. πέτ-ομαι, skr. *pát-ati* « il vole ».
**pot-* : peut être dans skr. *pat-áyati* « il vole »; gr. ποτά-ομαι et πωτά-ομαι résultent de contaminations de **pot-*, **pōt-* et **ptā-*.
**pōt-* : peut-être dans skr. *pātaḥ* « vol ».
**ptā-* : dor. ἔ-πτᾱ-ν.
**ptō-* : gr. πέ-πτω-κα, πτῶ-σις.
**ptə-* : skr. *pa-pti-ma* « nous avons volé », gr. ἔ-πτα-το.
**p°tə-* : sans doute dans skr. *patitáḥ* « tombé », si i. e. *° est bien représenté en sanskrit par *a*.
**pt-* : skr. *apa-pt-at* « il a volé », gr. πί-πτ-ω « je tombe ».

La nasale infixée du type verbal skr. *riṇákti* « il laisse », lat. *linquō* est intercalée immédiatement avant la voyelle finale de la racine, d'où un thème gr. πιτνᾱ- représenté par le verbe en -ω πίτνω « je tombe ». La forme **pet-*, usuelle devant voyelle, est souvent transportée devant consonne ou sonante, ainsi dans skr. *pát-ma* « vol ».

La longue finale n'est par hasard pas attestée dans la racine :

**pletə-* : skr. *prathi-mán-* « largeur ».
**pleth-* : skr. *práth-aḥ* « largeur », zd *fraθō*.
**ploth-* : lit. *plat-ùs* « large ».
**pl̥tə-* : skr. *pr̥thi-vī́* « terre » (litt. « la large »), gr. Πλάταια (de *πλαταϜyα), v. gall. *lita-n* « large ».
**pl̥th-* : skr. *pr̥th-úḥ* « large » (et gr. πλατύς ?).
**pl°th-* : arm. *layn* « large », lit. *splis-ti* « s'étendre ».

Les racines dissyllabiques les plus nombreuses sont celles qui ont une sonante avant leur longue finale : elles présentent un aspect très complexe par suite des formes diverses que prend la sonante et des combinaisons où elle entre avec *ə. Quelques exemples feront apparaître toute cette variété :

Racine *pelə-, *plē- « emplir, être plein » :

*pelə- : skr. *párī-man-* « abondance » (avec ī au lieu de i).

*pel- : got. *fil-u* « beaucoup ».

*pol- : gr. πολ-ύς, ags. *feal-a*.

*plē- : gr. ἔ-πλητο, skr. *á-prā-t* « il a empli », lat. *plē-nus*.

*plō- : véd. *pa-prā* « il a empli ».

*p-l̥ : skr. *pūr-ṇáḥ* « plein », v. sl. *plŭ-nŭ* (serbe *pŭ-n*), lit. *pil-nas*, v. irl. *lá n*, got. *ful-ls*.

*pl- : skr. *pí-pr-ati* « ils emplissent » (d'où *pi-par-ti* « il emplit », par analogie des racines monosyllabiques).

*p°l- : skr. *pur-úḥ* « abondant ».

*pl̥- : dans le verbe à nasale infixée skr. *pṛṇāti* « il emplit », *pṛṇīmáḥ* « nous emplissons » ; la sonante a la forme brève puisqu'elle est séparée de *ə par la nasale. La racine ne perd d'ailleurs son ə qu'en apparence ; car ə est compris dans la voyelle longue qui suit l'infixe nasal et de même dans les autres cas analogues cités plus bas.

Racine *$g_1$enə-, *g_1nē- « engendrer, naître » :

*$g_1$enə- : skr. *jani-tā́*, gr. γενέ-τωρ, γενε-τήρ, lat. *geni-tor*.

*$g_1$en- : gr. γέν-ος, lat. *gen-us*, arm. *cin* « naissance », skr. *ján-aḥ* « race ».

*$g_1$on- : gr. γέ-γον-α (plur. γέ-γα-μεν, d'après le type μέμονα, μέμαμεν), γόν-ος.

*g_1nē : gr. γνή-σιος, et peut être skr. *jñā tíḥ* « parent ».

*g_1nō : gr. γνω-τός « frère », lette *znó ts* « gendre », got. *kno-þs* « race ».

*g_1n̥- : skr. *jā-táḥ* « né », zd *zā-tō*, lat. *(g)nā tus*, got. *-kunds*.

*g_1n- : gr. γί-γν-ομαι, lat. *gi gn ō*.

*g_1°n : got. *sama-kuns*, « ὁμόγνιος ».

La racine *g_1*enə*, *g_1*nē-* « connaître » ne se distingue de la précédente que par le sens :

*g_1*enə-* : lit. *žén-klas* « signe ».
*g_1*onə-* : got. *kan-n* « il sait ».
*g_1*nē-* : v. h. a. *knā-en* « connaître » (avec v. h. a. *ā* représentant germ. *ē*) ; et sans doute skr. *jñā-tum* « connaître ».
*g_1*nō-* : gr. γι-γνώ-σκω, lat. *(g)nō-scō*, v. sl. *zna-ti* « connaître ».
*g_1*n̥-* : lat. *(g)nārus*, lit. *(pa-)žin tas* « connu », got. *kunþs*.
*g_1^{o}*n-* : lit. *žin-óti* « connaître », arm. *can-aoth* « connu ».

Racine *g^w*erə* (*g^w*rō-* ?) « avaler, engloutir » :

*g^w*erə* : arcadien ζέρε-θρον (de *δέρε-θρον) « gouffre », lit. *gér ti* « boire ».
*g^w*er-* : arm. *ker*, gén. *ker-oy* « nourriture ».
*g^w*ēr-* : lit. *gér-ė* « il a bu ».
*g^w*or* : gr. βορ-ός « gourmand », skr. *gar-áḥ* « boisson », lat. *uor-āre*, *(carni-)uorus*.
*g^w*r̥̄-* : skr. *gīr ṇáḥ* « avalé », lit. *gir tas* « ivre » (le βρω- de gr. βι-βρώ-σκω peut être *g^w*r̥̄-* ou *g^w*rō*).
*g^w^{o}*rə-* : gr. βάρα-θρον.
*g^w^{o}*r-* : skr. *gir áti* « il avale », v. sl. *žir-etŭ* « il avale ».
*g^w*r̥-* : skr. *gr̥ṇáti* « il avale » (verbe à infixe nasal).

Racine *terə-*, *trē-* « frotter, user en frottant » :

terə- : gr. τέρε-τρον, lat. *tere-bra*.
ter- : lat. *ter-ō*.
tor- : gr. τορ-ός « perçant ».
trē- : gr. τρη-τός, v. h. a. *drā-jan* « tornare ».
trō- : gr. τι-τρώ-σκω.
tr̥- : gr. τρᾱ-νής « perçant », v. sl. *trŭti* (serbe *tȑti*) « frotter ».

t^orə- : v. irl. *tara-thar* « tarière ».
t^or- : v. sl. *tĭr-ą* « je frotte ».
tr̥- : gr. τρ-ίβω, lat. *tr-ītus*.

Racine *$k_1$erə-*, *k_1rā-* « mélanger » :

$k_1$ere- : gr. ἐ-κέρα-σσα « j'ai mélangé », κέρα-μος « argile ».
$k_1$orə- : lit. *szár-mas* « lessive ».
k_1rā- : gr. κρᾱ-τήρ « vase à mélanges », skr. *çrá-yati* « il fait cuire, il cuisine », v. sax. *hrō rjan* « agiter » (?).
k_1r̥̄- : skr. *çīr taḥ* « bouilli ».

Racine *erə-*, *rē-* « ramer » :

erə- : gr. ἐρέ-της « rameur », skr. *arí-tram* « rame ».
orə- : v. pruss. *ar-twes* « schiffsreise ».
rē- : lat. *rē-mus*, gr. (τερ)ρητόν· τριήρης (Hesychius).
rō- : v. isl. *ró-a* « ramer », v. h. a. *ruo-dar* « rame ».
r̥- : lit. *ir-klas* « rame ».

Racine *temə-* « être obscur » :

temə- : skr. *támi-srā* « ténèbres » ; lit. *tém-sta* « il fait obscur ».
tem- : skr. *tám-aḥ* « ténèbres », lat. *tem-ere* « à l'aveuglette ».
tm̥- : lit. *tim-sras* « sombre ».
t^om- : v. sl. *tĭm-a* « ténèbres ».

Racine *pewə-* « purifier » :

pewə- : skr. *paví-tram* « ce qui sert à purifier ».
pew- : skr. *páv-ate* « il purifie ».
pēw- : skr. *á-pāv iṣuḥ* « ils ont purifié ».
pow- : skr. *pav-áyati* « il purifie », m. h. a. *vaewen* (de *faw-jan*).

**pū-* : skr. *pū-táḥ* « purifié », lat. *pū-rus*.

**puw* : skr. *pu puv uḥ* « ils ont purifié ».

**pu-*, dans le verbe à infixe nasal skr. *punā́ti* « il purifie », *punīmáḥ* « nous purifions ».

Quand la sonante finale de la racine est un *y*, le *ə* qui représente le degré zéro de la tranche vocalique finale n'est pas attesté à l'état isolé en indo iranien ; ainsi :

Racine **gʷey(ə)*, **gʷyē* « vivre » :

**gʷey-* : hom. βέ-ομαι « je vivrai ».

**gʷoy-* : skr. *gáy aḥ* « état de maison », zd *gay-ō* « vie », serbe *gôj* « paix ».

**gʷyē-* : gr. ζή-σω « je vivrai », zd *jyā-tuš* « vie ».

**gʷiyō* : gr. βιῶ-ναι.

**gʷyō-* : gr. ζῶ-ον.

**gʷī-* : skr. *jī-váḥ* « vivant », v. sl. *ži-vŭ*, lit. *gý-vas*, lat. *uī-uos*.

**gʷiy-* : gr. βί-ος.

Racine **kʷrey(ə)-* « acheter » :

**kʷrey(ə)-* : skr. *kre-ṣyati* « il achètera ».

**kʷroy-* : skr. *kray áḥ* « achat ».

**kʷrī-* : skr. *krī táḥ* « acheté », v. irl. *cri thid* « emax ».

**kʷriyə-* : gr. ἐ-πρία-το.

**kʷri*, dans le verbe à infixe nasal : v. russe *kri-nuti* « acheter », v. irl. *cre-nim* « j'achète » (de **qri-n-*), gall. *pry nu*, pâli *ki ṇāti* (de **krī ṇāti*) « il achète ».

Racine **deyə-* « paraître » :

**deyə-* : gr. δέατο « il paraît ».

**doyə-* : gr. δεδοάσσατο « il a paru ».

$d\bar{\imath}$- : skr. *didīhi* « parais », lit. *dyrėti* « guetter », v. norvégien *tira* « regarder fixement ».

Les racines dissyllabiques se terminent par leur voyelle longue : il y a des racines du type **petə-* : **ptā-*, il n'y en a pas du type **petək-* : **ptāk-* ou **petəs-* : **ptās-*. Les exemples qu'on pourrait alléguer contre ce principe sont en général limités à une seule langue et fort peu clairs pour la plupart.

Étant donné que **ā*, **ē*, **ō* ont la même valeur que voyelle plus sonante, on doit s'attendre à rencontrer des racines terminées par voyelle plus sonante, et en fait on trouve quelques racines de la forme : **petu-* : *pteu-*, par exemple celle de gr. ϝέλυ-τρον « enveloppe », lat. *uolu-ō* « je tourne », arm. *gelu-m* « je tourne », et du verbe à infixe nasal correspondant skr. *vṛṇóti* « il couvre », c'est-à-dire indo-iran. **vṛ-na-u-ti*.

Outre l'extrême complication de leurs formes que le bref exposé précédent a permis d'entrevoir, les racines dissyllabiques présentent cette grave difficulté que l'usage de leurs degrés vocaliques à voyelle longue finale tels que **g₁nē-* ou **g₁nō-* dans la morphologie indo-européenne n'est pas encore déterminé d'une manière suffisamment précise. Ce degré fournit notamment des aoristes tels que gr. ἔγνω, ἐδίω, ἔτλη, etc., et les cas à vocalisme *e* ou *o* de noms racines au deuxième terme de composés tels que gr. ἀγνώς.

Les alternances qui viennent d'être décrites sont bien loin d'expliquer tous les cas qu'on peut rencontrer, mais elles sont à peu près les seules qui aient un rôle plus ou moins clairement défini dans la morphologie indo-européenne. On ne saurait par exemple rendre compte ainsi de gr. ἐν-εγκ-εῖν « porter », skr. *ān-áṃça* « il a atteint », v. sl. *nesą* « je porte », lit. *neszù* « je porte », etc., mais il est impossible d'entrer ici dans le détail de ces faits qui est infini. Quelques oppositions comme celle de gr. ἔτρεσεν· ἐφόβησεν, lat. *terreō* et de skr. *trásati* « il tremble », gr. τρέω trouveront leur explication dans la théorie des racines : de même que l'on a en principe **g₁enə-* et **g₁né-*, on a ici **ters-* et **tres-*, toujours avec un seul *e* actuellement présent. Une racine à deux voyelles alternant simultanément comme gr. κελευθ- dans κέλευθος, ἀ-κόλουθος est chose exceptionnelle et limitée à une seule langue, contraire en tout cas à l'usage indo européen.

En tenant compte de l'équivalence morphologique de **ā*, **ē*, **ō* et de **e* plus sonante posée p. 129, on peut toutefois poser en principe que toute racine ou tout suffixe comprend au moins une voyelle de la forme *e* (ou *ē*), *o* (ou *ō*), zéro.

Il n'y a pas d'autre type d'alternance vocalique employé dans la morphologie indo européenne.

Quelques racines ont seulement *o* alternant avec *ō*, ainsi dans ὄζει « il sent », ὀδμή « odeur », δυσ-ώδης, lat. *odor*, lit. *úodžiu* « je sens », arm. *(h)ot* « odeur », ou dans got. *naqaþs* « nu », lat. *nūdus* (de **nog***edos*), lit. *núgas*, v. sl. *nagŭ*, mais outre que l'absence du timbre *e* peut être fortuite dans une partie au moins des exemples, il n'y a là aucun type d'alternances régulières jouant un rôle morphologique défini.

Quant à la voyelle **a*, elle n'apparaît en général que dans certaines conditions spéciales :

1° Dans le langage enfantin, comme :

gr. ἄττα « papa », lat. *atta*, got. *atta*, v. sl. *ot-ĭcĭ* « père » ; skr. *tata* « papa », gr. τάττα, lat. *tata*, bret. *tád*.
Ce langage présente, on l'a vu, des consonnes géminées qui ne sont pas normales en indo-européen.

2° Dans des mots isolés et, par là même, suspects d'être des emprunts (en partie au moins de date indo européenne), comme :

lat. *faba,* v. sl. *bobŭ* « fève », v. pruss. *babo.*

lat. *barba* (le premier *b,* au lieu de *f,* par assimilation), v. h. a. *bart,* v. sl. *brada* « barbe ».

lat. *far, farīna* ; got. *barizeins* « d'orge » ; v. sl. *brašĭno* « nourriture ».

Aucun de ces trois mots n'a de correspondant en indo-iranien ; et il en est ainsi de presque tous ceux qui ont *a* ; on rencontre pourtant *a* dans quelques exemples attestés en indo-iranien, ainsi :

skr. *haṃsáḥ* « sorte d'oiseau aquatique », lit. *žąsìs* « oie », v. h. a. *gans,* lat. *anser* (forme rurale au lieu de **hanser*), gr. génit. χηνός (de *χανσ-ός).

3° Dans quelques désinences, notamment celle de 3ᵉ personne primaire moyenne du singulier **-tai* : gr. -ται, skr. *te,* got. *da.*

4° A l'initiale des mots par exemple :

gr. ἀστήρ, ἄστρον et arm. *astl* « astre » : zd *star-* « étoile », skr. *stṛ́-bhiḥ* « par les étoiles », v. h. a. *sterno* « étoile », et lat. *stella.*

gr. αἶθος « feu », skr. *édhaḥ* « bois à brûler », lat. *aestās* : gr. ἰθαρός « clair », skr. *idhmáḥ* « bois à brûler ».

lat. *armus,* got. *arms* « bras », v. sl. *ramo* « épaule » (tous les trois reposant sur **arəmo-*) : skr. *īrmáḥ* « bras », v. pruss. *irmo* « bras ».

gr. ἄγχω, lat. *angō, angustus,* got. *aggwus* « étroit », v. sl. *ązŭkŭ,* arm. *anjuk,* skr. *aṃhúḥ* : v. sl. *(v)ęzą* « je lie » (qui suppose **ṇg̑h-*).

Ce type d'alternances **a* : zéro, strictement propre à l'initiale, se rencontre d'ailleurs concurremment avec le type normal **e, *o,* zéro :

lat. *augeō,* got. *aukan* « croître », lit. *áugu* « je crois », skr. *ójaḥ* « force » : skr. *ugráḥ* « fort » ; gr. ἀ(F)έξω « je crois » : skr. *vákṣati* « il croît », got. *wahsjan* « croître » ;

gr. αὔξω, lit. áukštas « grand » : skr. úkṣant- « croissant » ; c'est-à dire *weg-(weks)-, *wog- (*woks-), *ug- (*uks-) : *aweg-, *awog-, *aug- (*aweks-, etc.).

L'alternance de *a : zéro à l'initiale est dénuée de toute valeur morphologique. — Elle ne se retrouve pas à l'intérieur du mot : le rapprochement de skr. yájati « il sacrifie », iṣṭáḥ « sacrifié » et de gr. ἅζομαι « j'ai un respect religieux pour » qui supposerait un *a intérieur est borné à deux langues, ce qui lui ôte a priori toute certitude, et d'ailleurs il est peu satisfaisant pour le sens. — Quant à l'alternance *ā : *a, attestée surtout par lat. nārēs, lit. nósis « nez », skr. nā́sā « les deux narines » et skr. nasóḥ « des deux narines », v. sl. nosŭ « nez », lit. nasraĩ « fosses nasales », v. h. a. nasa, elle provient sans doute d'une imitation des alternances *e : *ē et *o : *ō en usage dans les autres noms.

B. Alternances consonantiques. — Il n'y a pas en indo-européen d'alternance consonantique ayant une valeur morphologique, mais on ne peut omettre néanmoins de signaler ici les variations de forme des sonantes et des consonnes qui altèrent souvent l'aspect des racines, des suffixes et des désinences.

1° Alternances des sonantes.

En sanskrit védique, la finale du nominatif-accusatif duel masculin a trois formes qui, dans les parties les plus anciennes du Ṛgvéda, se répartissent assez exactement ainsi : -au à la fin de la phrase ou du vers, -āv devant voyelle initiale d'un mot suivant, -ā devant consonne ou sonante initiale d'un mot suivant, soit : ubhā́v áçvau « les deux chevaux », ubhā́ devā́u « les deux dieux », ubhā́ çyenā́u « les deux faucons », ubhā́ yamā́u « les deux jumeaux ». Cette alternance est ancienne ; si, en effet à skr. *-ā* répondent zd *-a*, v. sl. *-a*, lit. *-u* (de *-ů), gr. -ω, lat. *-ō* (dans *ambō*), l'autre forme *-au*, *-āv* a ses correspondants du moins dans v. irl. *dáu*, v. isl. *tuau* « deux » ; et de même, si gr. ὀκτώ et lat. *octō* sont identiques à véd. *aṣṭā* « huit », c'est à véd. *aṣṭáu*, *aṣṭāv* que répond got. *ahtau*, et le latin a encore trace de **w* dans le dérivé *octāuos*.

D'autres diphtongues, finales de mots, à premier élément long présentent la même alternance de longue plus sonante : longue simple. Le thème en *-i-* indo-iranien **sakhi-* « compagnon » a pour nominatif skr. *sakhā*, zd *haxa* ; en grec les nominatifs Λητώι (écrit Λητῷ) et Λητώ du thème Λητοι- (vocat. Λητοῖ) semblent alterner. — En regard de gr. μήτηρ, lat. *māter*, arm. *mayr* « mère », le sanskrit a *mātā* et le lituanien *motė* ; en regard de gr. κύων, le sanskrit a *çvā*, le lituanien *szů* ; le latin fléchit *homō*, *hominis*, etc.

L'élément sonantique par lequel se terminent les diphtongues (ou plutôt certaines diphtongues) finales de mots était donc sujet à manquer, sans doute dans les conditions où le védique a *-ā* en face de *-au*, *-āv*.

Une sonante second élément de diphtongue à premier élément long est aussi sujette à manquer devant sonante ou consonne finale de mot : les nominatifs skr. *dyáuḥ* « ciel, jour », gr. Ζεύς (de *Ζηυς) et skr. *gáuḥ* « bœuf », gr. βοῦς (de *βωυς) sont accompagnés d'accusatifs skr. *dyām*, hom. Ζῆν, lat. *diem* et skr. *gām*, dor. βῶν. Le thème **rēi-*, attesté entre autres témoignages par le nominatif pluriel skr. *rāy-aḥ* « les richesses », a un accusatif singulier skr. *rām*, lat. *rem*. — La désinence d'accusatif pluriel qui est **-ns* après voyelle brève, ainsi dans le démonstratif crét. το-νς, got. *þa-ns*, v. pruss. *sta-ns* « ceux-ci », est seulement **-s* dans les thèmes en *ā-* : skr. *-ā-ḥ*, lit. *-a-s* (de *-*o-s*) ; de même le sanskrit a *māḥ* « lune, mois » et le slave *měs-ęcĭ* (même sens) en face de lat. *mensis* et de gr. μήν (génit. lesb. μῆννος supposant *μήνσος) ; le sanskrit a *mā́ḥ* « chair » en face de skr. *māṃsám* « chair », v. sl. *męso*, got. *mimz*.

Quelques racines ont une alternance de *əy, ēi, ōi : ē, əō, ī* ainsi :

skr. *dháy-ati* « il tette », v. sl. *doj-ą* « je tette », got. *daddjan* « téter » avec degré *zéro* *-*əy*-, car avant ou après *y*, i.-e. *ə est représenté par *a* en indo-iranien.

skr. *dhé-nā* « vache ».

skr. *dhā́y-ase* « pour téter », v. h. a. *tā-an*.

skr. *dhā-rúḥ* « tétant », gr. θῆ-λυς « femelle », lat. *fē-lāre* « téter », lit. *(pirm-)dėlė* « primipare » (se dit d'une vache).

skr. *dhī-táḥ* « tété », lat. *fī-lius*.

Ou encore :

v. sl. *poj-ą* « je fais boire ».

skr. *pāy-áyati* « il fait boire ».

skr. *pā́-ti* « il boit », *pā́-tram* « coupe à boire », lat. *pō-culum*, lit. *pó-ta* « buverie », éol. πώ-νω.

skr. *pī-táḥ* « bu », v. sl. *pi-ti* « boire », gr. πῖ-θι « bois ».

Il suffit de signaler ici ce type d'alternances dont on ne possède d'ailleurs qu'un nombre assez limité d'exemples. L'absence de la sonante s'explique aisément par la brièveté de l'élément sonantique dans une diphtongue à premier élément long.

A l'initiale, le groupe consonne plus sonante consonne alterne avec la consonne simple, sans sonante :

skr. locatif *tvé* « en toi », gr. dat. loc. σοί (de *τϝοι) : skr. gén. dat. atone *te*, v. sl. *ti* ; accusatif skr. *tvā́m tvā* « toi », gr. σε (de *τϝε) : v. sl. *tę* (cf. *tvojĭ* « ton »), v. h. a. *dih*.

gr. ϝέξ « six », gall. *chwech* (de *swéks*) : lat. *sex*, got. *saihs* (de *seks*).

skr. *syūtáḥ* « cousu », lit. *siū́tas* « cousu », v. sl. *šiti* (de **sjyti*) « coudre » : skr. *sūtrám* « fil », lat. *sūtus*.

skr. *práti* « contre », gr. προτι, προς, v. sl. *proti-vŭ* « contre » : v. perse *patiy*, dor. ποτι, πος, lit. *pas* (de **pats*).

got. *brikan* « briser », *brekum* « nous avons brisé », *brukans* « brisé », lat. *frangō*, *fragilis* (de **bhr°g-*), *frēgī* : skr. *bhájati* « il partage », *bhanákti* « il brise », arm. *bekanem* « je brise » (et gr. φαγεῖν « manger » ?).

skr. *prathimán-* « largeur », lit. *platùs* « large », gr. πλατύς, (ὠμο-)πλάτη, v. sl. *plešte* « épaule » : zd *paθana-* « étendu », gr. πετάννῡμι « j'étends », lat. *patēre* « être étendu », lit. *petỹs* « épaule ».

Enfin dans les racines qui ont un redoublement d'intensif (comportant répétition de la sonante radicale), on rencontre des alternances des trois sonantes *r*, *l*, *n* : ainsi à côté de gr. βιβρώσκω, lat. *uorāre*, lit. *gérti* (cf. ci-dessus, p. 133), on a avec *l* lat. *gurguliō* « gosier », v. h. a. *querechela* (même sens), lit. *gargaliúju* « je fais entendre un bruit du gosier », et avec *n* gr. γάγγραινα ; des mots à redoublement *l* a passé à des simples : arm. *klanem* « j'avale », *ekul* « il a avalé », v. h. a. *chela* « gosier », v. irl. *gelim* « je dévore », lat. *gula*, gr. κα-βλέει· κατα-πίνει Hes. Ces alternances proviennent de dissimilations ; par exemple **gʷer-gʷer e-* est devenu **gʷer-gʷel-e-* et **gʷer-gr-e-* est devenu **gʷen-gr-e-* : *r* second élément de diphtongue a, on le voit, un autre traitement que *r* consonne, et le passage à *n* semble indiquer pour ce phonème un relèvement très incomplet du voile du palais ; le traitement de la consonne initiale dans irl. *gelim*, v. h. a. *chela*, gr. γάγγραινα indique que la gutturale était aussi altérée et qu'il s'est produit une dissimilation comparable à celle de lat. *quīnque* dans lat. vulgaire **cīnque* (fr. *cinq*), soit **ger-gʷel-e-*, **gen-gʷr-e-*, d'où généralisation de *g* au lieu de *gʷ* dans certains cas. Les alternances de *r* et *l* sont très nombreuses et on en rencontre là même où le redoublement d'intensif ne s'est pas conservé, ainsi en regard de skr. *çi-çir-áḥ* « froid », v. isl. *héla* (de **he-hl-an*) « geler »; lit. *szarnà* « givre », arm. *sařn* « le froid », v. isl. *hjarn* « neige solidifiée », et d'autre part lit. *szalnà*, v. sl. *slana* « givre ». Mais il n'y a naturellement pas lieu de conclure de là que les sonantes *r*, *l* (et *n*) puissent être substituées arbitrairement les unes aux autres en dehors de l'application des lois phonétiques ordinaires.

2° Alternances des consonnes.

Une initiale **s* plus consonne (ou sonante) alterne souvent avec une consonne (ou sonante); ainsi :

**sp-*, **p-* : skr. *spáç-* « espion », zd *spasyeiti* « il voit », lat. *speciō*, v. h. a. *spehōn* « observer » : skr. *páçyati* « il voit ».

**st-*, **t-* : got. *stauta* « je heurte » : skr. *tudáti* « il heurte », lat. *tundō*.

sk-, **k-* : v. h. a. *skeran* « tondre », v. sl. *skora* « peau », lat. *scortum*; gr. κείρω « je tonds », v. sl. *kora* « écorce, » lat. *corium*.

**sm-* : *m-* : v. h. a. *smelzan* « fondre » : ags. *meltan* « fondre », v. h. a. *malz* « malt », gr. μέλδω.

**sw-*, **w-* : gr. Ϝέξ, gall. *chwech* « six » : arm. *vec* « six », et, avec la forme à vocalisme zéro, v. pruss. *uschts* « sixième ».

En tenant compte de l'alternance **sw-* : *s-* déjà constatée, on voit qu'il y a une triple alternance : **sweks* (gr. Ϝέξ), **seks* (lat. *sex*), **weks* (arm. *vec*); il peut arriver dans un cas de ce genre que la forme complète ne soit par hasard pas attestée; on aperçoit ainsi le moyen de rapprocher gr. ἕλκω « je tire » (avec esprit rude, mais sans Ϝ initial), lat. *sulcus* « sillon » de lit. *velkù*, v. sl. *vlěką* « je traîne » en supposant un ancien **sw-* initial.

A la fin des racines, les occlusives sonores aspirées alternent parfois avec les sourdes aspirées :

*g^wh : *kh : gr. ὄνυξ, ὄνυχος, lat. *unguis*, v. irl. *ingen* « ongle », lit. *nãgas* « ongle », v. sl. *nogŭtĭ* « ongle » : skr. *nakhâḥ*, persan *nāxun* « ongle ».

*dh : *th : skr. *ádha : átha* « et, alors ».

*bh : *ph : skr. *nâbhiḥ* « nombril, moyeu de roue », v. pruss. *nabis* « nombril » : zd *nāfō*, pers. *nāf* « nombril » ; le φ de gr. ὀμφαλός et le *b* de v. h. a. *nabolo* peuvent reposer soit sur *bh, soit sur *ph.

Il y a aussi quelques cas d'alternances de sonores aspirées et sonores simples, ainsi *dh et *d dans skr. *budhnáḥ* « fond », gr. πυθμήν, avec *dh*, et ags. *botom* « fond », avec *d. — On doit mettre à part une série de cas obscurs où skr. *h* répond à un *g des autres langues :

skr. *ahám*, zd *azəm* « je » : gr. ἐγώ, lat. *ego*, got. *ik*.

skr. *mahā́n* « grand » : arm. *mec*, gr. μέγας, got. *mikils*, lat. *magnus*.

skr. *hánuḥ* « menton » : arm. *cnawt*, gr. γένυς, lat. *genuīnus (dens)*, got. *kinnus*.

skr. *duhitā́*, gâth. *dugədā* (avec *gd* issu de *ght*) : gr. θυγάτηρ.

Une sonore simple alterne parfois avec sourde, notamment *d* avec *t* :

gr. δεκάδ- « dizaine » : skr. *daçát-*, v. sl. *desęt-*.

v. sl. *tvrŭdŭ* « ferme » : lit. *tvirtas*.

Le *p* de la racine signifiant « boire » (cf ci-dessus p. 141) apparaît comme *b* dans la forme à redoublement :

skr. *píbati* « il boit », v. irl. *ibid*, lat. *bibit* (avec assimilation de *p* initial au *b* intérieur).

Ces alternances consonantiques résultent sans doute d'anciens changements phonétiques et de réactions analogiques consécutives ; mais il est impossible de rien préciser à cet égard et il n'y a même pas lieu d'y insister ici, car l'importance en est en somme assez petite.

III. — De la forme des éléments morphologiques

Les règles générales du vocalisme déterminent d'une manière déjà fort étroite la forme des racines et des suffixes indo-européens. De plus chacun de ces éléments présente des particularités qui doivent être signalées.

1. Forme des racines.

Le consonantisme est soumis à deux règles :

α. Une racine ne peut commencer et finir par une occlusive sonore non aspirée : **bheudh-*, **gʷendh-* et **bheid-* sont possibles, ainsi dans gr. πεύθομαι (de *φεύθομαι, cf. skr. *bódhati* « il s'éveille, il observe », got. *biudan*), βαθύς (de **gʷn̥dhús*), φείδομαι; mais **gʷed-* est impossible, et en effet skr. *gádati* « il dit » par exemple n'a pas hors du sanskrit de correspondant certain; le got. *qiþan* « dire » est sans doute parent, mais suppose une racine différente **gʷet-* avec *t* final.

β. Une racine qui commence par une occlusive sonore aspirée ne peut finir par une sourde, ou inversement : **bheudh-* et **bheid-* sont possibles, comme on vient de le voir, mais **bheut-* ou **teubh-* n'existent pas. En revanche, une racine qui commence par *s* plus consonne sourde peut finir par une sonore aspirée, ainsi : skr. *stighnute* « il monte », v. sl. *stignq* « j'irai », gr. στείχω, v. irl. *tiagaim* « je vais ».

Une règle beaucoup plus essentielle, est celle-ci : aucune racine monosyllabique ne se termine par la voyelle proprement dite *e*, *o*, zéro : une racine peut avoir la forme **ei-*, **ten-*, **pekʷ-*, etc., mais non la forme **e-*, **te-*, **pe-*, etc. Si, comme on le fait souvent, on tient pour une partie de certaines racines le *e* des formes dites thématiques telles que skr. *váh-a-ti* « il conduit en char », pluriel *váh-a-nti*, v. sl. *vez-e-tŭ*, pluriel *vezatŭ* (c'est-à-dire **vez-o-ntŭ*), lat. *ueh-i-t*, *ueh-u-nt* (cf. gr. φέρ-ε-τε, φέρ-ο-μεν pour la flexion), la règle subsiste, car il reste vrai qu'aucune racine n'a la forme **e-*, **te-*, **k^we-*, etc. : on ajoutera simplement qu'il y a des racines dissyllabiques terminées par *e*, *o*, zéro. Du reste on doit faire ici abstraction totale de cette hypothèse ; car, quelle qu'ait été la nature de la voyelle thématique en pré-indo-européen, cette voyelle joue dans la morphologie indo-européenne le rôle d'un élément de formation et apparaît dans des racines où elle n'est sûrement pas radicale, ainsi dans la racine **$g_1$enə-*, **g_1nē-* : skr. *jánate* « il engendre », gr. ἐγένετο ; gr. γίγνεται, lat. *gignit* ; gr. γόνος, skr. *jánah* ; etc. Le cas des racines en **ē* : **ə*, **ā* : **ə*, **ō* : **ə*, comme τίθημι, τίθεμεν ; ἵστημι (dor. ἵσταμι), ἵσταμεν ; δίδωμι, δίδομεν est tout différent, on l'a vu p. 128.

Le nombre des types possibles de racines monosyllabiques est dès lors assez réduit :

1° Consonne (ou sonante) plus *e* (*e* étant le symbole de l'alternance *e*, *o*, zéro) plus consonne (ou sonante) : **tep-* : lat. *tepor*, skr. *táp-aḥ* « chaleur » ; **ten-* : gr. τέν-ων, lat. *ten-ēre* ; **legh-* : v. sl. *lež-ati* « être couché », got. *lig-an* « être couché », gr. λέχ-ος.

2° Consonne (ou sonante) plus *e* plus sonante plus consonne : gr. τέρπ-ω, skr. *tarp-áyati* « il rassasie, il satisfait ».

3° Consonne (ou sonante) plus sonante plus *e* plus consonne (ou sonante) : gr. τρέπ-ω, lat. *trep-it* « uertit » ; skr. *tráy-aḥ* « trois », gr. τρεῖς (de *τρέy-ες).

4° Consonne (ou sonante) plus sonante plus *e* plus sonante plus consonne : skr. *tveṣ-áḥ* « agité, violent » (de **twois-ós*), gr. σείω.

Chacune des consonnes peut être remplacée dans ces

formules par *s plus occlusive ou occlusive plus s (ou la fricative indiquée ci-dessus p. 67) :

skr. *tákṣ-ā* « charpentier », gr. *τέκτ-ων*.

got. *-skiub-an* « déplacer », v. sl. *skub-ą* « j'arrache », lit. *skub-rùs* « rapide ».

Dans chacun des types, la consonne initiale peut manquer, ainsi :

**es-* : skr. *ás-ti* « il est », gr. *ἔσ-τι*, lat. *es-t* (cf. type 1).

**eus-* : skr. *óṣ-ati* « il brûle », gr. *εὕ-ω*, lat. *ūr-ō* (cf. type 2).

Dans tous les cas, les longues **ā*, **ē*, **ō* en alternance avec **ə* peuvent être substituées à *e* plus sonante, suivant le principe général posé p. 129.

En tant qu'elle s'oppose au suffixe et à la désinence, la racine forme une unité, mais, considérée en elle-même, elle se laisse souvent analyser.

Ainsi gr. *Ϝέλπ-ω*, *Ϝέ-Ϝολπ-α*, *Ϝελπ-ίς* supposent une racine **welp-* ; mais le rapprochement de lit. *vil-iù* « j'espère », *vil-tis* « espérance » permet d'isoler un élément **wel-* « espérer » et, d'une manière plus générale, « désirer » : lat. *uelle*, got. *wiljan*, v. sl. *velěti* « ordonner », etc. ; dans la racine **wel-p-*, on distinguera donc une racine plus simple **wel-* et un élargissement **-p-* ; la même racine simple apparaît avec un autre élargissement **-d-* dans gr. *Ϝέλδ-ομαι*, hom. *ἐ(Ϝ)έλδ-ωρ*.

La valeur significative de l'élargissement ne se laisse pas toujours déterminer ; mais certains élargissements se rencontrent dans des séries de verbes de sens voisins, ainsi *t* dans :

1° lat. *plec-t-ō, (am-)plec-t-or*, v. h. a. *fleh-t-an* « tresser » ; cf. gr. *πλέκ-ω*, lat. *(du-)plex* ;

2° got. *fal-þ-an* « plier », gr. (δι-)παλ-τ-ός, (δι-)πλάσιος ; cf. *pel- dans lat. *(du-)pl-us*, gr. (δι-)πλ-ός ;

3° lat. *pec-t-ō, pec-t-en* ; gr. πέκ-τ-ω ; cf. gr. πόκος, arm. *asr* « toison » (de *p°k₁ur ?) ;

4° lat. *nec-t-ō* ;

5° got. *(ga-)wi-d-a* (avec parfait *(ga-)wa-þ*), v. h. a. *wi-t-u* « je lie ».

Dans les exemples 1, 3 et 4, le groupe final *kt* suffit à révéler la présence d'un élargissement ; car une racine ne se termine pas par deux occlusives, non plus que par deux sonantes.

Puisque l'élargissement est un élément morphologique, il doit rentrer dans les règles générales du vocalisme et présenter la voyelle alternante *e, o,* zéro. Et en effet, si l'on compare les racines *plek- et *pelt- et qu'on isole la partie commune *pel-, *pl-, on voit que *plek- renferme un élargissement *-ek-, avec alternances : gr. πλέκ-ω, πλοκ-ή, ombr. (tu-)plak « double » (de *pl°k-). Le *-t- des exemples cités ci-dessus est donc au degré zéro.

L'élargissement peut donc avoir *e* aussi bien que la racine ; en face de got. *falþ-an*, le slave a *pletą* « je tresse » qui pourrait sortir de *plektą, mais qui représente plutôt *pletą, c'est-à-dire que l'on trouve à la fois *pelt- et *plet-. Toutefois, en principe, de même que l'on n'a pas $*g_1en\bar{e}$-, mais $*g_1en\partial$- ou $*g_1n\bar{e}$-, on n'a pas *pelet-, mais seulement *pelt- ou *plet- : sous la forme où elle se présente actuellement, la racine n'a qu'un seul *e*. C'est ce que montre bien la série des élargissements de *ter- « trembler » (attesté par skr. *taraláḥ* « agité, tremblant ») :

*trep- : skr. *tṛpráḥ* « agité », lat. *trepidus*, v. sl. *trepetŭ* « tremblement ».

*ters- : gr. ἔτερσεν· ἐφόβησεν chez Hesychius, lat. *terreō*.

**tres-* : skr. *trásati* « il tremble », gr. τρέω, hom. τρήρων « pigeon » (de *τρασρων).

**trek₁-* : gr. (ἀ-)τρεκής, zd *tarəsaiti* « il tremble », lit. *triszù* « je tremble ».

**trem-* : gr. τρέμω, τρόμος, lat. *tremō*, lit. *trimù* « je tremble ».

**trems-* (ou **trens-* ?) : v. sl. *tręsą* « je tremble ».

De même, à côté de **prek₁-* attesté par lat. *precēs, procus*, got. *fraihnan* « demander », v. h. a. *fragēn*, v. sl. *prositi* (même sens), on trouve lit. *perszù* « je demande », v. h. a. *fergōn* « prier », ombr. *persclu* « precatione », qui semblent supposer **perk₁-*, mais nulle part on ne rencontre **perek₁-*.

Les racines indiquant des bruits et ayant par elles-mêmes une valeur expressive se présentent avec les élargissements les plus variés, ainsi **kr-* de lat. *cornos, cornix*, gr. κόραξ, κορώνη, skr. *kāravaḥ* « corneille » (mot de lexiques), etc., dans :

v. sl. *krakati* « crier », lat. *crōciō*, v. isl. *hrókr* « corneille » et gr. κράζω, κέκρᾱγα, κρώζω ;

v. sl. *kričati* « crier », gr. κρίκε — et gr. κρίζω, κεκρῑγότες ; v. isl. *hrika* « craquer » ;

skr. *krọ́çati* « il crie », lit. *kraukiù* « je croasse », v. sl. *krukŭ* « corbeau », et gr. κραυγή, got. *hrukjan* « croasser ».

lit. *krankiù* « je croasse » ;

lat. *crepō* ;

et de même le synonyme **kl-* dans gr. κλώζω, v. sl. *klikną ti* « crier », etc.

La racine indo-européenne n'est donc pas un élément irréductible et fixe ; mais il est impossible de donner une théorie complète de toutes ses variations ; il suffira de dire qu'on rencontre tous les cas intermédiaires compris entre les deux types extrêmes suivants :

a. Élargissement d'une racine connue et bien définie au

moyen d'une sorte de suffixe, ainsi élargissement par *-*s*- de **k₁leu*- « entendre » dans skr. *çru-ṣ-ṭiḥ* « obéissance », zd *srao-š-ō* « obéissance », v. sl. *slu-ch-ŭ* « audition », *sly-š-ati* « entendre »; v. h. a. *hlo-s-ēn* « écouter », v. sax. *hlu-s-t* « ouïe », gall. *clu-s-t* « oreille ». Ces élargissements rappellent immédiatement les suffixes; dans ce cas particulier on rapprochera skr. *çráv-as-*, gr. κλέϜ-εσ- « gloire » et zd *srav-ah-*, v. sl. *slov-es-* « parole ».

β. Simple communauté d'initiale dans des mots de sens voisins; ainsi **st-*, **t-* dans toute une grande série de mots signifiant « appuyer sur, heurter » :

lat. *tundō* et *studeō*, got. *stautan* « heurter », skr. *tudáti* « il heurte », v. sl. *studŭ* « honte », *stydēti sę* « avoir honte » ;

gr. τύπτω, et στυπάζει glosé par βροντᾷ, ψοφεῖ, ὠθεῖ; lat. *stupēre*, *stuprum* ;

skr. *tuñjáti* « il heurte », v. h. a. *stoc* « bâton », lit. *tùzgiu* « je claque », gr. ἀτύζω;

gr. στείβω, arm. *stipem* « je presse » ;

gr. στέμβω, v. h. a. *stampfōn* « frapper » (la terre du pied);

got. *stiggan* « heurter », lit. *stèngtis* « résister » ;

et d'autres encore.

Ces divers élargissements sont une des principales causes d'inexactitude en matière d'étymologie, car il est également impossible et de les négliger et d'en faire une théorie précise et complète. On rencontre en sémitique une difficulté de même ordre, car il n'y manque pas de racines évidemment apparentées les unes aux autres, mais dont on ne réussit pas à définir les rapports par un principe de formation rigoureux.

REDOUBLEMENT. — La seule modification des racines qui ait dans la morphologie indo-européenne un emploi régulier est le *redoublement*.

Le redoublement indo-européen ne consiste pas dans la

reproduction pure et simple d'un mot ou d'une racine : de même qu'il a un rôle défini, il a des formes strictement définies, au nombre de deux, le redoublement intensif et le redoublement normal.

α. *Le redoublement intensif.* — Le redoublement le plus complet et celui qui a le sens le plus fort est celui qui caractérise les verbes dits intensifs et qui se rencontre aussi dans quelques noms. Il comprend : 1° la consonne ou sonante initiale de la racine ; 2° une voyelle ; 3° la sonante qui suit la voyelle de la racine là où il en existe une. La consonne finale n'est pas répétée : une racine **ter-* et une racine **terp-* seront donc redoublées de la même manière, **tor-tor-*, **tor-torp-*. Ce type n'est très largement représenté qu'en sanskrit, mais les autres langues en ont des traces. Les exemples indo-iraniens sont clairs :

skr. *jó-huv-ānaḥ* « appelant », zd *zao-zao-mi* « j'appelle » ;
skr. *vár-var(t)-ti* « il tourne », 3ᵉ plur. *vár-vṛt-ati* ;
skr. *dé-diṣ-ṭe* « il montre », zd *daē-dōiš-t* « il a montré ».

Quand la racine se termine par une consonne non précédée de sonante, le groupe voyelle plus sonante est remplacé en sanskrit par une longue dans le redoublement, ainsi skr. *rā-rap-īti, lā-lap-īti* « il fait du bruit », et ce même procédé se rencontre isolément dans des racines terminées par sonante, ainsi skr. *jā-gár-ti* « il veille », et aussi gr. κω-κύ-ω.

Le timbre de la voyelle du redoublement est difficile à déterminer ; le grec a ο dans πορφύρω, μορμύρω, cf. κωκύω, etc., et α dans παμφαίνω, γαργαίρω, etc. ; l'*o* slave de v. sl. *gla-gol-ją* (sl. commun **golgolją*) « je parle » ou de russe *toro-tór-it'* = tch. *trá-tor-iti* « bavarder » (sl. commun **tortoriti*) peut représenter **o* ou **a* ; la voyelle du redoublement tend donc à reproduire celle de la racine.

β. *Le redoublement normal.* — Le redoublement ordinaire se compose de la consonne (ou sonante) initiale de la racine suivie d'un élément vocalique (voyelle proprement dite ou sonante voyelle).

L'élément vocalique est d'ordinaire *i ou *e :

i, notamment dans des présents comme :

skr. *pí-par-mi* « j'emplis », gr. πί-πλη-μι ;

gr. γί-γνομαι, lat. *gi-gnō* ;

gr. ἴ-σχω (de **si-zghō*) ;

gr. μί-μνω ;

e :

au parfait :

gr. μέ-μονα, lat. *me-minī*, skr. *ma-mnáte* (3e pers. duel moyen) « ils ont pensé » ;

lat. *ce-cinī*, v. irl. *ce-chan* « j'ai chanté » ;

got. *hai-hald* (avec *ai* valant *e* bref) « j'ai tenu » ;

skr. *ja-ghána* « j'ai frappé », moyen *ja-ghné*, gr. πέ-φαται, v. irl. *(ro)ge-gon* « j'ai tué » ;

au présent (servant aussi de prétérit) :

skr. *dá-dhāmi* « je pose », lit. *de-dù*, v. sl. *de-zdą*, et, avec valeur de prétérit, v. sax. *de-da* « j'ai fait » ; le grec est seul à présenter *i* pour ce verbe : τί-θημι.

Il y a d'ailleurs très souvent hésitation entre *e* et *i* ; le védique a *si-ṣakti* « il suit » au singulier et *sá-çcati* « ils suivent » au pluriel, et cette dernière forme rappelle l'aoriste grec ἑ-σπέσθαι « suivre ». La répartition de *e et *i dans les formes à redoublement n'est pas connue.

De plus, là même où *e et *i sont de règle par ailleurs, les racines qui comprennent les sonantes *i* et *u* sont sujettes à présenter *i* et *u* dans le redoublement en indo-iranien et en latin : le grec a ε dans les parfaits λέλοιπα, πέπυσται, mais le sanskrit a *i* dans *ri-réca* « il a laissé » et dans *bu-bódha* « il a observé » ; le latin a *tu-tudī* en regard de skr. *tu-tudé* « j'ai heurté », mais il a aussi *pe-pugerō* à côté de *pu-pugerō* ; l'indo-iranien même, où le redoublement par *i* et *u* des racines à sonantes *i* et *u* est de règle, présente skr. *ba-bhūva*, zd *ba-vāva* « il est devenu ».

Enfin, en sanskrit, les racines commençant par *v* ou *y* suivi de *ă* ont souvent pour redoublement normal seulement la forme vocalique de la sonante : *u*, *i* ; ainsi skr. *u-vāca* « il a dit », plur. *ūcúḥ* (de **u-ucuḥ*) à côté de véd. *va-vāca* « il a dit » ; skr. *i-yāja* « il a sacrifié », moyen *ījé* (de **i-ijai*) à côté de véd. *yeje* (**ya-ijai*). Cette particularité ne peut guère être tenue pour une innovation indienne.

Dans tous les types de redoublement, quand la racine a une initiale complexe, cette initiale tend à se simplifier.

Si la racine commence par consonne plus sonante, la consonne seule figure dans le redoublement :

skr. *sáni-ṣyadat* « courant », participe intensif de *syándate* (à redoublement dissyllabique) ;

skr. *çu-çrāva* « il a entendu », gr. κέ-κλυθι « écoute » ;

got. *fai-frais* « il a essayé » ;

lat. *po-poscī* (de la racine **prek₁*- de *prec-or*, etc.) ;

skr. *si-ṣmiye* « il a souri ».

Si la racine commence par une sifflante suivie d'occlusive, le gotique et le latin redoublent au parfait le groupe tout entier :

got. *skai skaiþ* « il a séparé », lat. *sci-cidī* (avec manque de *s* intérieur, comme dans *steti*). Le sanskrit ne redouble que l'occlusive, l'irlandais et le grec que la sifflante :

skr. *ti-ṣṭhāmi* « je me tiens », mais gr. ἵ-στημι, d'accord avec zd *hi-štāmi*, lat *si-stō*, v. h. a. *se stôm* v. irl. *se-ssam* « fait de se tenir » :

skr. *ta-sthimá* « nous nous sommes tenus », mais gr. ἕ-σταμεν ; le latin a *ste ti*, d'après ce qui vient d'être dit ;

skr. *ca-skánda* « il a sauté », mais v. irl. *se-scaind*.

Dans les racines commençant par une voyelle, le redoublement intensif conserve sa clarté, ainsi gr. ἀρ-αρίσκω « j'ajuste », arm. *ar-ari* « j'ai fait », ou hom. ἄλ-αλκε « il a écarté » ; le redoublement normal à *i* ou *e* se réduit à son élément vocalique ; ainsi *i* dans skr. *iy-arti* « il met en mouvement », en regard du présent intensif *ál-arti* « il se met en mouvement », et *e*, qui se contracte avec la voyelle initiale du mot, dans le parfait skr. *āsa* « il a été », gr. ἦε « il était », ou dans skr. *āja* « j'ai conduit », got. *ok*. Le type ἔδ-ωδα, ὄπ-ωπα avec répétition d'une occlusive terminant la racine est purement hellénique.

Tout n'est pas clair dans le détail de la formation du redoublement, mais on en sait assez pour pouvoir affirmer que le redoublement indo-européen n'est qu'accidentellement la répétition pure et simple de la racine. C'est un procédé grammatical employé soit pour renforcer le sens, soit pour marquer la répétition ou la durée de l'action, soit enfin pour en indiquer l'achèvement complet.

2. Suffixes.

Chaque suffixe s'ajoute à une racine ou à un thème dont le vocalisme est déterminé par la règle de formation du type, ainsi le suffixe des noms d'agents **-ter-* se joint à la racine au degré *e* : skr. *jani-tā* « celui qui engendre », gr. γενέτωρ, γενε-τήρ, lat. *geni-tor* ; au contraire le suffixe **-to-* de skr. *jā-táḥ* « né », lat. *nā-tus* s'ajoute à la racine au degré zéro. Mais le thème étant une fois posé, le seul élément dont le vocalisme ait des alternances significatives pour la flexion est l'élément prédésinentiel, c'est-à-dire celui qui précède immédiatement la désinence ; il n'importe d'ailleurs nullement que cet élément soit un suffixe comme dans le cas de γενέτωρ, ou la racine comme dans πούς ; là où il y a un suffixe, l'élément présuffixal est posé pour toute la flexion nominale ou verbale. Ainsi le sanskrit a : nominatif singulier *jani-tá*, acc. *jani-tár-am*, locat. *jani-tár-i*, dat. *jani-tr-é* ; le grec a : nom. γενέ-τωρ, acc. γενέ-τορα, avec variation de la prédésinentielle et fixité de la présuffixale ; de même il y a alternance *ĕ*, *ē*, zéro devant les désinences zéro, -α, -ος dans πατήρ, πατέρ-α, πατρ-ός, mais πα- reste constant. — Les noms anomaux qui, comme skr. *dấr-u* « bois », génit. *dr-ú-ṇ-aḥ*, ont une variation du vocalisme de la présuffixale présentent aussi des variations de suffixes, en l'espèce addition d'un suffixe *-*en*- (au degré zéro), et par suite ne contredisent pas le principe général.

Les thèmes nominaux ou verbaux sont dits thématiques ou athématiques suivant qu'ils se terminent par la voyelle *e* alternant avec *o*, ou par une consonne ou sonante quelconque ; les thèmes terminés par une voyelle longue *ā, *ē, *ō occupent une situation à part. Donc φερε-, φερο- de gr. φέρε-τε, φέρο-μεν est thématique, au contraire φερ- de hom. φέρ-τε est athématique ; φόρο-ς est thématique, mais φώρ est athématique. On notera qu'il y a de nombreuses alternances des types thématiques et athématiques, et la tendance des diverses langues indo-européennes est de substituer des formes thématiques à de plus anciennes formes athématiques ; ainsi, malgré sa vaste extension, la forme thématique de skr. *bhára-ti* « il porte », gr. φέρει, v. sl. *bere-tŭ*, got. *bairi-þ*, irl. *beri-d*, arm. *berē* (de *bere-y*) est suspecte d'être une altération de la forme athématique attestée par véd. *bhar-ti* « il porte », lat. *fer-t* et hom. φέρ-τε.

La distinction des types thématique et athématique est essentielle à plusieurs égards :

α. Dans les formes athématiques, le ton se transporte à des places différentes au cours de la flexion ; ainsi il est sur la racine dans skr. *é-mi* « je vais » et sur la désinence dans skr. *i-máḥ* « nous allons » ; dans les formes thématiques le ton a une place invariable et n'est jamais sur la désinence, à moins que celle-ci ne soit contractée avec la voyelle thématique : skr. *bhárāmi* « je porte », *bhárāmaḥ* « nous portons », ou *tudā́mi* « je heurte », *tudā́maḥ* « nous heurtons ».

β. Dans les formes athématiques, la désinence reste presque toujours bien isolée du thème ; dans les formes thématiques il y a souvent des contractions, ainsi le datif singulier de l'athématique skr. *pitár-* « père » est *pitr-é*, mais le datif du nom thématique indo-iranien **wr̥ka-* « loup » est en zend *vəhrkāi*, cf. lit. *vilkui*, gr. λύκῳ, où il est impossible de faire le départ entre le thème et la désinence.

γ. Les formes athématiques ont des désinences en partie distinctes des thématiques ; ainsi en regard de la désinence **-mi* de la 1re personne sing. active de l'athématique **es-* : skr. *ásmi*, v. sl. *jesmĭ*, gr. εἰμι, le verbe thématique a un **-ō* final : gâth. *barā* « je porte », gr. φέρω, lat. *ferō*, got. *baira*, etc.

Les suffixes sont dits primaires ou secondaires suivant qu'ils s'ajoutent à la racine ou à un thème employé dans la langue : le suffixe **-es-* du thème skr. *çráv-as-* « gloire » = gr. κλέ(ϝ)-εσ- est primaire parce qu'il s'ajoute à la racine **k̑leu-*, au contraire le suffixe i.-e. **-yo-* de skr. *çravas-(i)ya-* « digne de gloire » est secondaire parce qu'il s'ajoute au thème **k̑lewes-*. Il est naturellement inessentiel que ce thème soit composé d'une racine et d'un ou plusieurs suffixes, comme dans l'exemple cité, ou qu'il soit une simple racine : skr. *pád-ya-* « pédestre » et gr. πεζό-(*πεδ-yό-) ont un suffixe secondaire **-yo-* ajouté au thème **ped-*, **pod-* de skr. *pā́t*, gr. πούς, lat. *pēs*. Il est donc souvent impossible de faire le départ entre les thèmes primaires, rattachés immédiatement à la racine, et les thèmes secondaires, tirés d'autres thèmes existant dans la langue. Car pour qu'un thème secondaire dérivé d'un thème à suffixe zéro, comme skr. *pádyaḥ*, gr. πεζός, puisse passer pour primaire, il suffit que le nom dont il est tiré sorte de l'usage.

3. Désinences.

Comme les alternances vocaliques caractérisent, les unes l'élément prédésinentiel, les autres l'élément présuffixal, elles n'ont aucun rôle à jouer dans les désinences, et en effet elles y sont rares et dépourvues de signification saisissable ; pourtant le génitif singulier fournit un bon exemple d'alternances : **-es* (lat. *-is*, v. lit. *-es*, v. sl. *-e*), **-os* (gr. -ος, v. lat. *-us*), *-s* (lit. *-s*, skr. *-ḥ* got. *-s* dans le type lit. *sūnaũs*, skr. *sūnóḥ*, got. *sunaus* « du fils », etc.). — Des oppositions comme celle des désinences de 3ᵉ pers. sing. :

active primaire **-ti* : skr. *-ti*, gr. -τι, v. russe *-tĭ*, v. lit. *-ti*.
active secondaire **-t* : skr. *-t*, gr. zéro, v. sl. zéro.
moyenne primaire **-tai* : skr. *-te*, gr. -ται, got. *-da*.
moyenne secondaire **-to* : skr. *-ta*, gr. -το, lat. *-tu-(r)*
ne rentrent en aucune manière dans les formules générales du vocalisme indo-européen.

D'ailleurs les désinences admettent les formes les plus variées ; elles peuvent comporter la présence d'une voyelle, comme la désinence du nominatif pluriel **-es* (skr. *-aḥ*, gr. -ες, v. lit. *-es*), ou même se composer simplement d'une voyelle, comme la désinence de 3ᵉ pers. sing. act. du parfait : gr. -ε = skr. *-a* ; mais il peut également n'y avoir pas de voyelle proprement dite, comme dans la désinence du nominatif singulier skr. *-ḥ*, gr. -ς, lat. *-s*, lit. *-s*, ou dans celle du locatif singulier skr. *-i*, gr. -ι. La désinence peut même s'étendre sur deux syllabes, comme celle de 3e plur. act. *-*enti* (skr. *s-ánti* « ils sont », dor. ἐντι de *'-εντι, got. *s-ind*).

La liberté de forme des désinences présente avec la rigueur des règles relatives aux racines un contraste frappant.

Remarques générales sur les éléments morphologiques.

1° Les trois éléments : racine, suffixe et désinence, sont nettement distincts les uns des autres ; deux d'entre eux ont dans chaque forme grammaticale un vocalisme défini et l'un des trois reçoit — ou du moins peut recevoir à l'occasion — le ton dont la place a toujours une valeur sémantique : toutes ces particularités caractéristiques se conçoivent aisément dans une langue qui n'avait pas d'accent d'intensité, ou du moins où l'intensité ne jouait qu'un rôle accessoire, et dont le rythme était quantitatif et la prononciation très unie ; elles seraient impossibles dans un idiome où chaque mot aurait un fort accent d'intensité qui mettrait en évidence l'une des syllabes et lui subordonnerait les autres. Il y a donc accord parfait entre la description phonétique donnée ci-dessus p. 115 et la structure morphologique de l'indo-européen.

2° Alors que la racine sémitique a normalement trois voyelles à alternances, la racine indo-européenne n'en a qu'une, car, dans les racines dissyllabiques, l'une des deux voyelles est au degré zéro. La racine et les alternances de son vocalisme jouent donc dans le mot indo-européen un rôle bien moindre que dans le mot sémitique ; la préfixation obscurcirait par suite beaucoup la racine indo-européenne tandis qu'elle ne saurait empêcher un seul instant le sujet parlant de percevoir la racine sémitique ; l'emploi de la préfixation en sémitique et l'absence de ce procédé en indo-européen s'expliquent donc bien. D'autre part l'indo-européen, ayant moins de ressources d'expression dans sa racine que le sémitique, recourt dans une beaucoup plus large mesure aux suffixes et aux désinences.

On ne remarquera jamais assez à quel point tout se tient dans la structure d'une langue.

IV. — Des diverses espèces de mots.

L'indo-européen a deux flexions absolument distinctes : celle des *noms* et celle des *verbes*.

Cette distinction a persisté dans la plupart des langues indo-européennes modernes et par suite n'attire pas l'attention autant qu'elle le mérite : un Français ne saurait songer à mettre dans une même catégorie *j'aime* et *amour* ou *aimable*. Mais, si l'on jette un coup d'œil sur les autres familles de langues, on s'aperçoit vite que nulle part, pas même en sémitique, la distinction n'est aussi nette qu'elle l'est en indo-européen.

Le détail des différences entre les flexions nominale et verbale ressortira de l'exposé de chacune. Les faits généraux sont les suivants :

La flexion nominale et la flexion verbale expriment toutes deux le *nombre* et toutes deux ont les trois nombres : *singulier, pluriel* et *duel*. L'emploi du singulier et celui du pluriel n'appellent pas d'observations. Quant au duel, à en juger par l'indo-iranien, le vieux slave et le vieil attique, il était de rigueur absolue toutes les fois qu'il s'agissait notoirement de deux personnes ou de deux choses : sans doute skr. *vṛ́kau*, v. sl. *vlĭka*, v. att. λύκω ne signifient pas à eux seuls « deux loups » ; car le duel n'exprime pas le nombre par lui-même, et l'on ne peut employer ces formes sans les faire précéder du nom de nombre « deux » que si les interlocuteurs savent déjà qu'il s'agit de « deux loups » ; mais dans ce cas, et naturellement aussi là où le nom de nombre « deux » est exprimé, on ne rencontre pas d'autres formes que celles du duel; par suite les organes pairs sont nommés au duel, ainsi « les yeux » : skr. *ákṣī*, v. sl. *oči*, hom. ὄσσε, v. att. ὀφθαλμώ.

La flexion verbale indique les personnes, celle qui parle, celle à qui l'on parle et celle dont on parle : lat. *dīcō, dīcis, dīcit*.

La flexion nominale indique le cas, c'est-à-dire que les noms ont des formes différentes suivant le rôle qu'ils jouent dans la phrase : il y a une forme pour le sujet : le *nominatif*; une pour le complément direct : l'*accusatif*; une pour le complément d'un nom : le *génitif*; une pour le complément indiquant le lieu ou le temps où une chose se fait : le *locatif*, ou le lieu d'où elle vient : l'*ablatif*; le *datif* indique à qui ou à quoi l'action est destinée, et l'*instrumental* avec qui ou avec quoi elle est accomplie ; le *vocatif* désigne la personne qui est interpellée. Il y a ainsi huit cas.

Les *verbes* sont donc les mots dont la flexion indique la *personne*, les *noms* les mots dont la flexion indique le *cas*. L'emploi de ces deux espèces de mots ne pourra être examiné qu'au chapitre de la phrase.

Certaines formes nominales appartiennent à des thèmes verbaux : ce sont les *participes* ; elles présentent le sens propre de ces thèmes, mais rentrent dans la définition générale des noms et seront étudiées ici avec les autres noms. Les participes ne sauraient d'ailleurs tenir dans la phrase le rôle d'un verbe à forme personnelle : la séparation d'avec le verbe est donc justifiée même au point de vue de la structure générale de la phrase.

Outre les cas, les noms ont aussi des distinctions de genres.

Le *neutre* est caractérisé par la flexion, c'est-à-dire par certaines désinences, par un certain vocalisme de la prédésinentielle (et sans doute aussi autrefois par une certaine place du ton) ; ainsi lat. *aliu-d* se distingue de *aliu-s* par la désinence, gr. ἧδιον se distingue de ἡδίων par le vocalisme de la prédésinentielle, etc. Le sens propre du neutre se voit dans les démonstratifs comme lat. *id* « ceci », ou les adjectifs pris substantivement, comme lat. *aliud* « autre chose » : le neutre sert pour les choses et ne désigne des personnes qu'autant qu'elles ne sont pas envisagées comme personnes, ainsi lat. *mancipium* « esclave » ; il est aussi employé dans les diminutifs, ainsi gr. ἀνδρίον, diminutif de ἀνήρ, got. *gaitein* « chevreau », diminutif de *gaits* « bouc », v. pruss. *wosistian* « chevreau », à côté de *wosee* « chèvre ». Le neutre n'a d'ailleurs de marque propre qu'à trois cas, le nominatif, le vocatif et l'accusatif, et, pour chacun des trois nombres, ces trois cas n'ont qu'une seule forme.

La distinction du *masculin* et du *féminin* n'est pas exprimée par la flexion et par suite n'est pas homogène avec celle du neutre : beaucoup de types de noms admettent indifféremment les deux genres masculin et féminin ; ainsi les mots πατήρ et μήτηρ n'ont rien dans leur forme qui fasse reconnaître dans l'un un masculin, dans l'autre un féminin : πατήρ est reconnu pour masculin à ce qu'il est précédé de ὁ, μήτηρ pour féminin à ce qu'il est précédé de ἡ ; dans certains mots, pour la plupart adjectifs, le féminin est caractérisé par un suffixe, ainsi au thème masculin skr. *sána-* « ancien », lit. *sena-*, gr. ἑνο- s'oppose un thème féminin skr. *sánā-*, lit. *seno*, gr. ἑνᾱ- : un substantif masculin est celui qui demande la forme masculine du thème de l'adjectif qui s'y rapporte, un substantif féminin celui qui demande la forme féminine du thème de l'adjectif. La distinction du masculin et du féminin appartient donc d'une part à la théorie de la formation des thèmes nominaux, de l'autre à la syntaxe, tandis que le neutre relève avant tout de la déclinaison.

Un trait tout à fait caractéristique de l'indo-européen est que les diverses catégories grammaticales n'ont pas chacune une expression propre ; par exemple, il n'y a pas une marque du pluriel, à laquelle s'ajouterait la marque du cas (et du genre) pour les noms, de la personne et des autres catégories pour les verbes : ainsi -ος de gr. ποδ-ός indique à la fois le génitif et le singulier, -ων de gr. ποδ-ῶν à la fois le génitif et le pluriel ; *-i* dans skr. *pád-i* « dans le pied » est la marque du locatif et du singulier, *-su* dans skr. *pat-sú* « dans les pieds » la marque à la fois du locatif et du pluriel, etc. De même pour les verbes, -τι de dor. τίθη-τι (= ion.-att. -σι de att. τίθησι) indique à la fois qu'il s'agit d'un singulier, d'une 3e personne, d'un actif (non d'un moyen) et d'un présent (non d'un imparfait). La valeur d'une forme fléchie indo-européenne est donc complexe et ce n'est que par abstraction qu'on peut l'analyser ; il n'y a ni marque générale du singulier, du pluriel ou du duel, ni marque générale du nominatif, de l'accusatif, etc., mais seulement une marque du nominatif singulier masculin-féminin, du nominatif-accusatif-vocatif singulier neutre, du génitif pluriel, etc.

En dehors des verbes et des noms, qui forment les deux grandes classes de mots fléchis, l'indo-européen a un assez grand nombre de mots non fléchis, dont beaucoup se dénoncent immédiatement comme des formes fixées et isolées de mots anciennement fléchis :

1° Des *adverbes*, indiquant diverses circonstances de lieu, de temps, etc.

dor. πέρυτι, ion. att. πέρυσι, arm. *heru*, m. h. a. *vert*, v. irl. *(onn-)urid* « ab anno priore » ; skr. *parut* « l'an dernier » (locatif à désinence *-i* dans les premières langues, à désinence zéro en sanskrit, d'un composé **per-ut-* « l'autre année », cf. skr. *páraḥ* « éloigné, de là-bas » et gr. Fέτος « année »).

skr. *ánti* « en face, devant », gr. ἀντί, lat. *ante*, locatif d'un thème **ant-* dont le gr. ἄντα présente encore l'accusatif.

skr. *kúha* (d'un plus ancien **kúdha*), gâth. *kudā*, v. sl. *kŭde* « où? » — lit. *kur̃*, arm. *ur* « où? ».

Les adverbes de cette sorte sont nombreux dans chaque langue, mais fort peu se retrouvent identiques dans plusieurs et peuvent être attribués à l'indo-européen.

2° Les *prépositions* et *préverbes*, comme :

skr. *prá*, v. sl. *pro*, lit. *pra-*, got. *fra*, v. irl. *ro*, lat. *prō-*, gr. πρό.

Au cours du développement des langues indo-européennes, ces éléments ont tendance à se grouper soit avec le nom, ainsi gr. πρὸ δόμων ou Ἰλιόθι πρό, et on les appelle alors *prépositions*, ou avec les verbes, ainsi gr. προφέρω, et on les appelle alors *préverbes*; mais, en indo-européen, le préverbe était un mot distinct et pouvait n'être pas rapproché soit d'un nom, soit d'un verbe; les anciens dialectes indo-iraniens, la langue homérique, le baltique, le celtique, le germanique et aussi le latin ont conservé de nombreux restes de cette indépendance, ainsi πρὸ δέ μ' ἧκε θεά chez Homère, A 208, ou *sub vos placo* en latin, à côté de *supplico vos*. Les trois places possibles de πρός : isolé, devant nom, devant verbe, se voient dans ces vers d'Homère :

E 632 τὸν καὶ Τληπόλεμος πρότερος πρὸς μῦθον ἔ(F)ειπεν
« à celui-ci Tlepolemos le premier dit »

E 274 ὣς οἱ μὲν τοιαῦτα πρὸς ἀλλήλους ἀγόρευον
« ainsi ils disaient les uns aux autres »

E 276 τὸν πρότερος προσέ(F)ειπε Λυκάονος ἀγλαὸς υἱός.
« à celui-ci le brillant fils de Lycaon dit le premier »

Par un développement qui s'est produit de manière parallèle et isolément dans toutes les langues indo-européennes ces mots d'abord indépendants ont été rattachés soit à un nom, soit à un verbe ; le type de construction du vers E 632 a ainsi été éliminé tandis que les deux autres subsistaient.

Les prépositions et préverbes, comme les adverbes, semblent être des formes fixées de noms plus anciennement déclinés.

3° Des *particules* qui servent à la construction de la phrase comme skr. *ca,* gr. τε, lat. *que* « et » ou skr. *ná,* v. sl. *ne,* lat. *ne(que)* « ne pas ».

Bien que les particules ne soient pas aussi aisément réductibles à des formes fléchies que les adverbes et les préverbes, on ne saurait guère les séparer de la déclinaison et les mots invariables seront étudiés ici à la suite des noms.

D'une manière générale, abstraction faite des subdivisions, l'indo-européen ne distingue que deux grandes classes de mots : les *noms* et les *verbes*.

V. — Le verbe.

A. Généralités.

Si l'on veut se former du système verbal indo-européen une idée exacte, on doit tout d'abord oublier la conjugaison, telle qu'elle apparaît en latin, en germanique, en baltique, en slave, en arménien, en grec moderne, etc. ; seules les formations compliquées de la langue homérique et de la langue védique ou avestique ont conservé les traits essentiels de ce système.

En latin par exemple, un même thème fournit d'une part

le thème du présent *amō, amās* et celui du parfait *amāui* de *amāre* : il y a une conjugaison de *amāre* dont toutes les formes se commandent les unes les autres : étant donné *amat*, on peut dire comment, sauf anomalie, sont faites toutes les autres formes du verbe.

En indo-européen, au contraire, chacun des thèmes verbaux était rigoureusement indépendant de tous les autres. A la racine **leikʷ-* « laisser, rester » se rattachent par exemple :

1° Un thème racine thématique paroxyton, à vocalisme *e* de la racine, indiquant l'action qui dure, **léikʷe-* : gr. λείπειν, λείπω, lit. *lëkù* « je laisse » (avec déplacement de l'accent), got. *leihwa* « je prête ».

2° Un thème racine thématique oxyton, à vocalisme zéro de la racine, indiquant l'action pure et simple, **likʷé-* : gr. λιπεῖν, ἔλιπε = arm. *elikh* « il a laissé », v. h. a. *liwi* « tu as prêté » ; de là, avec le suffixe secondaire **-ye-*, gr. λίσσω, conservé par la glose d'Hesychius : λίσσωμεν· ἐάσωμεν.

3° Un thème à nasale infixée, encore athématique en indo-iranien : skr. *riṇákti* « il laisse », *riñcánti* « ils laissent », thématique dans lat. *linquō* et v. pruss. (*po-*)*līnka* « il reste », remplacé en arménien par un thème à suffixe nasal : *lkhanem* « je laisse » ; le thème à nasale infixée semble indiquer le commencement de l'action.

4° Un thème de causatif à vocalisme radical *o* et suffixe **-éye*, **loikʷ-éye-* : skr. *recáyati* « il fait laisser » ; cf. lit. *laikýti* « tenir », c'est-à-dire « faire rester ».

5° Un parfait athématique à redoublement : gr. λέλοιπα, skr. *riréca* « j'ai laissé ».

6° Un thème oxyton en **-ē-* à vocalisme zéro de la racine, indiquant l'état à un moment donné, **likʷ-ē-* : gr. λιπῆ-ναι « être laissé » ; peut-être lat. *licēre* « être permis » (avec *c* au lieu de *qu*, d'après *licuit* « il a été permis »).

7° Un thème en *-*ye*-, à vocalisme zéro de la racine, indiquant un état qui dure : skr. *ricyáte* « il est laissé ».

8° Un thème d'aoriste sigmatique, *$l\bar{e}ik^{w}s$- : skr. *áraik* « il a laissé », moyen *arikṣi* « j'ai laissé ».

Aucune de ces formes ne suppose l'existence des autres et à côté d'elles il a pu exister toutes sortes d'autres thèmes encore.

Les formes verbales secondaires, tirées de mots existant dans la langue et non pas rattachées directement à des racines, n'ont donc qu'un seul thème ; par exemple le dénominatif skr. *priyā-ya-ti* « il est ami de, il a de l'amitié pour » (cf. v. sl. *prija-je-tŭ*, même sens) n'a que le thème de présent et la conjugaison complète que présente un dénominatif comme gr. τιμάω, aor. ἐτίμησα, parf. τετί-μηκα, etc., est une innovation hellénique. Par suite la formation de thèmes autres que celui du présent dans les verbes dénominatifs résulte de développements indépendants dans les diverses langues et en effet la forme de ces thèmes diffère radicalement d'une langue à l'autre : lat. *amō, amāuī* ; got. *salbo* « j'oins », *salboda* « j'ai oint » ; lit. *pāsakoju* « je raconte », *pāsakojau* « j'ai raconté » ; v. sl. *dělają* « je fais », *dělachŭ* « j'ai fait » ; arm. *yusam* « j'espère », *yusaçi* « j'ai espéré ».

Qu'ils soient primaires ou secondaires, les thèmes verbaux indo-européens n'expriment pas le temps : un thème de présent grec indique l'action qui dure, un thème d'aoriste, l'action pure et simple, un thème de parfait le résultat d'une action faite, accomplie, et, à cet égard, le grec représente en gros l'état de choses indo-européen. Dans la mesure où le temps est exprimé, c'est par la flexion et par l'augment : le thème de λείπω et de ἔλειπον est le même ; mais λείπω indique le présent et ἔλειπον le passé.

B. Formation et valeur des thèmes verbaux.

a. Thèmes primaires.

Le nombre des types dont l'existence en indo-européen est certaine est assez petit.

Les divers types de formation n'existent pas tous pour chaque racine. Par exemple beaucoup de racines n'ont pas trace du type des thèmes à nasale infixée ; au contraire le parfait se rencontre, sauf anomalie, pour toutes les racines. Les seuls thèmes dont le sens puisse être défini avec quelque précision sont ceux qui existent normalement pour chaque racine ; l'existence des autres dépend de l'usage et leur valeur ne se laisse pas déterminer avec précision.

D'autre part il est souvent malaisé de faire le départ entre ce qui provient de la formation et ce qui provient du sens propre de la racine dans la valeur d'un thème verbal.

Enfin les textes védiques, où les thèmes verbaux apparaissent sous leur forme la plus nette, sont souvent trop peu clairs pour permettre d'en déterminer l'emploi avec toute la précision désirable.

Pour ces diverses raisons, il n'est pas possible de définir exactement ce que signifiait chaque type de thèmes verbaux en indo-européen, et l'on doit se contenter de notions assez vagues en ce qui touche le sens.

Un fait du moins est certain : la racine indo-européenne n'est par elle-même ni transitive ni intransitive et les thèmes verbaux qui s'y rattachent admettent par suite les deux valeurs : gr. ἔχω signifie « je tiens, j'ai », mais aussi « je me tiens » dans κακῶς ἔχω « je suis mal » ; φέρω signifie « je porte », mais διαφέρω « je suis différent » (littéralement « je me porte différemment »), et de même lat. *ferō* et *differō* ;

lat. *uorte id* signifie « tourne ceci », mais *uorte hāc* « tourne-toi de ce côté » ; lit. *lĕkù* signifie « je laisse », mais *isz-lĕkù* « je reste » (« je suis laissé hors ») ; skr. *váhati* peut se traduire également par lat. *uehit (aliquid)* et par *uehitur*.

Les formes thématiques et athématiques des mêmes types ont été rapprochées dans cette exposition, parce que la présence ou l'absence de la voyelle thématique ne change rien d'essentiel au sens.

1. Thèmes de présents et d'aoristes à suffixe zéro. — Ainsi qu'on doit l'attendre, ces thèmes notent, sans aucune nuance spéciale, l'action indiquée par la racine.

Si la racine indique une action qui dure, on obtient ainsi un thème de *présent* qui admet à l'indicatif à la fois les désinences primaires (types grecs en -μι et en -ω) et les désinences secondaires (types grecs en -ν ou -α et en -ον) : ainsi skr. *ádmi* « je mange », imparfait *ādam* « je mangeais », lat. *ēst* « il mange », lit. *ésti(i)*, v. sl. *jastŭ* (même sens) ; ou gr. ἔδω (imparf. hom. ἔδον), lat. *edō*, got. *ita* « je mange », arm. *utem* « je mange ». Si la racine indique l'action pure et simple, sans durée, le thème n'admet d'ordinaire que les désinences secondaires à l'indicatif et prend alors le nom d'*aoriste* ; tel est le cas de skr. *ásthāt* = gr. ἔστη « il s'est mis debout, il s'est dressé, il s'est arrêté ». Beaucoup de racines ont les deux valeurs et fournissent à telle langue un présent, à telle autre un aoriste : *$*g_1en\partial$-* fournit au sanskrit un présent *jánāmi* « j'engendre » et au grec un aoriste ἐγενόμην « je suis devenu ». Quand le thème à suffixe zéro a la valeur d'aoriste, on obtient le présent en recourant à une autre formation, notamment à la racine avec redoublement, ainsi skr. *tíṣṭhāmi* « je me tiens », gr. ἵστημι, lat. *sistō*, etc., en regard de skr. *ásthām*, gr. ἔστην, ou gr. γίγνομαι en regard de ἐγενόμην. Il arrive aussi que le présent et l'aoriste appartiennent à des racines différentes, l'une durative, l'autre exprimant l'action pure et simple : ainsi la racine essentiellement durative de skr. *ádmi* « je mange », gr. ἔδω, arm. *utem* ne fournit que des présents ; l'aoriste est exprimé en sanskrit par *ághaḥ* « il a mangé », en grec par ἔφαγε, en arménien par *eker*.

2. *Type athématique* — Ce type n'est représenté dans la plupart des langues que par très peu de verbes, mais tous très usités, et, d'autre part, les exemples en sont d'autant plus nombreux dans une langue que celle ci a un aspect plus ancien, ainsi le védique en a plus d'exemples que le grec, et le lituanien, si archaïque à plusieurs égards, en a des formes relativement nombreuses, surtout dans les vieux textes (du XVIe et du XVIIe siècles). Les principaux exemples sont les suivants :

**ei-*, **i-* : skr. *émi* « je vais », *imáḥ* « nous allons », *yánti* « ils vont », *áyam* « j'allais » ; gr. εἶμι, ἴμεν ; lit. *eimi* « je vais » ; lat. *is, it, imus, itis.*

**es-*, **s-* : skr. *ásmi* « je suis », *smáḥ* « nous sommes », *sánti* « ils sont », *ásam* « j'étais » ; gr. εἰμί (lesb. ἔμμι), ἐστί, εἰσί (de ἐντί, attesté en dorien, ancien *ἑντί), lit. *esmì*, v. sl. *jesmĭ* (plur. *sątŭ* « ils sont »), lat. *est, sunt*, got. *ist, sind.*

**wel-*, **wl̥-* : lit. *(pa-)velmi* « j'ordonne », lat. *uolt* (de **welti*, cf. le subjonctif *uelim*), skr. *a-vr̥-ta* « il a choisi ».

**ed-*, **ēd-* : skr. *ádmi* « je mange », lat. *ēst*, lit. *ẽdmi* « je mange », *ẽst(i)* « il mange » ; v. sl. *jamĭ, jastŭ.*

**bher-*, **bhr̥* : skr. *bhárti* « il porte », lat. *fert*, hom. φέρτε.

**rewdə-*, **rudə-* : skr. *róditi* « il gémit », *rudi-máḥ* « nous gémissons », *rud-ánti* « ils gémissent », lit. *ráudmi* « je pleure ».

**weid-*, **wid-* : skr. *védmi* « je sais », impératif *viddhí* « sache » ; gr. ϝίσθι ; lit. *veizdi* « vois » et *véizdmi* « je vois » ; v. sl. *viždĭ* « vois » (impératif).

*sthā-, *sthə- (racine non durative, fournissant un aoriste) : skr. *ásthāt* « il s'est tenu », moyen *asthita* ; gr. ἔστη.

*dhē-, *dhə- (racine non durative) : skr. *ádhāt* « il a posé », moyen *ádhita* ; arm. *ed* « il a posé » ; gr. ἔθετο (moyen).

*dō-, *də- (racine non durative) : skr. *ádāt* « il a donné », moyen *ádita* ; arm. *et* « il a donné » ; gr. ἔδοτο (moyen) ; cf. aussi lat. *dămus* « nous donnons ».

*$k_1$ei- : skr. *çéte* « il est couché » = gr. κεῖται.

*wes- : skr. *váste* « il se vêt » = gr. Ϝέσται.

Les formes qui précèdent sont attestées par l'accord d'au moins deux langues ; beaucoup d'autres qui ne se trouvent que dans une seule ne sont pas moins anciennes, et l'on en a parfois la preuve ; ainsi la forme athématique skr. *váçmi* « je veux », *uçmási* « nous voulons », gâth. *vasmī, usmahī* ne se trouve plus en dehors de l'indo-iranien ; mais l'adjectif gr. Ϝεκών « volontiers », qui a le ton à la même place que ἰών « allant », est le participe d'un verbe *Ϝεκμι, non conservé, qui correspondrait à skr. *váçmi*. Il n'est pas permis de mettre en doute que des formes comme skr. *hánti* = zd *jainti* « il frappe », comme skr. *brávīti* « il parle », *brūmáḥ* « nous parlons », *brūté* « il parle » = zd *mrūite* (moyen), ou comme gr. κρέμαμαι « je suis suspendu » soient indo-européennes.

β. *Type thématique*. — Au contraire du précédent, ce type est très largement représenté et l'on a vu plus haut, p. 155, que des thèmes appartenant au type athématique y sont entrés au cours du développement linguistique, ainsi peut-être gr. φέρω, etc. ; le latin *rūdō* et le v. h. a. *riuzzu* « je pleure » sont issus des formes à vocalisme *e* du présent athématique correspondant à skr. *ródimi* « je gémis » et le lat. *rŭdō* de formes à vocalisme zéro : lat. *rŭdunt* répond à peu près exactement à skr. *rudánti* « ils gémissent ».

Le type thématique a deux formes principales : racine tonique avec vocalisme *e*, et voyelle thématique tonique avec racine au degré zéro, et ces deux formes ont des valeurs différentes : lorsqu'une même racine a les deux, le thème paroxyton est duratif et sert de présent, le thème oxyton indique l'action pure et simple et sert d'aoriste ; ainsi :

skr. *bódhati* « il tient son attention dirigée sur », gr. πεύθεσθαι (présent) « comprendre, saisir », v. sl. *bljudą* « j'observe », got. *-biuda* « j'ordonne » ; véd. *budhánta* « ils se sont éveillés », gr. πυθέσθαι (aoriste).

gr. λείπειν (présent), lit. *lëkù* « je laisse », got. *leihwa* « je prête » : gr. λιπεῖν (aoriste), arm. *elikh* « il a laissé ».

skr. *sárpati* « il rampe », gr. ἕρπειν (présent), lat. *serpō* : skr. (*a-*)*sṛpat* « il a rampé ».

skr. *sáhate* « il domine », gr. ἔχειν (présent) : gr. σχεῖν (aoriste).

Le ton est conservé sur la voyelle thématique dans quelques impératifs grecs comme (*F*)ιδέ, λαβέ, etc.

Le grec oppose de même le présent δέρκεσθαι « voir » à l'aoriste δρακεῖν ; mais la racine correspondante du sanskrit est durative et l'athématique skr. *ádarçam* « j'ai vu » sert d'aoriste au présent *páçyati* « il voit » qui appartient à une autre racine.

Les présents (formes à désinences primaires et secondaires concurremment) que fournit le type oxyton ont un aspect moins nettement duratif que les présents du type paroxyton ; ainsi skr. *tárati* « il est en train de passer » a à côté de lui *tiráti* qui est la seule forme employée avec le préverbe *pra* : *prátirati* « il traverse » ; le skr. *giráti* « il avale » et le v. sl. *žĭretŭ* (même sens) indiquent une action qui n'éveille pas l'idée d'une durée ; le skr. *diçáti* signifie « il indique » (cf., avec même place du ton, v. norvég. *tega* « montrer »), en regard de lat. *dīcō* (de **deicō*) « je dis », got. *-teihan* « montrer » ; le skr. *juṣáte* « il trouve plaisir à » a un imparfait dont la valeur est celle d'un aoriste dans le Ṛgveda, II, 37, 4, tandis que gr. γεύεσθαι est un présent signifiant « goûter » et le got. *kiusan* aussi un présent signifiant « éprouver, choisir ».

En outre quelques thèmes ont le vocalisme *o* de la racine : got. *mala*, lit. *malù* « je mouds », en regard de la forme à vocalisme *e*, irl. *melim* « je mouds », et de la forme à vocalisme zéro : gall. *malaf*, arm. *malem* « je mouds » ; l'*o* de lat. *molō* peut représenter *e* ou *o*.

got. *gagga* « je vais », cf. lit. *žengiù* « je marche », zd *zangō* « cheville », skr. *jáṅghā* « bas de la jambe ».

2° Thèmes de présents et d'aoristes à redoublement et à suffixe zéro. — Ces thèmes ne se distinguent des précédents que par la présence de la forme normale du redoublement ; comme ceux-ci, ils fournissent à la fois des présents et des aoristes.

En qualité de présents, ils indiquent l'action qui dure par opposition à l'aoriste radical, type gr. ἵστημι, ἔστην ; γίγνομαι, ἐγενόμην ; τίκτω (de *τιτκω), ἔτεκον ; etc. (cf. ci-dessus, p. 168). En qualité d'aoristes, ils indiquent que l'on fait faire l'action ou que cette action se répète : gr. λαχεῖν signifie « obtenir en partage » et λελαχεῖν « faire obtenir en partage » ; skr. *ásiṣvapat* signifie « il a endormi ». Toutefois il ne manque pas de cas où la valeur du redoublement est peu sensible, ainsi dans skr. *ávocat* « il a dit », thème **we-ukʷe-*, cf. hom. ἔ(Ϝ)ειπε (de **é we-ukʷ-et*).

En dehors de l'indo-iranien, le type athématique n'est guère conservé que dans les racines terminées par voyelle longue, telles que skr. *dádhāmi* « je pose », gr. τίθημι. Mais l'indo-iranien conserve encore des thèmes de ce genre pour d'autres types de racines, ainsi skr. *siṣakti* « il suit » = zd *hišhaxti* (racine i.-e. **sekʷ-*), skr. *bábhasti* « il mange » (racine i.-e. **bhes-*), skr. *bíbharti* « il porte » (racine i.-e. **bher-*), etc.

Dans les formes thématiques, la racine a le vocalisme sans *e*, ainsi :

skr. *sá-çc-ati* (présent) « il suit » en regard de *sácate* « il suit », gr. ἑ-σπ-έσθαι (aoriste) en regard de ἕπεσθαι.

skr. *ja-ghn-an* « tuant » (participe présent), gr. πε-φν-εῖν (aoriste).

gr. γί-γν-ομαι, lat. *gi-gn-ō*.

gr. μί-μν-ω, ἴ-σχ-ω en face de μένω, ἔχω.

Font seuls exception quelques aoristes indo-iraniens comme skr. *jījanat* « il a engendré » = zd *zīzanat̰*, qui doivent sans doute s'expliquer à l'intérieur de l'indo-iranien et sur lesquels il n'y a pas lieu d'insister ici.

3° Parfait. — Le parfait est un type athématique caractérisé : 1° par son redoublement (v. ci-dessus p. 152) ; 2° par le vocalisme *o* de la racine aux personnes qui ont au présent le vocalisme prédésinentiel *e* dans le type athématique ; 3° par certaines désinences spéciales (**-a* à la 1re pers. sing., etc.). C'est l'indo-iranien qui fournit le plus d'exemples de ces thèmes et les plus nets, mais le vocalisme n'y est pas clair, et les exemples suivants sont empruntés de préférence au grec :

πείθω :		πέποιθα		πέπιθμεν
ἐλεύσομαι :	hom.	εἰλήλουθα	att.	ἐλήλυθμεν
μένος :		μέμονα		μέμαμεν
πένθος :		πέπονθα	hom.	πεπαθυίη (participe)
φθείρω :		ἔφθορα		ἔφθαρμαι
τρέφω :		τέτροφα		τέθραμμαι (moyen)
(ϝ)ρήγνυμι :		ἔρρωγα		»
χέζω :		κέχοδα		»

Le vocalisme radical *o*, si clairement attesté en grec, est confirmé par l'opposition des palatales et des gutturales dans les formes indo-iraniennes : skr. *cakára* « j'ai fait », *jagáma* « je suis venu », *jaghána* « j'ai frappé » ; par l'irlandais où *(ro)gegon* « j'ai frappé » répond à skr. *jaghána* et où *(ro)reraig* « il a tendu » suppose **reroge* ; par le germanique enfin où il subsiste quelques formes à redoublement de racines à voyelle longue ayant au prétérit le vocalisme *ō* :

got. *leta* « je laisse » :	*lailot* « j'ai laissé »
saia « je sème » :	*saiso* « j'ai semé »

et où les prétérits ordinaires des anciens verbes primaires indo-européens, en perdant le redoublement, ont conservé le vocalisme *o*, ainsi en gotique :

1re pers. sing. *man* « je pense », plur. *munum*.

beida « j'attends » : *baiþ* « j'ai attendu », *bidum* (cf., au moins pour la forme, gr. πέποιθα, πέπιθμεν).

-biuda « je commande » : *-bauþ* « j'ai commandé », *-budum*.

binda « je lie » : *band* « j'ai lié », *bundum*.

Il y avait du reste dès l'indo-européen quelques parfaits sans redoublement dont le principal est :

gr. *Ϝοῖδα* « je sais », *Ϝίδμεν*, skr. *véda*, 1re pers. plur. *vidmá*, gâth. *vaēdā*, got. *wait*, *witum*, v. sl. *vědě* « je sais » (ancienne forme à désinence moyenne), v. pruss. *waissei* « tu sais », *waidimai* « nous savons ».

En revanche il n'y a pas à tenir compte dans la théorie du parfait des formes sans redoublement présentées par des langues qui, comme le latin et le germanique, ont constitué leur parfait par un mélange d'anciennes formes de parfaits et d'aoristes indo-européens : v. h. a. *liwi* « tu as prêté » répond à hom. λίπες, got. *bitun* « ils ont mordu » est la 3e personne du pluriel actif de l'aoriste athématique attesté par véd. *bhét* « il a fendu », participe *bhidánt-*, etc ; l'influence de ces formes a suffi à déterminer la perte du redoublement dans les formes à vocalisme *o* de parfaits, comme v. h. a.

lēb « j'ai prêté », got. *bait* « j'ai mordu » ; de même le vocalisme *ē* de lat. *frēgī*, got. *brēkun* « ils ont brisé » est sans doute celui d'anciens aoristes athématiques comparables pour la forme à lat. *ēst, ēstis*, lit. *ė́st(i)* « il mange », etc. Néanmoins on notera que l'*ā* des parfaits irlandais tels que *táich* (qui glose *confugit*), de **tōke*, rappelle beaucoup, malgré le manque de redoublement, les 3es personnes indo-iraniennes à *ā* prédésinentiel comme skr. *cakā́ra* « il a fait ».

Le parfait indique le résultat actuel d'une action accomplie : gr. εἴωθα signifie « j'ai pris et j'ai encore l'habitude », skr. *çiçrā́ya* « je me suis appuyé et je reste appuyé », etc. L'exemple suivant, emprunté à Homère, montre bien la valeur précise de ces thèmes :

B 272 ὢ πόποι, ἦ δὴ μυρί' Ὀδυσσεὺς ἐσθλὰ (*F*)έ(*F*)οργεν
βουλάς τ' ἐξάρχων ἀγαθὰς πόλεμόν τε κορύσσων·
νῦν δὲ τόδε μέγ' ἄριστον ἐν Ἀργείοισιν ἔρεξεν,
ὃς τὸν λωβητῆρα (*F*)επεσβόλον ἔσχ' ἀγοράων.

Le poète oppose tout l'ensemble des belles actions qu'Ulysse a accomplies (*F*)έ(*F*)οργε) et par lesquelles sa renommée s'est établie à une chose particulière qu'il vient de faire (ἔρεξεν) : le parfait indique ici ce qui est acquis une fois pour toutes. Le parfait a quelque chose à la fois d'un présent et d'un passé ; en tant qu'il est un présent, le grec lui donne un passé : τέθνηκε « il est mort » est accompagné de ἐτεθνήκει « il était mort » et le sanskrit a quelques plus-que-parfaits analogues. Le parfait est tout près du sens du présent dans ce vers d'Homère :

A 113 καὶ γάρ ῥα Κλυταιμνήστρης προβέβουλα

« et je la préfère en effet à Clytemnestre » ; mais la valeur du parfait reste sensible : Agamemnon a fait son choix et le maintient. Lorsque l'expression du temps a pris plus d'importance au cours du développement des langues indo-européennes, le parfait a donc fourni à la fois des présents et des prétérits : lat. *tutudī* est un prétérit, mais *meminī* est un présent, got. *band* « il a lié » est un prétérit, mais *man* « je pense » est un présent ; et partout le parfait sans redoublement gr. ϝοῖδα, skr. *véda*, got. *wait*, etc. signifie simplement « je sais », c'est-à-dire « j'ai acquis et je possède la connaissance ».

4° Intensif. — L'intensif est constitué par la racine munie du redoublement intensif et le suffixe zéro ; il n'est conservé qu'en indo-iranien, d'ordinaire sous forme athématique :

skr. *dediṣ-ṭe* « il montre », 3e plur. *dédiç-ăte* « ils montrent », zd *daēdōiš-t* « il a montré »,

rarement sous forme thématique :

zd *naēnižaiti* « il nettoie » (?) en regard de skr. *nenik-te* « il se lave ».

Si l'on ne possédait en dehors de l'indo-iranien quelques exemples de ces thèmes élargis par le suffixe secondaire *-*ye*-, comme v. sl. *glagolją* « je parle », gr. πορφύρω, παμφαίνω, etc., on pourrait contester le caractère indo-européen du type. En sanskrit même, les intensifs, fréquents en védique, deviennent beaucoup plus rares dans les textes postérieurs.

La valeur de l'intensif ressort de la formation ; il indique la répétition ou l'énergie de l'action : les participes d'intensifs sanskrits actif *rérih-at-* et moyen *rérih-āṇa-* signifient « léchant à plusieurs reprises », tandis que *réḍhmi* veut dire « je lèche » ; skr. *kánikran(t)-ti* insiste sur l'intensité du bruit qu'indique le simple *krándati* « il crie, il mugit ». La valeur propre de l'intensif n'est restée sensible qu'autant que la forme non intensive a subsisté : le skr. *carkar-mi* « je rappelle, je célèbre », qui est isolé, n'a rien d'intensif dans le sens, non plus que les aoristes gr. ἤραρ-ε « il a arrangé », arm. *arar* « il a fait ».

5° Thèmes à voyelle longue finale. — A la fin d'un thème verbal, les voyelles **ā*, **ē*, **ō* sont ambiguës. Souvent elles sont simplement la longue finale d'une racine dissyllabique, ainsi dans dor. ἔτλᾱν « j'ai supporté » en regard de τελα-μών, τάλᾱς; hom. πλῆτο, skr. *áprāt* « il a empli », en regard de skr. *pūrṇáḥ* = lit. *pìlnas* « plein »; gr. ἔγνων, skr. *jñā-yāt* « qu'il connaisse » en regard de lit. *žénklas* « signe » (voir p. 72 et 133). Mais d'autres fois, **ē* et **ā* sont des suffixes, ce qu'on reconnaît à l'un au moins des trois caractères suivants: 1° les éléments en **-ē-* ou **-ā-* ont une valeur sémantique définie. — 2° La racine à laquelle ils s'attachent n'est pas dissyllabique. — 3° Une même racine a des formes en **-ā-* et en **-ē-* : comme **ā* n'alterne pas avec **ē*, l'une des deux formes au moins renferme un suffixe. Ainsi de la racine monosyllabique **men-* « avoir dans l'esprit » il existe à la fois un thème **m°nē-*, indiquant l'état, attesté par v. sl. *mĭněti* « penser », lit. *minė́ti*, got. *munaiþ* « il pense » (et peut-être par gr. μανῆ-ναι) et un thème **mnā-* « rappeler » dans l'optatif skr. *mnā-yāt* « commemoret » et dans les dérivés dor. μνᾱ-σμαι, μέμνᾱμαι. De la racine monosyllabique **men-* « rester » il existe **m°nē-* dans lat. *manēre* (cf. gr. μεμένηκα par contamination de **men-*, conservé dans μένω, et de **m°nē-*) et **mnā-* dans arm. *mnam* « je reste ». De la racine dissyllabique **bhewə-* « devenir » il y a d'une part gr. φυῆναι, v. sl. *bě* « il était » (thème exprimant l'état) et lat. **-bā-* dans *amābās*. Il y a donc bien lieu de poser des suffixes **-ē-* et **-ā-*.

α. Type en **-ē-*. — Bien représenté en slave, en baltique, en germanique, en latin et en grec, ce type manque en indo-iranien. Au grec il fournit les aoristes passifs à vocalisme zéro portant le ton sur η : ἐκλάπην, κλαπῆναι, κλαπείς : κλέπτειν ; λιπῆναι :

λείπειν ; ταρπῆναι, τραπῆναι, : τέρπειν : δαρῆναι : δέρειν ; ῥαγῆναι, cf. ῥήγνυμι, etc. ; au slave, le thème d'aoriste et d'infinitif correspondant d'ordinaire au thème de présent en *-i-* : *mĭn-ĕ-ti* « penser », *mĭn-ĕ-chŭ* « j'ai pensé » : *mĭn-i-tŭ* « il pense » ; *bĭd-ĕ-ti* « être éveillé » : *bĭd-i-tŭ* « il est éveillé » (de **bŭd-ĕ-ti*, **bŭd-i-tŭ*) ; *smrŭd-ĕ-ti* « puer » : *smrŭd-i-tŭ* « il pue » ; etc. ; au lituanien de même les thèmes d'infinitif correspondant aux présents en *-i-* qui indiquent l'état, ainsi *smird-ė-ti* « puer » : *smird-i* « il pue », mais aussi à d'autres, ainsi lit. *tek ė-ti* « courir » : *tĕk-a* « il court ». En germanique et en latin où l'opposition du présent et de l'aoriste ne s'est pas maintenue, **-ē-* a donné des présents : lat. *tacēre*, v. h. a. *dagē-n* (de **þagē-*) ; lat. *lub-ē-re* ; v. h. a. *lebē-m* « je vis » (de **lip-ē-*), etc. Ces thèmes indiquent un état et leur valeur propre est fort bien définie par l'opposition de lat. *iacĕre* « jeter » et *iacēre* « être gisant », lit. *gulti̇s* « se coucher » et *gulė-ti* « être couché ». Par suite la plupart sont intransitifs, mais ceci n'est pas essentiel, et, par exemple, le thème **wid-ē-* est transitif dans lat. *uidē-re*, got. *witai-þ* « il observe », gr. Ϝιδη- (du futur dorien ἰδή-σω) et dans v. sl. *vidě-ti* « voir » (avec *ĭ* radical, par suite d'une contamination avec le thème à suffixe zéro **weid-*, cf. ci-dessus p. 169) ; de même le v. h. a. *habē-m* « je tiens, j'ai » s'oppose à got. *haf-jan* « saisir, lever », lit. *turė ti* « avoir » à *tvér-ti* « prendre », lat. *habē-re* « avoir » à v. irl. *gabim* « je prends » et le grec même a σχή-σω « j'aurai » à côté de ἔχω « j'ai ».

β. Type en **-ā-*. — Les thèmes en **-ā-* sont moins clairs que les précédents et ne sont conservés presque nulle part sous leur forme ancienne. C'est le slave qui en présente les meilleurs exemples : v. sl. *jimamĭ*, polon. *mam* « j'ai » supposent **°m-ā-* en regard du verbe exprimant l'action pure et simple *jimą* (thème **°m-e-*) « je prends » et du duratif *jemlją* « je prends » (thème **em-ye-*), cf. lat. *emō* « j'achète » (*ex-imō* « j'enlève »). Le thème en *-*ā*- fournit au slave le thème d'infinitif et d'aoriste de ses duratifs : *pĭsa-ti* « écrire » (thème **pik₁-ā*-) en regard du présent *pišą* « j'écris » (thème **peik₁-ye*-) : dans ce cas comme dans le précédent, la racine a le vocalisme zéro. Et surtout c'est le suffixe *-*ā*- qui donne au slave ses itératifs ordinaires à voyelle radicale longue : *vŭ-mětati* « jeter » en face de *mętą* « je jette » ; le lette a aussi *mētā-t* « jeter » et le latin *cēla-re* en regard de *(oc-)culō* (de **kelō*), de v. h. a. *helan* « cacher » et de v. irl. *celim* « je cache ». La valeur durative se retrouve dans lat. *(oc-)cupāre*, cf. *capere* ; *(ac-)cubāre*, cf *(ac-)cumbere*, etc., et dans arm. *kea-m* « je vis » (thème i.-e. **gʷiy-ā*-), où le vocalisme est au degré zéro comme dans v. sl. *pĭsati*. Le vocalisme *o* de v. h. a. *manō n* « avertir » et de lit. *(į-)manaũ* « je comprends », *(į-)māno* « il comprend » est sans doute emprunté au type en *-*eye* de lat. *moneō*, cf. lit. *(į-)manýti* « comprendre » ; l'arm. *(i)manam* « je comprends » a le vocalisme zéro et suppose peut être **m°nā*-.

6° Suffixe *-*ye*- : *-*i*- (*-*ī*-). — Le baltique et le slave ont une série de présents athématiques indiquant l'état qui sont caractérisés en lituanien par -*i*- (bref), en slave par -*ī*- (long, mais d'intonation douce et non pas rude comme les anciens *ī*) :

lit. *min-i*-	v. sl. *mĭn-i-tŭ* « il pense »
smird-i-	*smrŭd-i-tŭ* « il pue »
»	*bid-i-tŭ* « il est éveillé »

En latin et en germanique, ces présents sont remplacés par les formes en *-*ē*- qui répondent aux thèmes d'infinitifs, tels que lit. *budě́ti*, v. sl. *bŭděti* « être éveillé » ; toutefois le latin en a encore une trace dans les dérivés en *-*ske*- comme *(re-)mini-scor*, *(com-)mini-scor*. Le grec et l'indo-iranien n'ont que la forme thématique : le sens et le vocalisme radical zéro de gr. χαίρω, φαίνομαι (aor. χαρῆ-ναι, φανῆ-ναι), bien distincts du sens et du vocalisme de δείρω, τείνω, etc., dénoncent une formation parente à celles du baltique et du slave ; en sanskrit, les passifs en *-ya-* n'en sauraient être séparés : *budh-yá-te* « il est éveillé » rappelle évidemment v. sl. *bĭdi-tŭ* (de **bŭdi-tŭ*) ; de même skr. *pū-ya-ti* « il pue » est formé comme lit. *smirdi*, v. sl. *smrŭditŭ* « il pue » ; le vocalisme zéro et le sens concordent exactement. Sur la place du ton il y a quelque incertitude ; le sanskrit a d'ordinaire le ton sur le suffixe, mais parfois aussi sur la racine, ainsi *múcyate* à côté de *mucyáte* « il est laissé » et en lituanien on trouve *tùrįs* « ayant » à côté de *regį̃s* « voyant ». Enfin il faut citer, malgré leur ambiguïté, les passifs arméniens tels que *berim* « je suis porté » en regard de *berem* « je porte ».

7° Causatifs et itératifs en **-éye-* : *-ī-* (*-i-*). — Les verbes primaires indo-iraniens en *-aya-*, portant en sanskrit le ton sur le premier *a* du suffixe *-áya-*, ont en tous cas le vocalisme indo-iranien *a* de la racine devant sonante plus consonne, ainsi skr. *vartáyati* « il fait tourner » ; ils ont devant une seule consonne ou sonante finale de racine le vocalisme indo-iranien *ā*, s'il s'agit d'un causatif : skr. *svāp-áya-ti* « il fait dormir », le vocalisme *ă*, s'il s'agit d'un itératif : skr. *pat-áya-ti* « il vole » (action qui se continue et se répète). Le grec répond par le type φορέω « je porte constamment » en regard de φέρω), φοβέω « je fais peur » en regard de φέβομαι « j'ai peur », le latin par *moneō* « je fais penser, j'avertis », *noceō* « je fais du mal à » (cf. *nex* « meurtre »), *spondeō* (cf. gr. σπένδω). Dans ces formes, le suffixe est **-éye-*, thématique comme en sanskrit, et le vocalisme radical est *o*.

En slave le vocalisme est aussi *o*, mais le suffixe est athématique et a la forme *-i-* (*i* long, d'intonation douce) sauf à la 1re personne du singulier : v. sl. *vrati-tŭ* « il fait tourner » en regard de skr. *vartáya-ti* ; *budi·tŭ* « il éveille » en regard de skr. *bodháya-ti*, etc. ; mais la 1re personne du singulier est *vraštą*, *buždą* (de **vort-ją*, *bud-ją*). Le latin a aussi *sōpī-s* « tu endors » en regard de skr. *svāpáya-si*, mais 1re pers. *sōpiō* ; de même got. *(fra-)wardeiþ* « il fait périr » (à côté de *(fra-)wairþiþ* « il périt »), mais 1re pers. *(fra-)wardja* ; c'est le suffixe qui porte le ton comme en sanskrit, et le vocalisme radical est également *o*. Les formes de l'irlandais, *guidim* « je prie » (cf. gr. ποθέω), *guirim* « je chauffe », etc., peuvent s'expliquer soit par **-eye-* soit par **-ī-*.

Le vocalisme radical *ŏ* des causatifs comme skr. *svāpáyati* « il fait dormir » et lat. *sōpit* se retrouve aussi en slave, par exemple dans *(iz-)bavitŭ* « il sauvera quelqu'un » (il fera en sorte que quelqu'un soit hors) en regard de skr. *bhāvayati* « il fait être », et en germanique là où le présent non causatif a le vocalisme *o* (germ. *a*) : v. h. a. *fuoren* (germ. **fōrjan*) « conduire » en face de *faran* « aller ».

Abstraction faite des différences de détail relatives à la forme thématique ou athématique du suffixe et au vocalisme *ŏ* ou *ō* de la racine, ce type de verbes est fort clair et joue un grand rôle en indo-européen ; les exemples en sont nombreux, ainsi :

gr. (F)οχέω « je fais aller en char », got. *(ga-)wagja* « je mets en mouvement », v. sl. *vozitŭ* « il va en char » (itératif).

skr. *lobháyati* « il éveille le désir », got. *(us-)laubjan* « permettre ».

8° Aoriste sigmatique. — L'aoriste sigmatique est une formation qui présente plusieurs particularités singulières :

α. Le suffixe est **-s-*, sans aucune voyelle. L'*e* d'un aoriste tel que hom. ἐκόρεσσα n'appartient pas au suffixe ; il est le second élément de la racine dissyllabique, aussi attestée par l'intonation de la syllabe radicale de lit. *szérti* « nourrir » (voir ci-dessus p. 72) :

β. La racine est au degré *ē* à l'actif : skr. *ávākṣam* « j'ai mené en char » (3e pers. sing. *avāt*), v. sl. *věsŭ*, lat. *uēxī* ; au moyen le vocalisme est *e* comme dans skr. *maṃsi* « j'ai pensé », ou zéro, comme dans skr. *adikṣi* « j'ai montré ». La racine est donc traitée ici non comme présuffixale, et par suite invariable au cours de la flexion, mais comme prédésinentielle, et par suite sujette à alternances. — Il est impossible de déterminer si ει dans gr. ἔδειξα, ερ dans gr. ἔτερψα, etc., représentent **ēi*, **ēr* ou **ei*, **er*, etc., car, en pareille position **ēi*, **ēr*, etc. et **ei*, **er*, etc. aboutissent également à ει, ερ ; soit par analogie de ces formes, soit par extension du vocalisme du moyen et du subjonctif actif, le grec n'a pas trace de l'ancien vocalisme *ē* à l'aoriste en *-s-*.

γ. Quoique la flexion soit athématique, le ton reste invariablement sur l'élément présuffixal, c'est-à-dire sur la racine, dans la forme sans augment : ainsi la désinence moyenne ne porte pas le ton dans véd. *váṃsi* « j'ai gagné », non plus que le suffixe du participe dans véd. *dákṣat* « ayant brûlé » ; cf. la place du ton dans gr. δείξας, δεῖξαι.

Il est à peine utile de faire remarquer que les aoristes de dénominatifs, comme gr. ἐτίμησα, v. sl. *dělachŭ* « j'ai fait » et v. irl. *ro charus* « j'ai aimé », résultent de développements indépendants en grec, en slave et en celtique : la phonétique suffit à l'indiquer, car ni le σ intervocalique de gr. ἐτίμησα, ni le *ch* après *a* de v. sl. *dělachŭ* ne sont conformes aux lois phonétiques du traitement de i.-e. **s*.

Une forme **-is-* du suffixe de l'aoriste est attestée par d'assez nombreux exemples sanskrits tels que *ápāviṣam* « j'ai purifié », *ábhariṣam* « j'ai porté », par gâth. *xšnəvīšā* « que je satisfasse » (subjonctif) et par le *-is-* du type lat. *ēg-is-ti*, *ēg-is-tis*, *ēg-ēr-unt*.

9° Futur en *-*sye*, *-*se*-. — Le futur indo-iranien en *-*sya*-, attesté par skr. *vak-ṣyā-mi*, gâth. *vax-šyā* « je parlerai », est à rapprocher du futur lituanien : *lik-siu* « je laisserai » ; le suffixe *-*se*- de gr. μενέω « je resterai », λείψω « je laisserai », etc., en doit sans doute être rapproché ; l'alternance de *-*sye*- et *-*se*- n'est pas plus surprenante que celle des désinences de génitif *-*syo* et *-*so* dans gâth. *ča-hyā* « de qui » et v. sl. *če-so* « de quoi », v. h. a. *hwe-s* « de qui » qu'on verra plus loin. Cette correspondance est la seule qui indique l'existence en indo-européen d'un thème ayant une valeur temporelle nette ; et il est fort curieux par suite de noter qu'elle se présente dans des conditions singulières. D'une part le futur est une rareté dans les plus anciens textes indo-iraniens ; le Ṛgveda tout entier n'a qu'une quinzaine d'exemples de formes personnelles du futur (le participe est relativement un peu moins rare) ; le slave n'a qu'un seul exemple du futur, le participe *byšęšteje* « ce qui doit être ». D'autre part le futur lituanien ne répond pas aussi exactement au futur indo iranien que tend à le faire croire la première personne du singulier : la flexion est en *-si-* ou en *s-* suivant les dialectes ; par exemple la 1re personne du pluriel est *liksime* ou *liksme*, fort différente du type skr. *vak-ṣyā-maḥ* « nous parlerons ». La place du ton attestée par l'infinitif et le participe gr. λείψειν, λείψων ne s'accorde pas avec celle qu'indique le skr. *vakṣyáti* « il parlera », mais avec celle du participe lit. *liksęs* « devant laisser ». Enfin le futur n'est conservé nulle part en dehors de l'indo-iranien, du slave, du baltique et du grec : les langues occidentales l'ignorent. On n'a donc pas la preuve que le futur ait été une forme indo-européenne bien définie et d'usage courant.

10° Thèmes à nasale infixée. — Les thèmes à nasale infixée ne sont nettement conservés qu'en indo-iranien ; tout se passe comme si un élément *ne* était infixé avant le dernier élément phonétique de la racine ; la racine a alors le vocalisme zéro et, comme ces formes sont athématiques, l'élément *ne* suivi de la finale de la racine forme la prédésinentielle et présente l'alternance *e* : zéro dans les mêmes conditions que dans les autres formes athématiques. Ainsi :

rac. **yeug-* : skr. *yu-ná-k-ti* « il joint », 3e plur. *yu-ñ-j-ánti*.

rac. **bheid-* : skr. *bhi-ná-t-ti* « il fend », 3e plur. *bhi-n-d-ánti*.

rac. **leikʷ-* : skr. *ri-ṇá-k-ti* « il laisse », 3e plur. *ri-ñ-c-ánti*, zd *iri-na-x-ti* « il laisse ».

Comme toutes les formes comparables, ces thèmes ne sont conservés nulle part ailleurs sous leur aspect athématique ; dans le développement même des langues de l'Inde, ils sont devenus thématiques et le pâli a par exemple *bhindati* « il fend » ; c'est ce qui s'est passé aussi en latin où l'on trouve : *iungō* (cf. lit. *jùngiu*), *findō*, *linquō*, et en baltique où l'on a par exemple v. pruss. *(po-)līnka* « il reste ».

Soit maintenant une racine terminée par *u*, telle que **k̂₁leu-* ; la forme à infixe sera **k₁l̥-ne-u-*, **k₁l̥-n-u-*, attestée en effet par skr. *çṛṇómi* « j'entends », *çṛṇumáḥ* « nous entendons » en regard de *çru-táḥ* « entendu ». Si la racine est dissyllabique, les choses ne se passeront pas autrement : de **welu-* (lat. *uoluō*, etc., cf. ci-dessus p. 136), le thème à nasale sera **wl̥-ne-u-* : skr. *vṛṇómi* « je couvre, j'enveloppe » ; de **steru-*, **streu-* (got. *strauja* « je répands »), **stṛ-ne-u-*, *stṛ-n-u-* : skr. *stṛṇómi* « j'étends », *stṛṇumáḥ* « nous étendons », gr. στόρνῡμι (avec ῡ au lieu de ευ par suite d'une action analogique), στόρνυμεν ; de **(o)reu-* (gr. ὀρούω), **ṛ-ne-u-* (**or-ne-u*) : skr. *ṛ-ṇó-mi* « je mets en mouvement », gr. ὄρνῡμι. A la suite de diverses actions analogiques, **-neu-*, **-nu-* a apparu comme un suffixe et le grec s'en sert notamment comme d'un substitut de l'ancienne forme athématique à infixe, ainsi ζεύγνυμι en regard de skr. *yunákti*, lat. *iungō*.

Soit encore une racine dissyllabique terminée par voyelle longue alternant avec *ə, par exemple **menthə-*, *mn̥thā-* attestée par skr. *mánthi-tā* « celui qui agite », *mathā-yáti* « il agite », *mathi-tāḥ* « agité », v. sl. *mętą* « je trouble » ; on attend **mn̥th-ne-ə-*, **mn̥th-n-ə-*, et en effet la première personne du pluriel est skr. *math-nī-máḥ* « nous agitons (avec *ī* au lieu de *i* pour représenter *ə) ; quant à **mn̥th-ne-ə-*, tout se passe comme si **eə* se contractait en *ā*, et l'on a skr. *mathnā́mi* ; il convient de rappeler à ce propos que **yə*, **wə* sont représentés par **ī*, **ū* (cf. ci-dessus p. 94) et que, au point de vue morphologique, **ə* joue le même rôle que voyelle plus sonante (cf. ci-dessus p. 129 et suiv.). De même, de **pelə-* (v. p. 132), **pl̥nā-*, **pl̥nə-* : skr. *pr̥ṇā́ti* « il emplit », *pr̥ṇīmáḥ* « nous emplissons » ; de **pewə*, **punā-* (v. p. 134), **punə-* : skr. *punā́mi* « je purifie », *punīmáḥ* « nous purifions » ; de même, en grec, dor. δάμνᾱμι, δάμναμες en regard de hom. ἐδάμασσα, dor. ἐδμάθην ; πίτνημι (πίτνᾱμι), πίτναμεν en regard de ἐπέτασα ; πέρνημι (πέρνᾱμι), πέρναμεν, en regard de ἐπέρασσα, πιπράσκω ; de même aussi en vieux haut allemand *ginōm* « je bâille » en face de lat. *hiā re*, lit. *žió-ti* « être béant ». — Comme **-neu*, le **-nā*-ainsi produit s'est étendu à des racines non dissyllabiques et de **bhendh-* le sanskrit a par exemple *badhnā́ti* « il lie ».

Comme tous les types athématiques, le type en **-nā-*, **-nə-* tend à être remplacé par des formes thématiques : à véd. *çamnīṣe* « tu prends de la peine » le grec répond par κάμνω ; de **telə-* le latin a *tollō* (de **tolnō*) ; à v. h. a. *ginōm* le vieux slave répond par *zinǫ* « je bâillerai », etc. Ainsi s'est formé de très bonne heure un suffixe thématique **-ne-* qui joue un rôle plus ou moins grand dans les diverses langues ; en slave ce suffixe a entièrement supplanté l'infixe dans l'usage ordinaire : à lit. *bu-n-dù* « je m'éveille » (cf. gr. πυ-ν-θ-άνο-μαι) répond v. sl. *bŭną* (de **bŭd-ną*) « je m'éveillerai » ; de même en arménien, la forme qui répond à skr. *riṇákti* « il laisse », lat. *linquō* est *lkh-ane-m* « je laisse ».

Il n'est pas facile de déterminer avec précision la nuance de sens exprimée par la formation à infixe nasal ; dans les cas clairs, le sens est qu'on se met à faire l'action indiquée par le verbe, ainsi lit. *bundù* et v. sl. *bŭną* marquent l'idée de « s'éveiller » ; v. sl. *sędą* signifie « je m'assiérai » en face de *sěždą* « je suis assis » ; lat. *(ac-)cumbō* signifie « je me couche » en regard de *ac-cubō* « je suis couché » ; skr. *bhanákti* (3e plur. *bhañjánti*), arm. *bek-anē* veulent dire « il brise » tandis que skr. *bhájati* a le sens de « il partage ».

b. Thèmes secondaires.

1. Suffixe **-ye-*. — Le suffixe **-ye-* est de tous les suffixes indo-européens celui qui a eu la plus grande fortune : c'est lui qui fournit la plupart des formations verbales en usage dans les langues historiquement attestées.

Il sert à former tous les verbes tirés de thèmes nominaux, les *dénominatifs*, ainsi :

de thèmes en **-s-* : de skr. *ápas-* « œuvre », *apas-yá-ti* « il est actif » ; de gr. τέλεσ- « fin », τελείω « j'achève » (de *τελεσ-yω) ; de got. *riqis* « ténèbres », *riqiz-ja* « je m'obscurcis » ;

de thèmes en **-n-* : de skr. *vṛ́ṣan-* « mâle », *vṛṣaṇ-yá-ti* « il est en rut » ; de gr. *τεκτεν- (τέκτων « charpentier »), τεκταίνω, de *ονομεν- (ὄνομα), ὀνομαίνω ; de got. *namin-* *(namo)* « nom », *namnja* « je nomme ».

de thèmes en **-i-* : de skr. *jani-* « femme », *janī-yá-ti* « il cherche femme », cf. v. sl. *ženitŭ sę* « il se marie » ; de gr. μῆνις, μηνί-ω ;

de thèmes en *-u- : de skr. *çátru-* « ennemi », *çatrū-yá-ti* « il marche en ennemi » ; de gr. δάκρυ-, δακρύ-ω ; de lat. *metu-*, *metu-ō* ;

de thèmes en *-e/-o- : de skr. *vasná-* « prix de vente », skr. *vasna-yá-ti* « il trafique », cf. gr. ὦνος et ὠνέομαι ; de *sene- « vieux » (skr. *sánaḥ*, lit. *sẽnas*), lit. *senė́-ju* « je vieillis », lat. *seneō* ; gr. φιλέω de φίλος, lit. *dagiù-ju* « je moissonne » de *dãgas* « moisson » ;

de thèmes en *-ā- : de skr. *pṛtanā-* « combat », *pṛtanā-yá-ti* « il combat » ; de gr. τιμά-, τιμά-ω ; de lit. *(pā-)sakà-* « récit », *(pà-)sako-ju* « je raconte » ; de v. sl. *kotora-* « combat », *kotora-jǫ* « je combats ».

L'ensemble formé par la voyelle finale du thème et par le suffixe *-ye- a été souvent traité comme un suffixe nouveau et a servi à de nouvelles formations, ainsi, en latin, on a *operārī* dérivé de *opera* ; et, d'après le rapport de *opus* et *operārī*, on a tiré *uolnerāre* de *uolnus*.

Le suffixe *-ye- fournit aussi des verbes dérivés de verbes, des *déverbatifs* ; ainsi :

d'intensifs, comme skr. *dediç-yá-te* « il montre » de *dédiṣ-ṭe* ; très souvent la forme primaire n'est pas conservée, comme dans véd. *coṣkū-yá-te* « il protège » ; en grec et en slave, la forme munie du suffixe secondaire est la seule conservée : v. sl. *glagoljǫ* « je parle », gr. παιφάσσω (de *παιφακ-yω), παμφαίνω (de *παμφαν-yω) ;

de thèmes à infixe nasal, comme lit. *jùng-iu* « j'attache » en regard de skr. *yunákti*, lat. *iungō* ; att. κλίνω, lesb. κλίννω (c'est-à-dire *κλιν-yω) de *klinā-, *klinə-, cf. v. sax. *hlinōn* « s'appuyer » ;

de thèmes à voyelle longue finale, comme gr. μαίομαι de *mnā- (cf. ci-dessus p. 177) et les itératifs slaves du type *(vŭ-)mětajǫ* « je jette ».

Dans un grand nombre de cas, le suffixe *-ye- suit immédiatement la racine, mais il n'y a pas lieu pour cela de le considérer alors comme primaire : un présent tel que skr. *páç-ya-ti* « il voit », lat. *spec-iō* peut être un dénominatif du thème à suffixe zéro *$*spek_1$- « celui qui regarde », par exemple dans lat. *au-spex* « qui regarde les oiseaux » ; un présent tel que v. sl. *vě-ją* « je souffle », got. *wai-a* (même sens) peut être un déverbatif du thème à suffixe zéro **wē-*, attesté par skr. *vā́-ti* « il souffle », gr. ἄ(Ϝ)η-σι. Et l'on peut interpréter de même tous les verbes comme gr. τείνω, σχίζω, v. sl. *ližą*, lit. *lëžiù* « je lèche », etc. : cette formation est particulièrement fréquente en grec, en baltique et en slave.

Ainsi que le montrent les exemples cités, le suffixe **-ye-* n'a aucune valeur sémantique propre : il sert purement et simplement à la dérivation.

En indo-iranien, en grec, en slave, en baltique le suffixe est constamment thématique ; en latin et en germanique seulement il a des formes athématiques ; lat. *cupĭ-s, cupĭ-t, cupĭ-mus, cupĭ-tis* ; *farcī-s, farci-t* (de **farcī-t*), *farcī-mus, farcī-tis* ; got. *bidji-s* « tu pries » (au lieu de *bidi-s*), etc. ; *wahseis* « tu crois », etc. Ces formes athématiques, sont sans doute analogiques de celles des thèmes anciens en *-i̯-* (ou *-ī-*), v. ci-dessus p. 179, et surtout en *-eye-* : *-i-* (*-ī-*), v. ci-dessus p. 180, comme lat. *sōpīs* « tu endors », got. *satjis* « tu assieds », *(fra-)wardeis* « tu fais périr ».

Sur la place du ton il est malaisé de rien affirmer ; les dénominatifs sanskrits ont d'ordinaire le ton sur le suffixe, ainsi dans les exemples cités *pr̥tanāyáti* « il combat », etc., mais parfois aussi sur la présuffixale ou à une autre place du thème nominal : *mantrā́yate* « il dit une prière » (un *mántra-*) ; et c'est ce qu'on retrouve ailleurs : russe *igrá-ju* « je joue », de *igrá* ; lit. *pāsako-ju* de *pāsaka* ; gr. τιμά-ων, τιμῶν (participe) de τιμή ; c'est sur la présuffixale qu'il est dans les verbes où le suffixe **-ye-* suit immédiatement la racine : skr. *páç-ya-ti* « il voit », russe *ližet* (thème **liz-je-*) « il lèche », lit. *szaũk-ią̨s* « criant » (participe), gr. τεμεῖν, τεμών (on sait que l'infinitif et le participe grecs conservent le ton du thème verbal à son ancienne place).

2° Suffixe **-ske-*. — La forme de ce suffixe est fixée par la correspondance : 1re pers. sing. act. gr. -σκω = lat. *-scō* = v. h. a. *-sku* ; le sanskrit a *-ccha-* et le zend *-sa-*, par par exemple skr. *gácchati*, zd *jasaiti* « il va » en regard de gr. βάσκω ; skr. *prcchá́ti*, zd *pərəsaiti* « il interroge » en regard de lat. *poscō* (de **porc-scō*), v. h. a. *forscōn* « rechercher » ; skr. *icchá́ti*, zd *isaiti* « il désire » en regard de v. h. a. *eiscōn* « demander », ombr. *eiscurent* « poposcerint » ; skr. *-cch-* = zd *-s-* est le traitement phonétique normal de indo-iranien **-sk* devant i.-e. **e* ; le *k* de ce groupe est un *k* oriental (v. ci-dessus, p. 63) et non k_1, car, en slave, c'est *jiską* « je cherche » qui répond à skr. *icchā́mi* « je désire » ; en principe l'indo iranien a généralisé devant la voyelle thématique le traitement des gutturales qui est normal devant *e* : skr. *pácanti* « ils cuisent » (et non **pakanti*) en face de v. sl. *pekątŭ* d'après *pácati* « il cuit », cf. v. sl. *pečetŭ* ; *sácante* « ils suivent » (et non **sakante*) en face de gr. ἕπονται d'après *sácate* « il suit », cf. gr. ἕπεται ; de même skr. *icchá́ti* a sa gutturale traitée comme celle de v. sl. *jištetŭ* « il cherche » (de **jiščetŭ*) et *icchánti* « ils désirent », où *-anti* représente un ancien **-onti*, doit l'altération de sa gutturale à l'analogie de *icchá́ti*.

Le suffixe **-ske* est nettement secondaire : ainsi en grec γηράσκω « je vieillis » de γῆρας, μεθύ-σκω « j'enivre » de μέθυ ; les prétérits itératifs comme φεύγε-σκον dérivé de l'imparfait ou φύγε-σκον dérivé de l'aoriste ; les présents dérivés de thèmes en **-i-* (cf. ci dessus p. 179), tels que εὑρί σκω à côté de thèmes en **-ē-* comme εὑρή-(σω), ἁλί-σκομαι à côté de thèmes en ω comme ἁλῶ-ναι, etc. ; en latin *biā-sce-re* de *biā-re*, *rubē-sce-re* de *rubē-re*, *(ob-)dormī-sce-re* de *dormī-re*, etc. ; en iranien le thème *γri-sa-* « s'éveiller », dérivé d'un thème en *-*i*-, de même que gr. εὑρίσκω, etc. ; zd *taf-saiti* « il s'échauffe » dérivé du thème à suffixe zéro attesté par le participe moyen skr. *tap-ānáḥ* « s'échauffant », tandis que le lat. *tepē-scere* est dérivé de *tepēre*. Un thème comme celui de skr. *gácchati* « il va », zd *jasaiti*, gr. βάσκω est dérivé du thème à suffixe zéro attesté par skr. *ágan*, arm. *ekn* « il est venu » ; et, si l'on ne trouve plus attesté le thème à suffixe zéro d'où est dérivé skr. *pṛccháti* « il demande », zd *pərəsaiti*, lat. *poscō*, arm. *harci* « j'ai demandé » (avec *c* représentant **sk*), c'est sans doute par suite d'un pur hasard.

Pour le sens, **-ske-* a dans la formation secondaire à peu près le même rôle que l'infixe nasal dans la formation primaire ; il indique le commencement de l'action et a fourni des inchoatifs ; il ne manque pas de racines qui présentent concurremment une forme en **-ske-* et une forme à infixe ; ainsi en regard de la forme primaire à infixe de skr. *jānā́ti* « il connaît », got. *kunnan* « connaître », le latin a *(g)nō-scō* et le grec γνώ-σκω (et γιγνώσκω) tirés du thème $*g_1n\bar{o}$- de l'aoriste attesté par gr. γνῶ-ναι ; en regard de la forme à infixe de gr. κί-ν-υ-ται « il se met en mouvement », le zend a *šusaiti* (de iran. **čyu-sa-*) du thème à suffixe zéro **kyeu-*, attesté peut-être par véd. *cyáv-ānaḥ* « qui se meut » et sûrement par hom. ἔσσυτο (de **e-kyu-to*) ; cf. le présent thématique skr. *cyávate* « il se meut » et le gr. σεύω.

3. De quelques formations peu claires. — Outre les deux suffixes secondaires précédents, il paraît y en avoir eu plusieurs autres dont l'extension et la valeur ne peuvent plus être exactement déterminées. Ainsi le grec a trace de **-dhe-* dans le -θε- de dor. ἔσ-θω, cf. ἔδω et skr. *ád-mi* « je mange » ; πλή-θω,

cf. ἔ-πλη-το et skr. áprāt « il a empli »; σχέ-θω, cf. ἔσχον : πελά-θω « je m'approche » de πέλας, etc. ; et ce même *-dhe- se retrouve dans got. walda « je domine », v. sl. vladą (même sens), lit. véldu, en regard de v. irl. flaith « souveraineté » et lat. uolō, uolt, etc. Un suffixe *-de- est attesté par got. giu-ta « je verse », lat. fu-n-dō (avec infixe nasal), cf. gr. κεχυδεῖν « couler abondamment », en face de gr. χέ(F)ω, skr. juhó-ti « il fait libation »; mais le d se retrouvant dans toutes les formes de ces verbes doit plutôt sans doute passer pour un élargissement (cf. ci-dessus, p. 147 et suiv.). L'ambiguïté du d slave et baltique ne permet pas de décider si l'on est en présence de *-de- ou de *-dhe- dans v. sl. jidą « je vais » (de *jidą), dont l'infinitif est jiti « aller » en face de gr. εἶμι et dans lit. vér-du « je cuis », infinitif vir-ti, prétérit vir-iaũ. — Un autre suffixe secondaire est indiqué par gr. νή-χω en regard de skr. snā-ti « il baigne ». — Le *-k- de gr. ἔθη-κα (plur. ἔθεμεν), lat. fē-c-ī (en face de skr. ádhāt « il a posé ») et de ἧ-κα, lat. iē-c-ī est aussi un suffixe secondaire, mais athématique. — On pourrait multiplier les exemples de ce genre.

Quelles qu'elles soient, les formations verbales secondaires ont un seul thème ; les conjugaisons, d'ailleurs complètement divergentes, de gr. τιμάω, τιμήσω, ἐτίμησα, τετίμηκα, ἐτιμήθην, de lat. plantō, plantāui, de got. salbo « j'oins », salboda « j'ai oint », etc., résultent toutes de développements isolés de chaque langue, comme on l'a vu p. 166. En sanskrit, les dénominatifs ne présentent encore en principe qu'un seul thème, celui du présent ; par exemple du thème *pot- « maître », attesté par le composé lit. wësz-pats « seigneur », le dénominatif skr. pat-ya-te « il est le maître », auquel répond lat. poti-tur, n'a que le thème du présent.

c. Les modes.

L'indo-européen distingue par des formes spéciales trois modes :

1° L'*indicatif*, caractérisé par l'absence de toute addition au thème verbal tel qu'il vient d'être décrit.

2° Le *subjonctif*, caractérisé par l'addition de la voyelle thématique **-e- (-o-)* au thème verbal.

3° L'*optatif*, caractérisé par l'addition d'un suffixe secondaire **-yē-* : **-ī-* aux formes athématiques et, pour les formes thématiques, d'un suffixe **-i-* formant diphtongue avec la voyelle précédente (type gr. φερο-ι-).

L'impératif et l'injonctif qu'on joint souvent aux précédents ne sont caractérisés par aucune forme particulière du thème et ne sauraient par suite être mis sur la même ligne.

1° Indicatif. — En ce qui concerne la forme, l'indicatif n'appelle aucune remarque. Il sert à indiquer qu'une chose est ou n'est pas, a lieu ou n'a pas lieu, ainsi chez Homère :

A 178 εἰ μάλα καρτερός ἐσσι, θεός που σοὶ τόγ' ἔδωκεν
« si tu es fort, c'est que c'est un dieu qui te l'a donné ».

2° Subjonctif. — La formation du subjonctif est transparente dans le type athématique :

indicatif skr. *ás-ti* « il est », lat. *es-t* : subjonctif skr. *ás-a-ti, ás-a-t* « qu'il soit », lat. *er-i-t* « il sera » (l'ancien subjonctif sert ici de futur).

aoriste sigmatique subjonctif skr. *néṣ-a-ti, néṣ-a-t* « qu'il conduise » (avec le degré *e* comme au moyen, et non le degré *ē* de l'indicatif actif skr. *ánaiṣam* « j'ai conduit »), hom. τείσ-ο-μεν, τείσ-ε-τε, lat. *dīxō* (c'est-à-dire *dīc-s-ō*) servant de futur antérieur, v. irl. *-tess* « qu'il aille » (de **-steik-s-e-t*).

parfait subjonctif skr. *tatán-ati, tatán-a-t* « qu'il tende », hom. πεποίθ-ο-μεν. Le vocalisme prédésinentiel est *e*, ainsi skr. *véd-anti*, *véd-a-t* « qu'il sache », hom. (*F*)είδ-ο-μεν, *F*είδ-ε-τε en regard de (*F*)οἶδα ; le vocalisme *o* de hom. πεποίθομεν est emprunté à πέποιθα. Le ton est sur l'élément présuffixal.

Dans la forme thématique, tout se passe comme si la caractéristique *-*e*-, *-*o*- se combinait avec la voyelle finale du thème, ce qui donne *-*ē*-, *-*ō* , ainsi gr. φέρω-μεν, φέρη-τε, skr. *bhárā-ti*, *bhárā-t* « qu'il porte », lat. *ferē-s* « tu porteras » (subjonctif ancien servant de futur) ; le vocalisme présuffixal et la place du ton sont les mêmes qu'à l'indicatif.

Le subjonctif indique une action qu'on compte voir se réaliser, soit qu'on la veuille, ainsi véd. *agním stavāni* « je veux louer Agni (le feu) », *çrṇávad vácāṃsi me* « qu'il entende mes paroles », et chez Homère :

υ 296 ἀλλ' ἄγε (*F*)οι καὶ ἐγὼ δῶ ξείνιον

soit qu'on l'attende simplement, ainsi véd. *víçvāḥ pṛtanā jayāsi* « tu vas être victorieux dans tous les combats », hom. Z 459 καί ποτέ τις (*F*)είπῃσι « et quelqu'un va dire » ou ε 465 ὤμοι ἐγώ, τί πάθω ; « hélas, que va-t-il m'arriver ? ».

3° Optatif. — Dans les formes athématiques, l'optatif est caractérisé par le suffixe *-*yē*- : *-*yə*- (c'est-à dire * *y*- devant voyelle, *ī*- devant consonne) ; l'élément présuffixal a le vocalisme zéro ; le ton est, suivant les cas, sur le suffixe *-*yē*- ou sur la désinence :

thème **es*- : skr. *s yā-t*, *s-(i)yā-t* « qu'il soit », *s-y-úḥ*, *s-(i)y-úḥ* « qu'ils soient » ; lat. *s-iē-s* « que tu sois », *s-ī-mus* « que nous soyons » (d'où *sim* par analogie). Le gr. εἴην a pris le vocalisme radical de ἔστι.

thème **dedō*-, **didō*- : skr. *dad-yā-t* « qu'il donne », moyen *dad-ī-tá* « qu'il donne » ; v. sl. *dad-i-mŭ* « donnons » (du thème **dōd(ə)*) ; gr. διδο-ίη-ν, διδο-ῖ-μεν.

thème *γneu-, *γnu-: skr. *ṛṇu-yā́-t* « qu'il mette en mouvement », moyen *ṛṇv-ī-tá*.

thème de parfait *wewort-; *wewṛt-* : skr. *vavṛt-yā́-t* « qu'il roule », moyen *vavṛt-ī-tá* ; v. h. a. 1re pers. plur. *wurt-ī-mēs* « devenons » (de germ. **wurđ-ī-mēs* dont le *đ* suppose une présuffixale atone).

Dans les formes thématiques, l'optatif est caractérisé par *-*i*- formant diphtongue avec la voyelle thématique qui a le timbre -*o*- ; suivant la règle générale du type thématique, le vocalisme et la place du ton propres au thème ne varient pas :

thème **bhéro-* : skr. *bháre-t* « qu'il porte », gr. φέροι, got. *bairai*, v. sl. *beri* (2e pers. plur. *berě-te* « portez »), cf. lit. *te nešẽ* « qu'il porte ».

thème *$d\text{ṛ}k_1$ó-* : skr. *dṛçé-t* « qu'il voie », gr. δράκοι.

L'optatif a deux valeurs sémantiques distinctes :

1° Il indique une chose *possible*, par contraste avec l'indicatif qui indique une réalité. Ainsi skr. *kāmáyeta* « il peut désirer » dans cette phrase védique : *kāmáyeta rā́jā samrā́ḍ bhávitum* « un roi peut désirer devenir roi suprême » ou gr. φέροιεν dans ce passage homérique :

E 303 ὁ δὲ χερμάδιον λάβε χειρὶ
Τυδείδης, μέγα (F)έργον ὃ οὐ δύο κ' ἄνδρε φέροιεν.

En ce sens, l'optatif sert à indiquer une condition, ainsi chez Homère :

K 556 ῥεῖα θεός γ' ἐθέλων καὶ ἀμείνονας ἠέπερ οἵδε
ἵππους δωρήσαιτο.

« un dieu qui le voudrait pourrait aisément donner de meilleurs chevaux que ceux-ci », et dans cette phrase védique : *yát páceyuḥ kravyā́dam kuryuḥ* « s'ils faisaient cuire (de la viande), ils le (le feu) rendraient carnivore ».

2° L'optatif indique une chose souhaitée, ainsi chez Homère : Σ 98 αὐτίκα τεθναίην « puissé-je mourir à l'instant ! » et véd. *viçé ca kṣatrâya ca samádaṃ kuryām* « entre le peuple et la noblesse puissé-je créer une inimitié ! ». De là l'emploi de l'optatif dans les prescriptions : véd. *dámpatī açnīyātām* « que les (deux) maîtres de maison (c'est-à-dire le maître et la maîtresse) mangent ».

La traduction française par « puissé-je » suffit pour montrer comment la seconde valeur peut sortir de la première.

Les nuances de sens exprimées par l'indicatif, le subjonctif et l'optatif sont donc respectivement celles de l'action : positivement affirmée — attendue — ou simplement possible.

C. Flexion des verbes.

Il convient d'examiner séparément le rôle des trois procédés employés concurremment : désinence, alternance vocalique, place du ton.

a. Désinences.

Le système des désinences verbales indo-européennes comprend :

1° Deux séries complètes de formes, dites les unes *actives* et les autres *moyennes,* qui caractérisent les deux voix *active* et *moyenne,* actif dor. τίθη-τι, ion. att. τίθησι, et moyen τίθε-ται.

2° Dans les deux séries active et moyenne, deux séries dites l'une *primaire,* l'autre *secondaire,* dont la valeur est trop complexe pour se laisser ramener à une formule unique, ainsi en grec au moyen, primaire τίθε-ται, secondaire ἐτίθε-το ; il y a de plus des désinences propres à l'*impératif* et d'autres propres aux thèmes de *parfaits.*

3° Dans chacune de ces six séries, il y a une forme propre pour chaque *personne*, à chaque *nombre*.

Une désinence n'est donc définie que quand on a marqué si elle est : 1° active ou moyenne ; 2° primaire ou secondaire (ou d'impératif ou de parfait) ; 3° de 1re, 2e ou 3e personne ; 4° de nombre singulier, pluriel ou duel ; ainsi la désinence -ται de gr. τίθεται est une désinence de 3e personne — du singulier — moyenne — primaire. De plus les désinences diffèrent en certains cas suivant qu'il s'agit de formes thématiques ou athématiques. — Les trois personnes du singulier et la troisième du pluriel sont celles où toutes les distinctions sont le mieux marquées.

1° Désinences actives.

α. Désinences primaires.

Singulier. — 1re personne. Dans les athématiques, *-*mi* : skr. *ás-mi* « je suis », v. sl. *jes-mĭ*, gr. εἰμι, arm. *em*, alb. *jam*, got. *im* (et lat. *sum*). — C'est à cette désinence que les présents athématiques doivent le nom très commode de verbes en *-*mi* : types εἶμι, δίδωμι, τίθημι, ἵστημι, δείκνυμι, δάμνημι, etc.

Dans les thématiques, la première personne correspondante se termine en *-*ō* : gr. φέρω, lat. *ferō*, got. *baira*, v. irl. *-biur* (de *-*berū*) ; lat. *uehō*, lit. *vežù* (de **vežú*) ; gâth. *pərəsā* « je demande », lat. *poscō* ; en sanskrit, la finale *-mi* a été surajoutée, d'où *bhárāmi* « je porte », *váhāmi* « je vais en char », *pṛcchāmi* « je demande ».

2e personne : *-*si* : skr. *é-ṣi* « tu vas », gr. εἶ (de *ει-σι) ; hom. ἐσ-σι « tu es », v. lat. *es-s*, arm. *es* (de **essi*).

skr. *bhára-si* « tu portes », got. *bairi-s*, v. irl. *beri* (de **beresi*).

3e personne : *-*ti* : skr. *ás-ti* « il est », gr. ἔσ-τι, v. russe *jes-tĭ*, v. lit. *ès-ti*, v. irl. *is* (de **es-ti*), got. *is-t*, lat. *es-t*.

skr. *váha-ti* « il va en char », v. russe *veze-tĭ*, got. *-wigi-þ*, lat. *uehi-t*.

Pluriel. — 3e personne : *-*enti* dans les formes athématiques sans redoublement : skr. *s-ánti* « ils sont », dor. ἐντί, au lieu de *ἑντι, ion. att. εἰσί, ombr. *s-ent*, got. *s-ind*.

*-*nti* dans les formes athématiques à redoublement : skr. *dád-ati* « ils donnent » i.-e. **déd-n̥ti*, v. sl. *dad-ętŭ* (v. russe *dad-jatĭ*) « ils donneront », dor. δίδο-ντι (i.-e. **didə-nti*), et dans les formes thématiques : skr. *bhára-nti* « ils portent », dor. φέρο-ντι (att. φέρουσι), got. *baira-nd*, lat. *uehu-nt*, v. sl. *vezątŭ* (v. russe *vezutĭ*).

1re personne : *-*mes*, *-*mēs*, *-*mos*, qui sont trois aspects de la même désinence avec des vocalismes différents : skr. *i-máḥ* « nous allons », *bhára-maḥ* « nous portons » ; dor. ἴ-μες, φέρο-μες ; lat. *ī-mus*, *feri-mus* ; v. sl. *jes-mŭ* « nous sommes » (désinence *-*mos*), *bere-mŭ* « nous portons », tch. *js-me* « nous sommes », *veze-me* « nous allons en voiture » ; v. h. a. *bera-mēs* « nous portons » ; v. irl. *ammi* « nous sommes » (*-mi* de *-*mes*?), (*do-*)*beram* « nous portons » (désinence *-*mos*). Le ion. att. -μεν de ἴμεν, φέρομεν n'a pas de correspondant exact hors du grec ; c'est peut être une ancienne désinence secondaire, comme lit. *-ma*, serbe *-mo* : aux 1re et 2e personnes du pluriel, l'indo-iranien est le seul dialecte qui distingue les désinences primaires et secondaires.

2e personne : skr. *-tha*, gr. -τε (sur le traitement de i.-e. *th* en grec, v. ci-dessus p. 60 et suiv.), v. sl. *-te* :

skr. *s-thá* « vous êtes », gr. ἔσ-τε, v. sl. *jes-te*.

skr. *bhára-tha* « vous portez », gr. φέρε-τε, v. sl. *bere-te*.

Duel. — 1re personne : skr. *-vaḥ* : *s-váḥ* « nous (deux) sommes », *bhárā-vaḥ* « nous (deux) portons » ; lit. *-va* et v. sl. *-vě* sont à la fois primaires et secondaires ; la forme gotique *bairos* « nous (deux) portons » n'est pas claire.

2° et 3° personnes : skr. 2° pers. *-thaḥ* : *s-tháḥ* « vous (deux) êtes », *bhára-thaḥ* « vous (deux) portez » ; 3° pers. *-taḥ* : *s-táḥ* « ils (deux) portent », *bhára-taḥ* « ils (deux) portent » ; cf. got. *baira-ts* « vous (deux) portez » avec un *-t-* énigmatique ; la désinence gr. -τον de 2° et 3° personnes répond à la désinence secondaire skr. *-tam* ; lit. *-ta* et v. sl. *-ta* sont sans doute originairement aussi secondaires.

β. Désinences secondaires.

Les désinences des trois personnes du singulier et de la 3° du pluriel ne diffèrent des désinences primaires correspondantes que par l'absence de **-i*.

Singulier. — 1re personne **-m* ou **-n* suivant la phonétique de chaque langue : skr. *ábhara-m* « je portais », gr. ἔφερο-ν ; v. sl. *padŭ* « je suis tombé » (de **pŏdo-n*) ; skr. *ásthā-m* « je me suis mis debout », gr. ἔστη-ν ; skr. *syā́-m* « que je sois », lat. *siē-m*, gr. εἴη-ν ; gr. ἦ-α (de **ēs-m̥*) « j'étais » ; ἔτεισ-α ; v. sl. *nēs-ŭ* « j'ai porté » (avec *-ŭ* représentant **-m̥*).

2° personne : **-s* : skr. *ábhara-ḥ* « tu portais », gr. ἔφερε-ς ; v. sl. *pade* « tu es tombé » (de **pŏde-s*) ; skr. *ásthā-ḥ* « tu t'es mis debout », gr. ἔστη-ς ; skr. *syā́-ḥ* « que tu sois », lat. *siē-s*, gr. εἴη-ς ; got. *witei-s* « que tu saches ».

3° personne : *-t* : skr. *ábhara-t* « il portait », gr. ἔφερε (les occlusives finales tombent en grec) ; v. sl. *pade* « il est tombé » (de **pŏde-t*) ; skr. *ásthā-t* « il s'est mis debout », gr. ἔστη ; skr. *syā́-t* « qu'il soit », v. lat. *siē-d*, gr. εἴη.

Pluriel. — 3° personne : **-ent* et **-nt* (dans les conditions où la désinence primaire est **-enti* ou **-nti*) : skr. *ās-an* (de *āsant) « ils étaient » — skr. ábhara-n (de *ábhara-nt), gr. ἔφερον ; v. sl. *padą* « ils sont tombés » (de *pōdo-nt) ; le *-t final n'est clairement conservé nulle part, mais sa présence est indiquée par divers faits de phonétique syntactique du védique et par le traitement slave.

1re personne : skr. *-ma* et *-mā* ; dans les langues autres que l'indo-iranien la désinence est la même que la désinence primaire.

2e personne : skr. *-ta* et *-tā*, désinence distincte de celle de la forme primaire *-tha*, sans distinction par ailleurs.

Duel. — La désinence secondaire du sanskrit *-tām* se retrouve dans dor. -ταν, ion. att. -την ; cf. la forme sans nasale finale de v. sl. *-ta*.

2° Désinences moyennes.

α. Désinences primaires.

Les désinences des trois personnes du singulier et de la 3e personne du pluriel se distinguent des désinences actives correspondantes par la présence de *-ai là où celles-ci ont *-i*.

Singulier. — 1re personne : gr. -μαι, v. pruss. *-mai*, lit. *-mi* (de *-mē) : gr. ἵστα-μαι, φέρο-μαι, v. pruss. *as-mai* « je suis », lit. *es-mì* (de *es-mē) ; la désinence est simplement *-ai en indo-iranien : skr. *bruv-é* « je dis » ; le grec et le baltique représentent sans doute l'état indo-européen.

2e personne : *-sai : skr. *-se*, gr. -σαι, lit. *-si* (de *-sē*), got. *-za* ; skr. *dhat-sé* « tu poses », gr. τίθε-σαι, lit. *de-si* (de *det-sē) ; skr. *bhára-se* « tu portes », gr. φέρε-σαι, got. *baira-za*.

3e personne : *-tai : skr. *çé-te* « il est couché », gr. κεῖ-ται ; skr. *bhára-te* « il porte », gr. φέρε-ται, got. *baira-da*.

Pluriel. — 3e personne : *-*ntai* : skr. *çáy-ate* « ils sont couchés », hom. κέ-αται ; skr. *bhára-nte* « ils portent », gr. φέρο-νται, got. *baira-nda*.

1re personne : le gr. -μεθα de κείμεθα, φερό-μεθα est à la fois primaire et secondaire ; l'indo-iranien oppose la désinence primaire *-*madhai* (skr. *-mahe*, par exemple dans *dad-mahe* « nous donnons », zd *-maide*) à la désinence secondaire *-*madhi* (skr. *-mahi*, gâth. *-maidī*), de i.-e. *-*medhə* ; mais la distinction est suspecte d'être une innovation de ce dialecte.

2e personne : la désinence primaire est en indo-iranien *-*dhwai* : skr. *-dhve*, gâth. *-duyē* ; la désinence secondaire *-*dhwam* : skr. *-dhvam*, gâth. *-dūm*, zd *-δwəm* ; le grec a (-θε), -σθε, à la fois primaire et secondaire.

Duel. — L'indo-iranien et le grec ont des formes divergentes, influencées d'ailleurs à la fois par les désinences du duel actif et du pluriel moyen. L'état indo-européen est indéterminable.

β. Désinences secondaires.

Plusieurs désinences secondaires ont *-*o* là où les désinences primaires du moyen ont *-*ai*.

Singulier. — 1re personne. Le grec a -μᾱν, ion. att. -μην : dor. ἐθέ-μᾱν, ἐφερό-μᾱν, ion. att. ἐθέ-μην, ἐφερό-μην. L'indo-iranien a *-i* : skr. *ákr-i* « j'ai fait », gâth. *aoj-ī* « j'ai parlé » ; ce *-i* forme diphtongue avec la voyelle thématique précédente : *(*a*)*bhara-i* : skr. *ábhare* « je portais », zd *baire*, ce qui semble indiquer un i.-e. *-*i* ; mais à l'optatif la désinence est *-a*, ce qui est en indo-iranien la forme normale de i.-e. *ə après *y* : skr. *bháre y-a*, zd *baray-a* « je pourrais porter ». L'état indo-européen ne saurait donc être déterminé.

2e personne : gr. -σο dans ἐτίθε-σο, ἔθε-ο, ἐφέρε-ο, etc. ; indo-iran. *-*sa*, dans le subjonctif gâth. *dåṅhā* « que tu donnes » (de **dā-sa*), zd *baraē-ša* « tu pourrais porter » ; lat. -*re* (de *-*se* ?) dans *seque re*, cf. hom. ἕπε-ο. — Le sanskrit a généralisé une désinence -*thāḥ*, qui rappelle la désinence de 2e pers. sing. act. parf. skr. -*tha*, et dont il faut peut-être rapprocher la forme de déponent v. irl. *no labri ther* « tu parles ».

3e personne : *-*to* : skr. *ádi-ta* « il a donné », gr. ἔδο-το ; skr. *ábhara-ta* « il portait », gr. ἐφέρε-το ; cette désinence est aussi conservée dans lat. *sequi-tu-r*.

Pluriel. — 3e personne : *-*nto* : skr. *çáy-ata* « ils étaient couchés », hom. κεί-ατο ; skr. *ábhara nta* « ils portaient », gr. ἐφέρο-ντο : la désinence apparaît aussi dans lat. *sequo-ntu r*, cf. hom. ἕποντο.

Sur les désinences des deux autres personnes du pluriel et sur celles du duel, il n'y a rien à ajouter à ce qui a été indiqué à propos des désinences primaires.

Désinences particulières au parfait.

Les thèmes de parfaits reçoivent certaines désinences qui leur sont propres.

Actif.

Singulier. — 1re personne : *-*a* : skr. *véd a* « je sais », gr. Ϝοῖδ-α, got. *wait* ; v. irl. *cechan* dans *forroichan* « j'ai enseigné » suppose un primitif terminé par une voyelle finale *-*a* ou *-*o* et exclut soit *-*e*, soit *-*u*.

2e personne : skr. -*tha* : *vét tha* « tu sais » ; got. -*t* (traitement régulier seulement dans certains cas spéciaux) : *wais-t* ; gr. -θα ; gr. Ϝοῖσ-θα ; cf. aussi le -*t*- de lat. *uidis-t-ī*. Le θ du grec semble supposer i.-e. **dh* en regard du *th* indiqué par les autres langues.

3ᵉ personne : **-e* : skr. *véd-a* « il sait », gr. Ϝοῖδ-ε, got. *wait* ; le v. irl. *cechain* dans *tairchechuin* « il a annoncé » suppose une voyelle finale palatale, telle que *-e*.

Pluriel. — Le sanskrit a des désinences différentes de celles du présent, à la 2ᵉ personne **-a* : *vid-á* « vous savez » (en regard de gr. Ϝίσ-τε) et à la 3ᵉ : *-uḥ* (*-ur*), cf. gâth. *-ərəš*, zd *-arə*, skr. *vid-úḥ* « ils savent ».

Moyen.

La 1ʳᵉ personne avait la désinence **-ai* à en juger par skr. *tutud-é* « j'ai heurté », lat. *tutud-ī*, et par v. sl. *věd-ě* « je sais ». — L'indo-iranien a aussi **-ai* pour la 3ᵉ personne : skr. *tutud-é* « il a heurté ».

Impératif.

Les désinences d'impératif sont celles qu'on ajoute au thème de l'indicatif pour donner un ordre ; l'impératif fait donc partie du mode indicatif et, au point de vue morphologique, ne constitue pas un mode comparable à l'optatif et au subjonctif qui ont des thèmes propres ; quant au sens, l'impératif exprime un ordre ferme et participe ainsi au sens nettement affirmatif de l'indicatif auquel il appartient pour la forme.

La 2ᵉ personne du singulier à l'actif est caractérisée par la désinence zéro :

forme athématique : thème **ei-* : gr. ἔξ-ει « sors », lat. *ī* (*ex-ī*), lit. *eĩ-k* (avec une particule, *-ki*, *-k*) ; thème **stṛneu-* : skr. *stṛṇu* « étends », gr. στόρνυ.

forme thématique : skr. *bhára* « porte », gr. φέρε, arm. *ber*, got. *bair*, v. irl. *-bir* ; skr. *ája* « conduis », gr. ἄγε, lat. *age*, arm. *ac*.

Les athématiques peuvent aussi recevoir une désinence

**-dhi* : thème **ei-* : skr. *i-hí* (de ** i-dhí* « va », zd *i-δi*, gr. ἴ-θι. — thème **es-* : zd *z-di* « sois », gr. ἴσ-θι — thème **weid-* : skr. *vid-dhí* « sache », gr. (ϝ)ἴσ-θι.

Une autre désinence d'impératif est : skr. *-tāt*, v. lat. *-tōd*, lat. class. *-tō*, gr. -τω ; en sanskrit et en latin, elle sert à la fois pour la 2ᵉ et la 3ᵉ personnes ; en grec, seulement pour la troisième, mais, élargie par -ς, aussi pour la seconde dans certains parlers, ainsi ἐλθετῶς· ἐλθέ à Salamine d'après Hesychius ; skr. *bhára-tāt* « porte, qu'il porte », gr. φερέ-τω ; skr. *váha-tāt* « va en char, qu'il aille en char », lat. *vehi-tō* ; skr. *vit-tāt* « sache, qu'il sache » ; lat. *es-tō* « sois, qu'il soit ». Cette finale i.-e. **-tōt* s'ajoute à la forme à désinence zéro ; elle est donc suspecte d'être un mot isolé, peut-être l'ablatif du démonstratif i.-e. **to-* ; **-dhi*, qui présente la même particularité, pourrait aussi être une ancienne particule ; alors la seule véritable désinence caractéristique de l'impératif serait la désinence zéro de 2ᵉ personne du singulier actif.

La désinence de 2ᵉ pers. plur. active de l'impératif ne se distingue pas de la 2ᵉ personne secondaire : skr. *bhára-ta* « portez », gr. φέρε-τε, lat. *fer-te*.

Les diverses langues indo-européennes ont au pluriel et au duel actifs et moyens des désinences spéciales à l'impératif, mais sans accord entre elles et l'état indo-européen n'est pas connu.

Désinences en **-r-*.

Les dialectes indo-iraniens, celtiques et italiques ont des désinences en **-r-* qui, sans se laisser ramener à des originaux communs, présentent de telles ressemblances qu'il est impossible de ne pas les rapprocher les unes des autres.

Le sanskrit a une désinence de 3ᵉ personne du pluriel à l'actif *-uḥ* (*-ur* devant voyelle), au moyen *-re*, *-ire* ; le zend répond par *-arə* et *-ərəš* à l'actif, *-re* au moyen : skr. *ās-úḥ* « ils ont été », zd *åṅh-arə*; skr. *cikit-úḥ* « ils s'aperçoivent », zd *čikōit-ərəš*; skr. *çé-re*, zd *sōi-re* « ils sont couchés » ; le *-uḥ* sanskrit peut être soit *-ṛ, soit *-ṛš, avec un traitement spécial à la fin du mot ; il est employé aussi à l'imparfait, à l'aoriste et à l'optatif, ainsi *sy-úḥ* « qu'ils soient » ; au moyen, skr. *-ran* sert de désinence secondaire dans quelques formes comme *ádṛç-ran* « ils ont vu ».

En brittonique, les formes en *-ir*, *-ār*, *-er* ont une valeur impersonnelle, la personne étant indiquée par un pronom régime : cornique *en tas a nef ym gylwyr* « on m'appelle père du ciel », breton armoricain *nem gueler* « on ne me verra pas », ou *ez consacrer* « on le consacre ». — En vieil irlandais, les formes correspondantes ont la valeur de 3es personnes passives : *berir* « il est porté » ; on a par suite formé une 3e personne du pluriel, ainsi *bertir* « ils sont portés », et, même au singulier, *-r* est parfois ajouté à une forme pourvue de désinence, ainsi *gaibthi-r* « il est chanté » (cf. *gabaim* « je chante ») ; le déponent seul a tiré de là une flexion contenant *-r* à toutes les personnes.

En italique, le subjonctif ombrien *ferar* « on portera » et l'indicatif présent ombrien *ier* « on va » attestent l'existence d'un impersonnel correspondant à l'impersonnel celtique ; en latin *-r* n'apparaît plus qu'ajouté à des formes déjà pourvues de désinences, à la 3e personne *uehi-tu-r*, en regard de la 3e pers. sing. secondaire moyenne véd. *vāha-ta*, et de même au pluriel *uehu-ntu-r* et aussi à d'autres personnes : *uehor* et *uehimur* ; cette flexion en *-r* tient en grande partie la place des anciennes désinences moyennes : les déponents lat. *sequitur* et v. irl. *sechithir* répondent ainsi au thème constamment suivi de désinences moyennes de gr. ἕπεται et de skr. *sácate* « il suit ».

Il est possible que *r ait caractérisé un impersonnel indo-européen ; la 3e personne du singulier en *-r* a encore très souvent la valeur impersonnelle en latin : *ītur* « on va ». — La disparition de la forme en **r* dans la plupart des dialectes s'expliquerait par le caractère anomal de cet impersonnel qui est isolé dans la morphologie indo-européenne et qui n'a subsisté presque nulle part avec sa valeur ancienne.

b. Vocalisme de l'élément prédésinentiel.

Dans le type thématique, la voyelle qui termine le thème a l'alternance de timbres *e* : *o* ; cette alternance est fort clairement conservée devant les désinences primaires actives dans les paradigmes suivants (où l'on a supprimé les formes altérées de diverses manières) :

GREC	GOTIQUE	LATIN	VIEUX SLAVE
ἔχω	*-wiga*	*uehō*	*vezą*
[ἔχεις]	*-wigis*	*uehis*	*vezeši*
[ἔχει]	*-wigiþ*	*uehit*	*vezetŭ*
ἔχομεν	*-wigam*	»	»
ἔχετε	*-wigiþ*	»	*vezete*
dor. ἔχοντι	*-wigand*	*uehunt*	*vezątŭ*
ἔχετον	»	»	*vezeta*
ἔχετον	»	»	*vezeta*

devant les désinences secondaires actives :

GREC	VIEUX SLAVE
ἔφερον	*padŭ* « je suis tombé » (*ŭ* de **-on*)
ἔφερες	*pade* (*e* de **-es*)
ἔφερε	*pade* (*e* de **-et*)
ἐφέρομεν	*padomŭ*
ἐφέρετε	*padete*
ἔφερον	*padą* (*ą* de **-ont*)
ἐφέρετον	*padeta*
ἐφερέτην	*padeta*

Et, de même au moyen : gr. φέρομαι, φέρεαι, φέρεται, φερόμεθα, φέρεσθε, φέρονται, et ἐφερόμην, ἐφέρεο, ἐφέρετο, ἐφερόμεθα, ἐφέρεσθε, ἐφέροντο. Donc la voyelle thématique a le timbre *o* à la 1re personne du singulier et aux 1re et 3e du pluriel, le timbre *e* aux 2e et 3e personnes du singulier, à la 2e du pluriel, aux 2e et 3e du duel.

Dans le type athématique, l'élément prédésinentiel a le vocalisme *e* (ou, au parfait, *o*) aux trois personnes du singulier actif primaire ou secondaire et dans certains impératifs à désinence zéro, le vocalisme zéro dans les autres formes. Ainsi :

Flexion primaire active :

	SKR.	GR.
sing.	*é-mi* « je vais »	εἶ-μι
	é-ṣi	εἶ (de **ei-si*)
	é-ti	εἶ-σι (de εἶ-τι)
plur.	*i-máḥ*	ἴ-μεν
	i-thá	ἴ-τε
	y-ánti	ἴ-ᾱσι
duel	*i-tháḥ*	ἴ-τον
	i-táḥ	ἴ-τον
impératif	»	εἶ
	i-hí	ἴ-θι

Ou, de même, dans le type en *-nā-* de skr. *pṛṇā́mi* « j'emplis », dor. δάμνᾱμι, gr. δάμνημι :

	SKR.	DOR.	ATT.
sing.	*-nā́-mi*	-νᾱ-μι	-νη-μι
	-nā́-si	-νᾱ-ς	-νη-ς
	-nā́-ti	-νᾱ-τι	-νη-σι

	SKR.	DOR.	ATT.
plur.	*-nī-máḥ*	-να-μες	-να-μεν
	-nī-thá	-να-τε	-να-τε
	-n-ánti	-να-ντι	-νᾶσι
duel	*-nī-tháḥ*	»	-να-τον
	-nī-táḥ	»	-να-τον

Ou, au parfait :

	SKR.	GR.	GOT.
sing.	*véd-a* « je sais »	Ϝοῖδ-α	*wait*
	vét-tha	Ϝοῖσ-θα	*wais-t*
	véd-a	Ϝοῖδ-ε	*wait*
plur.	*vid-má*	Ϝίδ-μεν	*wit-um*
	vid-á	Ϝίσ-τε	*wit-uþ*
	vid-úḥ	(Ϝίσᾶσι)	*wit-un*

ou, dans les parfaits à redoublement, skr. *jagrábh-a* « j'ai saisi », *jagṛbh má* « nous avons saisi » ; gr. μέμον-α, μέμα-μεν.

Aux 1re et 2e personnes du pluriel à désinences secondaires, l'indo-iranien et aussi le grec ont souvent le vocalisme *e* là où, d'après la règle générale, on attend le vocalisme sans *e* que présente en effet la 3e personne : ainsi en face de skr. *ágāt* « il est venu », dor. ἔβᾱ, att. ἔβη, 3e pers. plur. skr. *ág-uḥ* « ils sont venus » (avec vocalisme zéro), mais skr. *ágāma* « nous sommes venus », gr. ἔβημεν (avec vocalisme au degré *e*) ; en regard de skr. *ákar* « il a fait » et de *ákr-an* « ils ont fait », 1re plur. *ákar-ma*, 2e plur. *ákar ta* ; en regard de skr. *syā́-t* « qu'il soit » et *sy-úḥ* « qu'ils soient », 1re plur. *syā́-ma*, 2e plur. *syā́-ta*. Et, au présent même, en face de skr. *s thá* « vous êtes », on trouve : gr. ἐσ τε, v. sl. *jes-te*, lat. *es tis*, avec vocalisme prédésinentiel au degré *e*, en regard de dor. ἐντι, v. sl. *s-ątŭ*, lat. *s-unt*.

Certains thèmes à suffixe zéro ont de plus trace d'une

alternance *ē* : *ĕ*; ainsi véd. *tāṣṭi* « il construit », 3ᵉ plur. *tákṣati* « ils construisent » (attesté une seule fois); lat. *ēst* : *edunt* ; l'une des deux formes du thème tend alors à se généraliser : le sanskrit a *átti* « il mange » d'après *adánti* « ils mangent » et le russe *édját* (v. sl. *jadętŭ*) « ils mangent » d'après *ést* « il mange ».

Devant les désinences moyennes, primaires ou secondaires, l'élément prédésinentiel a le vocalisme sans *e*, ainsi, dans le type en *-nā-* de skr. *pṛṇā́mi*, gr. δάμνημι :

	SKR.	GR.
Primaire		
Sing.	*-n-é*	-να-μαι
	-nī-ṣé	-να-σαι
	-nī-té	-να-ται
Plur.	*-nī-máhe*	-νά-μεθα
	-n-até	-να-νται
Secondaire		
Sing. 3ᵉ pers.	*-nī-tá*	-να-το

Si l'on prend pour exemple la 3ᵉ personne du singulier, l'opposition des vocalismes prédésinentiels de l'actif et du moyen est très nette en sanskrit :

	ACTIF	MOYEN
primaire	*brávī-ti* « il parle »	*brū-té*
	juhó-ti « il fait libation »	*juhu-té*
	yunák-ti « il unit »	*yuṅk-té*
	açnó ti « il atteint »	*açnu-té*
secondaire	*ā́çno-t* « il a atteint »	*ā́çnu-ta*
	ákar-(t) « il faisait »	*ákṛ-ta*
	brūyā́-t « il pourrait dire »	*bruvī-tá*
parfait	*cikét-a* « il a aperçu »	*cikit é*

La même opposition se voit aussi en grec dans :

primaire	τίθη-μι	τίθε-μαι
secondaire	ἐτίθη-ν	ἐτιθέ-μην
parfait	τέτροφ-α	τέθραμ-μαι

Toutefois certains thèmes qui n'admettent que les désinences moyennes avaient, dès l'époque indo-européenne, le vocalisme *e* de la prédésinentielle qui, par exception, est alors tonique :

skr. *çé te* « il est couché »	gr. κεῖ-ται
vás te « il se vêt »	(ϝ)ἕσ-ται
ás te « il est assis »	ἧσ-ται

c. Place du ton.

La place du ton est, dans la flexion verbale, chose beaucoup moins essentielle que la désinence et le vocalisme ; car toute forme verbale pouvait, suivant la position et le rôle dans la phrase, être tonique ou atone ; cet état est encore conservé en védique, et le recul constant du ton en grec ne s'explique que par là. Le ton, pouvant toujours manquer, ne saurait passer que pour un élément accessoire de la flexion.

Dans le type thématique, le ton reste toujours sur l'une des syllabes du thème, la même dans toute la flexion d'un même thème, ainsi skr. *bhára ti* « il porte », *bhára nti* « ils portent » : *sṛjá ti* « il émet », *sṛjá nti* « ils émettent », *sṛjá tha* « vous émettez ».

Au contraire, dans le type athématique, le ton peut tomber également bien sur le thème ou sur la désinence et sa place varie au cours de la flexion. Dans celles des formes sanskrites et germaniques qui donnent des témoignages sur la place ancienne du ton, c'est la prédésinentielle qui est tonique aux trois personnes du singulier actif, et la désinence à toutes les autres personnes de l'actif comme à toutes celles du moyen :

skr. *é-mi* « je vais » *i-máḥ* « nous allons »
véd-a « je sais » *vid-má* « nous savons »
yunák-ti « il unit » *yuñj-ánti* « ils unissent »
moyen *yuṅk-té* « il unit »
jagrábh-a « j'ai saisi » *jagṛbh-má* « nous avons saisi »
moyen *jagṛbh-é* « j'ai saisi »

De même v. h. a. *zēh* (de germ. **taih*) « j'ai montré », en regard de skr. *didéç-a*, et v. h. a. *zig-un* « ils ont montré », en regard de skr. *didiç-úḥ*, supposent **dóik₁-a* : **dik₁-ṇ't*.

Dans les présents à redoublement, le ton se place tantôt sur le redoublement et tantôt sur la désinence : skr. *bíbhar-mi* « je porte », *bibhṛ-máḥ* « nous portons » ; *dádhā-mi* « je pose », *dadh-máḥ* « nous posons », *dádh-ati* « ils posent », moyen *dadh-é* « je pose ».

Dans la flexion verbale grecque, la place du ton est fixée par une règle générale et n'a plus de valeur significative ; seules les formes nominales, participes et infinitifs, conservent trace de l'ancienne place du ton : ἰ-ών « allant » a conservé la place du ton attestée par skr. *i-máḥ* « nous allons » ; τιθείς s'accorde avec skr. *dadh-máḥ*, etc. Si donc, à l'aoriste sigmatique sanskrit, le ton reste invariablement sur le thème, ainsi au moyen *váṃ-s-i* « j'ai gagné », et si en grec les participes et infinitifs aoristes correspondants ont toujours le ton sur l'élément radical (τεῖ-σαι, τεί-σᾶς et non *τει-σαί, *τει-σάς), on peut conclure de là qu'à l'aoriste sigmatique le ton ne passait pas sur la désinence en indo-européen (voir p. 182).

d. Augment.

L'augment consiste en un élément **e-* qui peut être placé

devant celles des formes de l'indicatif qui ont les désinences secondaires.

Il n'est conservé qu'en indo-iranien, en arménien et en grec ; en védique il porte le ton dans les formes toniques :

skr. *á-bharat* « il portait » arm. *e-ber* « il a porté » gr. ἔ-φερε
á-dhāt « il a posé » *e-d* « il a posé » ἔ-θηκε
a-ricat « il a laissé » *e-likh* « il a laissé » ἔ-λιπε

Parfois, surtout devant la sonante **w*, il est *ē*, ainsi dans véd. *ā-vṛṇak* « il a tourné » et dans quelques formes grecques peu claires, comme hom. ἠ(F)είδεις « tu savais ».

Quand le thème commence par une voyelle proprement dite, l'augment se contracte avec celle-ci dès l'époque indo-européenne :

thème **es-* : skr. *āḥ* « il était », gr. ἦς.

thème **ag₁e-* : skr. *ājat* « il conduisait », dor. ἆγε, att. ἦγε, arm. *ac* « il a conduit ».

L'augment ne forme pas partie intégrante du thème verbal ; dans la langue homérique et dans la langue védique, l'emploi en est facultatif et l'on trouve, avec le même sens, des formes comme hom. ἔφερε et φέρε, véd. *ábharat* et *bhárat* ; en arménien, l'augment est si peu essentiel qu'il est employé seulement dans celles des formes de l'aoriste qui, sans cette addition, seraient monosyllabiques : *e ber* « il a porté » s'oppose ainsi à *ber-i* « j'ai porté ».

Il est probable que l'augment indo européen était une particule indépendante marquant le passé, bien plutôt qu'un élément de la flexion ; en effet, en grec, la règle indo-européenne suivant laquelle le ton ne peut pas reculer au delà d'un premier préverbe, qu'ainsi l'on a l'impératif gr. παρ-έν-θες et non *πάρ-εν-θες, s'applique à l'augment, et l'on trouve παρ-έ-σχον et non *πάρ-ε-σχον, ἐν-ῆσαν et non *ἔν-ησαν.

L'augment est donc traité en grec comme un préverbe, c'est-à-dire comme un mot indépendant.

e. Signification des formes de la flexion verbale.

Chacune des distinctions reconnues dans la morphologie a sa valeur sémantique propre.

1° *Nombre.* — L'indo-iranien, le vieux slave et aussi le lituanien et certains dialectes grecs (principalement l'attique) ont conservé la distinction des trois nombres indo-européens : singulier, pluriel et duel ; ainsi qu'il a été indiqué ci-dessus, p. 159, le duel était employé toutes les fois qu'il était expressément question de deux personnes ou de deux choses.

La forme verbale se suffit à elle-même : φέρεις ne s'adresse qu'à une personne, φέρετε à un nombre de personnes indéterminé, φέρετον à deux ; aucun pronom n'est nécessaire.

2° *Personne.* — De même que le nombre, la forme indo-européenne indique la personne sans l'addition d'aucun pronom. Là où le pronom figure dans la phrase, il a toute la valeur d'un mot complètement indépendant : lat. *amas at esurio* signifie « tu fais l'amour mais j'ai faim », et si l'on trouve *tu amas at ego esurio,* c'est seulement là où le sens est « toi, tu aimes, mais moi, j'ai faim ».

Au point de vue d'un moderne, un « impersonnel » tel que gr. ὕει « il pleut » signifie simplement que « de la pluie tombe », mais le sens ancien est tout autre : alors que chaque phénomène naturel était tenu pour le résultat de l'activité de quelque dieu ou de quelque génie, ὕει signifiait « le dieu, le génie pleut » ; en fait, Homère n'a pas ὕει, mais seulement deux fois M 25 = ξ 457 :

ὗε δ'ἄρα Ζεύς.

L'expression védique *vā́to vāti* « le vent vente » est plus caractéristique encore. Ce ne sont donc pas des impersonnels qui expriment les phénomènes naturels, mais des troisièmes personnes dont le sujet, qui est un génie plus ou moins vaguement conçu, n'est pas indiqué avec précision. — Les seuls vrais impersonnels indo-européens étaient sans doute ceux dont les formes en *r-* étudiées ci-dessus p. 203 et suiv. permettent d'entrevoir l'existence.

3° *Voix active et moyenne.* — Les désinences actives présentent le sujet comme faisant l'action purement et simplement : skr. *sárpati*, gr. ἕρπει signifient « il rampe » ; les désinences moyennes indiquent que le sujet est intéressé d'une manière personnelle à l'action : skr. *váste*, gr. (ϝ)ἕσται « il se vêt ». Le contraste est clair dans les cas où un même verbe a les deux séries de désinences : gr. θύω veut dire « je fais un sacrifice », θύομαι « je fais un sacrifice pour obtenir quelque chose » ; le prêtre qui fait un sacrifice pour autrui dit skr. *yájāmi* « je fais un sacrifice » ; l'homme qui prend part, avec le prêtre, à un sacrifice fait à son profit dit skr. *yáje* « je fais un sacrifice (pour moi) » ; gr. ἄγει, skr. *ájati* signifient « il conduit », ἄγεται, *ájate* « il conduit pour lui, ou avec lui », ainsi chez Homère :

Δ 19 αὖτις δ' Ἀργείην Ἑλένην Μενέλαος ἄγοιτο.

En grec, à λούω « je lave » s'oppose λούεται τὰς χεῖρας « il se lave les mains » et de même véd. *pāṇī́ áva nenikte* « il se lave les mains ». L'actif skr. *gácchati* « il va » s'oppose au moyen *sám gacchate* « il se rencontre avec... ». Le moyen n'est donc pas un réfléchi, mais il exprime souvent des sens voisins de celui du réfléchi.

La nuance de sens qui sépare le moyen de l'actif, nette dans des exemples comme les précédents, devient parfois très fuyante et l'on ne saurait dire par exemple pourquoi gr. ἔσομαι sert de futur à εἰμί, ἔδομαι à ἐσθίω, etc.

L'indo-européen n'avait pas de passif. L'emploi régulier des désinences moyennes pour exprimer le passif est propre au grec et il est facile de voir comment il a pu se développer : φέρω et φέρομαι signifiaient à la fois « je porte » et « je me porte », comme on l'a vu ci-dessus p. 167 ; ceci posé, la forme moyenne φέρομαι, grâce à sa signification particulière, était des deux celle qui se prêtait le mieux à l'expression du passif ; les formes à désinences moyennes fournissent aussi le passif du gotique : *nasjada* « il est sauvé ».

4° *Valeur des désinences primaires et secondaires et de l'augment.* — L'opposition de valeur des désinences primaires et secondaires ne se laisse pas, comme les précédentes, ramener à une formule simple.

Il n'y a lieu de tenir compte ici que de l'indicatif : l'optatif n'a que les désinences secondaires : skr. *syā́t* « qu'il soit », gr. εἴη ; au subjonctif le grec n'a que les désinences primaires, ainsi φέρω, φέρῃς, φέρωσι, et le védique présente à la fois les désinences primaires et les désinences secondaires, *ásati* et *ásat* « qu'il soit », mais sans différence de sens appréciable.

A l'indicatif, les désinences primaires indiquent une chose qui est vraie au moment où l'on parle, soit qu'elle ait lieu actuellement, gr. φέρω « je suis en train de porter », soit qu'elle vaille d'une manière générale, comme lat. *homo mortalis est*. Une forme à désinence primaire peut être employée en sanskrit avec *purā́* « auparavant » et chez Homère avec πάρος pour indiquer une chose vraie depuis un certain temps et qui n'a pas cessé de l'être, ainsi :

Δ 264 ἀλλ' ὄρσευ πόλεμόνδ' οἷος πάρος εὔχεαι εἶναι.

Les désinences secondaires indiquent souvent le passé :

véd. *bhárati,* hom. φέρει signifient « il porte », véd. *bhárat,* hom. φέρε signifient « il portait » ; hom. λίπε, « il a laissé » ; etc. Mais, comme ce n'est pas le seul emploi des désinences secondaires, cette expression du passé est ambiguë ; elle peut donc être précisée par l'augment : là où les désinences secondaires sont accompagnées de l'augment, la forme n'exprime que le passé : ainsi skr. *ábharat* « il portait », gr. ἔφερε, arm. *eber* « il a porté » ; gr. ἔλιπε, arm. *elikh* « il a laissé ». Quand un même thème admet à la fois les désinences primaires et secondaires, les formes à désinences primaires constituent le présent proprement dit : skr. *bhárati* « il porte », gr. φέρει, et les formes à désinences secondaires, précédées ou non de l'augment, l'imparfait : skr. *(á)bharat* « il portait », gr. (ἔ)φερε. Dans les langues où l'augment n'a pas subsisté, les formes d'indicatif à désinences secondaires expriment régulièrement le passé : ainsi l'aoriste slave *pade* « il est tombé » (avec *e* de * *e-t*) en regard de *padetŭ* « il tombera ». C'est donc au moyen des désinences secondaires et, accessoirement, de l'augment que l'indo européen exprime l'opposition du présent et du passé.

En védique, les formes d'indicatif à désinences secondaires admettent aussi un sens à peu près identique à celui du subjonctif : *bhárat* « qu'il porte », surtout avec la négation prohibitive *mā́* : *mā́ bharah* « ne porte pas », *mā́ bharat* « qu'il ne porte pas » ; et de même en iranien, dans les gâthâs de l'Avesta ; c'est ce que l'on appelle l'*injonctif*, dont le grec semble présenter une trace dans les impératifs comme (ἐπί-)σχε-ς « arrête », (ἔνι-)σπε-ς « dis », δό-ς « donne », etc. Cet emploi des désinences secondaires dans les formes de l'indicatif qui servent à exprimer un désir ou une défense concorde bien avec l'usage fait de ces mêmes désinences à l'optatif et, dans une partie des cas, au subjonctif.

Au surplus, il s'en faut de beaucoup qu'on voie complètement clair dans l'usage des désinences primaires et secondaires en indo-européen ; le vieil irlandais par exemple présente une particularité singulière : les présents sans préverbe ont les désinences primaires : *berid* « il porte » = skr. *bhárati* ; les présents munis d'un préverbe ont les désinences secondaires : *do beir*, avec *-beir* = skr. *-bharat* ; il est curieux que, en sanskrit et en grec, les formes à augment aient toujours les désinences secondaires ; or, l'augment était, comme le préverbe, un mot indépendant juxtaposé au verbe. L'irlandais a aussi les formes à désinences secondaires avec la négation : *ní beir* « il ne porte pas », et ceci rappelle de près le skr. *mā́ bharat* « qu'il ne porte pas ». Il est donc au moins possible que l'emploi des désinences secondaires en indo-iranien et en grec diffère beaucoup de l'usage indo-européen.

Remarque sur la valeur des thèmes de présents et d'aoristes. — D'ordinaire chaque racine fournit à l'indo-iranien, au grec, à l'arménien et au slave un présent et un aoriste, qui ont chacun un thème différent; ainsi en grec φεύγειν, φυγεῖν ; γίγνεσθαι, γενέσθαι ; ἄγειν, ἀγαγεῖν ; γράφειν, γράψαι ; δεικνύναι, δεῖξαι ; τιθέναι, θεῖναι, etc. ; en védique *riṇákti* « il laisse », *ā́raik* « il a laissé » (avec augment *ā*) ; *dádhāti* « il pose », *ádhāt* « il a posé », etc. ; en arménien *aṙnem* « je fais », *arari* « j'ai fait » ; *luanam* « je lave » (cf gr. λούω, lat. *lauō*), *luac̣i* « j'ai lavé » ; en slave, *staną* « je me lèverai », *stachŭ* « je me suis levé », etc. Mais, ce qui caractérise l'aoriste au point de vue morphologique, ce n'est pas la forme du thème, car, sauf les formations sigmatiques, tous les types de thèmes employés à l'aoriste se retrouvent au présent ; ainsi qu'on l'a vu p. 168, *un thème d'aoriste est, dans chaque langue, celui qui, à l'indicatif, présente seulement les désinences secondaires* ; dans les langues qui, comme le slave et l'arménien, ont un imparfait caractérisé par un suffixe particulier, le même thème peut servir de présent avec les désinences primaires et d'aoriste avec les désinences secondaires : arm. *berê* (de **bhere-ti*) signifie « il porte » et l'ancien imparfait *e ber* (de **e bhere t*) « il a porté » : le présent v. sl. *padetŭ* signifie « il tombera » (le présent d'un verbe perfectif slave se traduit par un futur) et l'aoriste *pade* (ancien imparfait) « il est tombé ». — Un thème de *présent* indo-européen sera donc défini, par opposition à l'aoriste : *un thème qui, à l'indicatif, admet les désinences primaires et secondaires* ; le parfait qui a des désinences spéciales n'est donc pas un présent ; au contraire un thème à infixe nasal, comme celui de skr. *çṛṇóti* « il entend », un causatif tel que *çraváyati* « il fait entendre » sont des présents parce qu'on peut dire, avec les désinences secondaires : *áçṛṇot* « il entendait », *áçrāvayat* « il faisait entendre ».

Les thèmes de présent fournissent : un indicatif, comprenant un présent proprement dit, un imparfait et un impératif — un subjonctif — un optatif, ainsi en grec λείπω (λείπεις), ἔλειπον, λεῖπε — λείπω (λείπῃς) — λείποιμι. Les thèmes d'aoriste fournissent de même un indicatif, comprenant l'aoriste proprement dit et l'impératif — un subjonctif — un optatif : ἔλιπον, λίπε — λίπω — λίποιμι. De même en védique : présent, indicatif : présent proprement dit *çṛṇóti* « il entend », imparfait *áçṛṇot* « il entendait », impératif *çṛṇudhí* « entends » ; subjonctif *çṛṇávat* « qu'il entende » ; optatif *çṛṇuyā́t* « il pourrait entendre », — aoriste *áçrot* « il a entendu », impératif *çrudhí* « entends » ; subjonctif *çrávat* « qu'il entende » : optatif *çrūyā́t* (écrit par *ū*) « il pourrait entendre ». A cet égard les thèmes de présent et d'aoriste se comportent donc comme les autres thèmes verbaux ; ainsi par exemple, au parfait, le grec a λέλοιπα, ἐλελοίπη, λελοίπω, λελοίποιμι ; le védique a le parfait proprement dit *çuçráva*

« j'ai entendu », passé de parfait (ou plus-que-parfait) *áçuçravi* (au moyen) « j'avais entendu », subjonctif *çuçrávat* « qu'il entende », optatif *çuçrūyāt* « il pourrait entendre » ; le thème de causatif admet également présent véd. *çrāváyati* « il fait entendre », impératif *çrāváya* « fais entendre », etc.

Les thèmes de présent et d'aoriste n'indiquent pas des *temps* différents : un imparfait à augment ἔλειπον qui appartient au thème de présent n'est pas moins un passé qu'un aoriste ἔλιπον ; et un subjonctif aoriste λίπω n'a pas plus la valeur d'un passé que le subjonctif présent λείπω. Le mot *présent,* qui est traditionnel, ne doit pas induire en erreur : on distinguera toujours avec soin le *système du présent,* qui comprend diverses formes, parmi lesquelles un passé tel que ἔλειπον et un subjonctif tel que λείπω (λείπῃς) appliqué surtout à l'avenir, et le *présent proprement dit,* λείπω (λείπεις), qui seul exprime un fait actuel et auquel tout le système doit son nom.

Le thème de présent, sous toutes ses formes, indique l'action considérée dans son développement, dans sa durée ; le thème d'aoriste, l'action pure et simple : l'un peut être symbolisé par une ligne, l'autre par un point. Ce contraste du présent et de l'aoriste est particulièrement clair en grec ; soit la phrase suivante de Xénophon (Hell. I, 1, 3) : ἐμάχοντο μέχρι οἱ Ἀθηναῖοι ἀπέπλευσαν, le sens est : « ils ont combattu (action envisagée dans son développement et sa durée, d'où l'imparfait) jusqu'au départ des Athéniens » (le fait pur et simple du départ est envisagé : d'où l'emploi de l'aoriste). Tous les emplois du présent et de l'aoriste se ramènent à ces notions générales ; ainsi ἄρχειν signifie « être chef » (d'une manière durable), ἄρξαι « prendre le commandement » (fait pur et simple). On exprime à l'aoriste une chose qui a duré, mais qu'on envisage dans son ensemble sans songer expressément à la durée, ainsi chez Hérodote, II, 157 : ἡ Ἄζωτος ἁπασέων πολίων ἐπὶ πλεῖστον χρόνον πολιορκεομένη ἀντέσχε « Azotos a résisté (fait envisagé dans son ensemble) plus longtemps que toutes les autres villes ». L'aoriste peut même indiquer un fait général, pourvu qu'on ne le considère pas dans son développement, mais seulement en tant que fait, d'ailleurs susceptible de se répéter indéfiniment : Théognis, 329 :

καὶ βραδὺς εὔβουλος εἷλεν ταχὺν ἄνδρα διώκων

« un homme lent, mais adroit, prend un homme rapide qu'il poursuit ». La même opposition du présent et de l'aoriste se reconnaît, mais moins nettement, en indo-iranien, en arménien et dans une certaine mesure en slave. C'est sans doute celle des particularités des verbes indo-européens qui a eu pour le développement ultérieur de la flexion verbale les conséquences les plus importantes.

Dans l'exposé sommaire qui précède, il n'a pu être tenu compte que des formes attestées par l'accord d'au moins deux langues, et un grand nombre de traits plus ou moins importants des formations verbales ont dû ainsi être passés sous silence. Néanmoins ces indications suffisent pour donner une première idée de ce qu'a pu être la complexité du verbe indo-européen, avec la multiplicité de ses thèmes et la richesse de sa flexion : c'est par centaines que se comptent les formes possibles d'une même racine dans la langue védique ou la langue homérique, si l'on fléchit tous les thèmes à tous les nombres, à toutes les personnes, à toutes les voix et avec les diverses sortes de désinences : primaires, secondaires ou d'impératif. Ainsi la racine skr. *bhar-* « porter » fournit dans le Ṛgveda : un présent *bhárati* « il porte » (et la forme athématique *bhárti*), un présent à redoublement *bibharti*, un intensif *bháribharti*, un parfait *jabhāra* (altéré de *babhāra*, aussi attesté), un aoriste sigmatique *ábhār* (1re personne *ábhāṛṣam*) et un présent en *-ya- bhriyate,* chacun admettant, d'une manière plus ou moins fréquente, les divers modes, les diverses personnes, etc., soit environ 40 formes (ou 80 en comptant l'actif et le moyen là où ils existent concurremment), c'est-à-dire un total de quatre à cinq cents, à quoi il faut ajouter les participes rattachés à chaque thème. Cette complexité presque infinie a été simplifiée au cours de l'histoire de chacun des dialectes et n'apparaît plus qu'en sanskrit et en grec.

VI. — Le nom.

L'indo-européen avait trois espèces de noms distinctes et pour le sens et pour la forme :

A. Les substantifs et adjectifs.

B. Les démonstratifs, interrogatifs et mots assimilés.

C. Les pronoms personnels.

Outre le nombre qui appartient à toutes les formes fléchies indo-européennes, ces trois sortes de mots ont en commun la flexion casuelle et présentent les huit cas : nominatif, vocatif, accusatif, génitif, ablatif, datif, instrumental, locatif ; les deux premières seulement ont des distinctions de genres.

A. Substantifs et adjectifs.

Les adjectifs n'avaient pas en indo-européen de flexion différente de celle des substantifs ; le seul trait qui les caractérise est la présence des trois genres : ils ont à côté du thème de masculin-neutre un thème de féminin, et le thème de masculin-neutre admet la flexion à la fois du masculin et du neutre ; l'emploi de la forme de chacun des trois genres est déterminé par le substantif auquel se rapporte l'adjectif ;

mais, comme les formations de féminin et la flexion du masculin et du neutre que présentent les adjectifs n'ont rien qui soit propre à ceux-ci, il n'y a pas lieu d'instituer pour eux des divisions spéciales et ils seront étudiés ici avec les substantifs.

a. Formation des thèmes.

Les thèmes nominaux sont les uns primaires, c'est-à-dire immédiatement rattachés à une racine, les autres secondaires, c'est-à-dire dérivés de mots existant dans la langue. Mais, comme on le verra, il est souvent malaisé de faire le départ des deux sortes de noms.

Les thèmes primaires nominaux se rattachent à la racine au même titre que les thèmes primaires verbaux; ils jouent ainsi un rôle à peu près pareil à celui des noms verbaux dans les langues plus modernes. Par exemple en sanskrit un nom d'agents en *-tar-* peut se construire avec l'accusatif tout comme le verbe correspondant : *dâtā vásu* « il est le donneur de bien » ; le lat. *dator* est également primaire, quoique influencé par le vocalisme du verbe *dare*; sur le modèle de ces noms primaires ont été formés des noms verbaux comme *pugnātor* de *pugnāre*, etc. : la formation de noms verbaux de cette sorte est un des traits caractéristiques de presque toutes les langues indo-européennes historiquement connues ; ainsi au lieu du nom primaire en **-tei-* attesté par skr. *júṣṭiḥ* « faveur, satisfaction », got. *(ga-)kusts* « épreuve », qui serait *γύστις, le grec a un dérivé de γεύω, γεῦσις ; ces noms verbaux ont d'ailleurs hérité de certaines des propriétés des thèmes primaires et en latin par exemple on en trouve construits avec des accusatifs, ainsi chez Plaute : *quid tibi hanc curatiost rem ?* — On s'explique par là que les infinitifs qui se sont développés dans les diverses langues soient issus de thèmes primaires, ainsi skr. *áje* « pour conduire », lat. *agī* sont les datifs d'un thème à suffixe zéro *ag_1- « conduite » ; skr. *vidmáne* « pour savoir », gr. Ϝίδμεναι sont les datifs d'un thème *widmen- « connaissance », etc.

Le nombre des types de formations nominales est grand. La seule racine *men- « penser » présente les thèmes suivants attestés par l'accord d'au moins deux langues.

**mén-es-* : skr. *mánaḥ* (génit. *mánasaḥ*) « pensée », zd *manō*, gr. μένος (gén. μένεος).

**mén-men-* : skr. *mánma* (génit. *mánmanaḥ*) « pensée, prière », v. irl. *menme* « esprit » ; cf. lette *mīma* « énigme ».

**m°'n-ei-* : skr. *múniḥ* « personnage inspiré », got. *muns* (acc. plur. *munins*) « pensée ».

**men-ter-* : skr. *mantā́* « celui qui pense », gr. Μέντωρ, lat. *mentor, commentor*.

**mén-tro-*, **mén-tlo-* : skr. *mántraḥ* « formule religieuse », zd *mąθrō* (même sens), lit. *(pa-)meñklas* « monument ».

**mn̥-tó-* : skr. *matáḥ* « pensé », zd *matō*, lit. *miñtas*, got. *munds*, lat. *(com-)mentus*, gr. (αὐτό-)ματος.

**mn̥-tei-* : skr. *matiḥ*, *mátiḥ* « pensée », lat. *mens*, v. sl. *(pa-)mętĭ* « souvenir », lit. *(at-)mintìs* (même sens), got. *(ga-)munds* (même sens).

Et c'est sans doute par un pur hasard que le thème **mént-eu-* de skr. *mántuḥ* « action de penser » et le thème **mon-o-* de lit. *-manas* ne sont pas attestés dans deux langues.

1° Thèmes à suffixe zéro ; type athématique. — L'élément prédésinentiel soumis aux alternances vocaliques de la flexion est la racine, et il en résulte que ces mots se présentent parfois sous des aspects différents dans les diverses langues :

**ped-* « pied » : skr. *pā́t*, nom. plur. *pā́daḥ*, gén. sing. *padáḥ* ; gr. dor. πώς, πόδες, ποδός (prédésinentielle ε dans l'adverbe lesb. πέδα « après »); arm. otn (nominatif-accusatif, issu de l'accusatif), nom. plur. *otkh*; lat. *pēs, pedēs, pedis*; got. *fotus*, acc. sing. *fotu*. Flexion indo-européenne : nom. sing. **pōts*, nom. plur. **pód-es*, gén.-abl. sing. **ped-és*, **ped-ós*.

**wekʷ-* « parole » : skr. *vāk*, zd *vāxš* (instr. *vača*) ; lat. *uōx* ; hom. gén. ὀπός, acc. ὄπα.

**weik$_1$-* « clan, village » : skr. acc. sing. *viçam*, v. pers. *viθ-*, v. sl. *vĭsĭ* ; le gr. Fοῖκα-δε signifie « à la maison » (avec mouvement) ; lit. *vēsz(-pats)* « seigneur » (littéralement « chef de clan »), v. pruss. *wais(-pattin)* « maîtresse ».

**reg$_1$-* « roi » ; le nom n'est attesté que sous la forme **rēg$_1$-* : skr. *rāj-* (nom. sing. *rāṭ*) ; lat. *rēx, rēgis* ; v. irl. *ri, rig* ; gaul. *-rig-* par exemple dans *Dumno-rīx*, c'est-à-dire « chef de la vallée ».

**sneigʷh-* « neige » : gr. acc. sing. νίφα ; lat. *nix, niuem*.

**leuk-* « lumière » : skr. *ruc-*, dat. sing. *ruc-é* ; lat. *lūx, lūcis*.

gr. κῆρ, arm. *sirt*, v. prus. *siran* « cœur » ; lat. *cor, cordis* ; lit. génit. plur. *szirdų*.

skr. *kṣā́ḥ* « terre », acc. sing. *kṣā́mam*, loc. sing. *kṣámi*, gén. *jmáḥ* (de indo-iranien **gẓhmas*) ; gr. χθών, χθόνα ; zd *zå*, gén. sing. *zəmō* (c'est-à-dire **zmō*, monosyllabique) ; loc. sing. *zəmi* (c'est-à-dire **zami*, dissyllabique), gr. χαμαί.

skr. *gáuḥ* « bœuf, vache », acc. sing. *gā́m*, loc. sing. *gávi* ; gr. βοῦς, acc. sing. dor. βῶν ; dat. loc. sing. βο(F)ί ; lat. (emprunté à un dialecte rural non latin) *bōs, bouis* ; v. sax. *kō* ; arm. *kov* « vache ».

skr. *mū́ḥ* « souris », nom. plur. *mū́ṣaḥ* ; gr. μῦς, μυός ; lat. *mūs, mūris* ; v. h. a. *mūs* ; v. sl. *myšĭ* (ancien accusatif).

skr. *bhrū́ḥ* « sourcil », gén. *bhruváḥ* ; gr. ὀφρῦς, ὀφρύος ; v. sl. *brŭvĭ* (ancien accusatif sing. **bhruw-ṇ*).

gr. θήρ (éol. φήρ), θηρός ; lit. acc. sing. *žvė́rį* (de **g$_1$hwēr-ṇ*) ; cf. la forme thématique lat. *ferus*.

Les thèmes à suffixe zéro sont fréquents en indo-iranien; le grec en présente encore un bon nombre d'exemples, comme πτώξ, πτωκός « craintif » et πτάξ, πτακός (issus d'une ancienne flexion πτώξ, πτακός) en regard de πτήσσω; κλώψ, κλωπός « voleur », en regard de κλέπτω; λίψ, λιβός « ce qui goutte, source », en regard de λείβω, ou, isolés de tout verbe, γύψ, γυπός; κῖς, κιός; etc. On en trouve surtout au deuxième terme des composés, ainsi gr. χέρ-νιψ, χέρ-νιβος, en face de νίζω, futur νίψω, cf. skr. *nir-ṇij-* « ornement »; ἐπί-τεξ « qui est sur le point d'accoucher », en face de τεκεῖν; lat. *tubi-cen*, en face de *canō*; *au-spex* « qui examine les oiseaux », en face de *speciō*, cf. skr. *spáç-* « qui voit »; lat. *prae-cox*, en face de *coquō*; etc. Souvent le thème indo-européen à suffixe zéro n'est attesté qu'indirectement par la présence de thèmes à suffixes secondaires, ainsi un thème i.-e. **meus-* « mouche » est supposé par les dérivés: lat. *mus-ca*; lit. *mus-ė*, gr. μυῖα (de **μυh-yα*), v. sl. *mŭš-ica* (de **mus-ī-kā*); arm. *mun* (de **mus-no-*); v. sl. *mucha* (de **mous-ā*): par exemple le v. sl. *mucha* « mouche » est tiré de **mous-*, comme *jucha* « ragoût de viande, soupe » du thème à suffixe zéro attesté par lat. *iūs*, skr. *yūḥ* « ragoût, sauce de viande », et dont on a aussi les dérivés lit. *júsz-ė* « soupe », v. pruss. *juse*, et peut-être gr. ζύμη « levain ».

Les thèmes à suffixe zéro sont d'autant mieux représentés dans une langue que celle-ci est attestée sous une forme plus ancienne, et ils disparaissent rapidement à l'époque historique. Ils occupaient certainement parmi les formations nominales indo-européennes la place de toutes la plus importante.

2. Thèmes caractérisés par la voyelle thématique. — Ce type ne diffère du précédent que par la présence de la voyelle thématique à la suite de la racine: cette voyelle suffit d'ailleurs

pour changer tout l'aspect de la formation, car elle entraîne fixité du vocalisme de la racine et de la place du ton dans la flexion.

Le cas le plus important est celui des thèmes à vocalisme radical *o* et ton sur la racine, indiquant l'action ; fréquents en indo-iranien, en slave, en baltique et en grec, ces noms ne sont presque pas représentés dans les dialectes occidentaux : germanique, italique, celtique. Exemples :

gr. στόνος, russe *stón*, génit. *stóna* « gémissement » ; cf. v. sl. *stenjǫ* « je gémis », gr. στένω.

skr. *jánaḥ* « race » (thème *jána-*), gr. γόνος, cf. skr. *jánate* « il engendre », gr. γενέσθαι.

zd *takō* « courant », v. sl. *tokŭ* « courant » (génitif sing. russe *tóka*), cf. v. sl. *tekǫ* « je cours ».

C'est le type de gr. φόρος : φέρω ; λόγος, λέγω ; πλό(ϝ)ος, πλέ(ϝ)ω ; στοῖχος, στείχω ; etc. Assez souvent, il sert à nommer des objets, ainsi skr. *jámbhaḥ* « dent », v. sl. *zǫbŭ* (génitif russe *zúba*), lit. *žam̃bas*, gr. γόμφος, v. h. a. *kamb* « peigne », en regard de skr. *jámbhate*, v. sl. *zębetŭ* « il déchire », ou v. sl. *vozŭ* « voiture » (génit. russe *vóza*), gr. (ϝ)όχος, en regard de v. sl. *vezǫ* « je conduis en voiture ».

Les mêmes thèmes, avec le ton sur la voyelle thématique, ne sont plus des abstraits, mais indiquent l'agent de l'action, le résultat de l'action, et ont souvent le caractère d'adjectifs : gr. τομός « coupant » à côté de τόμος « coupure », cf. τέμνω ; τροχός « roue », à côté de τρόχος « course », cf. τρέχω ; λοιπός « reste », cf. λείπω ; ὁλκός « ce qui est tiré, trace », cf. ἕλκω ; skr. *varáḥ* « prétendant », à côté de *váraḥ* « choix » ; *çokáḥ* « brillant », à côté de *çókaḥ* « éclat », etc. Le lat. *procus* « prétendant » (cf. *precēs*) repose sans doute sur un thème indo-européen de cette forme. La place du ton sur la fin du mot semble d'ailleurs caractériser d'une manière générale la valeur adjective, concrète, par opposition aux abstraits qui ont le ton sur la racine, c'est-à-dire sur le commencement du mot, comme le montrera l'énumération des divers types de formations.

Les thèmes qui ont le ton sur la voyelle thématique admettent d'autres vocalismes de la racine que *o*; ainsi le vocalisme zéro, comme dans skr. *yugám* « joug », gr. ζυγόν, lat. *iugum*, got. *juk* — skr. *dīrghā́ḥ* « long », v. sl. *dlĭgŭ* — skr. *kṛçā́ḥ* « maigre » — gr. ταρσός « ce qui sert à sécher » — etc., ou le vocalisme *ō*, ainsi : gr. σωρός « monceau », à côté de σορός (cf. pour *ō* le féminin lit. *tvorà* « clôture » ; la racine **twerə-* signifie « saisir, embrasser ») ; κωφός ; ὠμός, skr. *āmā́ḥ*, arm. *(h)um* « cru » ; v. sl. *nagŭ* « nu » (russe nomin. féminin *nagá*), lit. *núgas* ; skr. *nāyā́ḥ* « conducteur », à côté de *náyaḥ* « conduite » ; *bhārā́ḥ* « fardeau », à côté de *bháraḥ* « action de porter », gr. φόρος « tribut ». Les thèmes à vocalisme radical zéro se rencontrent notamment au second terme des composés, comme gr. νεο-γνό-ς « nouveau-né » ; i.-e. **ni-zdó-* (skr. *nīḍā́ḥ*, arm. *nist* « lieu où l'on est établi », lat. *nīdus*, v. h. a. *nest*) de la racine **sed-* « être assis ».

Souvent les noms thématiques semblent dérivés de noms athématiques, ainsi skr. *padám* « pas, trace », zd *paδəm* « trace », gr. πέδον « sol », v. isl. *fet* « pas », arm. *het* « trace de pas », de **ped-* « pied » ; skr. *himā́ḥ* « hiver », lat. *bīmus* (de **bi-himos*) « de deux ans », de **g₁hyem-*, attesté par lat. *hiems*, zd *zyå*, génit. *zimō* « hiver » ; gr. πῖερός, πῖαρός, skr. *pīvarā́ḥ* « gras », à côté de gr. πῖαρ ; skr. *udrā́ḥ*, zd *udrō* « sorte d'animal aquatique », gr. ὕδρος, v. isl. *otr* « loutre », à côté de gr. ὕδωρ, v. h. a. *wazzar* « eau » ; etc. On remarquera particulièrement les dérivés de noms de nombre employés avec les noms qui n'ont pas de singulier : skr. *trayā́ḥ*, v. sl. *troji*, lit. *treji* « trois », aussi collectifs neutres v. sl. *troje*, russe *tróje* « groupe de trois » ; v. sl. *četvori* « quatre », russe *čétvero* « groupe de quatre », skr. *catvarám* « place quadrangulaire ». Ces exemples suffisent pour montrer que, dans ces dérivés, ni le vocalisme présuffixal ni la place du ton ne sont bien définis : les désaccords entre les langues sont fréquents. — L'indo-iranien a largement développé les dérivés de ce genre à vocalisme long (qu'on nomme en sanskrit *vṛddhi*) de l'élément initial du mot : skr. *mānasáḥ* « qui a rapport à l'esprit » de *mánaḥ* « esprit », *saindhaváḥ* « qui a rapport à l'Indus », de *síndhuḥ* « fleuve, Indus ». En dehors de l'indo-iranien, l'allongement de l'élément initial n'est nulle part attesté d'une manière nette ; néanmoins il y en a peut-être quelques exemples, notamment en baltique et en slave.

Beaucoup de mots thématiques ne rentrent dans aucune catégorie définie, ainsi skr. *vṛ́kaḥ* « loup », zd *vəhrkō*, v. sl. *vlĭkŭ* (génit. sing. russe *vólka*), lit. *vilkas* ; skr. *sánaḥ* « vieux », lit. *sẽnas*, v. irl. *sen*, arm. *hin*, gr. ἕνος ; ou, avec des différences de vocalisme, gr. *ϝέργον*, v. h. a. *werc*, arm. *gorc* « œuvre » (cf. δημιουργός de *δᾱμιο-*ϝεργος*), got. *waurk* — skr. *çapháḥ* « sabot (de cheval) », zd *safō*, v. isl. *hófr*, v. h. a. *huof*.

3. Suffixe * *es-*. — Le suffixe * *es-* fournit des noms primaires abstraits, de genre neutre, à vocalisme *e* de la racine, ton sur l'élément présuffixal :

* *$k_1$leu-* : skr. *çrávaḥ* « gloire » (génit. sing. *çrávasaḥ*), gr. κλέ(*ϝ*)ος ; zd *sravah-* « mot », v. sl. *slovo* « parole » (avec *o* issu de *e* devant *v*), russe *slóvo*.

**$g_1$enə-* : skr. *jánaḥ* « race », gr. γένος, lat. *genus*.

**g^wher-* : skr. *háraḥ* « chaleur », gr. θέρος.

**men-* : skr. *mánaḥ* « esprit », zd *manō*, gr. μένος.

**wek^w-* : skr. *vácaḥ* « parole », zd *vačō*, gr. (*ϝ*)έπος.

**seg$_1$h* : skr. *sáhaḥ* « force », zd *hazō*, got. *sigis* « victoire ».

**temə-* : skr. *támaḥ* « obscurité », zd *təmō*, lat. *temere* « à l'aveuglette » (ancien locatif).

**weid-* : skr. *védaḥ* « connaissance », gr. *ϝ*εῖδος « forme » ;

le v. sl. *vidŭ* et le lit. *véidas* « aspect » ont passé aux thèmes en *-o-*.

Et de même, là où la racine est moins nette :

skr. *nábhaḥ* « nuée », gr. νέφος, v. sl. *nebo* « ciel », russe *nébo*.

skr. *rájaḥ* « espace sombre », gr. ἔρεβος, got. *riqis* « ténèbres », arm. *erek* « soir » (passé aux thèmes en *-o-*).

Sont en dehors des règles générales du vocalisme :

skr. *ápaḥ* « œuvre », lat. *opus*.

skr. *áyaḥ*, zd *ayō* « bronze, fer », lat. *aes*, got. *aiz* « bronze ».

Le vocalisme zéro d'un mot comme gr. θάρσος, θράσος est dû à l'influence de l'adjectif θαρσύς, θρασύς, et le nom propre éolien Ἱππο-θέρσης conserve le vocalisme *e* ancien ; le vocalisme *o* de hom. ὄχεα, ὄχεσφιν est dû à (*F*)ὄχος et Hesychius atteste encore ἔχεσφιν dans une glose ; l'*o* de lat. *pondus* (cf. le verbe *pendō*) provient du thème **pondo-*, conservé dans l'ablatif *pondō* ; etc.

A côté des abstraits neutres ayant le ton sur la racine, il y avait des adjectifs ayant le ton sur le suffixe, ce qui rappelle exactement le contraste de τόμος « coupure » et τομός « coupant », ainsi skr. *apáḥ* « actif », à côté de *ápaḥ* « œuvre », gr. ψευδής « menteur » à côté de ψεῦδος ; le type apparaît surtout en composition, où l'adjectif en **-és-* s'oppose à un adjectif non composé, d'autre formation, ainsi :

skr. *cétaḥ* « éclat »	*citráḥ* « éclatant »	*acetā́ḥ* « qui n'a pas d'éclat »
práthaḥ « largeur »	*pṛthúḥ* « large »	*saprátháḥ* « pourvu de largeur »
gr. πλάτος (d'après πλατύς)	πλατύς,	ἀπλατής
zd *drājō* « longueur »	*darəγō* « long »	*zānu-drājå* « qui a la longueur du genou »

Le contraste de gr. πένθος et αἰνοπαθής suggère l'idée que la racine avait en indo-européen le vocalisme zéro dans le composé.

Il y a aussi quelques abstraits, masculins et féminins, où le suffixe est tonique et a, au nominatif et à quelques autres cas, le vocalisme de timbre *o*:

skr. *uṣā́ḥ* « aurore », hom. ἠώς, att. ἕως (de *āusṓs) ; cf. le dérivé lat. *aurōra*.

gr. acc. αἰῶ de *αἰ(F)οσα ; loc. αἰ(F)ές et αἰ(F)εί (de *αἰFεσι) « toujours ».

gr. αἰδώς, cf. l'adjectif ἀν-αιδής et le verbe dérivé αἰδέομαι, futur hom. αἰδέσσομαι.

lat. *angor*, en regard du neutre skr. *áṃhaḥ*, zd *ązō* « angoisse ».

Les formes masculines (ou féminines) et neutres ont pu exister concurremment, ainsi qu'en témoignent lat. *decus* et *decor*, *tenus* et *tenor*.

4° Suffixe *-*eu*. — Avec *-*eu*- sont formés de nombreux adjectifs, ayant le ton sur le suffixe ; le vocalisme radical ordinaire est zéro, ainsi :

skr. *gur-úḥ* « lourd », gr. βαρ-ύ-ς, got. *kaur-u-s* ; cf. lat. *grauis*.

skr. *tṛṣ-ú-ḥ* « assoiffé », got. *þaursus* « sec » (avec *s* d'après la forme verbale -*þairsan* ; le *z* ancien, représenté par *r*, est conservé dans v. isl. *þurr*, v. h. a. *durri*, d'où *dürr* en allemand moderne).

skr. *ṛj-ú-ḥ* « droit », zd *ərəz-u-š*, en regard de skr. *ráj-iṣṭha-ḥ* « très droit ».

gr. βαθ-ύ-ς, en regard de βένθος.

Le vocalisme radical est *o* dans d'autres cas, ainsi :

lit. *kart-ù-s* « amer », v. sl. *krat-ŭ-kŭ* « court », got. *hardu-s* « dur », le tout de *kert- « couper » ; de la même racine le sanskrit a *kaṭ-ú-ḥ* « mordant, aigu », qui est proprement la forme prâkrite d'un adjectif non attesté skr. **kṛt-ú-ḥ*.

lit. *plat-ù-s* « large », en regard de skr. *pṛth-ú-ḥ* « large », gr. πλατ-ύ-ς.

gr. πολ-ύ-ς, ags. *feal-a* « beaucoup », en regard de skr. *pur-ú-ḥ* « abondant », et du vocalisme *e* très imprévu de got. *fil-u* « beaucoup ».

Le degré *e* de got. *filu* est indo-européen (sous la forme **ā*) dans :

skr. *svād-ú-ḥ* « agréable, doux », dor. (ϝ)ᾱδ-ύ-ς, att. ἡδ-ύ-ς ; cf. lat. *suāuis* et v. h. a. *suozi*.

Les substantifs en **-eu-* ne forment une catégorie une ni pour le sens ni pour la forme ; plusieurs n'appartiennent d'ailleurs pas à des racines connues par ailleurs :

skr. *paçúḥ* (masc.) et *páçu* (neutre) « troupeau », got. *faihu* « possession, argent », lat. *pecus* et *pecu*, v. lit. *pekus*.

skr. *hánuḥ* « mâchoire » (avec un *h* initial inattendu), gr. γένυς, got. *kinnus*, v. irl. *gin* (génit. *geno*), lat. *genu-(īnus)* « de la mâchoire ».

skr. *ketúḥ* « apparition, signe », avec vocalisme *o* de la racine et ton sur le suffixe, comme got. *haidus* « manière ».

v. sl. *domŭ*, gén. *domu* « maison », lat. *domus*, gén. *domūs*, sont suspects de devoir leur vocalisme à **dómo-* (skr. *dámaḥ* « maison », gr. δόμος), avec lequel ils sont contaminés.

Le suffixe **-eu-* semble secondaire dans une partie au moins de ses emplois ; ainsi skr. *manyúḥ* « colère » = zd *mainyuš* « esprit » a l'air d'un dérivé du thème **m°nei-* attesté par got. *muns* « pensée » ; les mots grecs en -ηυ- du type φορεύς, φορῆ(ϝ)ος (att. φορέως) sont en principe des dérivés de noms thématiques et **-ēu-* y représente **-e-eu*, ainsi **bhorēu-* de **bhore-eu-*, cf. gr. φόρος.

5° Suffixe *-*uo*-. — Le suffixe *-*uo*- (*o* notant ici et dans tous les cas analogues la voyelle thématique *e/o*) sert à former des adjectifs comme :

skr. *jī-vá-ḥ* « vivant », zd *j(i)vō*, v. sl. *živŭ*, lit. *gý-va-s*, lat. *ui uo s*, gall. *bytu*.

Il est très nettement secondaire dans des formations comme skr. *keça-vá ḥ* « chevelu » de *kéçaḥ* « chevelure », en gr. διωκτέ-(F)ο-ς « qui doit être poursuivi », de διωκτός. De même, du thème **perə*- « devant » qui a fourni les adverbes, prépositions et préverbes, gr. πέρι, πάρος, skr. *pári*, v. sl. *pré-*, etc., est tiré un dérivé :

skr. *pū́r-va-ḥ* « premier », zd *pourvō* (de iran. commun **par-va*), v. sl. *prŭ vŭ (jĭ)*, gr. *πρω-Fο- dans att. πρῶτος, dor. πρᾶτος de *πρώFατος.

On le rencontre souvent dans les adjectifs qui désignent des couleurs :

skr. *çyā-vá-ḥ* « brun », v. sl. *si-vŭ* (avec un autre vocalisme radical) « gris », v. pruss. *sywan* « gris », lit. *szý-va-s* « blanc gris ».

lit. *pal va-s* « jaune pâle », v. sl. *pla-vŭ*, v. h. a. *falo*.

lat. *fuluos, flāuos, heluos*, etc., v. h. a. *gelo* « jaune ».

6° Suffixe *-*ei*-. — En dehors du sanskrit, où il sert à former des noms de toutes sortes, comme skr. *arc-i-ḥ* « rayon », *çúc-i-ḥ* « brillant », *rámh-i-ḥ* « rapidité », *ṛ́ṣ-i-ḥ* « chantre inspiré », il est assez rare ; le grec a une petite série de mots à vocalisme *o* de la racine : τρόχ-ι-ς « coureur », τρόφ-ι-ς « bien nourri, fort », τρόπ-ι-ς « quille de vaisseau » ; le gotique répond par *muns* « pensée » (thème *mun-i*) à skr. *mún i ḥ* « personnage inspiré ». Il est donc impossible de définir le rôle joué par *-*ei*-.

Les principaux thèmes en *-*ei*- sont des mots isolés et sans racine connue :

skr. *pát-i-ḥ* « maître, époux », zd *pait-i-š*, gr. πόσ-ι-ς, lat. *pot-i-s*, got. *-faþs*, lit. dial. *patis* « mari », à côté du composé lit. *vẽsz-pats* « seigneur » qui indique un thème à suffixe zéro **pot-*.

skr. *áv-i-ḥ* « mouton », gr. ὄ(Ϝ)-ι-ς, lat. *ou-i-s*, lit. *av-i-s*, v. sl. *ov-ĭ-(ca)*.

lat. *ax-i-s* « essieu », lit. *asz-i-s*, v. sl. *os-ĭ* (en regard de skr. *ákṣ-a-ḥ*, de gr. ἄξ-ων, etc.).

7° Suffixe **-yo-* (**-iyo-*). — Le suffixe **-yo-* (**-iyo-*) est éminemment secondaire ; il fournit des adjectifs et des abstraits dérivés de noms ; la place du ton est incertaine :

**dyeu-* « ciel, jour » : skr. *div-yá-ḥ* « céleste », gr. δῖος (de *διϜ-yo-ς), lat. *dīus* (de **diw-yo-s*).

**gʷow-* « bœuf » : skr. *gáv-ya-ḥ* « de bœuf », zd *gao-ya-*, arm. *kog-i* « beurre », gr. (ἐννεά-)βοιος (de -βοϜ-yo-ς).

La voyelle qui termine un thème de forme thématique n'est pas conservée devant le suffixe :

skr. *svápn-(i)ya-m* « songe » de *svápna-ḥ* « sommeil », lat. *somn-iu-m* de *somnu-s*, v. sl. *sŭn-ĭje* « songe » de *sŭnŭ*, gr. (ἐν-)ύπνιον de ὕπνο-ς.

skr. *áçv-iya-ḥ* « de cheval » de *áçva-ḥ* « cheval », gr. ἵππ-ιος de ἵππο-ς.

Le suffixe **-yo-* a continué de fournir des mots à l'indo-iranien, au grec, au slave, au latin, etc., ainsi gr. τέλειος (*τελεσ-yo-ς) de τέλος, θελκτήρ-ιο-ν de θελκτήρ, etc.

Là où il semble fournir des thèmes primaires, comme gr. στύγ-ιο-ς « haïssable », v. sl. *lŭžĭ* « menteur » (**lŭž-je-*), il s'agit en réalité de dérivés de thèmes à suffixe zéro, **stug-*, **lugh-*, qui par hasard ne sont plus attestés.

Le suffixe **-yo-* (**-iyo-*) marque l'opposition entre plusieurs personnes ou plusieurs choses, tandis que **-ero-*, **-tero-* marquent une opposition de deux, ainsi :

**al-yo-* « autre » dans gr. ἄλλος, lat. *alius*, got. *aljis*, v. irl. *aile* et **an-yo-* dans skr. *anyáḥ* « autre », zd *anyō*, en regard de lat. *alter* et de got. *anþar*, lit. *añ-tra-s* « autre » (en parlant de deux), « l'un (des deux) ».

Le gr. δεξ-ιό-ς et le lat. *dex-ter* ont donc tous deux des suffixes marquant opposition, mais avec une nuance de sens originairement différente dans les deux cas. — Dans skr. *náv-ya ḥ* « neuf », lit. *naũ-ja-s*, got. *niu-ji-s*, gaul. *nov-io-*, le suffixe **-yo-* sert à bien marquer la « nouveauté » en l'opposant à tout ce qui n'est plus neuf. Les exemples de ce genre sont nombreux.

Au nominatif, **-yo-* est sujet à perdre sa voyelle thématique ; le nominatif du thème iranien *āhurya-* « d'Ahura » en zend est *āhuir-i-š* ; le nominatif du thème lit. *žirn-ja-* « pois » (dérivé de **gr̥no-* : lat. *grānum*, v. sl. *zrŭno*, etc.) est *žirn-i-s* et le nominatif de lit. *ožʹ-ja-* « bouc » (dérivé de **āg₁-*, **ag₁-*) est *ož ỹ-s* ; le nominatif de got. *har-ja-* « armée » et de *haird-ja-* « pasteur » est *harjis* (au lieu de **har-i-s*, avec le *j* des autres cas) et *haird-ei-s* ; le latin connaît *al-i-s* comme nominatif du thème *al-io-* « autre » ; le gall. *ail* « second » sort de **ali-* et non de **alyo-* ; etc. Si ces formes sont rares en latin, c'est que le nominatif en *-is* y a d'ordinaire entraîné le passage du mot tout entier à la flexion athématique des thèmes en **-ei-*, ainsi dans lat. *imberb-i-s*, *exsomn-i-s*, etc. L'alternance de **-yo-* et **-i-* dans ces formations secondaires est exactement parallèle à l'alternance de **-yo-* et *-ī-* dans les formations comme lat. *sāpiō*, *sāpis* ; got. *satja* « j'établis », *satjis* (altéré de **satis*) ; etc. (cf. ci-dessus p. 181 et 188).

8° Suffixe **-en-*. — Comme le précédent, le suffixe **-en-* est secondaire ; ainsi dans got. *guma*, génit. *gumins* « homme », lat. *homō*, *hominis*, dérivé du thème **g₁hem-* de zd *zəm-* « terre », gr. χαμ-αί, lit. *žẽm-ė* « terre », lat. *hum-u-s* : l'homme est l'être « terrestre » par opposition aux dieux « célestes » ; dans skr. *rāj-an-* « roi » (nom. sing. *rājā*, génit. *rājñaḥ*) dérivé de *rāj-*, cf. lat. *rēx*. Toute la déclinaison faible du germanique renferme ce suffixe secondaire, ainsi v. h. a. *(heri-)zogo*, génit. *(heri-)zogen* « chef d'armée », en regard de lat. *duc-* (nom. *dux*). Contracté avec la voyelle finale d'une forme thématique, le suffixe donne une voyelle longue, ainsi dans στράβων, génit. στράβωνος, de στραβός, dans zd *mąθrān-* « celui qui dit la parole sainte » dérivé de *mąθra-* « formule sainte », etc. (type qui s'est du reste étendu hors de ses limites anciennes).

Quelques mots isolés, sans doute dérivés d'anciens thèmes à suffixe zéro, ont ce même suffixe, ainsi :

skr. *tákṣ-an-* « charpentier », zd *taš-an-*, gr. τέκτ-ον-.
skr. *ukṣ án-* « taureau », got. *aubs-in-*.
zd *arš-an-* « mâle », hom. ἄρσ-εν-, ion. ἔρσ-εν-.
skr. *yúv-an-* « jeune », zd *y(u)v-an-*, lat. *iuu-en-(is)*.

9° Suffixe **-no-*. — L'emploi le plus clair est l'emploi secondaire attesté par des formations comme lat. *aēnus* (**ayes-no-s*) de *aes*, *ebur-nu-s* de *ebur-*, gr. ἀλγεινός (*ἀλγεσ-νο-ς) de ἄλγος, σελήνη, dor. σελάνᾱ, lesb. σελάννᾱ (*σελασ-νᾱ) « lune » (littéralement « pourvue d'éclat ») de σέλας, etc. ; un exemple indo-européen est :

zd *raoxš-na-* « brillant », v. pruss. *laux-nos* « astres », lat. *lūna* (*losna* à Préneste), v. irl. *lúan*, v. sl. *luna*, c'est-à-dire un thème **louks-no-* ; gr. λύχνος représente **luks-no-s* ; dans les deux formes, on a affaire à un dérivé d'un thème **leuk-es-*, attesté par v. perse *raučah-* « jour », zd *raočah-* « lumière ».

Très souvent aussi le suffixe **-no-*, portant le ton, s'ajoute à la forme sans *e* de la racine et fournit des adjectifs synonymes des adjectifs en **-to-* du type skr. *çru-tá-ḥ* « entendu », gr. κλυ-τό-ς, lat. *(in-)clu-tus*, ainsi :

skr. *pūr-ṇá-ḥ* « plein », v. sl. *plŭ-nŭ*, lit. *pil-na-s*, got.

fulls (de **ful-na-z*), v. irl. *lán*; cf. lat. *plē-nu-s*, avec un autre vocalisme.

Ce type est fréquent en sanskrit : *tīr-ṇá-ḥ* « traversé », *bhin-ná-ḥ* « fendu », etc. ; de même gr. στυγ-νό-ς « haï ».

Le même suffixe ajouté à la racine (ou plutôt à un thème à suffixe zéro) portant le ton et avec des degrés vocaliques mal définis, mais notamment avec le vocalisme *o*, fournit des noms d'action :

**swóp-no-*, dans lit. *sāp-na-s*, arm. *kʻun*, skr. *svápna-ḥ* « sommeil », lat. *som-nu-s* (les deux derniers pouvant aussi représenter **swép-no-*, comme v. isl. *svef-n* « sommeil », cf. **sŭp-no-* dans gr. ὕπ-νο-ς, v. sl. *sŭ-nŭ*, v. irl. *súan*, gall. *hûn* « sommeil »).

skr. *dā́-na-m* « don », lat. *dō-nu-m*.

skr. *sthā́-na-m* « lieu de repos », lit. *stó-na-s* « situation ».

Ou, au féminin :

**kʷoi-nā́* : zd *kaē-na* « vengeance », v. sl. *cě-na* « prix », gr. ποι-νή.

Le vocalisme *o* de la racine est normal dans le type grec : χό(F)-ανο-ς, cf. χέ(F)-ω ; (F)όργ-ανο-ν, cf. (F)έργον ; πόπ-ανον, cf. πέσσω ; etc.

Le suffixe d'adjectif admet aussi la forme **-eno-* dans got. *fulg-in-s* « caché » à côté de *filha* « je cache » et dans le type des participes slaves tels que v. sl. *vlĭč-enŭ* « tiré » à côté de *vlěkǫ* « je tire », lit. *velkù*, et la forme **-ono-* dans le type des participes germaniques tels que got. *bit-an-s* « fendu » à côté de *beita* « je fends » (cf. skr. *bhin-ná-ḥ* cité ci-dessus), v. h. a. *(gi-)wort an* « devenu » (et got. *waurþ-an-s* au lieu de **waurd an-s*, avec *þ* d'après *wairþa* « je deviens).

10\. Suffixe **-em-*. — En regard de zd *zay-ana-* « hiver » qui indique une racine **$g_1$hei-*, de même que gr. χει-μών « hiver », skr. *he-mantáḥ* « hiver » et que v. sl. *zi-ma* « hiver », lit. *žē-mà*, le mot suivant, unique en son genre, semble comprendre un suffixe *-*em*-, signalé ici parce qu'il complète le parallélisme avec les autres :

lat. *hi-em-s*, zd *zy-å*, génit. *zi-m-ō* « hiver » ; v. irl. *gam* (?); cf. gr. χιών, χιόνος et arm. *jiun* « neige » qui ont un autre sens et sans doute un autre suffixe (*-*en*-).

11. Suffixe *-*mo*-. — Le suffixe *-*mo*- fournit des adjectifs secondaires, comme gr. βάσι-μο-ς « où l'on peut passer », ἔτυ-μο-ς (cf. ἐτε(Ϝ)ός), lit. *árty-ma-s* « près », skr. *ruk-má-ḥ* « brillant » (du thème à suffixe zéro **leuk-* : lat. *lūx*, skr. *ruc-*); dans quelques-uns, comme gr. θερ-μό-ς, arm. *jer-m* « chaud » (et zd *garə-ma-* « chaud », lat. *for-mu-s*, irl. *gorm* « brillant », avec vocalisme *o* de la racine), le thème primaire d'où est dérivé l'adjectif en *-*mo*- n'est pas attesté. — Comme *-*yo*-, ce suffixe sert à marquer une opposition entre plus de deux objets, ainsi, à côté de skr. *mádh-ya-ḥ* « qui est au milieu » (donc entre deux autres objets au moins), hom. μέσσος, lat. *medius*, arm. *mēj*, got. *midjis*, on trouve zd *maδ-əma-*, got. *mid-uma* (féminin) « le milieu », v. h. a. *mel-emo* « médiocre », et, par contamination des deux formations, skr. *madhya-má-ḥ* « qui est au milieu », v. h. a. *mittamo*; de même encore skr. *upa-má-ḥ* « suprême » ; lat. *sum-mu-s*; skr. *adha-má-ḥ* « le plus bas » ; lat. *infimus* ; lit. *pir-ma-s* « premier », got. *fruma*, lat. *prīmus*.

En outre, le même suffixe fournit des substantifs, les uns nettement secondaires, comme :

skr. *dru-má-ḥ* « arbre », gr. δρυ-μά « forêt » ; cf. skr. *dā́ru*, génit. *drúṇaḥ* « arbre », et gr. δόρυ, δρῦς.

lit. *gražù-ma-s* « beauté », de *gražùs* « beau ».

les autres difficiles à analyser précisément, comme :

skr. *dhū-má-ḥ* « fumée », lit. *dú-mai* (au pluriel), v. sl. *dy-mŭ* « fumée », lat. *fū-mu-s*.

skr. *ir-má-ḥ* « bras », zd *arə-ma-*, got. *ar-m-s*, lat. *ar-mu-s*, v. sl. *ramo* « épaule », v. pruss. *irmo* « bras ».

v. isl. *halmr* « paille », lat. *culmus*, lette *salms*, v. sl. *slama* (féminin), avec vocalisme radical *o*, et gr. κάλαμος, καλάμη avec vocalisme radical zéro.

Enfin, un type d'abstrait en **-smo-*, sans doute à vocalisme présuffixal *o* et ton sur **-smo-*, est attesté par les mots lituaniens tels que *lañk-sma-s* « action de plier », cf. *lenkiù* « je plie », *valk-sma-s* « action de tirer », cf. *velkù* « je tire », et grecs, tels que πλοχμός (de *πλοκ-σμο-ς), cf. πλέκω, σχισμός (de *σκιδ-σμο-ς), cf. σχίζω, etc.

12. Suffixe **-er-*. — On peut citer ici :

α. Des noms de parenté difficilement analysables, comme :

skr. *svásā* « sœur » (thème *svásar-*), zd *xvaṅhar-*, arm. *khoyr* (de **swesōr*, donnant **khehur*, *kheur*, d'où *khoyr*), lit. *sesũ* (gén. *seseřs*), lat. *soror*, v. irl. *siur*, got. *swistar*.

skr. *devā́* « frère du mari » (thème *devár-*), gr. δᾱήρ, arm. *taygr*, lit. *dëveris*, v. sl. *děverĭ*.

β. Des nominatifs-accusatifs neutres de noms dont le reste de la flexion a en indo-européen le suffixe *-n-* :

skr. *ū́dhar* « sein », génit. *ūdhnáḥ*, gr. οὖθαρ, οὔθατος ; lat. *ūber*, v. h. a. *ūtar*.

Les dérivés de ces mots ont aussi **-r-*, ainsi :

gr. πῖ(*F*)αρ (à côté de πίων, skr. *pīvā* « gras ») : πι(*F*)ερός, skr. *pīvaráḥ* « gras » et féminin : gr. πί(*F*)ειρα, skr. *pīvarī* « grasse ».

gr. ὕδωρ, génit. ὕδατος, v. h. a. *wazzar* « eau » : cf. ὕδρος, skr. *udráḥ* « animal aquatique », v. isl. *otr* « loutre ».

γ. Des adverbes indiquant opposition de deux choses :

skr. *up-ár-i* « au-dessus », gr. ὑπ-ερ, lat. *sup-er*, en regard de skr. *upamáḥ* « supérieur », lat. *summus*.

zd *aδ-air-i* « en bas », en regard de skr. *adhamáḥ*, lat. *infimus*.

De là sont dérivés des adjectifs en *-*ero*- marquant l'opposition de deux objets :

skr. *úp-ara-ḥ* « supérieur », gr. ὕπ-ερο-ς « pilon », lat. *sup-eru-s*. . .

skr. *ádh-ara-ḥ* « inférieur », lat. *inf-eru-s*.

13. Suffixe *-*ro*-. — Le suffixe *-*ro*- (ou *-*ero*-) fournit des adjectifs synonymes de noms en *-*eu*-, ainsi gr. κρατ-ύ-ς et κρατ-ερό-ς « fort » ; il est souvent secondaire, ainsi dans gr. λιγυ-ρό-ς, φοβε-ρό-ς, etc., et dans lit. *tims-ra-s* « sombre » (cf. skr. *támaḥ* « obscurité »), d'où les abstraits : skr. *támisrā* « ténèbres », lat. *tenebrae* ; mais il s'attache souvent à des racines d'une manière immédiate, et alors le vocalisme radical est *o* ou zéro : got. *bait-r-s* « amer » (littéralement « mordant »), de **bhoid-ró-s*, et v. h. a. *bittar* « amer », de **bhid-ró-s* ; v. h. a. *heitar* « brillant », de **k*ʷ*oit-ró-*, et skr. *cit-rá-ḥ* « brillant » ; le vocalisme zéro est le plus fréquent :

skr. *çū-rá-ḥ* « fort », zd *sū-rō*, gr. (ἄ-)κῦ-ρο-ς ; cf. skr. *çáv-aḥ* « force ».

14. Suffixe *-*el*-. — Un élément suffixal *-*el*- ne figure qu'au nominatif-accusatif, sans doute anciennement neutre, de mots dont les autres cas ont *-*en*-, et dont le nom attesté par lat. *sōl* (masc.), skr. *s(ú)var* « soleil », zd *hvarə* (génit. gâth. *hvəng*, de **svan-s*), got. *sauil*, lit. *sául-ė*, gr. *ἀϝ-ελ-ιος (dans hom. ἠέλιος, att. ἥλιος, etc.), est le représentant le plus clair.

L'arm. *astł* « astre » semble supposer un thème **astel*- alternant avec **aster*- de gr. ἀστήρ ; le dérivé lat. *stella* s'expliquerait alors par **stel-nā* et serait à arm. *astł* ce que le dérivé got. *stairno* « astre » est à gr. ἀστήρ.

15. Suffixe *-*lo*-. — Le suffixe *-*lo*- est secondaire et ne

sert guère qu'à élargir le mot dont il est dérivé dans skr. *bahu-lá-ḥ* « abondant », gr. παχυ-λό-ς de skr. *bahúḥ*, gr. παχύς ; skr. *nābhī-la-m* « nombril », gr. ὀμφα-λό-ς, lat. *umbi-l-(īcus)*, v. h. a. *nab-olo*, etc. Un mot comme got. *sit-l-s* « siège » (cf. lat. *sella*, laconien ἑλλά) peut être tenu pour dérivé d'un thème à suffixe zéro **sed-*, cf. skr. accus. sing. *sád-am*, dat. *sád-e* « pour s'asseoir » et le composé latin *(prae-)ses*.

Le suffixe *-*lo*- a fourni des noms d'agents comme lat. *bib-ulus, crēd-ulus, trem-ulus*, d'où les participes slaves et arméniens en *-lo-*, tels que v. sl. *neslŭ (jesmĭ)* « j'ai porté » et arm. *gereal (em)* « j'ai pris ».

Enfin il a donné des diminutifs ; lat. *agel-lus* de *ager* ; *porcu-lu s*, lit. *parszè-l-(is)*, v. h. a. *farhe-l-ī* « petit porc » ; v. h. a. *benti-l* de *bant* « lien », etc.

16. Suffixe *-*et*- (*-*ed*-). — Le suffixe *-*et*- sert surtout à élargir des thèmes, très souvent des thèmes à suffixe zéro, dans skr. *stú-t-* « louange », zd *stū-t-* « celui qui loue » ; skr. *sravát-* « courant » ; gr. θη-τ- ; skr. *(bhāra-) bhṛ́-t-* « porteur de fardeau » ; gr. (ἀ-)γνῶ-τ- ; ou d'autres thèmes : skr. *daçá-t-* « dizaine », v. sl. *desę-t-*, lit. *deszim-t-*, ou, avec *-*d*-, gr. δεκά-δ- ; gr. commun βαρυ-τᾱ-τ- (βαρύτης) en regard de skr. *guru-tā* « lourdeur », skr. *sarvá-tā-t-* « intégrité », gr. ὀλ(F)ο-τᾱ-τ- (ὀλότης) dérivé d'un thème **solwo-tā-*, etc.

Il est difficile d'analyser :

lat. *noc-t- (nox, noctis)* ; gr. νύξ, νυκτός ; got. *nahts* « nuit », lit. génit. plur. *nakt-ų*.

skr. *náp-āt* « petit-fils » ; lat. *nepōs, nepōtis* ; v. lit. *nepotis* ; irl. *niae*, génit. *niath* « neveu ».

17. Suffixe *-*to*- (*-*do*-). — Le suffixe *-*to*-, portant le ton, s'ajoute à la racine au degré zéro pour former des adjectifs : skr. *çru-tá-ḥ* « entendu », gr. κλυ-τό-ς, lat. *(in-)clutus*.

skr. *syū-tá-ḥ* « cousu », lit. *siú-ta-s*, v. sl. *ši-tŭ* (de **sjy-tŭ*), lat. *sū-tu-s*, gr. κασσῦ-τό-ς (*κατ-συῦ-το-ς).

Ce type est représenté par un nombre indéfini d'exemples. Le même suffixe donne des dérivés de noms, indiquant la possession de telle ou telle chose : lat. *sceles-tu-s*, de *scelus* ; *barbā-tu-s*, de *barba*, cf. v. sl. *brada-tŭ* « barbu », de *brada* et lit. *barzdó-t-as* « barbu », de *barzdà* ; gr. κοντω-τό-ς, de κοντός ; lit. *kalnú-ta-s* « qui a des collines », de *kálnas* « colline » ; got. *(un-)qeni-þ-s* « non marié », etc.

Il y a aussi des substantifs en *-*to*- à vocalisme radical *o* et ton sur la racine : gr. φόρ-το-ς « fardeau », à côté de φέρω ; νόσ-το-ς « retour », à côté de νέομαι (thème **nese-*) ; κοῖ-το-ς « couche », à côté de κεῖ-μαι ; v. pruss. *dalp-ta-n*, v. sl. *dla-to* « ciseau » ; v. pruss. *pan-to* « entrave » (féminin), v. sl. *pą-to* (serbe *pùto*), à côté de v. sl. *pęti*, etc. Quelques-uns ont d'autres vocalismes, ainsi gr. κάμα-το-ς et v. sax. *morth* « meurtre » ; ces derniers noms peuvent d'ailleurs répondre, au moins en partie, à des noms en *-*tha*- de l'indo-iranien, ainsi skr. *uk-thá-m*, zd *ux-δə-m* « parole ». — L'emploi secondaire existe aussi pour les substantifs : v. sl. *živo-tŭ* « vie », gr. βίο-το-ς ; surtout au féminin ; lit. *gyva-tà* « vie », lat. *uī-ta* (de **uīuo-tā*), gr. βιο-τή.

Une forme *-*eto*- est attestée par divers mots, comme gr. ἑρπ-ετό-ν ; gaul. *nem-eto-n*, v. irl. *nem-ed* « sanctuaire » ; et *-*oto*- par got. *naq-aþ-s* « nu ».

Parallèlement à l'alternance *-t- : -d-* de skr. *daçát-* : gr. δεκάδ-, on observe une alternance de *-*to*- et *-*do*-, ainsi lit. *tvir-ta-s* « ferme » et v. sl. *tvrŭ-dŭ* (même sens) ; got. *naq-aþ-s* « nu », et lat. *nūdus* (de **nog^w-edos*) ; le *-do-* de lat. *for-da* se retrouve dans le dérivé v. sl. *brěžda* (de **bherə-d-yā*) « pleine ». Le latin a toute une série : *calidus*, *horridus*, etc.

18. Suffixe *-*ek*- (*-*eg*). — Comme *-*et*- (*-*ed*-), le suffixe

*-*ek*- (**eg*-) sert à élargir d'autres thèmes, ainsi lat. *sen-ex* (génit. *sen-is*), skr. *san-áj-* « vieux » ; lat. *uictrī-x* en regard des nominatifs féminins sanskrits en *-tr-ī* des thèmes indo-européens en *-*ter*- ; gr. νέ(Ϝ)α-ξ ; lat. *bibā-x* ; etc.

19. Suffixe *-*ko*-. — Le suffixe *-*ko*- est la forme thématique du précédent et joue le même rôle : skr. *marya-ká-ḥ* « petit homme », est à rapprocher de gr. μεῖραξ ; v. sl. *nova-kŭ* de gr. νέαξ ; skr. *ánta-ka-ḥ* « qui est à la fin » est dérivé de *ántaḥ* « fin » ; v. sl. *jino-kŭ*, got. *aina-h-s*, lat. *ūni-cu-s*, de i.-e. **oino-* « seul » ; v. sl. *kratŭ-kŭ* « court », d'un thème **kortu*-, cf. lit. *kartùs* ; gr. θηλυ-κό-ς, φυσι-κό-ς etc. s'analysent d'eux-mêmes ; on notera en particulier *-*sko*- dans gr. παιδί-σκο-ς, got. *þiudi-sk-s* « payen », etc.

20. Suffixe *-*gʷo*-. — Seulement quelques exemples, comme skr. *árbha-ga-ḥ* « petit », de *árbhaḥ* ; gr. κόλο-βο-ς de κόλος ; gr. τύμ-βο-ς, skr. *tuṅ-ga-ḥ* « hauteur », cf. gr. τυμός.

21. Suffixes *-*ebh*- et *-*bho*-. — Un suffixe secondaire d'adjectifs, assez rare, est attesté par véd. *sthūla-bhá-ḥ* « fort », gr. ἄργυ-φο-ς, lit. *ankszty-ba-s* « qui est de bonne heure », de *anksztì*, v. pruss. *golim-ba-n* « bleu », peut-être lat. *acer-bu-s* ; le slave a des abstraits féminins comme *zŭlo-ba* et *zŭlo-bĭ* « méchanceté », du thème *zŭlo-* « méchant » ; la forme athématique est supposée par quelques noms : v. sl. *golą-bĭ* « pigeon » et lat. *palum-b-ēs* ; dans le type thématique, on peut citer une série de formations secondaires : skr. *vṛṣa-bhá-ḥ* « taureau », de *vṛṣan-* « mâle » ; gr. ἔλα-φο-ς « cerf », de **elen*-, cf. v. sl. *jelenĭ* « cerf », arm. *eln* ; gr. ἔρι-φο-ς ; etc.

22. Suffixes *-*yes*- (-*īyes*-) et *-*istho*-. — Ce sont les suffixes primaires qui servent à la formation des comparatifs et super-

latifs; la racine a le vocalisme *e* et le ton: skr. *vás-yas-*, zd *van'h-yah-* « meilleur »; att. accus. ὀλείζω (-ω de -οα, ancien **-osn̥*), v. sl. *gorjĭšĭ* « pire »; skr. *svā́d-īyas-* « plus doux », att. accus. ἡδ-ίω; *-iōr-* de lat. *suāu-iōr, sen-ior*, etc. peut représenter **-yōs-* ou **-īyōs-* indifféremment. Le germanique n'a le suffixe **-yes-* que sous la forme sans *e*, **-is-*, suivie d'un suffixe secondaire **-en-*: got. *sūt-iz-an-* « plus doux », exactement comparable au thème ionien ἡδ-ι-ον-; l'opposition attique du type en **-īyos-* de l'accus. sing. ἡδίω et du nom. plur. ἡδίους et du type en **-is-on-* des autres cas, gén. sing. ἡδίονος, etc. (avec ῑ d'après ἡδίω, ἡδίους) représente sans doute l'état indo-européen, comme on le verra plus loin.

Le vocalisme et la place du ton ressortent des exemples suivants:

skr.	*ur-ú-* « large »	*vár-īyas-* « plus large »
	dū-rá- « éloigné »	*dáv-īyas-* « plus éloigné »
	tig-má- « aigu »	*téj-īyas-* « plus aigu »
	náv-a- « neuf »	*náv-yas-* « plus neuf »
zd	*asnāt̰* « de près » (de **n̥zd-na-*)	*nazd-yah-* « plus proche »
gr.	ὀλίγος	ὀλείζων
	κρατύς, κρατερός	ion. κρέσσων (de **κρετ-γων*).

On voit que ces comparatifs ne sont pas dérivés des adjectifs correspondants, mais se rattachent immédiatement aux racines; ce ne sont donc pas proprement des comparatifs, mais des sortes d'adjectifs intensifs: véd. *yáj-īyas-* signifie « qui sacrifie particulièrement bien ».

Le superlatif en **-istho-* est visiblement dérivé des thèmes précédents par addition de **-tho-*; ainsi skr. *svā́d-iṣṭha-ḥ* « le plus doux », gr. ἥδ-ιστο-ς, v. h. a. *suoz-isto*. Le vocalisme radical et la place du ton semblent être les mêmes.

23. Suffixe *-*tero-*, *-*toro-*, *-*tro-*. — Le suffixe secondaire *-*tero-* marque une opposition de deux personnes ou de deux choses, ainsi :

thème *k^w*o-* : skr. *ka-tará-ḥ* « lequel des deux », gr. πό-τερο-ς, got. *hwa-þar*, v. sl. *ko-teryjĭ*, *ko-toryjĭ*, lit. *ka-trà-s*, lat. *u-ter*.

lat. *al-ter*, cf. *alius* ; gr. ἕτερος, ἅτερος ; cf. la valeur tout autre de ἄλλος, etc.

skr. *án-tara-ḥ* « intérieur », gr. ἔν-τερο-ν, lat. *interior* (avec addition de *-ior*, qui est devenu la caractéristique de tous les comparatifs en latin).

skr. *út-taraḥ* « qui est en dehors » (par rapport à un autre), gr. ὕσ-τερο-ς.

La véritable valeur ancienne du suffixe est conservée par exemple dans ces mots d'une inscription éléenne : μάτε ἐρσεναι-τέραν μάτε θηλυτέραν « ni mâle ni femelle » ; le skr. *açva-tará-ḥ* « mulet » désigne une sorte d'animal, analogue au cheval, et qui s'oppose au cheval ; le lat. *mâter-tera* « sœur de la mère » désigne une personne proche de la mère et qu'on oppose à celle-ci ; etc.

Grâce à sa nature de suffixe secondaire, *-*tero-* est devenu dans quelques dialectes suffixe secondaire de comparatif : en grec, ὠμό-τερο-ς de ὠμός, en sanskrit, *āmá-tara-ḥ* « plus cru » de *āmáḥ* « cru », et aussi en irlandais, où il a le sens particulier de comparatif d'égalité ; le sens ancien n'était pas « plus cru », mais « cru » par opposition à ce qui ne l'est pas, de même que gr. ὀρέσ-τερο-ς ne signifie pas « plus montagneux », mais « de la montagne », par opposition à « de la plaine ».

Le suffixe *-*tero-* se compose de deux suffixes : *-*t(o)-* et *-*ero-* ; le suffixe correspondant marquant opposition de plusieurs personnes ou de plusieurs choses a pour premier élément *-*t(o)-*, comme celui-ci, et pour second élément *-*mo-* :

skr. *ka-tamá-ḥ* « lequel (de plusieurs) », lat. *quo-tumu-s*.
skr. *án-tama-ḥ* « qui est à l'intérieur », lat. *in-timu-s*.
skr. *ut-tamáḥ* « qui est en dehors » (par rapport à plusieurs autres, à tous les autres).

Le lat. *ul-timu-s* signifie ainsi le « dernier » (de tous), et *fīnitimu-s* « qui est tout au bout ».

24. Suffixe **-ter-* (et **-tel-*). — Le suffixe des noms d'agents se présente en grec sous les deux formes -τορ- (nom. -'τωρ, gén. -'τορος) et -τήρ- (nom. -τήρ, gén. -τῆρος), au féminin -τειρα (de *-τερ-*yă*); en latin sous la forme *-tōr-*, fémin. *-tr-ī-x*; en slave, au contraire, sous la forme *-tel-* (élargie par *-je-* aux cas du singulier); *r* de indo-iranien *-tar-* (skr. nom. *-tā*, acc. *-tāram*, dat. *-tr-e*) peut représenter soit i.-e. **r*, soit i.-e. **l*. La racine avait le vocalisme *e*; la place du ton est incertaine et variait peut-être au cours de la flexion :

skr. *jáni-tā* « celui qui engendre », gr. γενε-τήρ (γενετῆρος), γενέ-τωρ (γενέτορος), lat. *geni-tor*.

skr. *man-tā* « celui qui pense », gr. Μέντωρ, lat. *(com-) mentor*.

skr. *bóddhā* « qui observe », gr. *πευστηρ (dans πευστήριος), v. sl. *bljustelji* « observateur ».

L'opposition du vocalisme radical *e* et du vocalisme sans *e* dans gr. δώτωρ, βώτωρ, ἐπι-δήτωρ et δοτήρ, βοτήρ et βατήρ n'est sans doute pas fortuite, car on retrouve un contraste pareil entre λειμών et λιμήν, ἄετμα et ἀυτμήν.

25. Suffixes **-tro-* (**-tlo-*) et **-dhro-*, **-dhlo-*. — Les deux formes **-tro-* et **-tlo-*, désignant l'instrument de l'action, sont attestées et apparaissent comme les formes thématiques des suffixes précédents : skr. *mán-tra-ḥ*, zd *mą-θrō* « formule religieuse, prière », et lit. *(pa-)meñ-klas* « monument » ne peuvent être séparés de skr. *mantā* (thème *man-tár-*); le voca-

lisme radical *e* est le même, le ton est sur la racine ; ainsi skr. *çró-tra-m* « oreille », à côté de *çró-tā* « celui qui entend » (thème *çró-tar-*) ; le grec n'a que -τρο- : λέκ-τρο-ν, νίπ-τρο-ν, etc. ; le slave a trace de *-tro-* dans *vě-trŭ* « vent » ; le lituanien a **-tlo-*, représenté phonétiquement par *-kla-* : *ženklа-s* « signe » ; le latin a les deux formes, ainsi *rōs-tru-m* et *fer-culum* ; de même l'irlandais : *cría-thar* « crible », et *cé-tal* « chant » (de **kan-tlo-*), et le germanique : got. *smair-þr* « graisse » et v. h. a. *sta-dal* « grange » (de germ. **sta-þla-*). On conçoit dès lors que, pour un seul et même mot, on rencontre les deux formes du suffixe, ainsi :

gr. ἄρο-τρο-ν, arm. *arawr* (de **arā-tro-*) « charrue », lat. *arā-tru-m*, mais lit. *ár-kla-s* « charrue ».

A côté de **-tro-*, **-tlo-*, il y a un autre suffixe, exactement synonyme, **-dhro-*, *-dhlo-*, représenté par des mots comme lat. *cri-bru-m* et *sta-bulu-m* (en regard de irl. *criathar* « crible » et de v. h. a. *stadal*), etc. ; gr. γένε-θλο-ν, χύ-τλο-ν (de **χύ-θλο-ν*, par dissimilation), etc. ; tch. *rá-dlo* (v. sl. *ralo*) « charrue » ; etc.

26. Suffixe **-tei-* (et **-nei-*). — Le suffixe **-tei-* sert à former des noms d'action, à vocalisme zéro de la racine ; la place du ton variait sans doute au cours de la flexion :

skr. *gá-ti-ḥ* et *ga-tí-ḥ* « venue », got. *(ga-)qum-þ-s*, gr. βά-σι-ς ; peut-être lit. *(pri-)gimtis* « qualité innée » (cf. lit. *gìmti* « naître », littéralement « venir » ?).

skr. *bhṛ-tíḥ* « action de porter », got. *(ga-)baur-þ-s* « naissance » (de **bhṛ-ti-*), v. h. a. *(gi-)bur-t* « naissance » (de **bhṛ-ti-*), v. irl. *bri-th* (infinitif) « porter ».

En latin, ce suffixe n'est plus représenté que par des mots isolés et d'aspect altéré, tels que *mens* en regard de skr. *mátiḥ*, *matíḥ* « pensée » ; dans l'usage ordinaire, c'est une forme élargie par *-ōn-* qui est employée, ainsi *mentiō*, *mentiōnis* ;

(con-)uentiō, en regard de skr. *gátiḥ, gatíḥ*; etc. ; de même en irlandais et sans doute aussi en arménien.

Le même suffixe **-tei-* est souvent secondaire, ainsi dans skr. *paṅk-ti-ḥ*, v. sl. *pętĭ* « groupe de cinq » ; lat. *sēmen-ti-s* ; v. sl. *ązos-tĭ*, v. h. a. *angus-t* « angoisse », en face des thèmes en **-s-*, skr. *áṃhaḥ* et lat. *angor, angus-(tus)*.

Un suffixe **-nei-*, beaucoup moins fréquent, est au suffixe d'adjectif **-no-*, ce que **-tei-* est à **-to-* ; on le rencontre donc surtout dans les langues où **-no-* est le plus usité : en slave et en germanique. Le skr. *ghṛ-ṇi-ḥ* « chaleur » en fournit un bon exemple.

27. Suffixe **-teu-*. — Le suffixe **-teu-* forme aussi des noms d'action, mais où l'idée de l'acte même est plus en évidence ; skr. *gán-tu-ḥ* indique « l'acte de marcher », plutôt que la « venue » ; de là vient que ce sont les mots ainsi formés qui ont fourni le supin en latin : *it cubitum*, en lituanien : *eĩksz válgytų* « va manger », en slave : *česo jizidete vidětŭ* « qu'êtes-vous allés voir ? », et en sanskrit des infinitifs en *-tum* (identiques pour la forme aux supins précédents), *-toḥ* (génitif-ablatif), *-tave* (datif), *-tavai*. A en juger par l'indo-iranien, le vocalisme radical est *e* et le ton sur la racine. Mais quelques mots isolés ont un autre vocalisme :

zd *pəšu-š* (de **pṛ-tu-š*) « gué », *pərə-tu-š* « pont » (de **pṛ-tú-š*), lat. *por-tu-s*, v. h. a. *fur-t* (germ. **fur-đu-* de **pṛ-tú-*), gaul. *Ritu -(magus)*, nom de lieu (aujourd'hui *Radepont*) qui signifie « (champ du) gué », v. breton *rit*, glosant lat. *uadum*.

lat. *gus-tu-s*, got. *kus-tu-s* « essai ».

28. Suffixe **-two-*. — Le suffixe indo-iranien **-twa-* fournit des adjectifs comme skr. *kár-tva-ḥ, kár-t(u)va-ḥ* « devant être fait » et des abstraits comme skr. *deva-tvá-m* « divinité »,

zd *fratəma-θwə-m* « primauté » ; le slave a de même des mots tels que *dětĭs-tvo* « enfance ».

Sous la forme féminine **-twā-*, on a les types got. *frija-þwa* « amour », v. sl. *moli-tva* « prière » et, avec **-tū-* (c'est-à-dire **-twə-*, ou, en d'autres termes, le précédent avec le vocalisme zéro de la caractéristique de féminin **-ā-*), gr. τρι-τύ-ς, βρω-τύ-ς, etc., ou les dérivés latins (à suffixe secondaire *-t-*) tels que *uir-tū-t-* (nom. *uirtūs*).

Le suffixe est souvent élargi par un suffixe **-no-* ; ainsi, à côté de skr. *vasu-tvá-m* « bonté », on trouve *vasu-tvaná-m* (même sens) ; on rapproche le type gr. δουλό-συνο-ς, δουλο-σύνη.

29. Suffixe **-men-*. — Le suffixe **-men-* sert à former des noms d'action neutres ou masculins ; les neutres sont fréquents ; ils ont le vocalisme *e* de la racine et le ton sur l'élément prédésinentiel. Ainsi :

skr. *bhár-ma* « action de porter », gr. φέρ-μα ; ou, avec une forme dissyllabique de la racine, skr. *bhári-man-* « action de porter », v. sl. *brěmę* (russe *berémja*) « fardeau ».

La forme masculine a souvent le même vocalisme et la même place de ton, ainsi, à côté de skr. *tárma* « extrémité du pilier de sacrifice », gr. τέρ-μα, lat. *ter-men*, on a gr. τέρ-μων, lat. *ter-mō* ; à côté de lat. *lūmen* (de **leuksmn̥*), on a v. sax. *lio-mo* (de **lioh-mo*) « rayon de lumière », etc. Mais le vocalisme zéro de la racine et le ton sur le suffixe se trouvent aussi dans : gr. ἀυτμήν à côté de ἄετμα ; πυθ-μήν ; ὑ-μήν. Le même suffixe donne aussi des noms d'agents, naturellement masculins, comme gr. ἴδ-μων « qui sait », skr. *dhar-má* « qui tient » ; le skr. *bráhma* (neutre) signifie « prière » et *brahmá* (masculin) « prêtre ».

Les noms de ce type semblent avoir été souvent élargis par le suffixe secondaire **-to-*, ainsi skr. *çró-ma-ta-m* « réputation », v.h.a. (*h*)*liu-mun-t,* en regard de zd *sraoman-* « ouie », got. *hliuma* ; en latin, ce fait est fréquent : *augmen* et *augmentum,* etc.

De même que l'on a **-smo-* à côté de **-mo-,* on trouve **-smen-* à côté de **-men-* : gr. γράσμα « écriture » (à Argos) de *γραφ-σμα, v. sl. *čisme* « nombre » en face de *čьtą* « je compte », lat. *lūmen* de **leuk-smn̥,* etc.

3o. Suffixe **-went-*. — Le suffixe secondaire **-went-* est attesté par l'accord de indo-iran. **-want-* et de gr. -(Ϝ)εντ : skr. *putrá-vant-,* zd *puθra vant-* « qui a un fils », gr. χαρί-(Ϝ)εντ- « qui a de la grâce » ; en latin, il est élargi par **-to-,* soit *uīnōsus* de **woino-wn̥t-to-* en regard de gr. *(Ϝ)οινό-Ϝεντς. — Le suffixe, tout à fait analogue, **-mant-* de l'indo-iranien n'a pas de correspondant dans les autres langues.

Remarques générales. — I. L'énumération précédente ne comprend que des suffixes simples ou qui fonctionnent comme tels : un suffixe **-wen-* n'y figure pas, parce qu'il peut être conçu comme un suffixe *-u-* (forme à vocalisme zéro) élargi par *-en-,* ainsi : gr. αἰ-Ϝέν, en regard de lat. *ae-uo-m,* got. *ai-w-s* « durée, éternité » et de skr. *āyu-ṣ-* « durée ». Mais certains des suffixes qu'elle comprend et qui apparaissent comme simples résultent certainement de l'accumulation de suffixes secondaires ; c'est notamment le cas du dernier suffixe indiqué, **-went-*.

Elle ne prétend pas renfermer tous les suffixes qui ont été employés en indo-européen, mais seulement donner une idée des procédés de formation. Beaucoup de mots, dont l'analyse est plus ou moins évidente, présentent d'autres suffixes ; ainsi :

skr. *kṛ-mi-ḥ* « ver », lit. *kir-mi-s,* v. irl. *cruim,* et le synonyme lat. *uer-mi-s,* got. *waúr-m-s,* avec un suffixe **-mei-*.

skr. *sū-nú-ḥ*, zd *hu-nu-š*, v. sl. *sy-nŭ*, lit. *sū-nù-s*, got. *su-nu-s* « fils », avec un suffixe *-*neu*-.

Et ainsi de beaucoup d'autres.

II. Dans les formations secondaires, l'élément qui précède immédiatement le suffixe secondaire a, en règle générale, le vocalisme zéro, ainsi :

i.-e. *-*is*- et non *-*yes*- dans *-*is-tho*-, skr. *-iṣ-ṭha*-, gr. -ισ-το-, got. *-is-ta*-, v. ci-dessus p. 241 et suiv.

i.-e. *-*u*- et non *-*eu*- dans skr. *guru-tā* « lourdeur », gr. βαρύ-της.

i.-e. *-*i*- et non *-*ei*- dans skr. *avi-kā* « brebis », v. sl. *ovĭ-ca*.

i.-e. *-*r*- et non *-*er*- dans skr. *pitr-iyaḥ* « paternel », gr. πάτρ-ιος, lat. *patr-ius*.

Et même, dans les thèmes secondaires tirés d'un mot qui renferme déjà un suffixe, non seulement l'élément présuffixal nouveau, mais aussi l'autre, c'est-à-dire l'élément radical, tendent à avoir le vocalisme zéro ; les exemples sont peu nombreux, mais ceci tient sans doute à ce que l'analogie en a éliminé la plupart, et à ce qu'ont seuls subsisté ceux que des circonstances particulières ont conservés :

de **dék$_1$m̥* (gr. δέκα, skr. *dáça*, lat. *decem*) : **(d)k$_1$m̥-t*- dans béot. (*Fί*-)κατι « deux dizaines », gr. (τριά-)κοντα « trois dizaines », ou **d°k$_1$m̥-t*-, dans sl. **dis̨t*- : russe *(dva-)dcat'* « deux dizaines ».

de **k^{w}etwer*- (skr. *catvā́r-aḥ* « quatre », dor. τέτορες, etc.) : **k^{w}tur-yo*, zd *(ā-)xtūirīm* « pour la quatrième fois », *tūiryō* « quatrième », skr. *turíyaḥ* « quatrième ».

de **néwn̥* (skr. *náva*, lat. *nouem*, etc.) : **(e)newn̥-to*-, gr. ἔνFα-το-ς « neuvième ».

Le dérivé en *-*yo*- de i.-e. **dei-wo*- « dieu » (skr. *deváḥ*, lat. *deus*, etc.) est skr. *div-yá-ḥ* « divin », gr. δῖος (de *δῖF-yο-ς), lat. *dīus* (de **diu-io-s*), soit i.-e. **diw-yo*-.

Les verbes dénominatifs ont pu présenter aussi cette particularité, témoin att. βλίττω « je coupe le miel » (de **mlit-yō*) dérivé de μέλιτ-.

III. Le redoublement joue dans les formations nominales un rôle bien moindre que dans les formations verbales, et il n'y a pas de valeur bien définie, mais les divers types s'y retrouvent néanmoins :

redoublement intensif, par exemple dans skr. *kar-kar-i-ḥ* (sorte d'instrument de musique), v. sl. *kla-kolŭ*, r. *kólo-kol* « cloche » (de **kol-kolo-*), lit. nomin. plur. *kañ-kl-ės* (sorte d'instrument à cordes), *kañkalas* « clochette » ; ou skr. *kar-ka-ṭaḥ* (forme prâkrite d'un ancien **kar-kṛ-ta-ḥ*) « écrevisse », lat. *cancer* (thème **kan-kro-*).

redoublement ordinaire, avec **e*, comme dans skr. *ca-kráṃ*, zd *ča-xrəm* « roue », ags. *hweowol, hwéol* « roue » (de **hwe-hla-*, **hwe-wla-*, anciens **kʷé-kʷlo-* et **kʷe-kʷló-*), gr. κύκλος (de **kʷé-kʷlo-s*), lit. *kã-klas* « cou » (qui peut représenter un plus ancien **ke klas*), à côté de la forme sans redoublement v. sl. *kolo* « roue » ; ou lat. *fe-ber* « castor », lit. *bê-brus*, cornique *be-fer*, skr. *ba-bhrúḥ* « brun », à côté du redoublement avec **i* dans lat. *fi-ber* « castor », gaul. *Bi-br-(ax)*, v. sl. *bĭ-brŭ*, v. h. a. *bi-bar*.

Participes. — Outre les thèmes nominaux précédents, primaires et secondaires, l'indo-européen avait des *thèmes nominaux tirés de thèmes verbaux*, ou *participes*. Des adjectifs comme gr. κλυ-τό-ς ou στυγ-νό-ς ne sont pas des participes parce qu'ils ne sont pas dérivés de thèmes verbaux ; c'est seulement lors du développement des diverses langues que des thèmes présentant ces suffixes ont été incorporés au verbe, ainsi *amātus* en latin.

Toutefois on notera que les causatifs ont des adjectifs en

*-*to*- qui présentent un *-*ī*- appartenant sans doute au thème verbal :

skr. *darçáyati* « il fait voir » *darçi-tá-ḥ* « montré »
got. *(ga-)tarbjan* « distinguer » *(ga-)tarbi-þ-s* « mal famé »
lat. *moneō* *moni-tu-s*
lit. *laikaũ* « je tiens » *laikŷ-ta-s* « tenu »,

et c'est à ces formes que se rattachent les infinitifs comme lit. *laikŷti* « tenir », v. sl. *buditi* « éveiller », etc.

Les seuls participes indo-européens proprement dits sont les suivants :

1° Participes actifs de présents et d'aoristes en *-*ent*-. — Quand il s'ajoute aux thèmes athématiques sans redoublement, le suffixe est *-*ent*-, *-*ont*-, *-*n̥t*-, ainsi skr. *s-án* « étant », nom. plur. *s-ánt-aḥ*, gén. sing. *s-at-áḥ*, en face de skr. *ás-ti* « il est », *s-ánti* « ils sont » ; v. sl. *s-y* « étant » (de **s-ont-s*) en face de *jes-tŭ* « il est », *s-ątŭ* « ils sont » ; gr. ὤν (au lieu de *ὧν) ; lat. *(prae-)s-ens*, etc. ; quand il s'ajoute aux thèmes athématiques à redoublement (et à celui d'aoriste en -*s*-), il a la forme *-*n̥t*- à tous les cas : skr. nom. sing. *dád-at* (de **ded-n̥t-s*) « donnant », grec τιθείς (de *τιθε-ντς) ; dans les deux cas, l'élément qui précède le suffixe du participe a le vocalisme zéro. — Quant aux thèmes thématiques, le type skr. *bháran* « portant », nom. plur. *bhárant-aḥ*, génit. sing. *bhárat-aḥ* ; gr. φέρων, φέροντες, φέρον-τος ; lat. *uehens*, *uehentis* ; lit. *vežą̃s*, v. sl. *vezy* « conduisant en char » admet deux interprétations : **bhére/o-nt*-, **uég$_1$he/o-nt*- ou **bhér-e/ont*-, **uég$_1$h-e/ont*-, suivant qu'on considère l'élément *e/o* comme la voyelle thématique du thème **bhére*-, **uég$_1$he*-, ou comme la voyelle du suffixe. — Quoi qu'il en soit, ce suffixe s'ajoute à tous les thèmes de présents, de futurs et d'aoristes ; ainsi gr. τείνω, τείνων, τείνοντος ; δάμνημι, δαμνάς, δαμνάντος ; ἔλιπον, λιπών, λιπόντος ; λείψω, λείψων, λείψοντος ; ἔτεισα, τείσᾶς, τείσαντος ; etc.

2° Participes actifs de parfaits en **-wes-* (**-wet-*). — Le suffixe a deux formes qui sans doute alternaient au cours de la flexion ; l'une, **-wes-*, est attestée par skr. nom. sing. *-vān*, nom. plur. *-vāṃs-aḥ* (avec intercalation d'une nasale qu'il n'y a pas lieu d'expliquer ici), gén. sing. *-uṣ-aḥ*, féminin nom. sing. *-uṣ-ī* ; gr. neutre -(ϝ)ός, fémin. -υῖα (de *-υσ-ɟα) ; v. sl. fémin. *-ŭš-i*, lit. fémin. *-us-i* ; l'autre forme, **-wet-*, est attestée par skr. instrumental *-vád-bhiḥ*, loc. plur. *-vát-su* ; gr. génit. -ϝότ-ος. L'élément présuffixal a d'ordinaire le vocalisme zéro ; ainsi :

skr. *ririk-vān* « ayant laissé », lit. fémin. *lik-us-i* ;

skr. *mamṛ-vān* « étant mort », fémin. *mamr-úṣī*, lit. fémin. *mir-us-i*, v. sl. féminin *-mĭr-ŭš-i*.

gr. μεμα-(ϝ)ώς, δεδ(ϝ)ι-(ϝ)ώς, etc.

L'opposition de gr. ϝειδώς, ϝιδ-υῖα (en regard de skr. *vid-vān* « sachant », fémin. *vid-úṣī*) suggère l'idée que le masculin a peut-être eu en indo-européen le vocalisme *e* de la présuffixale, et le féminin le vocalisme sans *e* : cette différence s'explique par le fait que le féminin renferme un suffixe secondaire ajouté au thème du masculin, et l'on rentre ainsi dans le cas général signalé ci-dessus p. 249 ; le vocalisme *e* de la présuffixale se retrouve dans got. *weit-woþs* « témoin » qui paraît être un ancien participe parfait répondant à gr. ϝειδώς.

3° Participes moyens. — Le suffixe du participe moyen varie suivant les langues. Dans le type thématique, le grec a (φερό-)μενο-ς, le skr. *(bhára-)māna-ḥ* « portant », le zend *(yazə-)mna-* « sacrifiant », le latin *(Vertu-)mnu-s* (subsistant seulement dans des noms propres), le slave *(vezo-)mŭ* « conduit en char », le lit. *(vẽža-)ma-s* (même sens), et le vieux prussien (différent des autres dialectes slaves et baltiques, mais d'accord avec les autres langues indo-européennes) *(poklausī-)mana-s* « entendu ». — Dans le type athématique, le sanskrit a *-āna-* au présent *duh-āná-ḥ* « trayant » comme au parfait *bubudh-āná-ḥ* « s'étant éveillé » ; le grec a -μενο-, comme dans le type thématique : τιθέ-μενο-ς, κεί-μενο-ς, etc.

Les participes conservent toute la valeur sémantique des thèmes verbaux dont ils sont tirés, et ils ont, de plus, la distinction des voix active et moyenne ; le ton est conservé à la place où il est dans le thème verbal, et, en grec, c'est le participe presque seul qui le conserve, ainsi dans l'opposition de λείπων et de λιπών qui garde le souvenir du contraste de i.-e. **léikʷe-* : *likʷé-*. On aurait une idée incomplète de la flexion des verbes indo-européens si l'on négligeait ces participes qui en font partie intégrante en un certain sens.

Infinitifs. — Les racines présentent, à côté des thèmes verbaux, des thèmes nominaux qui ne sont nullement dérivés de ceux-ci, mais qui, faisant partie du même groupe de mots, ont des sens tout voisins ; ces thèmes nominaux ont donc la valeur qu'ont prise par la suite les noms dérivés des thèmes verbaux et peuvent jouer le même rôle que jouent ailleurs des substantifs verbaux ou des infinitifs; ainsi un datif véd. *áj-e* « pour la conduite » du thème à suffixe zéro skr. *aj-* vaut exactement ce que vaut en français « pour conduire », et c'est de formes de ce genre que sont sortis les infinitifs passifs du latin, comme *agī*; le datif d'un thème skr. *vid-mán-* « connaissance », soit *vid-mán-e,* signifie naturellement « pour savoir » et c'est de datifs de ce genre que sont sortis les infinitifs tels que gr. Ϝίδ-μεναι ; un infinitif comme ἴδ-μεν représente les locatifs à désinence zéro de thèmes en *-*men*- comme véd. *dhár-man* « dans le fait de tenir, en tenant », etc.

En revanche rien ne prouve que l'indo-européen possédât de véritables infinitifs, c'est-à-dire des formes nominales fixées tirées de thèmes verbaux, comme on a en grec λείπειν, λιπεῖν, λείψειν, λελοιπέναι, λιπῆναι. Les seules formes de ce genre qui sont peut-être de date indo-européenne sont celles de l'indo-iranien en *-*dhyāi*, par exemple skr. *váha-dhyai* « conduire en char » du thème *váha-* de *váhati* « il conduit en char », qui rappellent le type des infinitifs moyens du grec, φέρεσθαι. — Il convient aussi de rappeler les formes qui figurent dans les juxtaposés qui fournissent certains temps aux divers dialectes : lat. *ferē-bam, monē-bam, monē-bō* ; got. *salbo-da* « j'ai oint », *salbo-dedum* « nous avons oint » ; v. sl. *vedě-achŭ* « je conduisais », etc. ; le premier membre de tous ces juxtaposés est une sorte d'infinitif et le second une forme verbale personnelle atone signifiant « être » ou « faire ».

En somme, l'indo-européen ne semble pas avoir eu d'infinitifs, ou du moins les infinitifs n'y ont eu qu'une très petite place. Et c'est pour cette raison que la forme de l'infinitif diffère d'une langue indo-européenne à l'autre.

Formation du féminin. — Même quand ils désignent des êtres sexués, les substantifs indo-européens n'ont pas nécessairement la marque du genre : les noms de parenté tels que lat. *pater* et *frāter*, *māter* et *soror* n'ont, soit dans leur thème, soit dans leur flexion, rien qui les caractérise comme masculins ou comme féminins. Néanmoins ils ont un genre, puisque les adjectifs qui s'y rapportent admettent une distinction des deux thèmes, l'un pour le masculin, l'autre pour le féminin, et parce que d'autres substantifs ont eux-mêmes deux thèmes suivant le genre. — Les suffixes, essentiellement secondaires, qui caractérisent le féminin sont *-*ā*- et *-*yā*- (*-*yē*-):

1° *-*ā*- (vocalisme zéro *ə*). — C'est au moyen de *-*ā*- que sont formés les féminins d'adjectifs du type thématique : à skr. *sána*-, gr. ἕνο-, lit. *sana*- « vieux » répond un féminin skr. *sánā*-, gr. ἕνᾱ-, lit. *sano*-; à skr. *çrutá*-, gr. κλυτό-, lat. *-cluto*-, un féminin skr. *çrutā́*-, gr. κλυτά-, lat. *-clutā*-; etc., et d'une manière générale beaucoup de féminins de noms du type thématique, ainsi gr. πλοκή à côté de πλόκος : dans ce dernier exemple on voit la trace d'un contraste de la place du ton entre le thème masculin et le thème féminin ; et de même φῦλον : φυλή ; νεῦρον : νευρά ; skr. *svā́danam* « goût » : gr. ἡδονή ; le type gr. βροντή en regard du type κοῖτος ; etc. La flexion des thèmes en *-*ā*- comportait d'ailleurs, au moins pour une partie des mots, variation de la place du ton suivant les cas. — Le même suffixe fournit des dérivés de thèmes de substantifs du type athématique, ainsi gr. ἡμέρ-ᾱ en regard de hom. ἦμαρ, κριθ-ή en regard de κρῖ (ancien *κρῖθ), lit. *vasar-à* « printemps » cf. gr. Ϝέαρ, v. sl. *vesn-a* « printemps », cf. skr. *vasan(-táḥ)* « printemps » ; lat. *ōr-a*, cf. *ōs* ; etc.

2° *-*yā*-, *-*yē*- (*-*iyā*-, *-*iyē*-) : avec vocalisme zéro, *-*ī*- (*-*iyə*-). — Le suffixe *-*yā*- est en usage pour les adjectifs et pour les noms d'êtres sexués du type athématique. La différence de *-*yā*- et *-*iyā*- semble avoir tenu uniquement en indo-européen à la quantité de l'élément précédent : gr. πῖειρᾱ-, de *πῖϜερ-yᾱ-, et ποτνιᾱ-, de *ποτν-ιyᾱ-, représentent sans doute l'état ancien : le nominatif de l'un serait *πῖερῑ (avec -ῑ de *-*yə* et celui de l'autre πότνια (avec -ια de *-*iyə*, mais le grec a généralisé l'*ā* du type πότνια et a un nominatif πίειρα en regard de skr. *pīvarī*; inversement l'indo-iranien a généralisé

-ī, et le nominatif correspondant à gr. πότνια est skr. *pátn-ī* « maîtresse » ; de même dans les autres langues.

Devant le suffixe **-yā-*, l'élément terminal du thème de masculin a d'ordinaire le vocalisme zéro, mais aussi parfois d'autres :

thème des participes tels que **bhéront-* : fémin. **bheront-yā-* : skr. *bhárant-yā-*, gr. *φεροντ-yā- (nomin. att. φέρουσα, lesb. φέροισα), v. sl. *berǫšta-* (de **berǫt-ja-*), de même lit. *vežant-jō-* (nomin. *vežant-i*) et got. *frijond-jo-* (nomin. *frijond-i*) « amie ».

skr. thème masc. *tákṣan-* « charpentier » : fémin. nom. *takṣṇ-ī* ; gr. τέκτων, τέκταινα ; skr. thème masc. *rā́jan-* « roi » : fémin. nomin. *rā́jñ-ī* « reine », cf. irl. *rigain* (de **rēgn-ī*) ; skr. thème masc. *yúvan-* « jeune », fémin. nomin. *yūn-ī*, cf. lat. *iūn-ī-(x)*.

skr. thème masc. *jánitar-* : nomin. fémin. *jánitr-ī* ; cf. lat. *genitor*, *genetrī(-x)* ; gr. γενετήρ, γενέτωρ : γενέτειρα.

skr. thème masc. *svādáv-* : nom. fémin. *svādv-ī* ; gr. ἡδύς, ἡδεῖα (de *ϝᾱδεϝ-yα).

Le féminin peut être tiré d'un thème différent de celui du masculin et ne pas comporter par exemple le suffixe caractéristique du masculin ; c'est ce qui arrive pour les adjectifs en **-eu-* en germanique et en baltique : got. *hard-u-* « dur » a un féminin *hard-jo-* ; lit. *sald-u-* « doux », un féminin *saldžo-* (de *sald-jō-*), et de même le féminin de gr. πολ-ύ-ς est πολλά-, de *πολ-yᾱ-.

Les adjectifs thèmes en **-es-* n'admettent pas de formation de féminin : skr. *su-mánāḥ* « bienveillant », gr. εὐ-μενής, etc. servent à la fois pour le masculin et le féminin ; ce sont pour la plupart des composés ; il y a lieu de noter que les composés grecs tels que ῥοδοδάκτυλος ont aussi une forme unique pour le masculin et le féminin.

Dès l'époque indo-européenne, il semble que le suffixe

*-*yā*- ait été fléchi de deux manières, avec alternance *-*yā*-, *-*yə*-(-*ī*-), comme dans skr. *bhárant-ī*, génit. *bhárant-yā-ḥ*, ou, sans alternance, avec le vocalisme zéro, soit *-*ī*-, ainsi le féminin de skr. *nápāt* « petit-fils », qui est skr. *naptī-ḥ*, génit. *napt(i)y-aḥ*, cf. lat. *nept-i-s*, v. lit. *nept-i-s* ; c'est ce second type, avec *s* au nominatif, qui a été généralisé en latin, là où le suffixe secondaire -*k*- n'a pas été ajouté comme dans *genetrī-x*, *iūnī-x*, et ainsi c'est *suāuis* qui répond à skr. *svādvī* ; *ferens* de **ferentis* (comme *mens* de **mentis*), à skr. *bháranti*, etc. ; c'est par ce procédé que certains adjectifs et tous les participes latins en sont venus à perdre la distinction du masculin et du féminin.

A côté du féminin normal en *-*yā*- du type skr. *tan-ú-ḥ* « mince » (littéralement « tendu »), féminin *tanvī*, cf. lat. *tenuis*, il a pu y en avoir un autre caractérisé par *-*ā*- (dont la forme à vocalisme zéro est -*ə*-) soit *-*wə*-, d'où *-*ū*- ; le vocalisme zéro a été généralisé dans toute la flexion comme dans le type skr. *naptīḥ*, et ainsi l'on a skr. *tanū́-ḥ* « corps », génit. *tan(u)v-aḥ*. C'est de cette manière qu'est formé le féminin remarquable du mot skr. *çváçuraḥ* (de **sváçuraḥ*) « père du mari », zd *hvasurō*, hom. '(Ϝ)εκυρός, lit. *szẽszuras*, lat. *socer* : skr. *çvaçrū́ḥ* « mère du mari », v. sl. *svekry*, lat. *socrus*, v. h. a. *swigar*, c'est-à-dire i.-e. **swekrū*- de **swekrwə*-, avec *w* après *r* en regard de -*ur*- dans le masculin ; de même, **gʷr̥nū*- (de **gʷrə-nw-ə*-), attesté par v. sl. *žrŭny*, got. -*qairnus* « pierre à moudre », est un féminin du thème attesté par skr. *grā́van*-, v. irl. *brō*, gall. *breuan* (même sens) ; la métathèse de *w* est analogue aux faits signalés ci-dessus p. 105. On entrevoit ici toute une série de faits très complexes relatifs à la formation du féminin.

Ce n'est pas tout. Car il existe un autre suffixe, très voisin du suffixe *-*yā*-, et se confondant même avec celui-ci au vocalisme zéro : *-*yē*-, dont la forme à vocalisme zéro est -*ī*-

(c'est-à-dire *-*yə*-) et qui n'est resté distinct de *-*yā*- qu'en latin et en baltique : lit. *žẽm-ė* « terre » (de **zem-jē*), v. sl. *zemlja*, dérivé du thème attesté par skr. *kṣam-*, gr. χθών, et zd *zəm-* (cf. ci-dessus p. 223) ; ou lat. *temper-iēs* dérivé du thème *tempes-* de *tempus* : c'est à la même série que le sens conduit à rattacher les formations telles que skr. *taviṣ-ī* « force », ou gr. ἀλήθεια (-εια de *-εσ-yα). Dans lat. *spec-iē-s*, lit. *žin-ė* « connaissance », gr. φύζα (de *φυγ-yα), etc., on ne doit pas voir des thèmes primaires en *-*yē*-, mais des dérivés de thèmes à suffixe zéro **spek₁-*, *g_1°*nə*-, **bhug-*, etc. — Les thèmes en *-*yē*- ne servent d'ailleurs pas d'abstraits seulement : lit. *deiv-ė̃* « fantôme » et skr. *dev-ī* « déesse » (génit. *dev(i)yā́ḥ*) sont les féminins de lit. *dẽvas*, skr. *deváḥ* « dieu » ; lit. *vilkė*, skr. *vṛkīḥ* « louve » (avec généralisation de la forme à vocalisme zéro -*ī*-, dans génit. *vṛk(i)yaḥ*) sont les féminins de lit. *vilkas*, skr. *vṛ́kaḥ* « loup ».

Si la formation du féminin est assez compliquée, le sens n'est pas moins multiple. On peut distinguer trois valeurs du féminin :

1° Indication du sexe féminin, ainsi skr. *jánitrī* « celle qui engendre », lat. *genetrīx*, gr. γενέτειρα.

2° Valeur abstraite : type gr. σπουδή, et aussi des noms concrets comme lat. *toga*, lit. *rankà* « main », got. *staiga* « chemin ».

3° Valeur de collectif : gr. φρᾱτρ-ίᾱ « ensemble des frères », v. sl. *bratr-ĭja* « les frères » (sert de pluriel à *bratrŭ* « frère »).

L'adjectif a soit le thème de masculin (et neutre), soit le thème de féminin, suivant que le substantif auquel il se rapporte est ou masculin (ou neutre), ou féminin. Mais il reste à définir en quels cas un substantif a l'un ou l'autre genre. Le genre est masculin lorsqu'il s'agit d'un mâle, féminin lorsqu'il s'agit d'une femelle, quelle que soit la forme :

lat. *pater* et *frāter* appellent l'adjectif au masculin, *māter* et *soror* l'adjectif au féminin. En dehors de ce cas, il n'y a guère de principe absolu ; les thèmes en *-*o*- sont en principe masculins et neutres ; mais le grec et le latin en ont cependant de féminins, ainsi gr. φηγός (dor. φᾱγός), lat. *fāgus* (le mot germanique correspondant était un thème en -*ō*- que suppose le v. h. a. *buohha*) ; et l'arménien en a eu aussi, comme le montre *nu*, génit. *nuoy* « bru », en regard de gr. νυός ; il y a donc eu des thèmes en -*o*- indo-européens de genre féminin ; mais ils ont été éliminés dans la plupart des langues ; ainsi i.-e. **snuso*- « bru » est devenu thème en -*ā*- dans skr. *snuṣā*, v. sl. *snŭcha*, v. h. a. *snura*, et est devenu thème en -*u*- dans lat. *nurus* sous l'influence de *socrus*. Les thèmes en *-*ā*- et *-*yā*- sont d'ordinaire féminins lorsqu'ils servent à caractériser le féminin, mais il ne manque pas de thèmes en *-*ā*- et *-*yā*- qui désignent des êtres mâles et sont par suite masculins, ainsi lat. *scrib-a*, v. sl. *(voje-)vod-a* « conducteur d'armée », gr. δεσ-ποτ-ᾱ- (nomin. δεσπότης), ou v. sl. *bal-ĭji* (acc. *bal-ĭją*) « médecin », skr. *rathī*- (nomin. *rathīḥ*) « conducteur de char », etc. Quant aux autres types de formation, il est impossible de dire pourquoi les uns sont masculins (ou neutres), les autres féminins, pourquoi par exemple le type de gr. λόγος, génit. λόγου, est masculin, celui de μένος, génit. μένεος, neutre, et celui de βάσις, féminin ; mais l'usage d'accompagner ces substantifs d'adjectifs masculins (et neutres) pour les uns, féminins pour les autres, est indo-européen, puisque les types correspondants de l'indo-iranien, du slave, du germanique, du latin, etc., ont la même propriété.

Composition. — Deux thèmes nominaux peuvent par leur réunion former un thème composé. En principe, et sous le bénéfice d'une réserve faite ci-dessous, les verbes n'entrent pas en composition.

Seul, le deuxième terme du composé, qui est nécessairement un substantif ou un adjectif (et jamais un démonstratif ou un pronom personnel) est fléchi.

Le premier terme du composé reste invariable dans la flexion ; l'élément qui le termine a le vocalisme zéro dans tous les thèmes de type athématique qui ont une sonante, c'est-à-dire un élément susceptible de se vocaliser :

skr. *tri-pád-*, gr. τρί-ποδ-, lat. *trĭ-ped-*, ags. *ϸri-féte* « qui a trois pieds » ; de même lit. *tri-kójis* « à trois pieds », etc.

gr. ἡδυ-επής (*ϝᾱδυ-ϝεπεσ-) ; skr. *svādu-rātiḥ* « qui a des dons agréables ».

**sm̥-* dans skr. *sa-kṛ́t* « une fois », gr. ἁ-πλοῦς, lat. *sim-plex*.

**n̥-* (en regard de **ne*, attesté par skr. *ná* « ne... pas », v. sl. *ne*, lat. *ne*[*que*], etc.), dans skr. *á-jñātaḥ*, gr. ἄ-γνωτο-ς, lat. *ignōtus* (c'est-à-dire *iṅnotus* de **en-gnōtos*), got. *un-kunþs*, arm. *an-canawth* « inconnu ».

**dus-* dans gr. δυσ-μενής, skr. *dur-manāḥ* « qui a un mauvais esprit ».

En l'absence d'une sonante, **e* subsiste dans les thèmes en **-es-*, ainsi gr. (ϝ)επεσ-βόλος, zd *vačas-tašti-* « texte » (littéralement « construction de paroles »).

Un thème thématique a au premier terme d'un composé le vocalisme **-o-* : gr. ἱππό-δαμος ; v. sl. *dobro-dějĭ* « qui fait le bien » ; lit. *gera-dėjis* (même sens) ; got. *guda-faurhts* « qui a la crainte de Dieu » ; gaul. *Vindo-magus*, nom propre, signifiant « qui a un champ blanc ». Le cas où le second mot commence par une voyelle appellerait une discussion dans laquelle il est impossible d'entrer ici.

Il est douteux que le premier terme ait jamais été un mot fléchi, notamment un locatif, en indo-européen, comme il l'est par exemple dans gr. Πυλοι-γενής « né à Pylos » ou dans skr. *agré-gaḥ* « qui marche à la tête ».

Les valeurs sémantiques des composés sont assez diverses ; les types essentiels sont les suivants :

1° La valeur grammaticale propre du second terme est conservée, le rapport des deux termes pouvant d'ailleurs être quelconque ; ainsi apposition dans gr. ἰατρό-μαντις « devin-médecin », skr. *rāja-ṛṣiḥ* « prêtre-roi » ; adjectif et substantif : gr. ἀκρό-πολις, skr. *adhara-hanúḥ* « mâchoire inférieure » ; complément et substantif : gr. πατρ-άδελφος, skr. *mātṛ-svasā* « sœur de la mère » ; c'est de ce dernier cas que relève le type fréquent des composés dont le second terme est un thème à suffixe zéro, portant le ton, athématique, comme dans gr. βου-πλήξ, lat. *iū-dex (*yūs-dik$_1$-)*, sl. **medv-ěd-* (nomin. v. sl. *medvědĭ*) « ours », littéralement « mangeur de miel », ce qui est le sens de skr. *madh(u)v-ád-*, ou thématique, comme dans gr. ὁπλο-φόρος, lat. *armi-ger*, russe *vodo vóz* « porteur d'eau », skr. *kumbha-kāráḥ* « faiseur de vases » ; les thèmes qui figurent au second terme de ces composés ne sont très souvent pas attestés en dehors de la composition, et plusieurs ont pu ne jamais exister isolément ;

2° Le rôle grammatical du second terme est changé, et le composé est un adjectif indiquant que le second terme est tel ou tel homme, ou telle ou telle chose : gr. βαθύ-κολπος « qui a un sein profond », lat. *magn-animus* « qui a une grande âme », skr. *hiraṇya keçaḥ* « qui a une chevelure d'or », v. sl. *črŭno-vlasŭ* « qui a des cheveux noirs » ; gr. δυσ-μενής, skr. *dur-manāḥ* « qui a un mauvais esprit », etc. Ce sont les composés *possessifs*. Le ton est le plus souvent sur le premier terme, et ceci permet parfois de marquer la différence des composés possessifs et des autres : gr. πολύ-τροπος est un composé possessif, mais παν-τρόπος signifie « qui tourne tout » ; skr. *rāja-putráḥ* signifie « fils de roi », mais *rája-putraḥ* « dont le fils est roi, qui a pour fils un roi » est un composé possessif.

3° Un troisième type, plus obscur, renferme des mots

dont le premier terme a le caractère d'un thème verbal; ainsi gr. ἀρχέ-κακος « qui commence le mal, auteur du mal », cf. ἄρχειν, avec voyelle *e à la fin du premier terme, φυγο-πτόλεμος « qui fuit la guerre », cf. φυγεῖν, avec voyelle *o à la fin du premier terme; de même zd *vinda-hvarəna-* « qui trouve la gloire », cf. zd *vindaiti* « il trouve »; mais, en indo-iranien, on trouve d'ordinaire au premier terme un thème de participe : skr. *vidád-vasuḥ* « qui trouve le bien », zd *frādaṭ-gaēθō-* « qui fait prospérer le monde ».

Dans le premier des trois types, le second thème conserve sa forme propre ; dans les deux autres, comme il a le caractère d'un adjectif, il subit les modifications nécessaires à l'expression du genre masculin : gr. λευκώλενος est un composé possessif de λευκο- et ὠλένᾱ- ; zd *frādaṭ-gaēθa-* un composé du troisième type de *frādant-* « faisant prospérer » et *gaēθā-* (féminin) « monde ».

La très grande importance de la composition en indo-européen ressort de ce que les noms propres d'hommes étaient ordinairement des composés tels que gr. Ἱππο-μέδων, skr. *Áçva-medhaḥ* (qui a [fait] le sacrifice du cheval), gaul. *Epo-pennus* (tête de cheval), ags. *Eó-maér* (célèbre par ses chevaux), v. perse *Aspa-čanah-* (qui désire des chevaux). Ces composés avaient des formes brèves (ou hypocoristiques), comme gr. Ἱππίας, Ἵππυς, Ἵππυλλος, etc.

Il est inutile d'ajouter que les suffixes secondaires peuvent être ajoutés aux thèmes des composés, comme à tous les autres, ainsi *-yo- dans gr. ἐννεά-βοιος (*ἐννεϜα-βοϜ-yo) « qui vaut neuf bœufs ».

b. Flexion.

La flexion des substantifs et adjectifs se présente sous trois aspects différents, suivant que le thème se termine : 1° par consonne ou sonante ; 2° par *ā (*ē) ; 3° par la voyelle thématique *-e/o-*.

Le genre neutre est caractérisé par la flexion, mais il se confond avec le masculin à tous les cas autres que le nominatif, le vocatif et l'accusatif, et, pour ces trois cas, il n'a à chaque nombre qu'une seule forme, ainsi en grec nom. voc. acc. sing. ζυγόν, pluriel ζυγά ; en latin *iugum* et *iuga*, etc. La forme de nominatif-vocatif-accusatif pluriel neutre est celle d'un ancien nominatif collectif féminin ; de là vient que, en indo-européen, le verbe qui avait un sujet au pluriel neutre se mettait au singulier ; la règle subsiste en grec (τὰ ζῷα τρέχει), dans les gâthâs de l'Avesta et dans quelques exemples védiques ; en baltique, elle a eu cette conséquence curieuse que la 3e personne du pluriel a disparu ; la forme de singulier des verbes en usage avec un sujet neutre a été généralisée.

1°. Thèmes terminés par sonante ou consonne.

Font partie de ce type les thèmes en *-yā- ou *-yē- et *-wā- où le vocalisme zéro du suffixe a été généralisé, ainsi skr. *naptī-* « petite-fille » et *çvaçrū-* « mère du mari », v. sl. *svekry*, lat. *socrus*, etc.

Comme dans le verbe, il y a trois moyens de caractériser chaque forme : la désinence, le vocalisme de l'élément prédésinentiel et la place du ton.

L'ablatif n'a pas de forme propre dans cette série : il se confond, pour la forme, au singulier avec le génitif et au pluriel avec le datif.

2. Désinences.

Singulier.

Nominatif (masculin, féminin). — La désinence est *-s

pour les thèmes terminés par une consonne ou par les sonantes *i, *u (et *m ?) :

zd *vāx-š* « parole », lat. *uōx (uōc-s)*, gr. ὤψ (ὤπ-ς).

gâth. *θwāvą-s* « tel que toi » (*-ą-s-* de *-ant-s)*, gr. ἱστάς (-άς de *-αντ-ς), lat. *feren-s (-ens* de **-ent-s)*, lit. *vežą̃-s- (-ą̃-s* de **-ant-s)*, v. pruss. *smūnent-s* « homme ».

skr. *áhi-ḥ*, zd *aži-š* « serpent », gr. ὄφι-ς, lit. *avì-s* « mouton », lat. *oui-s*, norois runique *-γasti-R*, got. *gast-s* « hôte », lat. *hosti-s*.

skr. *bāhú-ḥ*, zd *bāzu-š* « bras », gr. πῆχυ-ς, got. *sunu-s* « fils », lit. *sūnù-s* (même sens), lat. *manu-s*.

skr. *naptí-ḥ* « petite-fille », lat. *nepti-s*, v. lit. *nepti-s*.

skr. *çvaçrū́-ḥ* « mère du mari », lat. *socru-s*, gr. ὀφρῦ-ς.

skr. *dyáu-ḥ* « ciel », gr. Ζεύς.

zd *zyå* (de **zyā-s*, thème **zyam-*) « hiver », lat. *hiem-s*.

La désinence est zéro dans les thèmes en *r et en *n, et la sonante manque alors dans une partie des langues :

skr. *ç(u)vā́* (thème *ç(u)van-*) « chien », zd *spā*, lit. *szũ* (génit. *szuñs*), gr. κύων (avec -ν final), de même lat. *homō* (sans *-n* finale), got. *auhsa* « bœuf », génit. *auhsins*.

skr. *mātā́* (thème *mātár-*) « mère », lit. *mótė* « femme », gr. μήτηρ, lat. *māter*, v. irl. *máthir*, arm. *mayr*, etc.

Vocatif (masculin, féminin). — Désinence zéro :

skr. *áhe*, zd *aže* « serpent », gr. ὄφι ; lit. *avě̃* « mouton ».

Accusatif (masculin, féminin). — Désinence *-m en indo-iranien et italique, *-n dans les autres langues ; avec les sonantes voyelles *i et *u, la nasale forme diphtongue ; ailleurs elle est voyelle :

skr. *bāhú-m* « bras », gr. πῆχυ-ν, lat. *manu-m*, v. pruss. *sunu-n* « fils ».

skr. *áhi-m* « serpent », zd *aẑi-m*, gr. ὄφι-ν, v. pruss. *nakti-n* « nuit », lat. *nocte-m*, *turri-m*.

gr. φέροντ-α, lat. *ferent-em*, v. pruss. *smūnent-in* « homme ».

Nominatif-accusatif-vocatif neutre. — Désinence zéro :

skr. *mádhu* « miel, hydromel », gr. μέθυ, v. pruss. *meddo* « miel » ; lat. *genu*, skr. *jā́nu* « genou », gr. γόνυ.

skr. *nā́ma* « nom », lat. *nōmen*, gr. ὄνομα.

Génitif-ablatif. — Désinence : **-es*, **-os*, **-s* : la forme pourvue de voyelle (*e* ou *o* suivant les langues) apparaît en principe après prédésinentielle à vocalisme zéro, la forme sans voyelle après prédésinentielle pourvue de voyelle :

skr. *çú-n-aḥ* « du chien », zd *sū-n-ō*, v. lit. *szu-n-es* (moderne *szuñs*), gr. κυ-ν-ός, v. irl. *con* (de **cu-n-os*), lat. *pat-r-is* (de **pat-r-es*), ou aussi, sur quelques vieilles inscriptions latines, désinence *-us* (de **-os*).

skr. *sūn-ó-ḥ* « du fils », zd *hun-ao-š*, lit. *sūn-aũ-s*, got. *sun-au-s*, lat. *manūs* (*-ūs* de **-ou-s*).

Datif. — Désinence indo-iranienne **-ai* (skr. *-e*, zd *-e*, et *-aē* devant les enclitiques), v. sl. *-i*, lat. *-ī*, par exemple dans :

skr. *sūnáv-e* « pour le fils », v. sl. *synov-i* ; skr. *pitr-é* « pour le père », lat. *patr-ī*.

Le timbre de la voyelle de la diphtongue ne ressort pas de ces correspondances, car, à la fin du mot, v. sl. *-i* et lat. *-ī* peuvent représenter **ei*, *ai* et *oi* ; les infinitifs grecs tels que Ϝίδ-μεναι en regard de skr. *vid-máne* indiquent seuls qu'il s'agit de **-ai*.

Instrumental. — Les désinences divergent d'une langue à l'autre ; il y aura lieu d'y revenir dans une note d'ensemble sur les désinences en **-bh-* et en **-m-*.

Locatif. — Désinence *-*i* alternant avec désinence zéro : véd. *mūrdhán-i* et *mūrdhán* « sur la tête », gr. αἰ(Ϝ)εί (-ει de *-εσ-ι) et αἰ(Ϝ)ές « toujours » ; le grec a aussi conservé la désinence zéro dans l'adverbe αἰ(Ϝ)έν « toujours », mais n'emploie plus dans la déclinaison normale que -ι (et la forme tient la place à la fois du locatif, de l'instrumental et du datif indo-européens) : ποιμέν-ι ; de même lat. *homin-e* (tenant la place de locatif, d'instrumental et d'ablatif) et got. *gumin* « (dans) l'homme » ; le v. sl. *kamen-e* « (dans la) pierre » a la désinence zéro, suivie d'une préposition *e*.

Pluriel.

Nominatif et vocatif (masculins, féminins). — Désinence *-*es*, distincte de celle du génitif par le fait qu'elle ne présente aucune trace d'alternance vocalique :

skr. *sūnáv-aḥ* « les fils », v. sl. *synov-e* (toutes les consonnes finales sont tombées en slave), got. *sunjus* (de **sunew-es*) ; zd *bāzav-ō*, dor. πάχε(Ϝ)-ες ; v. lit. *moter-es* « les femmes », skr. *mātár-aḥ* « les mères ».

Accusatif (masculin, féminin) : Désinence *-*ns*, avec -*n*- second élément de diphtongue après *-*i*- et *-*u*-, *n̥* voyelle ailleurs :

crétois υἱυ-νς « les fils », got. *sunu-ns* « les fils ».

got. *gasti-ns* « les hôtes », v. pruss. *ausi-ns* « les oreilles ».

skr. *çún-aḥ* « les chiens », gr. κύν-ας, v. irl. *con-a*, lat. *homin-ēs* (-*ēs* de *-*ens* représentant *-*n̥s*), v. pruss. *smūnent-ins* « les hommes ».

Nominatif-vocatif-accusatif neutre. — Désinence *-*ə*, identique à la forme à vocalisme zéro du nominatif des thèmes féminins en *-*ā*- (v. ci-dessus, p. 263) :

skr. *sánt-i* « étant » : gr. ὄντ-α, lat. *silent-ă*.

Ici comme partout, *ə se combine avec une sonante précédente ; de là :

**tri* : véd. *tri* « trois », v. sl. *tri*, lit. *trý-* (dans *trý-lika* « treize »), lat. *trī-* dans *trī-gintā* « trois dizaines », v. irl. *tri*, en regard de **triy-ə* : gr. τρία, lat. *tria*.

véd. *nắmā* « les noms » (avec *ā* final issu de i.-e. **n̥̄-*, c'est-à-dire **-nə*).

La désinence **-ā*, attestée par v. sl. *jimen-a* « noms » et par got. *namn-a* « noms », *hairton-a* « cœurs » est la forme à vocalisme *e* du même nominatif, à moins qu'il ne s'agisse d'une forme analogique du type thématique : véd. *yugắ*, v. sl. *jiga* « jougs » got. *juka* ; ce **-ā* se retrouve dans lat. *tri gint-ā* « trois dizaines », ce qui semble en garantir l'antiquité.

Les formes à désinence zéro comme zd *manā̊* « esprits » (*-ā̊* de indo-iranien **-ās*) s'expliquent aisément par des faits de phonétique syntactique : i.-e. **ə* tombe toujours devant voyelle et, par suite, un ancien **-ōs-ə* devait se réduire à **-ōs* devant voyelle initiale d'un mot suivant.

La finale **-ə* (et **-ā* ?) était originairement celle d'un nominatif, mais, sans doute par analogie du singulier, elle sert pour les trois cas qui ont au neutre singulier une forme commune : ceci montre que, dès l'époque indo-européenne, cette finale était sentie déjà comme une désinence, et non plus comme un suffixe de collectif féminin, avec désinence zéro.

Génitif. — Désinence **-ōm* ou **-ōn*, suivant le traitement de la nasale finale :

skr. *çún-ām* « des chiens », zd *sūn-ąm*, gr. κυν-ῶν, lit. *szun-ų̃*, v. irl. *con n* (devant voyelle), lat. *can-um*.

On notera que le grec a -ῶν, périspomène, et le lituanien

-ū, d'intonation douce, et que véd. *-ām*, gâth. *-ąm* comptent souvent pour deux syllabes en vers.

Locatif. — Une désinence **-su* est attestée par l'accord de l'indo-iranien, du slave et du baltique ; le grec a -σι qui n'a pas de correspondants ailleurs :

skr. *tri-ṣú*, v. sl. *trĭ-chŭ*, v. lit. *tri-su* ; cf. gr. τρι-σί.

Datif-ablatif et instrumental. — Les désinences sont en **-bh-* et en **-m-*, et elles seront étudiées dans une note spéciale ci-dessous.

Duel.

Nominatif-vocatif-accusatif (masculin, féminin). — Le grec a -ε, ainsi dans πατέρ-ε, le védique *-ā* (alternant avec *-au*), ainsi dans *pitár-ā* « deux pères » ; le vieil irlandais *athir* s'explique bien par un ancien **pətere* ou **pəterē* : il semble donc que la désinence ait été i.-e. **-ĕ* ; l'alternance quantitative de **-e/ē* est parallèle à celle qu'on observe par exemple dans la désinence secondaire active de 1re personne du pluriel véd. *-ma* et *-mā*.

Les thèmes en **-i-* et en **-u-* ont des finales particulières **-ī* et **-ū* où il est impossible de retrouver la désinence **-ĕ* précédente, mais qui sont suspectes d'être analogiques des formes de noms thématiques du type en **-ō*, skr. *vṛ́kā* « deux loups », v. sl. *vlĭka*, gr. λύκω :

skr. *áhī* « deux serpents », v. sl. *nošti* « deux nuits », lit. *naktì* (même sens) de **naktý*, v. irl. *fáith* « deux poètes », de **wātī*.

skr. *sūnū́* « deux fils », v. sl. *syny*, lit. *sūnu* (de *sūnū*).

Nominatif-vocatif-accusatif neutre. — Désinence **-ī* : skr. *jánas-ī* « deux races », *nā́man-ī* « deux noms », v. sl. *slověs-i* « deux paroles », *imen-i* « deux noms » ; zd *(vī-)sait-i* « deux dizaines », lat. *(uī-)gint-ī* ; le grec, béotien (*Ϝί-*)κατ-ι, att. εἴκοσ-ι, est seul à indiquer *-*i* bref.

Génitif-locatif. — Le sanskrit a *-oḥ* qui répond bien à v. sl. *-u* : skr. *jánas-oḥ* « de deux races », v. sl. *sloves-u* « de deux paroles ».

Datif-ablatif (?) -instrumental. — Désinences en *-*bh*- et *-*m*-.

Remarques générales sur les désinences en *-*bh*- et en *-*m*-. Les désinences en *-*bh*- et en *-*m*- n'ont ni la forme ni la valeur rigoureusement définies de celles qui viennent d'être énumérées. Dans le texte homérique, le seul document grec où, à part quelques gloses éoliennes et béotiennes, on puisse les observer, elles sont toutes représentées par la seule désinence -φι(ν), qui sert à la fois pour le singulier et le pluriel, pour le datif, l'ablatif, l'instrumental et même le locatif. D'autre part on rencontre malaisément deux formes de ces désinences qui se recouvrent exactement d'un dialecte à l'autre ; le germanique, le baltique et le slave ont *m* là où l'indo-iranien, l'arménien, le grec, l'italique et le celtique ont des représentants de *bh*, et, cette différence même mise à part, les formes ne se recouvrent pas exactement. On trouve en effet :

Instrumental singulier : arm. *-b* (*-w* après voyelle), ainsi *hars-am-b* « par la fiancée », *srti-w* « par le cœur » (ce *-b*, *-w* peut très bien répondre à gr. -φι) ; lit. *-mi*, v. sl. *-mĭ* : lit. *sūnu-mi*, sl. *synŭ-mĭ* « par le fils ».

Instrumental pluriel : skr. *-bhiḥ*, zd *-bīš* : skr. *sūnú-bhiḥ* « par les fils », zd *bāzu-bīš* « par les bras » ; arm. *-bkh* (*-wkh* après voyelle) : *harsam-bkh* « par les fiancées », *srti-wkh* « par les cœurs », c'est-à-dire la même forme qu'au singulier avec un *-bh* inexpliqué qui marque le pluriel ; v. irl., *b* (de **bhis*) : *fáthib* « par les poètes » (servant aussi de datif) ; lit. *-mis*, v. sl. *-mi* dans lit. *sūnu-mis*, v. sl. *synŭ-mi* « par les fils » ; ces deux formes supposent **-mīs*, qui rappelle zd *-bīš* ; enfin il faut citer ici la désinence de datif-instrumental v. isl. *-mr*, got. *-m* de v. isl. *þri-mr*, got. *þri-m* « par trois », puisque l'islandais *-r* atteste la présence d'une *-s* finale.

Datif-ablatif pluriel : skr. *-bhyaḥ*, zd *-byō* : skr. *sūnú-bhyaḥ* « pour les fils », zd *bāzu-byō* « pour les bras » ; lat. *-bus* : *oui-bus* ; sl. *-mŭ* (de **-mos* ?) : *synŭ-mŭ* « pour les fils », v. lit. *-mus* : *sūnu-mus* « pour les fils ».

Datif-instrumental duel : skr. *-bhyām*, zd *-bya* (avec un *-a* final qui peut représenter un indo-iranien *-ā*) ; v. sl. *-ma* : skr. *sūnú-bhyām*, v. sl. *synŭ-ma* « pour deux fils », zd *aži-bya* « pour deux serpents » ; le lituanien n'a que *-m* : datif *nakti-m* « pour deux nuits », instr. *nakti-m̃*.

Les désinences en **-bh-* ne sont d'ailleurs pas inconnues au slave et au baltique puisque le slave a les datifs *tebě* « à toi », *sebě* « à soi », et de même le vieux prussien *tebbei, sebbei* en regard de lat. *tibī, sibī*.

Il est évidemment impossible de poser ici des formes indo-européennes, car les dialectes divergent d'une manière essentielle : on est en présence d'une situation profondément troublée ; les méthodes de la grammaire comparée ne permettent pas de discerner les formes anciennes et la suite des transformations que présente chaque langue.

β. Vocalisme de l'élément prédésinentiel.

Le vocalisme de l'élément prédésinentiel caractérisait les formes casuelles au même titre que les désinences, et le grec le montre encore assez dans une flexion comme celle de πατήρ ; πάτερ, πατέρ-α ; πατρ-ός, πατρά-σι — ἀπάτωρ ; ἀπάτορ-α. Mais il est impossible de déterminer exactement quel était l'état ancien, parce que tous les témoignages possibles se trouvent obscurcis. Le grec a bien conservé le timbre des voyelles indo-européennes, mais il a profondément simplifié la flexion nominale et, de même que le nombre des formes casuelles distinctes s'y est réduit de huit à cinq, les alternances vocaliques y ont été réduites à deux ou trois au maximum dans chaque flexion. En indo-iranien les timbres des voyelles **e* et **o* ont été confondus dans l'unique timbre *a* ; il subsiste, il est vrai, une trace de la différence : tout se passe dans la déclinaison comme si i.-e. **o* en syllabe ouverte était représenté par indo-iran. **ā* et i.-e. **e* par indo-iran. **ă* ; mais, si ce traitement de **o* laisse entrevoir le rôle des alternances de timbre, il a obscurci d'autant celui des alternances quantitatives. Les autres langues sont connues à date trop basse et sous des formes trop altérées pour qu'on y puisse trouver plus que des traces de l'état indo-européen. Les alternances vocaliques de l'élément prédésinentiel dans la flexion nominale sont donc mal connues. Les faits suivants permettent néanmoins d'en entrevoir l'importance.

Ce n'est que dans certains cas tout spéciaux que l'élément prédésinentiel ne présente pas d'alternances vocaliques. Ainsi :

1° Les participes des verbes à redoublement : skr. nom. *dádat* « donnant » (de **de-d-n̥t-s*), génit. *dádat-aḥ* ; gr. διδούς (de *διδο-ντ-ς), διδό-ντ-ος.

2° Les thèmes où un ə a été combiné avec une sonante précédente ou une « sonante longue » (cf. ci-dessus p. 257).

skr. *çvaçrū́-ḥ* « mère du mari » acc. sing. *çvaçrúv-am*
gén. sing. *çvaçrúv-aḥ*.
v. sl. *svekry*, « mère du mari » acc. sing. *svekrŭv-ĭ*
gén. sing. *svekrŭv-e*.

gr. ὀφρῦ-ς acc. sing. »
gén. sing. ὀφρύ(F)-ος.
gr. κῖς acc. sing. »
gén. sing. κι(y)-ός.
skr. *nadī-ḥ* « rivière » acc. sing. *nad(ī)y-am*
gén. sing. *nad(ī)y-aḥ*.
skr. *gīr* « chant » acc. sing. *gir-am*
gén. sing. *gir-áḥ*.

3° Les noms dérivés en *ōn- (cf. ci-dessus p. 234), comme gr. στραβών, στραβῶνος, lat. *Catō, Catōnis*, cf. v. sl. *graždan-e* « les citoyens ».

En principe, et sauf des cas de ce genre, l'élément prédésinentiel des thèmes terminés par consonne ou par sonante présente des alternances vocaliques, et l'on rencontre tous les types possibles de l'indo-européen, c'est-à-dire :

ĕ	*ŏ*	zéro.
ē	*ō*	

L'alternance de timbre, *e* : *o*, n'était pas commune à tous les mots ; par exemple, parmi les thèmes en *-n-*, il en est dont le nominatif pluriel est **-en-es*, le locatif **-en-i* et l'instrumental **-n̥-bhi(s)*, tandis qu'il en est d'autres dont le nominatif pluriel est **-on-es*, en regard du locatif **-en-i* et de l'instrumental **-n̥-bhi(s)* ; c'est le contraste de :

	NOM. SING.	NOM. PLUR.	LOC. SING.	INSTR. PLUR.
skr.	*vṛ́ṣā* « mâle	*vṛ́ṣ-aṇ-aḥ*	*vṛ́ṣ-aṇ-i*	*vṛ́ṣ-a-bhiḥ*
	açmā « pierre »	*áçm-ān-aḥ*	*áçm-an-i*	*áçm-a-bhiḥ*

auquel le grec répond par :

ἄρσην	ἄρσ-εν-ες	ἄρσ-εν-ι
ἄκμων	ἄκμ-ον-ες	ἄκμ-ον-ι (remplaçant i.-e. **akmeni*)

On voit que le grec a étendu le timbre *o* de certains cas à toute la flexion. D'autres langues n'ont gardé *o* qu'au nominatif singulier et ont généralisé *e* par ailleurs :

lit. *akmũ* « pierre »; nom. plur. *ãkm-en-s*, loc. *akmen-(yjè)*,
v. sl. *kamy* *kam-en-e*, *kam-en-e*.

Les langues où l'état ancien transparaît le mieux sont le germanique :

got. *auhsa* « bœuf » nom. plur. *auhs-an-s* dat.-loc. sing. *auhs-in* (gén. plur. *auhs-n-e*)

et surtout l'arménien qui offre :

NOM. SING.	NOM. PLUR.	DAT.-LOC. SING.	INSTR. SING.
anjn « personne »	*anj-in(-kh)*	*anj-in*	*anj-am-b*
harsn « fiancée »	*hars-un-(kh)*	*hars-in*	*hars-am-b*

(en arménien, *i* et *u* devant *n* représentent i.-e. **e* et **o*).

L'alternance de *e* et de *o* tenait une grande place; on la retrouve par exemple dans les thèmes en *-*r*-, ainsi :

	NOM. SING.	NOM. PLUR.	LOC. SING.	INSTR. PLUR.
skr.	*svásā* « sœur »	*svás-ār-aḥ*	*svás-ar-i*	*svás-ṛ-bhiḥ*
lit.	*sesũ* —	*(sẽs-er-s)*	*ses-er-(yjè)*	»

en face du thème sans alternance *e/o* :

skr.	*mātā́* « mère »	*māt-ár-aḥ*	*māt-ár-i*	*māt-ṛ́-bhiḥ*
lit.	*mótė* « femme »	*mót-er-s*	*mot-er-(yjè)*	»

Le latin a conservé l'opposition dans *soror* et *māter*, mais en étendant l'ō du nominatif à toute la flexion de *soror*. — L'opposition de *e* et *o* n'est conservée dans la déclinaison nominale grecque que par les neutres en *-*es*- :

gr. νέφ-ος « nuée », génit. νέφ-ε(σ)-ος
v. sl. *neb-o* « ciel », *neb-es-e*.

On n'a pas déterminé d'une manière générale quels sont les mots qui présentent l'alternance de timbre *e* : *o* et quels sont ceux qui ont seulement *e*. Mais il y a au moins un cas où un principe d'alternance apparaît : en regard d'un simple qui a *e*, le composé a souvent *o*, ainsi gr. πατήρ, πατέρες : ἀπάτωρ, ἀπάτορες (avec *o* généralisé dans toute la flexion) ; φρήν, φρενός : ἄφρων, ἄφρονες (avec *o* généralisé). Or, en regard de *pit-ár-aḥ* « les pères », le sanskrit présente *tvát-pit-ār-aḥ* « qui t'ont pour père » avec un *ā* qui indique un ancien *o*, et l'arménien, plus net encore, a entre autres le contraste suivant de *anjn* « personne » et du composé *mi-anjn* « moine » (littéralement « personne seule ») :

loc. *anj-in*	nom. plur. *anj-in-(kh)*	instr. *anj-am-b.*
mi-anj-in	*mi-anj-un-(kh)*	*mi-anj-amb.*

Il y a trace d'une alternance analogue dans le verbe : en regard de *uelim*, le latin a *nōlim* qui suppose **ne-uolīm* et l'anglo-saxon a, en regard de *wile* « il veut (ancien **welī*), *nele* « il ne veut pas » (ancien **ne-walī*).

A en juger par le sanskrit et par les traces des autres langues, les cas où la voyelle prédésinentielle avait le timbre *o* étaient au singulier le nominatif, l'accusatif (et peut-être le vocatif ?) du masculin-féminin, au pluriel le nominatif masculin-féminin et neutre, au duel le nominatif-vocatif-accusatif masculin-féminin.

Si l'on veut expliquer les rapprochements d'une langue à une autre, il faut tenir compte des alternances ; ainsi la flexion du thème **ped-* « pied » est : nom. sing. skr. *pā́t*, dor. πώς, c'est-à-dire i.-e. **pōt-s* ; nom. plur. skr. *pā́d-aḥ*, gr. πόδ-ες, arm. *ot-(kh)*, c'est-à-dire i.-e. **pód-es* ; génitif sing. skr. *pad-áḥ*, lat. *ped-is*, c'est-à-dire i.-e. **ped-é/ós* ; le timbre *e* est généralisé par le latin, d'où *pēs, pedem, pedēs*, etc. ; le timbre *o* par le grec, d'où πούς, πόδα, ποδός, etc., et aussi par l'arménien ; le germanique a étendu à tous les cas l'ō du nominatif, ainsi à l'accusatif singulier got. *fotu* (de **pōd-n̥*) sur lequel a été refait le reste de la flexion du mot. On voit par cet exemple combien le vocalisme de l'élément prédésinentiel est troublé dans les diverses langues.

La règle la plus générale est celle-ci : *devant toute désinence commençant par consonne (y compris les sonantes consonnes), l'élément prédésinentiel a le vocalisme zéro,* pour autant du moins que le suffixe présente une sonante qui puisse se vocaliser :

v. att. φρα-σί (aussi chez Pindare), avec α représentant **n̥*, en regard de φρήν, φρεν-ός.

gr. πατρά-σι en regard de πατήρ, πατέρα.

gr. πήχε-σι avec ε substitué à υ d'après πήχε(F)ες, etc.

locat. plur. skr. *sūnú-ṣu* « chez les fils », v. sl. *synŭ-chŭ*.

instr. plur. skr. *sūnú-bhiḥ* « pour les fils », v. sl. *synŭ-mi* ; cf. got. *sunu-m*.

instr. sing. arm. *hars-am-b* « par la fiancée » (avec *-am-b* issu de **-n̥-bhi*).

Le vocalisme zéro de l'élément prédésinentiel dans les nominatifs singuliers à désinence **-s* est l'une des applications de cette règle :

skr. *sūnú-ḥ* « fils », lit. *sūnù-s*, got. *sunu-s* en regard du nominatif pluriel skr. *sūnáv-aḥ*, etc.

skr. *svādú-ḥ* « doux », gr. ἡδύ-ς en regard du nominatif pluriel skr. *svādáv-aḥ*, gr. ἡδεῖς (de *ʽFᾱδεF-ες).

skr. *áhi-ḥ*, gr. ὄφι-ς en regard du nom. plur. *áhay-aḥ*, gr. ὄφεις (de *ὄφεy-ες) ; v. sl. *pǫtĭ*, nom. plur. *pǫtij-e* (avec *-ĭj-e* représentant **-ey-es*).

Font seuls exceptions : d'une part, les nominatifs monosyllabiques qui ont une voyelle longue, comme skr. *dyáu-ḥ* « ciel », gr. Ζεύς ; skr. *gáu-ḥ* « bœuf », gr. βοῦ-ς ; zd *ẓå* « terre », de **ẓā-s* (nominatif du thème iranien **ẓam-*) ; de l'autre les thèmes en **-nt-* qui ont la voyelle de l'élément prédésinentiel au nominatif, comme skr. *bṛhán* (de **bṛh-ant-s*) « haut », gr. ὀδούς (de *ὀδοντ-ς), lit. *vežą̃s* (de **weg̑hont-s*) « conduisant une voiture », etc.

Ceux des nominatifs masculins-féminins qui ont la désinence zéro sont caractérisés par la voyelle longue de l'élément prédésinentiel ; ainsi qu'on l'a vu p. 264, une sonante finale peut alors manquer :

skr. *mātā́* « mère » (nom. plur. *mātár-aḥ*), lit. *mótė* (nom. plur. v. lit. *moter-es*), gr. μήτηρ, μητέρ-ες.

gr. δώτωρ, δώτορ-ες.

skr. *vṛ́ṣā* « mâle » (nom. plur. *vṛ́ṣaṇ-aḥ*), gr. ἄρσην, ἄρσεν-ες.

gr. ἄκμων, ἄκμον-ες.

skr. *durmanāḥ* « qui a un mauvais esprit » (nom. plur. *durmanas-aḥ*).

gr. δυσμενής, δυσμενεῖς (-εῖς de *-εσ-ες).

hom. ἠώς, acc. ἠόα (de **āus-os-ṃ̥*).

dor. πώς, πόδ-ες ; lat. *pēs, pĕd-em*.

L'accusatif et le vocatif singuliers, le nominatif-vocatif pluriel et le nominatif-vocatif-accusatif duel masculins-féminins ont un même vocalisme : **e* bref ou **o* bref suivant les thèmes :

	ACC. SING.	VOC. SING.	NOM. PLUR.	NOM. ACC. DUEL
gr.	μητέρ-α	μῆτερ	μητέρ-ες	μητέρ-ε
véd.	*mātár-am*	*mā́tar*	*mātár-aḥ*	*mātár-ā*
lit.	*móter-į*	»	*móter-(e)s*	*móter-[i]*
v. sl.	*mater-ĭ*	»	*mater-[i]*	*mater-[i]*
gr.	ἀπάτορ-α	ἀπάτορ	ἀπάτορ-ες	ἀπάτορ-ε

et de même :

véd.	»	*sūno* « fils »	*sūnáv-aḥ*	»
lit.	»	*sūnaũ*	»	»
v. sl.	»	*synu*	*synov-e*	»
dor.	»	»	πάχεϝ-ες	πάχεϝ-ε

ou, pour les thèmes en *-*i*- :

skr.	»	*áhe* « serpent »	*áhay-aḥ*	»
lit.	»	*naktẽ* « nuit »	»	»
v. sl.	»	*pątĭ* « chemin »	*pątĭj-e*	»
gr.	»	»	ὄϊε(y)-ες	ὄϊε(y)-ε

Mais ici, au lieu des formes à vocalisme *e* de l'élément prédésinentiel, on trouve, d'après les nominatifs en *-*us* et *-*is*, des formes à vocalisme zéro ; ainsi à l'accusatif dès l'indo-européen : skr. *sūnú-m*, lit. *sūnų* (v. pruss. *sunu-n*), v. sl. *synŭ*, dor. πᾶχυ-ν ; skr. *áhi-m*, lit. *nãktį* (v. pruss. *nakti-n*), v. sl. *pątĭ*, gr. ὄϊ-ν ; au vocatif singulier dor. πᾶχυ, ὄϊ ; au nominatif vocatif-accusatif duel dès l'indo-européen skr. *sūnū́*, v. sl. *syny*, lit. *sūnu* (de **sūnū*) ; skr. *áhī*, lit. *nakti* (de **naktȳ*), v. sl. *pąti*.

C'est aussi à l'influence du nominatif singulier qu'est dû le vocalisme à voyelle longue déjà indo-européen, mais très anomal, de l'accusatif skr. *gā́m* « bœuf », dor. βῶν, i.-e. **gʷōm*, anciennement **gʷōu-m*, d'après le nominatif **gʷōu-s* (skr. *gáuḥ*), et de skr. *dyā́m* « ciel », hom. Ζῆν, lat. *diem*, i.-e. **dyē-m*, anciennement **dyēu-m* d'après le nominatif **dyēu-s* (skr. *dyáu-ḥ*) ; si la voyelle longue était ancienne, l'aspect serait tout autre, comme le montrent les formes de **nāu-* « bateau », dont l'*ā* est commun à toute la flexion du thème : l'accusatif est ici i.-e. **nāw-ṃ* : skr. *nā́v-am*, gr. *νᾶϝα (hom. νῆα, ion. νέα).

Le nominatif-vocatif-accusatif neutre singulier a d'ordinaire le vocalisme zéro de l'élément prédésinentiel (la désinence étant zéro) ; ainsi :

skr. *mádhu* « miel, hydromel », gr. μέθυ, v. pruss. *meddo* « miel » (avec *o* représentant *ŭ*) ; skr. *svādú* « doux », gr. ἡδύ.

skr. *nā́ma* « nom » (avec *a* représentant **n̥*), gr. ὄνομα, lat. *nōmen*.

skr. *yákr̥t* « foie », gr. ἧπαρ, lat. *iecur*.

Mais on trouve aussi, sans qu'on puisse déterminer dans quelles conditions, le degré long : gr. ὕδωρ, v. sl. *imę* « nom » (avec *-ę* issu de **-ēn*). — Le vocalisme *o* ou *e* n'apparaît que là où le suffixe n'a pas de sonante qui puisse se vocaliser :

skr. *mánaḥ* « esprit » gr. μένος
skr. *durmanaḥ* « qui a mauvais esprit » gr. δυσμενές.

et, même dans ce cas, le vocalisme zéro de l'élément prédésinentiel apparaît parfois après une racine dissyllabique dont le **ə* fournit la voyelle nécessaire à la prononciation :

skr. *kravi-ḥ* « chair crue » gr. κρέ(Ϝ)α-ς

ou aussi après *u* et *i* : skr. *āyu-ḥ* « durée » (cf. le locat. gr. αἰϜ-ές), et lat. *cini-s* (génit. *cin-er-is*, avec *-er-* issu de **-is-*).

Le nominatif-vocatif-accusatif pluriel neutre a le vocalisme au degré long dans une partie des cas devant la désinence *-ə* ou devant la désinence zéro, ainsi :

skr. *ghr̥távānt-i* « pourvus de *ghr̥ta* (beurre fondu) », zd *mīždavąn* « pourvus de salaire » (avec *-ąn* représentant indo-iran. **-ānt*) ; dans gr. (τριά-)κοντ-α et arm. *(ere-)sun* « trois dizaines », le second élément est un pluriel neutre ; celui-ci avait sans doute le vocalisme *ō*, mais, en pareille position, le grec et l'arménien ne permettent pas de distinguer *ŏ de *ō.

skr. *catvā́r-i* « quatre », got. *fidwor*.

skr. *nā́mān-i*, zd *nāmąn* (*-ąn* de **-ān*) « noms », got. *hairton-a* « cœurs ».

zd *manå* (*-å* de **-ās*) « esprits », ags. (northumbrien) *calfur* « veaux » (avec *-ur* de **-ōr*, ancien **-ōsā*).

Dans d'autres cas, le vocalisme de l'élément prédésinentiel est le vocalisme zéro :

véd. *trī*, v. sl. *tri*, lat. *trī-(gintā)*, etc. (avec i.-e. *-ī*, c'est-à-dire **-y-ə*), et gr. τρία, lat. *tria* (avec **-iy-ə*).

véd. *mádhū* (avec i.-e. **-ū*, c'est-à-dire **-w-ə*) ; lat. *genu-a* (avec **-uw-ə*).

véd. *nā́mā* « noms » (avec i.-e. **-n̥̄*, c'est-à-dire **-n-ə*).

Le locatif singulier a un vocalisme prédésinentiel très caractéristique : voyelle brève *e*, ainsi dans skr. *netár-i* « chez le conducteur » avec *a* représentant **e*, en regard de l'accusatif *netā́r-am*, qui a un *ā* supposant un ancien **o*, et du datif *netr-é* à vocalisme prédésinentiel zéro ; de même le locatif véd. *dyáv-i* « au ciel », identique à lat. *Iou-e* (de **dyew-i*), s'oppose au génitif à vocalisme prédésinentiel zéro véd. *div-áḥ*, cf. gr. Διϝ-ός. Ce vocalisme est fort bien conservé dans les deux locatifs grecs à désinence zéro devenus adverbes : αἰ(ϝ)έν, qui rappelle le type skr. *áhan* « de jour », et αἰ(ϝ)ές (en regard de αἰῶ, c'est-à-dire *αἰϝο[σ]-α), ou, avec désinence **-i*, αἰ(ϝ)εί (-ει de -ε[σ]-ι). — D'autres locatifs singuliers, à désinence zéro, ont un vocalisme long, ainsi : skr. *vasáu*, zd *vaṅhāu* « dans le bien », avec un ancien **-ōu* (ou **-ēu* ?), qui alterne, suivant ce qui a été exposé ci-dessus p. 139 et suiv., avec le **-ō* attesté par l'adverbe v. sl. *doma* « à la maison » (du thème en **-u-* **dom-eu-*) ; véd. *girā́*, zd *gara*

« dans la montagne » (du thème indo-iranien *g^ori-) dont le *-ā final indo-iranien représente un ancien *-ē ou *-ō, alternant avec *-ēi ou *-ōi ; zd ayąn « de jour » (avec *-ąn de *-ān, ancien *-ēn ou *-ōn) ; peut-être l'adverbe gr. νύκτωρ, etc. C'est sur ce vocalisme long que paraît reposer la longue du type hellénique en *-i- : hom. πόληι, att. πόλη, où la désinence *-i de locatif a été ajoutée suivant l'usage grec.

Les cas restants ont tous une désinence commençant par une voyelle ou une sonante voyelle, et qui n'est jamais la désinence zéro : génitif-ablatif singulier : *-es, -os, -s ; datif singulier : *-ai, génitif pluriel *-ōm, -ōn, accusatif pluriel masculin-féminin *-ṇs, génitif duel *-ous (ou *-eus, ou *-aus ?), nominatif-vocatif-accusatif duel neutre *-ī, à quoi il faut ajouter la désinence d'instrumental singulier indo-iranienne *-ā qui n'a pas de correspondant dans les autres langues. On trouve pour ces cas deux vocalismes prédésinentiels bien distincts suivant les mots :

1° Vocalisme e, au moins au génitif-ablatif, dans les thèmes en *-i- et *-u-, vocalisme o de l'élément prédésinentiel.

C'est le vocalisme en usage pour les thèmes en *-men-, ainsi dans véd. bráh-man- « prière » (neutre) et brah-mán- « prêtre » (masculin) : génit. sing. bráh-maṇ-aḥ, brah-máṇ-aḥ ; dat. sing. bráh-maṇ-e, brah-máṇ-e ; instr. sing. bráh-maṇ-ā, brah-máṇ-ā ; acc. plur. masc. brah-máṇ-aḥ ; génit. plur. bráh-maṇ-ām, brah-máṇ-ām ; génit. duel bráh-maṇ-oḥ, brah-máṇ-oḥ ; nominatif duel neutre bráh-maṇ-ī. De même en slave, le neutre brěmę « fardeau », génit. sing. brě-men-e, dat. sing. brě-men-i, gén. plur. brě-men-ŭ, gén. duel brě-men-u, nom. duel brě-men-i. De même encore en grec, ποι-μέν-ος, ποι-μέν-ας, ποι-μέν-ων, ποι-μέν-οιν, ou, avec extension de l'o de l'accusatif singulier et du nominatif pluriel, στή-μον-ος, στή-μον-ας ; στη-μόν-ων, στη-μόν-οιν.

C'est aussi le vocalisme de la plupart des thèmes en *-*u*- et en *-*i*-, ainsi :

génitif-ablatif singulier : skr. *sūnó-ḥ* « du fils », lit. *sūnaũ-s*, v. sl. *synu*, got. *sunau-s* (avec timbre *o* de la voyelle prédésinentielle) ; cf. gr. *γλυκέϝ-ος*, avec la forme *-*os* de la désinence généralisée en grec.

datif singulier : skr. *sūnáv-e*, v. sl. *synov-i* (avec *o* issu de *e* devant *v*).

génitif pluriel : v. sl. *synov-ŭ*, got. *suniw-e*, cf. gr. *γλυκέϝ-ων*.

génitif duel : v. sl. *synov-u*, cf. gr. *γλυκέϝ-οιν*.

ou pour les thèmes en -*i*- :

génitif-ablatif singulier : skr. *máte-ḥ* « de la pensée », got. *anstai-s* « de la faveur » (avec vocalisme prédésinentiel *o*).

génitif pluriel : zd *θray-ąm* « de trois », v. sl. *trĭj-ĭ* (de **trey-ŏn*), etc.

Seul, l'accusatif pluriel des thèmes en -*i*- et en -*u*- fait ici difficulté, avec sa forme * *u-ns*, *-*i-ns* : crétois *υἱύ-νς*, got. *sunu-ns* « fils » ; got. *gasti-ns* « hôtes », v. pruss. *ausi-ns* « oreilles » ; cette forme est visiblement analogique de l'accusatif singulier en *-*um*, -*un* ; *-*im*, *-*in*.

2° Vocalisme zéro de l'élément prédésinentiel.

C'est le vocalisme normal dans les thèmes en *-*n*- autres que ceux en *-*men*-, ainsi :

génit. abl. sing. skr. *çú-n-aḥ* « du chien », gr. *κυ-ν-ός*, lit. *szu-ñ-(e)s*, v. irl. *con* (de **cu-n-os*).

dat. sing. skr. *çú-n-e*, v. irl. *coin*.

acc. plur. skr. *çú-n-aḥ*, gr. *κύ-ν-ας*, lit. *szù-n-is*, v. irl. *co-n-a*.

gén. plur. skr. *çú-n-ām*, gr. *κυ-ν-ῶν*, lit. *szu-n-ų̃*, v. irl. *co-n n*.

gén. duel skr. *çú-n-oḥ*, gr. *κυ-ν-οῖν*.

Ce vocalisme, assez bien conservé en védique, est rare par ailleurs ; néanmoins le grec en a trace par exemple dans la flexion du génit. sing. *ϝαρ-ν-ός* « agneau », le gotique dans des formes comme génit. plur. *auhs-n-e* « des bœufs », etc.

Pour les thèmes en *-*u*-, outre le cas très clair du génitif-ablatif skr. *di-v-áḥ* « du ciel », gr. Δι-*F*-ός, l'indo-iranien a plusieurs bons exemples, notamment celui de : génit.-abl. sing. skr. *paç-v-áḥ*, zd *pas-v-ō* « du troupeau », dat. sing. skr. *paç-v-é*, acc. plur. skr. *paç-v-áḥ*, zd *pas-v-ō* ; gén. plur. zd *pas-v-ąm*.

Pour les thèmes en *-*i*-, on peut citer génit.-abl. skr. *áv-y-aḥ* « du mouton », gr. οἰός (de *ὀ*F*-y-ος).

De même pour les thèmes en *-*nt*-, ainsi en sanskrit, en regard de acc. sing. *bṛhánt-am* « haut », on a : gén.-abl. sing. *bṛhat-áḥ* (avec *-at-* de *-*n̥t*-), dat. sing. *bṛhat-é*, acc. plur. *bṛhat-áḥ*, gén. plur. *bṛhat-ā́m*, nom. duel neutre *-bṛhatī*. En regard de l'acc. sing. *dánt-am* « dent », le sanskrit a génit. abl. *dat-áḥ*, etc. : le vocalisme de l'accusatif singulier skr. *dánt-am*, conservé dans gr. ὀδόντ-α et lit. *dañt-į*, a été étendu aux autres cas du grec et du lituanien, d'où génit. plur. gr. ὀδόντ-ων, lit. *dant-ų̃* ; en revanche le génit. lat. *dent-is* représente sans doute *d*n̥t-és*, et l'accus. sing. got. *tunþu* a reçu le vocalisme du génitif, tandis que v. sax. *tand* garde celui de l'accusatif singulier. — Le vocalisme zéro de l'élément prédésinentiel au nominatif duel neutre est conservé dans un exemple remarquable :

zd (*vī-*)*sait-i*, béot. (*F*ί-)κατ-ι, arm. (*kh-*)*san* « deux dizaines », etc.

dont le vocalisme *k₁m̥t-* s'oppose d'une manière frappante à celui du pluriel gr. (τριά-)κοντα, arm. (*ere-*)*sun* « trois dizaines ».

Les noms de parenté en *-*r*- ont aussi aux cas indiqués le vocalisme zéro, ainsi au génitif gr. πατρ-ός, lat. *patr-is*, arm. *hawr* (avec *-wr* représentant *tr* suivi de voyelle). Au contraire les noms d'agents paraissent avoir eu à ces mêmes cas une voyelle, ainsi gr. δώτορ-ος, etc. (avec *o* au lieu de *e* ancien qu'on attend).

Conformément à la règle générale énoncée p. 154 et suiv., la voyelle de l'élément *prédésinentiel* est seule sujette à variation dans les formes qui viennent d'être énumérées. Ceux des thèmes où l'on constate une variation du vocalisme *présuffixal* sont ceux qui comportent en même temps variation de suffixe et qui ont par suite un aspect de tous points anomal.

1° Thèmes en **-u-* avec addition d'un suffixe **-en-* :

skr. *dā́ru* « bois », génit.-abl. sing. *drú-ṇ-aḥ*; gr. δόρυ, gén. δορ(F)-α-τος, les anciens thèmes neutres en *-n-* étant représentés en grec par les thèmes en -ατ- (**-n̥t-*).

véd. *jā́nu* « genou », duel nom. acc. *jā́nu-n-ī*, gén. *jā́nu-n-oḥ*; *jñu* dans le composé *jñu bā́dh-* « qui presse les genoux »; gr. γόνυ, γόν(F)-α-(τος); γνυ- dans le composé γνύ-πετος et dans γνύξ; lat. *genu*, avec *e*.

skr. *ā́yu* « durée », locat. sing. *ā́yu-n-i*; gr. αἰF-έν (locatif devenu adverbe); zd dat. sing. *yav-e* « pour la durée », instr. *yav-a*.

Dans ces trois mots, l'élément qui précède le suffixe **-en-* présente de grandes variations, ainsi pour le premier : **dōr-*, **dor-*, **der-* (lit. *dervà* « bois de sapin »), **dr-*; mais l'addition du suffixe **-en-* est ici pour beaucoup; c'est notamment cette addition qui entraîne le vocalisme zéro de l'élément présuffixal, suivant le principe indiqué ci-dessus p. 249; le vocalisme radical zéro de skr. *drú-ṇ-aḥ* « du bois » est exactement comparable à celui de hom. δρυμά « forêt » et de skr. *dru-má-ḥ* « arbre » en regard de gr. δόρυ et de skr. *dā́ru*, ou à celui du collectif à suffixe **-ā* : **-ə* : gr. δρῦς (de **drw-ə-*), cf. le pluriel neutre v. sl. *drŭv-a* « les arbres » en face de *drěvo* « arbre » (de **derw*, cf. lit. *dervà*).

2° Thèmes en **-r-* et **-n-* alternant :

gr. ἧπ-αρ, ἥπ-α-(τος) « foie », zd *yākarə*, avec **ē*; skr. *yák-ṛ-t*, génit. *yak-n-áḥ*, pehlvi *jakar*, lit. *jek-n-(os)*, lat. *iecur*, *iecinoris* (au lieu de **iec-in-is*), avec *ĕ* dans l'élément présuffixal.

hom. εἶαρ (c'est-à-dire ἦαρ) « sang », avec *ē*; skr. *ás-ṛ-k*, génit. *as-n-áḥ*; lat. *asir*, arm. *ariwn*, avec **a* initial.

gr. ὕδ-ωρ, ὕδ-α-(τος) « eau », skr. *ud-aká-m*, gén. *ud-n-áḥ*, avec vocalisme zéro de l'élément présuffixal; ags. *wæter* et v. h. a. *wazz-ar*, got. génit. *wat-in-s* avec un vocalisme *o* qui se retrouve dans v. sl. *voda* « eau »; le slave a aussi *ĕ* dans le dérivé *vědro* « vase » (primitivement à eau), et de même le v. isl. *vátr* (avec *á* représentant **ē*), « mouillé »; arm. *get* (de **wedos*) signifie « fleuve ».

skr. *ū́dh-ar* « mamelle », génit. *ū́dh-n-aḥ*, avec vocalisme zéro de même que v. sax. *ūd-er*; gr. οὖθ-αρ, οὔθ-α-(τος), avec vocalisme *o*.

gr. Ϝέαρ « printemps », lit. *vas-ar-(à)*; skr. *vas-an-(táḥ)*, v. sl. *ves-n-(a)*, tous avec vocalisme *e*; un vocalisme *ē* apparaît dans lat. *uēr*, v. isl. *vár* (avec chute inexpliquée de **s* entre voyelle longue et **r*).

gr. ἄκμ-ων, ἄκμ-ον-ος « enclume », lit. *akm-ů̃* « pierre », génit. *akm-eñ-s*, skr. *áçmā* « pierre », génit. sing. *áçm-an-aḥ*, — v. sl. *kamy*, génit. *kam-en-e*, — v. isl. *ham-ar-r* « marteau ». Les alternances sont assez complexes : **kōm-* (v. sl. *kamy*), **kom-* (v. isl. *hamarr*), **akm-* (avec prothèse **a* : skr. *áçmā*, gr. ἄκμων, lit. *akmů̃*); on notera de plus ici l'opposition des gutturales, skr. *ç*, mais lit. et sl. *k*.

L'alternance de **-r-* et **-n-* peut se cumuler avec les précédentes, et ainsi l'arménien a un nominatif-accusatif **cunr* « genou » de **g_1ōn-u-r*, dont *r* alterne avec la nasale de gr. γόν-Ϝ-α-(τος) et de véd. duel *jā́nu-n-ī* « les genoux ». L'arménien a même des adjectifs comme *canr* « lourd », avec *r* (issu d'un neutre en **-ur*) au nominatif, un génitif *canu*, sans **r* ni **n*, et un nominatif pluriel *canu-n-(kh)*, avec **-n-*.

3° Thèmes en **-l-* et **-n-* alternant :

véd. *s(ú)v-ar* « soleil » (et le dérivé *sū́r-ya-ḥ*); — gr. ἥλιος (de *ἄϜ-ελ-ιος), got. *sau-il*, lit. *sáu-l-(ė)*, lat. *sōl*, v. irl.

súil (signifiant « œil »), — gâth. *hvəng* (de **sv-an-s*), got. *su-n-(no)*.

gr. μέγ-α-ς « grand », μέγ-αλ-(οι), got. *mik-il-s*, tous deux de **meg₁-*, comme arm. *mec* « grand » ; lat. *mag-n-(us)*, ags. *myc-el*, de **m°g₁-*.

4° Thèmes en *-s-*, avec addition d'un suffixe **-en-*.

skr. *çír-aḥ* « tête », gén. *çīr-ṣ-ṇ-áḥ*, locat. *çīr-ṣ-áṇi* ; gén. hom. κρά-α-(τος) « de la tête » (de **k₁r̥̄-s-n-*) et le dérivé hom. κάρηνον (de **καρα-σ-ν-ον*), avec vocalisme zéro de l'élément présuffixal, dû évidemment aux formes à suffixe secondaire **-en-* ; lat. *cerebrum* (de **k₁er-es-ro-*), avec vocalisme *e* de la racine, est peut-être dérivé d'un nominatif en **-r-*, alternant avec **-n-* des autres cas ; le grec a aussi (ἡμί-)κραιρα (de **-κρ-αρ-yα*) « moitié de la tête » à côté de κάρᾱ, toutes formes qui ne comprennent pas le suffixe **-es-*.

gr. οὖς, v. sl. *ucho* « oreille » (de **ausos*), — génit. got. *aus-in-s*, hom. οὔ-α-(τος). Un duel neutre du thème à suffixe zéro est attesté par zd *uš-i* « les deux oreilles », v. sl. *uš-i*, lit. *aus-i*, et c'est sans doute sur de pareils duels qu'ont été faits le singulier lit. *aus-i-s* « oreille » et le pluriel lat. *aur-ēs*. Le vocalisme a donc les alternances : **ous-*, **us-*, **aus-* (ce dernier avec **a* prothétique).

Le comparatif primaire en **-yes-* recevait sans doute en indo-européen un suffixe secondaire aux cas obliques : att. acc. sing. ἡδίω (de *'ἁδῑοα, *'ἁδῑοσα), génit. sing. ἡδίονος (de *'ἁδιονος, 'ἁδιοσονος, avec ῑ d'après ἡδίω) ; l'indo-iranien, le latin et le celtique ont généralisé la forme sans suffixe secondaire, d'où génit. sing. skr. *svâdīyasaḥ*, lat. *suāuiōris* ; le germanique et la plupart des dialectes grecs, la forme à suffixe secondaire d'où acc. sing. got. *sūtizan* « plus doux », ion. ἡδίονα (avec ι bref). La syllabe présuffixale ne présente aucune trace sûre des alternances vocaliques attendues.

5° Thème à suffixe zéro alternant avec thème à suffixe **-ei-* :

skr. *pānthā-ḥ* « chemin » (**-ā-ḥ* de i.-e. **-ēs* ou **-ōs*, issu de **-ēi-s* ou **-ōi-s?*), instr. plur. *pathi-bhiḥ*: génit. sing. (du thème à suffixe zéro) *path-áḥ*; au vocalisme de skr. *pánthāḥ* répondent les thèmes en *-i-*: v. sl. *pątĭ*, lat. *pons* et aussi arm. *hun* « passage »; au vocalisme de skr. *pathi-bhiḥ* répond v. pruss. *pintis* « chemin »; cf. aussi le dérivé grec thématique πάτος.

Les exemples qui précèdent sont les plus clairs; mais ce type de noms à variation de suffixe et à alternances vocaliques complexes était très largement représenté en indo-européen, et il en reste de nombreuses traces.

γ. Place du ton.

Les seules langues qui fournissent des témoignages sur les variations de place du ton au cours de la flexion d'un même thème nominal sont le védique, le grec, le lituanien et ceux des dialectes slaves qui n'ont pas un accent à place fixe, principalement le russe et le serbe. Le témoignage grec est fortement obscurci par la règle générale qui limite la place du ton relativement à la fin du mot, et le témoignage du lituanien et des dialectes slaves, par des innovations nombreuses propres à ces langues. En grec, l'ancienne mobilité du ton est d'ailleurs très réduite comme toute la flexion nominale. Le védique même est évidemment loin de représenter l'état ancien, comme on va le voir. On est donc beaucoup plus mal renseigné encore sur le rôle des mouvements du ton dans la déclinaison indo-européenne que sur le rôle des alternances vocaliques de l'élément prédésinentiel.

Le cas le plus clair est celui des thèmes monosyllabiques, où le védique et le grec ont des correspondances fort exactes; soit le thème **ped-* « pied »:

	VÉD.	GR.
Sing.		
Nom.	*pā́t*	πούς (dor. πώς)
Acc.	*pā́d-am*	πόδ-α
Gén. abl.	*pad-áḥ*	ποδ-ός
Loc.	*pad-í*	ποδ-ί
Plur.		
Nom.	*pā́d-aḥ*	πόδ-ες
Acc.	*pad-áḥ*	πόδ-ας
Gén.	*pad-ā́m*	ποδ-ῶν
Loc.	*pat-sú*	hom. ποσ-σί
Duel.		
Nom. acc.	*pā́d-ā*	πόδ-ε
Gén.	*pad-óḥ*	ποδ-οῖν

L'accord du védique et du grec sur la place du ton est parfait, à la seule exception de l'accusatif pluriel où le désaccord se laisse facilement expliquer, qu'il résulte d'une innovation grecque ou indienne ; on notera seulement que l'accord de skr. *pad-í* et de gr. ποδ-ί ne prouve pas que le locatif eût originairement le ton sur la finale, car d'autres locatifs ont le ton sur l'élément prédésinentiel, ainsi skr. *kṣám-i* « sur terre ». Le lituanien fournit une légère confirmation des faits védiques et helléniques par son opposition de l'accusatif singulier *žą̃s-į* « oie » et du génitif pluriel *žas-ų̃* en face de gr. χῆνα (de *χάνσ-α), χηνῶν (de *χανσ-ῶν).

Mais la mobilité du ton définie par l'exemple des thèmes monosyllabiques comporte deux interprétations : mobilité entre l'élément prédésinentiel et la désinence, ou mobilité entre l'élément radical et la désinence. L'examen des thèmes qui comprennent une racine et un suffixe devrait permettre de décider la question. Mais ici commencent les difficultés.

La mobilité entre l'élément prédésinentiel et certaines désinences est nettement attestée en védique dans la flexion des thèmes en *-nt-* :

	SING.	PLUR.	DUEL
Nom. masc.	*bṛh-án* « haut »	*bṛh-ánt-aḥ*	*bṛh-ánt-ā*
Acc. masc.	*bṛh-ánt-am*	*bṛh-at-áḥ*	—
Gén.	*bṛh-at-áḥ*	*bṛh-at-ā́m*	*bṛh-at-óḥ*
Dat.	*bṛh-at-é*	*bṛh-ád-bhyaḥ*	*bṛh-ád-bhyām*
Nom. neutre	*bṛh-át*	*bṛh-ánt-i*	*bṛh-at-ī́*

Mais, à cet égard, le védique est isolé et les autres langues ne présentent rien de pareil, sauf peut-être en grec le mot obscur γυνή, acc. sing. γυναῖκ-α, génit. sing. γυναικ-ός. Car on ne saurait invoquer ici πατέρ-α, πατρ-ῶν, où le vocalisme même exclut évidemment le maintien du ton à une même place.

Les dialectes baltiques et slaves ont au contraire une mobilité de l'accent (qui représente le ton indo-européen) entre l'initiale et la finale du mot, ainsi en lituanien dans les exemples suivants de thèmes en *-i-*, *-u-*, *-r-* et *-n-* :

Singulier.

Nom.	*szirdìs* « cœur »	*sūnùs* « fils »	*mótė* « femme »	*akmũ* « pierre »
Acc.	*szìrdį*	*sū́nų*	*móter-į*	*ãkmen-į*
Gén.	*szirdiẽs*	*sūnaũs*	*moterš*	*akmeñs*

Pluriel.

Nom.	*szìrdys*	*sū́nūs*	*móters*	*ãkmens*
Acc.	*szìrdis*	*sū́nus*	*móteris*	*ãkmenis*
Gén.	*szirdzių̃*	*sūnų̃*	*moterų̃*	*akmenų̃*

Duel.

Nom.	*szìrdi*	*sū́nu*	*móteri*	*ãkmeniu*

De même en russe: nom. plur. *kósti* « os », gén. *kostéj*, dat. *kostjám*; en serbe cakavien : nom. plur. *kòsti* « os », instr. *koš'cȁmi*; etc.; en russe plur. nom. *nóvosti* « nouvelles », gén. *novostéj*. Au singulier, on notera en particulier l'accord de russe *désjat'* « dizaine », gén. *desjatí* et de lit. *dẽšzimtis* (même sens), gén. *deszimtẽs*.

Il y a donc contraste absolu entre l'état védique et l'état baltique et slave. Le grec n'enseigne presque rien, parce que le ton y est devenu à peu près constamment immobile dans les thèmes polysyllabiques. Toutefois l'opposition de μήτηρ, μητρός et de θυγάτηρ (sans doute de *θύγατηρ), θυγατρός vient confirmer le caractère ancien du type baltique et slave. En sanskrit même, le féminin, très anomal, du nom de nombre « quatre » est au nominatif et à l'accusatif *cátasraḥ*, à l'instrumental *catasṛ́bhiḥ*; il est impossible de ne pas rapprocher les formes lituaniennes masculines acc. *kẽturis* « quatre », instr. *keturiaĩs*. D'autre part, on s'explique par la mobilité du ton entre l'initiale et la finale du mot beaucoup d'hésitations dans la place du ton. Ainsi les thèmes en *-*tei*-, qui en grec ont le ton sur la racine, type βάσις, ont le ton à deux places différentes en védique et en germanique : le védique a tout à la fois *mátiḥ* et *matíḥ* « pensée », le germanique **ƀurþi*- (de **bhṛ́ti*-) et **ƀurdi*- (de *bhṛtí*-) dans got. *(ga-)baurþs* et v. h. a. *(gi-)burt* « naissance » (v. h. a. *t* représentant germ. *đ*); une ancienne mobilité du ton expliquerait bien ces faits, par exemple une ancienne flexion skr. acc. sing. *mátim*, gén. *matéḥ*, comparable à lit. acc. *nãktį* « nuit », gén. *naktẽs*. On s'expliquerait de même le contraste de gr. πῆχυς et de skr. *bāhúḥ* « bras », de gr. πέλεκυς et de skr. *paraçúḥ* « hache », par une opposition comme celle de lit. acc. *sū́nų* « fils », gén. *sūnaũs*.

Les variations de place du ton ne paraissent pas avoir constitué un élément essentiel de la flexion nominale; car un très grand nombre de noms védiques, grecs, slaves et baltiques ne présentent aucune variation de la place du ton : c'est alors la racine qui porte le ton, ainsi skr. acc. sing. *rúç-ant-am* « brillant », gén. *rúç-at-aḥ* en face de *bṛh-ánt-am* « haut », gén. *bṛh-at-áḥ*.

Au point de vue de la place du ton, le vocatif a un traitement à part : en sanskrit il est atone, toutes les fois qu'il ne commence pas la phrase, et une exclamation comme lat. *ēcastor*, où le vocatif *castor* a été soudé à l'interjection *e*, semble être la trace d'une particularité analogue en latin ; quand il est au commencement de la phrase, il a un ton, mais sur sa première syllabe ; ainsi *pítar* « père », *dúhitar* « fille » en regard des nominatifs *pitā́, duhitā́*. Le grec présente encore de nombreux restes de cette place du ton sur l'initiale : πάτερ : πατήρ ; θύγατερ ; Ἄπολλον : Ἀπόλλων ; etc. La règle s'applique à toutes les sortes de thèmes, ainsi gr. δέσποτα : δεσπότης : ἄδελφε : ἀδελφός ; etc. Elle trouve sa confirmation en slave, où le petit russe oppose le vocatif *séstro* « sœur » au nominatif *sestrá* et le serbe čakavien, le vocatif *sèstro* au nominatif *sestrà*.

2° Thèmes terminés par *-*ā*- (ou *-*ē*-).

Aucun de ces thèmes n'est neutre ; la plupart sont féminins, et l'on a même vu, p. 255, que *-*ā*- était l'une des caractéristiques des adjectifs féminins.

α. Désinences.

Les désinences sont exactement les mêmes que dans le type précédent, mais celles qui commencent par une voyelle se contractent avec la voyelle finale du thème.

Le nominatif singulier a la désinence zéro : skr. -*ā*, v. sl. -*a*, lit. -*a* (issu de -*o* d'intonation rude ; ainsi *mergà* « jeune fille », de **mergó*), dor. -ᾱ (avec oxyton quand le ton est sur la finale ; ainsi dor. ποινά), got. -*a*. — Le -ς final des masculins grecs tels que πολίτης provient d'une innovation hellénique, cf. lat. *scrība*.

L'accusatif singulier est : skr. *-ā-m*, v. sl. *-ą*, dor. -ᾱ-ν (-ά-ν dans la forme tonique).

Le génitif-ablatif singulier est : skr. *-āḥ* (par exemple dans *bṛhatyā́ḥ* « haute »), lit. *-os* (avec *o* d'intonation douce : *-õs*), dor. -ᾱς (périspomène quand la finale porte le ton : -ᾶς), got. *-os*, lat. *-ās* (par exemple dans *pater familiās*) : l'intonation douce provient sans doute d'une contraction indo-européenne de *-ā-es*.

Le datif singulier est : skr. *-ai* (par exemple dans *bṛhatyā́i*), lit. *-ai* (d'intonation douce : *-aĩ*), dor. -ᾱι, écrit -ᾳ (périspomène quand il porte le ton : -ᾷ), got. *-ai* ; ici aussi, il y a eu sans doute contraction de *-ā-ai* en *-āi*.

Le nominatif pluriel est : skr. *-āḥ*, lit. *-os* (avec *o* d'intonation douce), got. *-os*, osq. *-as* : sans doute contraction *-ās de *-ā-es*.

L'accusatif pluriel est : skr. *-āḥ*, zd *-å* (de *-ās*), lit. *-as* (de *-os* avec *o* d'intonation rude) ; l'absence de *n* de la désinence *-ns* a été expliquée ci-dessus, p. 87 ; la plupart des langues ont d'ailleurs *-ns*, ainsi le grec qui a abrégé *-ᾱ-νς en *-α-νς, d'où ion.-att. -ᾱς (en regard de nomin. -η), lesb. -αις. La finale *-ā-ns* a pu alterner en indo-européen avec *-ās*, ou bien *-ās* a été transformé en *-ā-ns* par analogie des thèmes en *-o-*, *-i-*, *-u-*, etc.

Au génitif pluriel, il a dû y avoir une contraction de *-ā-ōm* (ou *-ā-ōn*), attestée par lit. *-ų*, v. sl. *-ŭ*, got. *-o* ; mais la plupart des langues ont des formes nouvelles : skr. *-ānām*, gr. -άων (de *-ᾱσων), d'où att. -ῶν, lat. *-ārum* (de *-āsōm*), etc.

Le seul cas qui ait une désinence propre est le nominatif-vocatif-accusatif duel : skr. *-e*, zd *-e* (c'est-à-dire indo-iran. *-ai*), lit. *-i* (de *-ẽ* d'intonation rude, *-ẽ* représentant *-ai* rude), v. sl. *-ě*. La désinence *-i* qui se trouve ici semble identique à celle du nominatif-vocatif-accusatif duel neutre. Le gr. -ᾱ est analogique de la finale -ω des thèmes en *-*o*-.

β. Vocalisme.

Les thèmes dont le suffixe est *-*ā*- ne présentent presque aucune alternance dans le vocalisme prédésinentiel. Au nominatif singulier la forme à vocalisme zéro *-*ə* a été affectée à l'expression du nominatif pluriel neutre, ainsi qu'on l'a vu ci-dessus p. 267, et ne sert pas dans la flexion des thèmes en -*ā*-. La brève finale des vocatifs hom. νύμφα et v. sl. *sestro* « ô sœur » peut représenter *-*ə* ; on y veut voir souvent un i.-e. *-*ă*, à cause de skr. *amba* « maman », mais ce vocatif sanskrit est un terme du langage enfantin, et son -*a* final est à rapprocher de celui de gr. τάτα, etc. Le suffixe a la forme *-*ā*-, c'est-à-dire le degré *e*, même devant les désinences à initiale consonantique, ainsi au datif, skr. *áçvā-bhyaḥ* « pour les juments », lat. *equā-bus* ; v. sl. *ręka-mŭ* « pour les mains », lit. *rañko-ms* (même sens). — En revanche le nominatif duel dont les formes ont été indiquées au paragraphe précédent a sans doute le vocalisme prédésinentiel zéro et peut être posé sous la forme i.-e. *-*ə-i*, car *ə donne indo-iran. *a* devant *i*.

Les thèmes en *-*yā*- et en *-*yē*- ont le degré vocalique zéro de l'élément prédésinentiel au nominatif :

skr. *bṛhat-ī* « haute » ; lit. *vežant-i* (-*i* de *-*ȳ*) « menant en voiture », got. *frijond-i* « amie » ; gr. πότνια, φέρουσα.

gr. μυῖα (de *μυσ-*yă*) en regard de lit. *musẽ* (de **musjē*) « mouche ».

Le vocalisme prédésinentiel zéro apparaît aussi en indo-iranien dans ces thèmes, conformément à la règle, devant les désinences à initiale consonantique : skr. locat. plur. *bṛhat-ī-ṣu*, dat. plur. *bṛhat-ī-bhyaḥ*.

On n'observe une variation vocalique de l'élément présuffixal que dans le mot signifiant « femme » : nomin. sing. v. pruss. *genna*, v. sl. *žen-a*, v. irl. *ben*, arm. *kin*, de i.-e. **gʷen-ā* ; génit. véd. *gnā́s (pátiḥ)*, v. irl. *mná*, de i.-e. **gʷn-ās* ; or, ce mot comportait variation de suffixe : la flexion grecque, très énigmatique, est att. γυνή, γυναῖκα, γυναικός, béot. βανά, acc. plur. βανῆκας (de *βανᾱ́ικας), γυνή et βανά reposant sur **gʷᵒnā* ; la flexion arménienne est *kin* (de **gʷenā*), nom. plur. *kanay(kh)*, de **gʷᵒnai-* (cf. gr. γυναῖ-κες). Le germanique a le thème en *-*i*-, got. *qens* « épouse » en regard de skr. -*jāni*- et le thème en *-*ā*- avec élargissement -*n*- : got. *qino* « femme », génit. *qinons* (vocalisme radical **gʷen*-) à côté de v. isl. *kona* (vocalisme radical **gʷᵒn*-). Le sanskrit a le thème en -*i*- *jániḥ* « femme ». On ne saurait, dans ces conditions, restituer un prototype indo-européen, mais la variation de suffixe est évidente et rend compte de l'alternance vocalique **gʷen*-, **gʷēn*-, **gʷn*- ou **gʷᵒn*-.

γ. Place du ton.

Dans une partie au moins des thèmes à voyelle longue finale, le ton changeait de place au cours de la flexion. C'est ce qu'attestent clairement le baltique et le slave ; ainsi le mot lit. *galvà* « tête », russe *golová*, serbe čakavien *glāvà* (le désaccord d'intonation radicale qu'on constate entre le lituanien et le slave s'explique par des faits propres au slave) :

	LIT.	RUSSE	SERBE ČAK.
Nom. sing.	*galvà*	*golová*	*glāvà*
Acc. sing.	*gálvą*	*gólovu*	*glâvu*
Gén. sing.	*galvõs*	*golový*	*glāvī*
Nom. plur.	*gálvos*	*gólovy*	*glâvi*
Instr. plur.	*galvomìs*	*golovámi*	*glāvàmi*

Les thèmes en *-*ā*- n'ont rien de pareil en grec, mais pour ceux en *-*yā*- ou *-*yē*-, on a : μία, μίαν, mais μιᾶς, μιᾷ ; ion. ἄγυια, ἄγυιαν, mais ἀγυιῆς, ἀγυιῇ ; πλάταια, πλάταιαν, mais πλαταιῆς, πλαταιῇ, en regard de lit. *áiszki* « claire », accus. *áiszkią*, mais gén. *aiszkiõs*.

3° Type thématique.

Le ton reste toujours à la même place dans la flexion, qu'il soit sur la voyelle thématique comme dans skr. *dhūmá-* « fumée », gr. θυμό-, ou dans la partie précédente du thème, comme dans skr. *vṛ́ka-* « loup », gr. λύκο-. Le vocatif seul est à part : gr. ἄδελφε en face de ἀδελφός. — La voyelle thématique a tantôt le timbre *o*, tantôt le timbre *e* suivant les cas. — Les désinences, en partie différentes de celles des deux types précédents, ne se laissent pas toutes isoler de la voyelle thématique. — Dans les adjectifs, le thème en -*e*-/-*o*- caractérise le masculin et le neutre, mais on a vu ci-dessus p. 259, qu'il y a aussi des substantifs fémininsde cette forme.

La flexion est la suivante :

Singulier.

Nominatif masculin-féminin : *-*o*-*s* : skr. *vṛ́k-a-ḥ* « loup », zd *vəhrkō* (devant *ča* « et » : *vəhrkas-ča* « et le loup »), lit. *vilk-a-s*, gr. λύκ-ο-ς, lat. *lup-u-s*, got. *wulfs* (de **wulf-a-z*). — L'absence de la voyelle thématique au nominatif des thèmes en *-*yo*- dans certaines langues, ainsi dans zd *āhuiri-š*, du thème *āhurya-* « d'Ahura », a déjà été signalée ci-dessus p. 233.

Vocatif masculin-féminin : *-*e* : skr. *vṛ́k-a*, zd *vəhrk-a*, lit. *vilk-è*, v. sl. *vlĭč-e*, gr. λύκ-ε, lat. *lup-e*.

Accusatif masculin féminin : *-*om*, *-*on* : skr. *vṛ́k-a-m*, zd *vəhrk-ə-m*, lit. *vilką* (avec -*ą* de -*a-n* ; cf. v. pruss. *deiw-an* « dieu » en face de lit. *dẽvą*), gr. λύκ-ο-ν, lat. *lup-u-m* ; de même v. irl. *fer n-* «homme » en face de lat. *uir-u-m*.

Nominatif-vocatif-accusatif neutre : *-*o*-*m*, *-*o*-*n* : skr.

yug-á-m « joug », gr. ζυγ-ό-ν, lat. *iug-u-m*, got. *juk* ; de même zd *xšaθr-ə-m* « souveraineté », v. pruss. *labb-a-n* « le bien », v. irl. *dliged n-* « dette ». — On notera que la désinence de cette forme est différente de la désinence zéro du type athématique.

Génitif (distinct de l'ablatif). — Les formes varient presque d'une langue à l'autre; toutefois on constate l'accord de la forme indo-iranienne : skr. *-a-sya*, gâth. *-a-hyā*, et de la forme grecque, hom. -οιο, ion. att. -ου (contraction de -οο, issu de -οιο), dor. -ω (aussi contraction), soit skr. *vṛ́k-a-sya*, hom. λύκοιο, att. λύκου, dor. λύκω. En germanique on trouve : got. *-i-s*, v. h. a. *-e-s*, soit got. *wulf-i-s*, v. h. a. *wolf-e-s*, ce qui repose sur **-e-so*. — Le latin et le celtique ont une forme énigmatique : *-ī* final : lat. *uir-ī*, gaul. *Segomar-i* (génitif de *Segomaros*), v. irl. *fir* (supposant **wirī*) « de l'homme ». Le slave et le baltique ont perdu l'ancienne forme de génitif et, par analogie du type athématique, emploient la forme d'ablatif qui sert à la fois de génitif et d'ablatif.

Ablatif : **-ōt* : skr. *-āt*, zd *-āṯ* (tous deux avec *ā* comptant souvent pour deux syllabes), v. lat. *-ōd* (lat. class. *-ō*), lit. *-o* (d'intonation douce), v. sl. *-a* : skr. *vṛ́kāt*, zd *vəhrkāṯ*, v. lat. *lupōd*, lit. *vil̃ko*, v. sl. *vlĭka*. — La possession d'une forme d'ablatif distincte de celle du génitif est l'une des caractéristiques les plus remarquables du type des noms thématiques.

Instrumental : **-ē*, et peut-être aussi **-ō* : skr. *vṛ́kā* (seulement dans quelques mots archaïques), zd *vəhrka*, lit. *vilkù* (avec *-ù* de **-ṓ*) ; le timbre *-ē* est indiqué par les adverbes latins du type *certē* qui semblent issus d'anciens instrumentaux, et par l'adverbe (ancien instrumental) skr. *paçcā́*, v. perse *pasā*, zd *pasča* « après » en face de l'adverbe (ancien ablatif) zd *paskāṯ* « après » : l'opposition de zd *č* et *k* suppose

*-ē dans un cas et *-ōt dans l'autre (voir ci-dessus p. 55). De même, dans la flexion des démonstratifs, on rencontre got. *hwe* « comment », dor. πή-(ποκα). — Il y avait aussi une forme à désinence en *bh ou *m : c'est celle que représentent arm. *get-o-v* « par le fleuve » et v. sl. *vlĭk-o-mĭ* « par le loup » ; et alors la voyelle thématique peut être *e*, ainsi arm. *-het-e-w* « après », à côté de *het-o-v* « par la trace ».

Locatif : *-ei et *-oi : skr. *vṛk-e*, zd[1] *vəhrk-e*, v. sl. *vlĭc-ě* ; lit. adverbe *nam-ẽ* « à la maison » ; gr. adverbes οἴκ-οι et οἴκ-ει ; lat. *dom-ī*. — La désinence *-i du locatif singulier forme diphtongue avec la voyelle thématique.

Datif : *-ōi : zd *vəhrk-āi*, gr. λύκ-ωι (écrit λύκ-ῳ), θε-ῶι, lit. *vil̃k-ui* (avec *-uì* d'intonation douce), lat. *lup-ō* (-ō de *-ōi). — La désinence du datif est contractée avec la voyelle thématique.

Pluriel.

Nominatif-vocatif masculin-féminin *-ōs : skr. *vṛk-āḥ*, zd *vəhrk-å* (-å de *-ās ; forme vieillie et peu usitée), got. *wulf-os* ; ombr. Ikuvinus « habitants d'Iguvium » ; v. irl. *fir-u* (-u de *-ōs), servant seulement de vocatif. La désinence *-es du nominatif pluriel a été contractée avec la voyelle thématique. — La finale *-oi du nominatif pluriel des démonstratifs s'est substituée dans beaucoup de langues à cette forme : gr. λύκ-οι ; v. sl. *vlĭc-i*, lit. *vilk-aĩ*, lat. *lup-ī* (-ī de -oe du latin ancien, représentant -oi) ; v. irl. *fir* (de *wir-oi), servant de nominatif ; le gotique a le type *blind-ai* « aveugles » dans les adjectifs seulement ; c'est en effet par les adjectifs que la flexion des démonstratifs s'est substituée ici à celle des substantifs et adjectifs ; le caractère récent de la substitution ressort bien du maintien en irlandais de *wirōs, représenté par *firu*, comme vocatif, et de la création de *wiroi (*fir*) comme nominatif.

Accusatif masculin-féminin *-o-ns : crétois λύκ-ο-νς (att.

λύκους, lesb. λύκοις), got. *wulf-a-ns*; v. pruss. *deiw-a-ns* « dieux », arm. *get-s* « fleuves » (*-s* de **-o-ns*).

Nominatif-vocatif-accusatif neutre. — La finale **-ā* n'est autre chose que celle du nominatif d'un collectif en **-ā* (cf. ci-dessus p. 266) : véd. *yug-ā́* « jougs », got. *juk-a*, v. sl. *jig-a*; et de même zd *xsaθr-a* « dominations » ; la finale brève de gr. ζυγά et de lat. *iugă* est analogique de celle du type athématique, à moins que ce ne soit l'ancien nominatif à vocalisme zéro (cf. ci-dessus p. 292). L'indo-iranien est seul à opposer le type thématique en **-ā*, véd., *yugā́*, au type athématique en **-ə*: *nā́mān-i* « noms ». Il y a deux preuves du caractère particulier de cette finale **-ā* (**-ə*) : 1° Le déplacement d'accent attesté par le slave et qui serait contraire à une règle absolue du type thématique : russe sing. *stádo* « troupeau », pluriel *stadá*; *pis'mó* « écriture », pluriel *pís'ma*; ces deux oppositions recouvrent exactement celles de gr. φῦλον : φυλή ; νεῦρον, νευρά, et celles de skr. *bhrātrám* « confrérie » : gr. φράτρα ; skr. *varṣám* « pluie » : hom. ἐέρση. — 2° Le pluriel en **-ā* (**-ə*) se rencontre même en face de singuliers masculins : gr. μηρός, μῆρα (avec le déplacement caractéristique du ton) ; lat. *locus*, *loca*; russe *róg* (génit. *róga*) « corne », pluriel *rogá* (avec le déplacement d'accent). — La valeur de collectif est parfois très sensible, ainsi dans le pluriel κύκλα « roues » du masculin κύκλος « cercle », dont le pluriel ordinaire est κύκλοι ; à κύκλα répond véd. *cakrā́* « roues » sur lequel a été refait un singulier neutre *cakrám* « roue ».

Génitif : **-ōm*, **-ōn* : gr. λύκων (et θεῶν) ; lit. *vilkų̃*, v. sl. *vlĭkŭ* ; v. irl. *fer n-* ; v. lat. *deum*.

Instrumental : **-ōis* : skr. *vṛ́kaiḥ*, zd *vəhrkāiš*, lit. *vilkaĩs*, v. sl. *vlĭky*, lat. *lupīs* ; et sans doute aussi gr. λύκοις (θεοῖς).

Locatif : **-oisu*, d'après l'indo-iranien et le slave : skr. *vṛ́keṣu*, zd *vəhrkaēšu*, v. sl. *vlĭcĕchŭ* ; cf. hom., lesb., ion. λύκοισι.

Datif-ablatif ; cas en *bh ou en *m : skr. *vṛkebhyaḥ*, v. sl. *vlĭkomŭ*, etc. On ne saurait restituer une forme commune.

Duel.

Nominatif-vocatif-accusatif masculin-féminin. L'indo-iranien a une alternance véd. *vṛkau*, *vṛkā* (zd *vəhrka*) qui suppose *-ōu : -ō (peut-être analogique de celle de véd. *duvấu* : *duvấ* qui est sûrement indo-européenne) ; les autres langues n'ont que *-ō : gr. λύκω, v. sl. *vlĭka*, lit. *vilkù* (-ù de *-ů).

Nominatif-vocatif-accusatif neutre : *-o-i : skr. *yugé*, v. sl. *jidzě* « (deux) jougs » ; zd *xšaθr-e* « (deux) dominations » ; la désinence est la même que dans le type athématique.

Génitif. Le v. sl. *vlĭku* représente la forme ancienne ; le skr. *vṛkayoḥ* a la forme des démonstratifs.

Datif-ablatif. Cas en *bh* ou *m*, pour lequel il est impossible de restituer le prototype : skr. *vṛkābhyām*, zd *vəhrkaēibya*, v. sl. *vlĭkoma*.

B. Démonstratifs, indéfinis, interrogatifs, etc.

Les démonstratifs, indéfinis, interrogatifs et quelques autres mots assimilés avaient en indo-européen une flexion spéciale, à laquelle on donne souvent le nom de flexion pronominale ; ce terme est doublement mal choisi, d'abord parce que les plus importants des pronoms, les pronoms personnels, ont une tout autre flexion, et ensuite parce que les démonstratifs, indéfinis, etc., sont tantôt adjectifs et tantôt pronoms.

Pour le féminin, cette flexion est celle de thèmes en *-ā-, pour le masculin et le neutre celle de thèmes en *-o- ; elle est donc thématique, mais les désinences sont en grande partie différentes de celles de la flexion des substantifs et adjectifs. De plus — et c'est là son caractère le plus original — cette flexion comporte, au moins pour les mots les plus employés, deux thèmes bien distincts, l'un qui sert au nominatif singulier masculin et féminin, l'autre pour le reste des formes.

a. Thèmes.

Les principaux mots ainsi fléchis sont les suivants :

1° Un démonstratif de sens peu précis, renvoyant à une personne, à une chose précédemment nommées ou déjà connues :

	Nominatif singulier.		Thèmes des autres formes.	
	MASCULIN	FÉMININ	MASCULIN NEUTRE	FÉMININ
skr.	*sa*	*sā*	*ta-*	*tā-*
dor.	ὁ	ἁ̄	το-	τᾱ-
got.	*sa*	*so*	*þa-*	*þo-*

Le baltique et le slave n'ont plus, même au nominatif, que les thèmes : lit. masc. *ta-*, fém. *to-* ; v. sl. masc. neutre *to-*, fém. *ta-*.

La valeur un peu vague et faible de ce démonstratif se voit dans ce vers homérique :

A 43 ὣς ἔφατ' εὐχόμενος· τοῦ δ' ἔκλυε Φοῖβος Ἀπόλλων

et l'on conçoit qu'il soit devenu un simple article en grec et en germanique.

2° Démonstratifs indiquant l'objet rapproché. — Dans les langues autres que l'indo-iranien, l'objet rapproché est indiqué par $*k_1$- sans qu'il soit facile de fixer le thème indo-européen et sans que l'ancienne forme de nominatif masculin et féminin soit connue : lit. *šis*, génit. *šiō* ; v. sl. *sĭ*, génit. *sego* ; arm. *ays* signifiant lat. « hic » et *sa* signifiant « is » (pour l'objet le plus rapproché) ; got. acc. masc. *hin-(a)*, neutre *hit-(a)*, dat. *himma* ; lat. *ci-trā* « de ce côté » ; v. irl. *cé* (même sens). Le sens précis de $*k_1$- est bien défini par le fait que c'est le démonstratif qui, uni au mot « jour », donne le sens de « aujourd'hui » : v. sl. *dĭnĭ-sĭ*, lit. *szeñ-dën*, got. *himma daga*, v. sax. *hin-dag*, v. h. a. *hiutu* (forme mutilée), arm. *ays-awr*, att. τήμερον, gr. σήμερον (de $*k_1$*yāmeron*) ; de même alb. *si-viét* « cette année ».

Le démonstratif indiquant l'objet rapproché a en indo-iranien une forme très compliquée : skr. nom. masc. *ay-ám*, fém. *iy-ám* et aussi, du même thème, par exception, neutre *id-ám* ; l'accusatif masculin sanskrit est *im-ám* et le neutre zend est *im-ąt* ; le génitif et la plupart des cas sont fournis par un thème *a-* : skr. *a-syá*, zd *aińhe* (de **a-sya*) ; et c'est aussi cet *a-* qui est la forme du thème dans le composé skr. *a-dyá* « aujourd'hui ». Le latin répond par un anaphorique : *is, id* et *eum, ea, eam*, etc. ; de même le germanique : got. *is, it-a*, génit. *is*, etc. — Enfin le latin a un démonstratif dont l'élément radical ne peut être rapproché d'aucun radical des autres langues, mais dont la flexion est analogue à celle du précédent, avec son *i* au nominatif et son *o* aux autres cas : nom. *hi-c*, acc. *hun-c*, neutre *hocc, hoc* (de *hod-ce*), thème *ho-* dans le composé *ho-diē* « aujourd'hui ».

3° Démonstratifs indiquant l'objet éloigné.

On rencontre trois caractéristiques différentes : **w*, **n*, **l*.

La caractéristique **w* est surtout orientale : nom. sing. masc. fém. skr. *asáu*, zd *hāu*, v. perse *hāuv* ; acc. sing. skr. *am-úm*, gén. *am-úṣya* ; l'iranien a un thème plus clair *ava-* dont l'équivalent se retrouve dans v. sl. *ovŭ..., ovŭ...* « l'un..., l'autre... » (dans les langues slaves modernes où ils se rencontrent, les représentants de *ovŭ* désignent l'objet rapproché).

La caractéristique **n* figure dans v. sl. *onŭ*, lit. *añ(a)s*, arm. *ayn* « ille », *na* « is » (pour l'objet éloigné), sans doute aussi dans v. h. a. *jenēr* « celui-là » et gr. ἔνη « surlendemain » ; la forme particulière du nominatif masculin féminin n'est pas connue puisque le démonstratif n'est pas conservé dans les langues qui maintiennent cette particularité. — C'est de ce démonstratif que sont dérivés les mots suivants signifiant « autre » : skr. *án-tara-ḥ* « différent de », lit. *añ-tra-s* « second », got. *anþar* « autre (en parlant de deux), second », gr. ἄ-τερο-ς (altéré en attique en ἕ-τερο-ς).

La caractéristique **l* apparaît notamment dans v. lat. *ollus*, lat. *ille* et *ul-trā* « au delà » (opposé à *ci-trā*) ; dans sl. **ol-nĭ* « l'année dernière » c'est-à-dire « l'autre année » (v. sl. *lani*, pol. *loni*, etc.). De là sont tirés les mots suivants signifiant « autre » : gr. ἄλλος, lat. *alius*, irl. *aile*, got. *aljis*, arm. *ayl*.

4° Anaphorique et relatif.

Le thème de skr. *ya-*, zd *ya-*, v. sl. *je-* (quand il est suivi de la particule *že* : nom. *jiže*, gén. *jegože*, etc.), gr. ὁ-, got. *ja-* (dans *jabai* « si »), lit. *ja-*, (dans *jeĭ* « si ») sert de pronom relatif ; il fournit, par exception au principe général, le nominatif aussi bien que les autres cas. — De plus il a en slave la valeur d'anaphorique, c'est-à-dire qu'il sert à renvoyer à une personne ou à une chose connue ou précédemment indiquée, et c'est cette valeur seulement que présentent les formes fléchies du lituanien ; comme anaphorique, il est enclitique et peut alors s'ajouter aux adjectifs pour indiquer que le nom auquel il se rapporte est déterminé : v. sl. *dobrŭ-jĭ* (écrit *dobry-jĭ*) « le bon... », *dobra-ja* « la bonne... », *dobro-je* (neutre) « le bon... » ; de même en lituanien, masc. *gerás-is* « le bon... », fém. *geró-ji* ; en zend, le thème *ya-*, mis en principe au même cas que le nom auquel il se rapporte, et par suite démonstratif et non relatif, sert à unir un nom à un autre nom ou à un adjectif, ainsi à l'accusatif *stārəm yim tištrīm* « l'étoile *Tištriya* »).

5° Indéfini et interrogatif.

Deux thèmes, tous deux caractérisés par *k^w, ont le double rôle d'indéfini et d'interrogatif :

*k^w*e*-, *k^w*o*- : skr. *ka*- (nom. *káḥ*), zd *ča*- (génit. gâth. *ča-hyā*), *ka*- (neutre *ka-ṭ*), v. sl. *če*- (génit. *če-so* « de quoi ? »), *ko*- (dat. *ko-mu* « à qui ? »), lit. *ka*-, gr. τε- (dans génit. τέο, τοῦ), πο- (dans des adverbes comme ποῦ), lat. *quo*- (neutre *quo-d*), got. *hwa*- (nom. *hwas* « qui ? »).

*k^w*i*- : skr. *cit* (ancien neutre, devenu adverbe), zd *či-š* « qui ? », v. sl. *či-to* « quoi ? », lat. *qui-s*, gr. τί-ς.

Il n'est pas facile de déterminer la répartition des deux thèmes dans la flexion : *k^w*i*- servait sans doute de nominatif, y compris peut-être le neutre : zd *čiš*, *čiṭ*, gr. τίς, τί, lat. *quis*, *quid*, v. sl. *či*, *či-(to)* (seulement neutre) ; *k^w*e*-, *k^w*o*- aurait été réservé pour les autres cas : génit. gâth. *ča-hyā* « de qui ? », gr. τέο (τοῦ), v. sl. *če-so* « de quoi ? ».

Les formes toniques, au début de la phrase, sont interrogatives, ainsi gr. τίς ; les formes atones, à l'intérieur, indéfinies, ainsi gr. τις. Il n'y a pas lieu de rechercher ici si l'un des sens est sorti de l'autre.

Comme on l'a vu par les exemples cités de skr. *an-yá-ḥ* lat. *al-ius*, etc., ces thèmes admettent des suffixes secondaires, et c'est ainsi que le sanskrit a *t-yá*- à côté de *tá*-, *i-tara*- « autre » à côté de *ay-ám*, *i-d-ám*, cf. lat. *i-teru-m* ; etc. De ces mots les uns ont entièrement la flexion des démonstratifs : c'est le cas du mot « autre » (par rapport à plusieurs) : skr. *an-yá-ḥ* « autre », *an-yá-t*, lat. *al-iu-s*, *al-iu-d*, gr. ἄλλος, ἄλλο, etc. ; d'autres ont quelques formes de cette flexion, c'est le cas de « autre » (de deux) : lat. *alter*, *alteru-m* (avec la flexion nominale), gén. *alter-ius* (flexion de démonstratif), et de tous ceux qui sont formés avec le suffixe *-*tero*-.

D'autres mots, notamment ceux signifiant « un » et « tout », empruntent aussi certaines formes à la flexion des démonstratifs : tel est le cas pour skr. *ékaḥ* « un », zd *aēvō*, v. sl.

jedinŭ, arm. *mi*, lat. *ūnus*; skr. *viçvaḥ* et *sárvaḥ* « tout », zd *vīspō*, v. sl. *vĭsĭ*, lat. *tōtus*.

b. Flexion.

Les formes sont en partie identiques à celles des substantifs et adjectifs en *-e/o-* pour le masculin-neutre, en *-ā-* pour le féminin, en partie différentes.

Masculin et neutre.

Singulier.

Nominatif masculin. — La particularité caractéristique de l'existence d'un thème particulier à ce cas, type skr. *sá* = gr. ὁ, a déjà été signalée ci-dessus p. 299. On notera que ce thème n'a pas la désinence **-s*. — Quand le thème reçoit une désinence, c'est **-s* : skr. *yá-ḥ* « qui », gr. ὅ-ς; le nominatif correspondant du lituanien pour ce même thème est *-i-s* dans *gerás-is* « le bon », *jì-s* « il », comme celui des autres thèmes en **-yo-*.

Accusatif masculin. — La désinence est la même que celle des substantifs : skr. *tá-m*, gr. τό-ν, got. *þan-(a)*, etc.

Nominatif-accusatif neutre **-t* : skr. *tá-t*, zd *ta-ṯ*, gr. τό (avec chute de la dentale finale, normale à la fin du mot, comme aussi en baltique et en slave) ; v. pruss. *sta*, v. sl. *to*, got. *þat-a* (avec *t* représentant *d*, qui est la forme de la dentale finale du mot devant voyelle commençant le mot suivant, en l'espèce la particule représentée par *-a*), lat. *(is-)tu-d*. — Cette désinence se retrouve dans le mot « autre » (relativement à plusieurs) : skr. *anyá-t*, zd *anya-ṯ* ; lat. *aliu-d*, gr. ἄλλο, mais non pas dans les mots signifiant « un » et « tout » : lat. *ūnu-m*, *tōtu-m*, skr. *éka-m*, *viçva-m*, *sárva-m*, gr. ὅλ(ϝ)ο-ν.

Génitif. — Les formes divergent d'une langue à l'autre : skr. *tá-sya*, hom. τοῖο (att. τοῦ, dor. τῶ), got. *þi-s*, v. h. a.

de-s, comme dans le type thématique ; le timbre *e* de la voyelle thématique est attesté par la correspondance : gâth. *ča-hyā* « de qui ? », v. sl. *če-so* « de quoi ? », hom. τέ-ο (att. τοῦ), v. h. a. *hwe-s*.

Ablatif (distinct du génitif, comme dans le type thématique) : skr. *tắt* (devenu adverbe), zd *āt* (devenu adverbe), lit. *to*, v. lat. *istōd*, lat. *istō*.

Datif **-smōi* (?) : skr. *tá-smai*, zd *aēta-hmāi* ; cf. v. pruss. *ste-smu* et got. *þa-mma* (avec *mm* de **sm*) ; arm. *or-um* « à qui ? » (avec **-um* de **-o-smōi* ?), v. sl. *to-mu* (sans trace de *s*).

Locatif **-smi* (?) : skr. *tá-smin*, zd *aēta-hmi*, arm. *or-um* « dans lequel » (*-um* de **-o-smi* ?), v. sl. *to-mĭ* (sans trace de **s*).

Instrumental : zd *tā* ; adverbe dans : gr. πω et dor. πή-(ποκα), got. *þe*, v. pruss. *ste* « d'autant ».

Pluriel.

Nominatif masculin **-i* : skr. *té* (de indo-iran. **ta-i*), hom. το-ί, v. sl. *ti*, lit. *tẽ* (*ẽ* de balt. **-a-ī* : v. pruss. *stai*), lat. *istī*. L'indo-iranien est, avec le germanique, le seul dialecte qui révèle l'opposition du nominatif en **-ōs* des substantifs (skr. *áçvāḥ* « chevaux », got. *dagos* « jours » et du nominatif en **-oi* des démonstratifs (skr. *té*, got. *þai*) ; les autres langues ont généralisé l'un des deux types, ainsi le latin a *equī* comme *istī*, mais l'osque a pús « qui » comme Núvlanús « habitants de Nole ».

Accusatif masculin, comme dans les substantifs : crétois τό-νς (att. τούς), got. *þa-ns*, v. pruss. *sta-ns*.

Nominatif-accusatif neutre, comme dans les substantifs : skr. *tā́*, v. sl. *ta*, et d'autre part gr. τά (avec α bref), lat. *istă*.

Génitif **-isōm*, **-isōn* : skr. *téṣām*, zd *aētaēšąm*, v. pruss. *stē-ison*, v. sl. *těchŭ* (de **to-isōn*) ; cf. got. *þize* et lat. *istōrum*.

Locatif **-isu* en indo-iranien et en slave : skr. *téṣu*, zd *aētaēšu*, v. sl. *těchŭ* ; cf. hom., ion. τοῖσι, avec -σι.

Datif-ablatif : skr. *tébhyaḥ*, zd *taēibyō*, v. lat. *hībus* ; v. sl. *têmŭ*, v. lit. *tèmus*, v. pruss. *stei-mans*, got. *þaim* (?).

Instrumental : skr. *tébhiḥ*, zd *taēibīš*, v. sl. *têmi*, got. *þaim*.

L'*o* du thème est suivi de *i* au génitif, au locatif, au datif-ablatif et à l'instrumental du pluriel, comme le montrent les formes citées.

Le duel ne présente pas de formes qui n'aient été signalées à propos des substantifs du type thématique.

L'hésitation sur la place du ton indiquée par le génitif skr. *asyá*, en regard de *ásya* et de *tásya*, datif *asmaí*, en regard de *ásmai* et de *tásmai*, etc., est très remarquable : elle constitue en effet une dérogation à la règle de l'immobilité du ton dans le type thématique. A *asmaí*, avec le ton sur la finale, répondent les formes slaves (russe *tomú*) et germaniques : got. *þamma* de **þazmé*, supposant **to-smé* ; au contraire att. τοῦ suppose **tó-syo*, car **to-syó* aurait donné **τοῖό ;
le v. pruss. *stêison* a l'accent sur l'élément radical.

Féminin.

Au féminin, les formes propres aux démonstratifs sont moins nombreuses et moins nettes qu'au masculin-neutre. On trouve :

Singulier.

Génitif-ablatif **-e-syās*, **-e-sās* : skr. *tá-syāḥ*, zd *aētan'hå*, v. pruss. *ste-ssias* ; got. *þi-zos*.

Datif : **-e-syāi*, **-e-sāi* : skr. *tá-syai*, zd *ain'hāi* (de **a-syāi*), v. pruss. *ste-ssiei* ; got. *þi-zai*.

On remarque dans ces deux formes : le thème **te-* ; l'élément **-sy-* alternant avec *-s-*, comme dans la désinence de génitif masculin neutre **-syo* : **-so* (cf. ci-dessus p. 295) ; les finales **-ās* et **-āi*, identiques à celles des substantifs en **-ā-*, comme au masculin le **-ōi* de **-smōi* est identique à la finale **-ōi* du datif thématique. La place du ton supposée par got. *þizos*, *þizai* est en désaccord avec celle de skr. *tásyāḥ, tásyai*, mais concorde avec celle de skr. *asyā́ḥ, asyā́i*.

L'instrumental skr. *táyā*, zd *aētaya* rappelle celui du vieux slave *toją*; indo-iran. *a*, sl. *o* reposent sans doute ici sur i.-e. *ə.

Pluriel.

Génitif : *-*ā-sōm*, *-*ā-sōn* : skr. *tā́-sām* (et *āsā́m*), zd *ā̊ṅhąm* (de *ā-*sām*), hom. τά-ων (att. τῶν, dor. τᾶν), lat. *istā-rum*, osq. *eiza-zun(-c)* « earum ».

C. Pronoms personnels.

Les formes des pronoms personnels diffèrent trop d'une langue à l'autre pour qu'on puisse restituer, même approximativement, l'état indo-européen. Mais on y reconnaît des particularités très caractéristiques :

1° D'une part, le singulier, et, de l'autre, le pluriel (et aussi le duel) d'une seule et même personne sont exprimés par des mots absolument distincts les uns des autres : lat. *ego* et *nōs*, *tū* et *uōs*.

2° Le nominatif est exprimé en principe par un thème différent de celui des autres cas : lat. *ego* et *mē*, got. *weis* et *uns* « nous », etc. A cet égard les pronoms personnels sont traités comme les démonstratifs.

3° Aucune différence de genre n'est exprimée : lat. *tū* s'adresse également à un homme et à une femme.

4° La flexion est essentiellement différente et de celle des substantifs et de celle des démonstratifs.

5° Plusieurs cas présentent des formes toniques et des formes atones différentes les unes des autres.

La série des pronoms personnels comprend des pronoms

de 1re et de 2e personnes aux trois nombres, et un réfléchi qui sert pour tous les nombres et toutes les personnes.

Les formes suivantes, dont le caractère indo-européen est attesté par la correspondance approximative d'au moins deux langues, donneront une idée de la flexion ; les pronoms de 1re et de 2e personne ont été rapprochés ; le réfléchi est traité à part.

Singulier.

Nominatif. — 1re pers. : gr. ἐγώ, lat. *ego* (*o* abrégé de *ō*), got. *ik*, arm. *es* (de **ec*), lit. *àsz* (*ész*) ; Homère a ἐγών devant voyelle et ἐγώ devant consonne ; le **ŏ* (ou **ā* ?) initial supposé par v. sl. *azŭ*, v. russe *jazŭ* est isolé, ainsi que l'aspirée de skr. *ahám*, cf. zd *azəm*, v. perse *adam* (voir ci-dessus p. 144).

2e pers. : gr. τύ (et σύ), lat. *tū*, got. *þu*, v. h. a. *du* et *dū*, lit. *tù*, v. pruss. *tou* (et inaccentué *tu* avec *u* bref), v. sl. *ty*, zd *tū* ; et skr. *t(u)v-ám*, zd *tvəm*, *tūm* (avec la même particule indo-iranienne **am* que dans le nominatif skr. *ahám* « moi »).

Il n'y a pas de forme atone indo-européenne, parce que le nominatif du pronom personnel était toujours un mot isolé, à sens plein : lat. *ego uenio* « c'est moi qui viens ».

Les autres cas ont pour thèmes **em-*, **m-* à la première personne, **tew-*, **tw-* et **t-* (cf. ci-dessus p. 141) à la seconde.

Accusatif. — Indo-iranien tonique skr. *mā́m* « moi », *tvā́m* « toi », zd *mąm*, *θvąm*, atone skr. *mā*, *tvā*, zd *mā*, *θwā* ; v. sl. *mę*, *tę* ; v. pruss. *mien*, *tien* ; lat. *mē*, *tē* ; gr. tonique ἐμέ, σέ (de *τϝε), atone με, σε ; le **em-* initial de gr. ἐμέ se retrouve dans arm. *is* (de **im-s*), et le **twe* sur lequel repose σέ dans arm. *khez* ; v. h. a. *mih* (germ. commun **mi-k*, de **me-g₁e*, cf. gr. ἐμέ-γε), *dih* (germ. commun **þi-k*, de **te-g₁e*, cf. gr. σέ-γε) ; les formes lituaniennes *manę*, *tavę* sont isolées.

Génitif tonique (distinct de l'ablatif) : **méne* « de moi » dans zd *mana* (et skr. *máma* avec *m* intérieure au lieu de *n*), v. sl. *mene*; lit. *manė*, et **tewe* « de toi » dans skr. *táva*, zd *tava*, v. sl. *tebe* (altéré de **teve* d'après le datif *tebě*), lit. *tavė*; une forme **eme* « de moi » est supposée par arm. *im* et gr. ἐμεῖο, ἐμοῦ (*ἐμε plus la désinence *-σyο du génitif); **twe*, **two* « de toi » par arm. *kho*, gr. σεῖο, σοῦ.

Datif tonique : skr. *máhy-am* « à moi », lat. *mihī*, ombr. *mehe*, de **meg*$_1$*hi*, et arm. *inj* de **em-g*$_1$*hi*; skr. *túbhy-am* « à toi » (avec *u* d'après les autres cas, au lieu de *a*), gâth. *taibyā*, v. sl. *tebě*, v. pruss. *tebbei*, lat. *tibī*, ombr. *tefe*.

Génitif-datif atone : **moi*, **toi* : skr. *me*, *te*; zd *mē*, *tē*; v. sl. *mi*, *ti*; gr. μοι, hom. τοι (et att. σοι).

Ablatif, toujours tonique : skr. *mát*, *tvát*; zd *maṯ*, *θwaṯ*; lat. *mē(d)*, *tē(d)*.

Locatif, toujours tonique : skr. *mé*; *tvé*, gr. μοί (ἐμοί), σοί (de *τϝοι).

Instrumental. — Il n'y a pas de correspondances tout à fait exactes : le skr. *máyā* ne rappelle que de loin v. sl. *mŭnoją* et le skr. *tváyā*, v. sl. *toboją*.

Pluriel.

Nominatif. — 1re personne. Il y a deux correspondances : skr. *vay-ám*, zd *vaēm* (d'un plus ancien **vay-əm*), got. *weis*, v. h. a. *wir*, et d'autre part lit. *mẽs*, v. pruss. *mes*, v. sl. *my* (avec *y* d'après *vy* « vous »), arm. *mekh*, cf. lesb. (ἄμ-)μες (dé *[*n̥s-*]*mes* d'après l'accusatif).

2e personne **yūs* dans : zd *yūš*, *yūž-əm*, skr. *yūy-ám* (avec *y* au lieu de *r* attendu, d'après *vay-ám* « nous »), lit. *jūs*, v. pruss. *ious*, got. *jus*; lesb. ὔμμες, de *υσ-(μες) d'après ἄμμες « nous » et l'accusatif ὔμμε « vous ».

Les autres cas ont des thèmes dont les formes sont **nō̆(s)-*, **n̥(s)-* pour la première personne, **wō̆(s)-* **u(s)-* pour la seconde. Le génitif-datif-accusatif atone est skr. *naḥ*, *vaḥ*, zd *nō*, *vō*, v. sl. *ny*, *vy*; l'accusatif tonique latin est *nōs*, *uōs*;

le gotique a pour la première personne *uns, uns-is* (de *ṇs). Une particule *-*sme* s'ajoute à la forme tonique, au degré vocalique zéro, d'où *ṇ*sme*, **usme*, attestés par lesb. ἄμμε, ὔμμε ; des caractéristiques d'accusatif pluriel ont été ajoutées dans att. ἡμᾶς, ὑμᾶς et dans skr. *asmān, yuṣmān* (avec *y* initial d'après le nominatif), et c'est sur la forme de l'accusatif qu'ont été refaits tous les autres cas toniques en grec et en sanskrit, ainsi gr. génit. ἡμῶν, ὑμῶν. Une flexion ancienne est indiquée par le slave : génit. *nasŭ, vasŭ* ; dat. *namŭ, vamŭ* ; instr. *nami, vami*, à rapprocher de latin *nōbīs, uōbīs* : on y constate l'absence de l' **s* que présente l'accusatif. — Le rôle du thème **sw-*, **s-* de v.irl. *sib* « vous », gall. *chwi* (de **swes*), got *izwis* « vous » (accusatif et datif) et aussi du duel gr. σ-φώ est obscur.

Duel.

Nominatif. — 1re personne : v. sl. *vě*, lit. *vé-(du)*, véd. *vām* (c'est-à-dire **vă-am*), ags. *wi(t)*.

2e personne : véd. *yuv-ām*, lit. *jù-(du)*, ags. *gi-(t)* (avec *i* d'après la première personne).

Pour l'accusatif, le génitif et le datif atones (et aussi sans doute toniques dès l'indo-européen) on trouve : skr. *nau* « nous (deux) », gâth. *nā*, v. sl. *na*, gr. νώ (seulement accusatif) ; skr. *vām* (**vā-am*?) « vous (deux) », v. sl. *va*.

Réfléchi.

Le thème de réfléchi **sew-*, **sw-* (**s-*) est exactement parallèle au thème **tew-*, **tw-* (**t-*) du pronom de 2e personne au singulier et se fléchit généralement de même ; il n'y a naturellement pas de nominatif.

Accusatif : lat. *sē* ; v. sl. *sę* ; v. pruss. *sien* ; hom. (ϝ)έ (et atone (ϝ)ε) et ἑ(ϝ)έ ; got. *si-(k)* ; lit. *savę*.

Génitif tonique : v. sl. *sebe* (altéré de **seve*), lit. *savě*, arm. *iw-r* (de **sewe-r*) ; hom. εἷο, εὗ (de *ϝε-σyο).

Datif tonique : v. sl. *sebě*, v. pruss. *sebbei*, lat. *sibī*, osq. sífeí ; cf. gr. σφί(ν).

Génitif-datif atone **soi* : prâkrit *sē*, zd *hē* (et *šē* après *i*, *u*, *r*), hom. οἱ (et '(Ϝ)οι), v. sl. *si*.

Le lat. *sē(d)* représente l'ancien ablatif, le gr. '(Ϝ)οῖ (cf. skr. *svay-ám* « pour soi-même), l'ancien locatif, et le v. sl. *soboją*, en une certaine mesure, l'ancien instrumental.

Le sens de ce thème est « propre à une personne », et il s'applique en indo-européen à tous les nombres et à toutes les personnes, ainsi que l'adjectif possessif qui en est tiré : skr. *sváḥ*, *s(u)váḥ*, gr. '(Ϝ)ός, lat. *suos*, etc. ; cet état est encore conservé en indo-iranien, en slave, en baltique et même en grec homérique. Ainsi, pour ne citer que quelques exemples :

Le génitif de possessif lit. *sãvo* se traduit par « de moi » dans : *àsz taĩ sãvo tėvui pasakýsiu* « je dirai ceci à mon (propre) père ».

Le possessif v. sl. *svojĭ* se traduit par « de toi » dans : *jidi vŭ domŭ svojĭ* « va dans ta (propre) maison ». V. sl. *reče kŭ sebě* « il s'est dit à lui-même » et *rěšę kŭ sebě* « ils se sont dit à eux-mêmes » sont également possibles.

Homère, ι, 27 οὔτοι ἐγώ γε
'(Ϝ)ῆς γαίης δύναμαι γλυκερώτερον ἄλλο (Ϝ)ιδέσθαι

où '(Ϝ)ῆς se traduit par « ma propre ».

α 402 δώμασι '(Ϝ)οῖσι (Ϝ)ανάσσοις

où '(Ϝ)οῖσι se traduit par « tes propres ».

β 206 ἕν(Ϝ)εκα '(Ϝ)ῆς ἀρετῆς ἐριδαίνομεν,

où '(Ϝ)ῆς se traduit par « notre propre ». Le réfléchi a été éliminé par une partie des copistes dans ces divers passages (voir les variantes des éditions).

Un mot signifiant « propre à une personne » ne se rapporte

pas nécessairement au sujet de la phrase, comme dans les exemples précédents, mais peut aussi figurer dans des types de phrases comme ceux-ci :

lat. *eum suos pater... ab amica abduxit.*

(*eum* et *suos* « son propre » sont rapprochés.)

lat. *eos in ciuitates quemque suas dimisit.*

Homère, Π 753 ἑή τέ μιν ὤλεσεν ἀλκή
« c'est sa propre force qui l'a perdu ».

véd. *nahi svám ấyuç cikité jáneșu*

« non, la durée de leur propre vie n'est pas connue aux « hommes ».

Les formes atones, qui ne constituent pas un mot phonétique isolé dans la phrase, ont par là même un sens plus effacé, mais la valeur de « propre à une personne » s'y laisse encore entrevoir ; hom. '(Ϝ)ε et '(Ϝ)οι sont des pronoms anaphoriques; mais s'emploient seulement si le mot auquel ils renvoient est immédiatement voisin :

Α 320 ἀλλ' ὅγε Ταλθύβιόν τε καὶ Εὐρυβάτην προσέ(Ϝ)ειπεν,
τώ '(Ϝ)οι ἔσαν κήρυκε...
Α 324 εἰ δέ κε μὴ δώῃσιν, ἐγὼ δέ κεν αὐτὸς ἕλωμαι
ἐλθὼν σὺν πλεόνεσσι· τό '(Ϝ)οι καὶ ῥίγιον ἔσται.

Le sens caractéristique du thème *sew-, *sw- (*s-) se retrouve dans ses nombreux dérivés, ainsi dans skr. *svadhā́* « particularité », gr. (Ϝ)ἔθος « mœurs (particulières à un groupe d'hommes) », got. *sidus* « mœurs » ; v. sl. *svatŭ* « proche » (« homme de son propre groupe »), gr. ἑταῖρος (de **sel-*), Ϝέτης « ami », lat. *sēd-* « à part », gr. 'Ϝεκάς, 'Ϝέκαστος, lat. *sodālis* (avec *sod-* de **śwedh-*), got. *sibja* « famille », etc.

D. Emploi de la flexion nominale.

L'emploi de la catégorie du nombre, qui est commune au verbe et au nom, a déjà été indiqué ci-dessus p. 159. Il suffira d'ajouter ici que le pluriel indique souvent un objet unique composé de plusieurs parties, un objet complexe, ainsi gr. ἅλες « du sel » en regard de ἅλς « sel » (matière) et « mer », — κρέᾶ « de la viande », de même lat. *carnēs*, — hom. ζειαί « du grain », véd. *yavāḥ* (mais aussi *yaváḥ*), — hom. ὄχεα « un char », v. sl. *kola*, lat. *bīgae, quadrīgae* (même sens). Et ceci s'applique là même où il s'agit d'un objet composé de deux parties principales, comme une « porte » : véd. *dúraḥ*, v. sl. *dvĭri*, lit. *dùrys*, gr. θύραι (et πύλαι), lat. *forēs*; de même : lat. *nārēs* et lit. *nasraĩ* « nez » (les narines), v. sl. *usta* (pluriel neutre) « la bouche » en regard de skr. *óṣṭhaḥ* « lèvre », etc. On conçoit dès lors la possibilité de mots employés seulement au pluriel, ainsi des noms de villes, comme gr. Ἀθῆναι, Πλαταιαί ou, d'objets complexes comme lat. *antae*, véd. *ā́tāḥ*, (cf. arm. [*dr*-]*and*) « montants et encadrement de porte ».

Quant au genre, il n'y a lieu de parler ici que de l'opposition du neutre d'une part, du masculin-féminin de l'autre, puisque c'est la seule exprimée par la déclinaison : pour les mots qui admettent les trois nombres, le sens du neutre est précis : il désigne les « choses » par opposition aux « personnes » : *aliud* veut dire « autre chose » par opposition à *alius, alia* qui désignent une autre personne (homme ou femme). La valeur du neutre est moins claire dans les noms qui ont un seul genre ; ont souvent — mais non exclusivement — le genre neutre les noms d'objets comme skr. *yugám* « joug », gr. ζυγόν, lat. *iugum*, v. sl. *jigo*, got. *juk* (à côté de traces de masculin : gr. ζυγός et peut-être aussi skr. *yugaḥ*) ; des abstraits, comme gr. γένος, skr. *jánaḥ* « race », lat. *genus* ou skr. *svápn(i)yam* « songe », lat. *somnium*, gr. (ἐν-)ύπνιον, v. sl. *sŭnĭje* ; des diminutifs comme gr. ἀνδρίον de ἀνήρ, v. pruss. *wosistian* « chevreau » de *wosee* « chèvre », got. *gaitein* « chevreau » de *gaits* « bouc ».

L'emploi des cas est plus compliqué. Les huit cas forment huit groupes bien distincts : le fait que quelques-uns ont des formes communes n'entraîne pas confusion. Ainsi l'ablatif est distinct du génitif, non seulement parce qu'il a une forme propre au singulier dans le type thématique, dans les démonstratifs et les pronoms personnels, mais aussi parce que le cas avec lequel il a des formes communes au singulier, le génitif, n'est pas le même que celui avec lequel il se confond toujours au pluriel, le datif.

La valeur des cas ne peut être exprimée aisément par des formules abstraites ; elle se définit surtout par les types de phrases dans lesquels on emploie tel ou tel cas. Ces valeurs sont souvent assez complexes, et les mêmes cas figurent dans des types de phrases qu'il est difficile de ramener à une formule unique, si vague qu'on la fasse. Enfin l'indo-iranien est le seul dialecte qui présente tout à fait au complet les huit cas indo-européens ; partout ailleurs il y a eu des confusions qui en ont obscurci la valeur ancienne.

C'est sous le bénéfice de ces réserves générales que sont présentées les observations suivantes sur chaque cas.

Nominatif.

Le nominatif indique le sujet de la phrase et le prédicat qui s'y rapporte : lat. *pater est bonus* — *ego nominor leo*. L'emploi de l'instrumental comme prédicat est une innovation du lituanien et de certains dialectes slaves, due peut-être à une influence étrangère, car on trouve dans les langues finnoises des faits analogues.

Vocatif.

Le vocatif, distingué en indo-européen du nominatif, sinon toujours par la forme, du moins par le ton, désigne la personne à laquelle on s'adresse. Quand on s'adresse à deux personnes, la seconde est désignée au nominatif en védique : *vā́yav índraçca* « ô Vāyu et Indra ! », et Homère a un exemple analogue :

Γ 276 Ζεῦ πάτερ, Ἴδηθεν μεδέων, κύδιστε μέγιστε,
ἠέλιός θ' ὃς πάντ' ἐφορᾷς καὶ πάντ' ἐπακούεις.

Accusatif.

L'accusatif sert essentiellement à déterminer le sens d'un verbe ; soit gr. ἔχω « je tiens, je me tiens » ; sans accusatif, le sens est « je me tiens » : οὕτως ἔχω « je suis ainsi », avec accusatif, « je tiens » : ἔχω τι « j'ai quelque chose » ; de même véd. *ắparo dart* se traduit par « l'autre a crevé », mais *púro dart* « il a crevé les citadelles ». Un prédicat peut s'ajouter : lat. *te consulem facio*. On trouve aussi, avec un sens un peu différent, μάχην ἐμάχοντο « ils ont combattu un combat » ; ὁδὸν ἐλθέμεναι « faire un voyage » (littéralement « aller en route »), et de même skr. *pánthām eti* « il va en route ». On se plaît à distinguer un accusatif « de l'objet intérieur » de l'accusatif « de l'objet extérieur », mais dans l'un comme dans l'autre on a affaire à une simple détermination du sens du verbe, et il est impossible de marquer la limite des deux emplois ; ainsi dans ce vers d'Homère :

A 108 ἐσθλὸν δ' οὔτε τί πω (ϝ)εῖπες (ϝ)έπος οὔτ' ἐτέλεσσας.

Les verbes qui admettent deux sortes d'accusatifs peuvent les présenter simultanément, ainsi lat. *rogare aliquem, rogare aliquid* et *rogare aliquid aliquem* ; on a de même chez Homère :

Z 17 ἄμφω θυμὸν ἀπηύρα
λ 544 ἕν(*F*)εκα νίκης
τήν μιν ἐγὼ νίκησα

et en védique ; ainsi dans le *Ṛgveda* :

IV, 20, 3 *tvádyā vayám aryá ājíṃ jayema*

« par toi, c'est nous qui allons vaincre les ennemis dans le combat » (littéralement « vaincre les ennemis la bataille »). Le gr. βάλλω montre dans les exemples homériques suivants toute la variété des sens que peut avoir un verbe indo-européen suivant les compléments :

Λ 722 ἔστι δέ τις ποταμὸς Μινυήιος εἰς ἅλα βάλλων

« se jetant ».

Δ 527 τὸν δὲ Θόας... βάλε δορ(*F*)ί

« l'a frappé ».

β 80 ποτὶ δὲ σκῆπτρον βάλε γαίῃ

« a jeté ».

E 794 εὗρε δὲ τόν γε...
ἕλκος ἀναψύχοντα, τό μιν βάλε Πάνδαρος ἰῷ

« dont l'avait frappé » (double accusatif).

Comme complément d'un verbe indiquant un mouvement, l'accusatif marque le terme du mouvement : lat. *eo Romam* ; chez Homère :

Α 317 κνίση δ' οὐρανὸν ἷκε
η 141 ἷκετ' Ἀρήτην τε καὶ Ἀλκίνοον

Le sens est alors précisé d'ordinaire par un préverbe, mot

originairement indépendant (v. ci-dessus p. 163), mais qui a été rapproché du verbe, ainsi :

A 497 ἠερίη δ' ἀνέβη μέγαν οὐρανὸν Οὔλυμπόν τε

ou par une préposition rapprochée du nom :

A 169 νῦν δ' εἶμι Φθίηνδε
E 239 ἐς ἅρματα ποικίλα βάντες.

Le complément direct sert naturellement à indiquer l'extension dans une phrase comme celle-ci : Hérodote, VI, 119, δέκα καὶ διηκοσίους σταδίους ἀπέχοντι. L'accusatif homérique B 292 ἕνα μῆνα μένων n'est pas essentiellement différent de μένω τι « j'attends quelque chose » ou de μένω τινά « j'attends quelqu'un ». Mais ce n'est que par des extensions secondaires que l'on est arrivé à dire en latin *quindecim pedes latus* ou en grec Thucydide, IV, 118, 7 αἱ σπονδαὶ ἐνιαυτὸν ἔσονται. — Et même l'accusatif dit « de relation » que le grec a tant développé n'est au fond qu'un cas particulier de l'emploi ordinaire ; ainsi dans cette phrase de Platon *Ciu.* 453 *b* διαφέρει γυνὴ ἀνδρὸς τὴν φύσιν, l'accusatif τὴν φύσιν est de même espèce que ὁδόν dans ὁδὸν ἐλθέμεναι ; le sens est « a une différence de nature ».

Les divers emplois de l'accusatif se ramènent donc tous en dernière analyse à celui de complément direct d'un verbe, et l'on ne saurait opposer le tour gr. κύκλωπες δ' ὄνομ' ἦσαν, skr. *kó nắmāsi (nāma asi)* « quel est ton nom ? », v. perse *kambujiya nắma* « un nommé Cambyse », car il est spécial au mot « nom ».

Génitif.

Le génitif a deux emplois distincts et qui semblent ne pouvoir être que très artificiellement ramenés à une valeur unique : c'est le cas auquel se met le complément d'un substantif, et c'est celui qui indique le tout dont on prend une partie.

a. Génitif adnominal.

Tout complément d'un substantif se met au génitif, quel que soit le lien logique des deux noms : lat. *metus hostium* signifie, suivant le contexte : « la crainte qu'éprouvent les ennemis » ou « la crainte qu'inspirent les ennemis » ; on peut dire *Marci domus, Marci pater, Marci uxor, Marci filius*, gr. γραφὴ κλοπῆς, ὀκτὼ σταδίων τεῖχος, etc. ; deux génitifs exprimant des relations très différentes peuvent être juxtaposés : τὴν τοῦ Λάχητος τῶν νεῶν ἀρχήν « le commandement sur les vaisseaux qu'avait Lachès » : le génitif exprime purement et simplement qu'un nom détermine un substantif, et il est bien inutile — autant qu'impraticable — d'essayer de passer en revue toutes les nuances de sens que le génitif permet de rendre. — Le génitif peut d'ailleurs jouer le rôle de prédicat aussi bien que celui d'épithète qu'il joue dans les exemples précédents, et de même que le latin a *Marci domus*, il a aussi *ea domus Marci est* ; alors le génitif exprime simplement dépendance, et le substantif n'est pas nécessairement exprimé dans la phrase, ainsi chez Homère :

π 300 ἐμὸς ἐσσι καὶ αἵματος ἡμετέροιο.

b. Génitif partitif.

Le génitif indique le tout dont on prend une partie et sert alors de complément à un mot quelconque, nom ou verbe : lat. *unus eorum, fortissimus uirorum, ubicumque terrarum*, gr. τρὶς τῆς ἡμέρας et skr. *dvír áhnaḥ* « deux fois le jour » ; grec, chez Homère :

Λ 761 πάντες δ' εὐχετόωντο θεῶν Διὶ Νέστορί τ' ἀνδρῶν

gr. νυκτός, got. *nahts*, skr. *kṣapáḥ* « de nuit » (c'est-à-dire « à un moment de la nuit »), lit. *dúk man dúnos* « donne-moi du pain » (l'accusatif *dúnq* signifierait « le pain »), — hom. τυρῶν αἰνυμένους « prenant des fromages » — ou :

κ 140 ἔδ(ϝ)ατα πόλλ' ἐπιθεῖσα, χαριζομένη παρεόντων

« ayant présenté beaucoup de mets, donnant de ce qu'elle avait » : le contraste de l'accusatif et du génitif partitif est ici très net. Le génitif partitif se rencontre pour quelques cas dès l'indo-européen, ainsi pour « boire, manger » :

ι 102 λωτοῖο φαγών

cf. skr. *apâm açnāti* « il consomme de l'eau » ; pour « emplir » : gr. ναῦς πληροῦν ἀνδρῶν, véd. *sómasya jaṭháram pṛṇāti* « il emplit son ventre de soma », lat. *aquae plenus* ; pour « dominer » :

Α 38 Τενέδοιό τε (ϝ)ῖφι (ϝ)ανάσσεις

lat. *potiri rerum* ; v. h. a. *waltan himiles* « régner sur le ciel ». De tous les emplois, le plus remarquable est celui avec le verbe « entendre » : en grec et en védique, le bruit entendu est indiqué à l'accusatif :

Δ 455 δοῦπον ἐν οὔρεσιν ἔκλυε ποιμήν

gr. τὸν λόγον ἀκούειν, véd. *vâcam çṛṇoti* « il entend une parole », mais la source du bruit est indiquée au génitif :

Α 357 τοῦ δ' ἔκλυε πότνια μήτηρ

« sa mère l'a entendu », de même τῆς σάλπιγγος ἀκούειν « entendre la trompette » et véd. *devásya çṛṇoti* « il entend le dieu ». — L'emploi du génitif partitif avec un verbe s'oppose donc nettement à celui de l'accusatif.

Datif.

Le datif indique à qui ou à quoi une chose est destinée. Dans hom. :

Ε 174 Διὶ χεῖρας ἀνασχών

dans lat. *Romanis de muro manus tendebant* ou dans véd. *prá víṣṇave... etu mánma* « que la prière s'en aille pour Vishnu », le datif ne marque pas le terme du mouvement, comme le ferait un accusatif, mais la personne (ou l'objet) en vue de qui (ou de quoi) le mouvement est fait. L'exemple typique est lat. *alicui aliquid dare* ou hom. E 396 εὖτέ μιν... ὀδύνῃσιν ἔδωκεν. Et tous les emplois se ramènent si aisément à ce sens général qu'il est inutile d'insister ; le datif avec les verbes signifiant « entendre » fait bien ressortir le sens ; le datif indique alors la personne qu'on écoute pour lui obéir :

Ω 335 καί τε κλύες ᾧ τ' ἐθέλῃσθα
Ṛ. V. VII, 68, 8 *utá çrutaṃ çayáve hūyámānā*

« et écoutez (vous deux) Çayu, étant invoqués » ; v. lat. *alicui auscultare* ; arm. *nma lsem* « je l'écoute (je lui obéis) ».

Le datif n'est d'ordinaire déterminé par aucun préverbe ; on ne trouve avec le datif que v. sl. *kŭ*, skr. *kám*, ce dernier postposé (et zd *ā*, v. sl. *po*, arm. *əst*).

Instrumental.

L'instrumental indique avec qui ou avec quoi l'action est faite (d'où le sens de : par qui, par quoi) : véd. *devó devébhir á gamat* « que le dieu vienne avec les dieux », et plus souvent, en ce sens concret, avec préposition, ainsi slave *sŭ toboją* « avec toi » ; de même véd. *út sū́ryo jyótiṣā devá eti* « le dieu soleil monte avec éclat », ou v. sl. *vĕ človĕkŭ nečistomĭ duchomĭ* « il y avait un homme avec un esprit impur » ; lit. *akimi āklas* « aveugle d'un œil » ; véd. *sómena jaṭháram pṛṇāti* « il emplit son ventre de soma », v. sl. *jisplŭnišę sę strachomĭ* « ils ont été emplis de terreur » ; véd. *adánti dákṣiṇena hástena* « on mange avec la main droite » ; *antárikṣeṇa patati* « il vole par les airs » ; v. sl. *sŭchoditŭ pǫtimĭ těmĭ* « il descend par ce chemin » ; v. sl. *trĭmi dĭnimi sŭzŭdati* « bâtir en trois jours » ; etc.

Ablatif.

L'ablatif indique le point de départ de l'action : question *unde*. Au sens propre il est presque toujours déterminé par un préverbe : véd. *ā́gahi divó rocanā́d ádhi* « viens de l'espace lumineux du ciel », lat. *ex illo loco uenit,* mais aussi *Roma uenit,* sans préposition. Au sens figuré, il n'y a très souvent pas de préverbe, ainsi véd. *tásmād gaṇáḥ chidyate* « la foule se sépare de lui » ; de même avec les verbes signifiant « craindre » véd. *indrād bhayate* « il craint Indra », v. sl. *boga bojitŭ sę* « il craint Dieu », et avec les comparatifs : *ghṛtā́t svā́dīyaḥ* « plus doux que le *ghṛta* (beurre fondu) », littéralement « particulièrement doux » en partant du *ghṛta* (comme mesure), zd *akāṭ aš́yō* « plus mal que le mal », lat. *melle suauius,* gr. μέλιτος ἥδιον, got. *maiza imma* « plus grand que lui » (où le datif tient sans doute la place d'un ancien ablatif), etc. Quand l'ablatif indique « jusqu'où s'étend une action », c'est aussi qu'on compte à partir du point indiqué : skr. *éti giríbhya ā́ samudrā́t* « il va des montagnes à l'océan », de même v. sl. *do,* lit. *ikì,* gr. μέχρι, avec le génitif-ablatif, représentant un ablatif indo-européen.

Locatif.

Le locatif indique où se fait une action : question *ubi* de la manière la plus générale. Ainsi skr. *sindhau* signifie « dans le fleuve, sur le fleuve, près du fleuve » suivant le contexte ; skr. *devéṣu* signifie « chez les dieux, parmi les dieux » ; skr. *uṣási* « à l'aurore », v. sl. *tomĭ čase* « en ce temps » ; de même lat. *Rōmae, domī,* l'adverbe gr. οἴκοι, etc. Le locatif est souvent déterminé par des préverbes ou prépositions ; mais chez Homère, le datif grec, qui, pour la forme, est la plupart du temps un ancien locatif, est encore employé librement :

Π 483 πίτυς βλωθρή, τήν τ' οὔρεσι τέκτονες ἄνδρες
ἐξέταμον.

Γ 45 οὐκ ἔστι βίη φρεσίν

ο 34 νυκτὶ δ' ὁμῶς πλείειν.

E. Mots invariables.

Les formes de mots fléchis sont sujettes à se fixer dans certains emplois particuliers, et alors elles échappent aux règles générales de la morphologie de la langue dont elles font partie. Elles peuvent subsister, par exemple, alors que le type qu'elles représentent a disparu ; on en a vu ci-dessus de nombreux exemples, comme les instrumentaux du type lat. *certē* et les locatifs du type gr. οἴκοι, οἴκει. Ou, même si le type général subsiste, elles admettent des traitements particuliers ; ainsi le *ō* final de lat. *modō*, ablatif de *modus*, a conservé sa quantité longue, tandis que le *ō* final de l'adverbe *modō* s'est abrégé (pour des raisons bien déterminées), d'où *modŏ*. D'autres fois, l'adverbe a exactement une forme de la déclinaison, mais le thème qu'il présente ne subsiste plus ailleurs, ainsi αἰ(ϝ)έν est le locatif d'un thème non représenté en grec, car αἰ(ϝ)ών, gén. αἰϝῶνος est un thème en *-*ōn*-, dérivé de **aiwo*-, cf. lat. *aeuom*, got. *aiws* « durée », et non le représentant du thème en *-*en*- représenté par gr. αἰ(ϝ)έν. Chaque langue a fixé ainsi un grand nombre d'adverbes au cours de son développement propre.

Les adverbes qui remontent à l'indo-européen et n'ont pas de forme casuelle définie sont très rares. Le principal a déjà été signalé ci-dessus p. 163, zd *kū* « où ? », skr. *k(ú)v-a* « où ? » ; *kú-ha* (de **kú dha*), gâth. *kudā*, v. sl. *kŭde*, ombr. *pufe* « où ? » ; lit. *ku-r̃*, arm. *ur* « où ? ».

Des faits analogues aux fixations de formes casuelles qu'on observe dans l'histoire particulière du grec, du latin, etc., se sont produits en indo-européen. Beaucoup des préverbes définis ci-dessus p. 163 se laissent encore assez aisément reconnaître pour des formes casuelles ; ainsi :

Thème *perə- « devant » :

locatif (à désinence *-i ou zéro, vocalisme *-e de l'élément prédésinentiel) : skr. *pári*, zd *pairi*, gr. πέρι, lat. *per*, got. *fair-*, lit. *per̃*, v. sl. *prě-* (russe *peré-*) ;

génitif-ablatif (à vocalisme prédésinentiel zéro) : skr. *puráḥ*, zd *parō*, gr. πάρος (avec place anomale du ton) ;

datif (?) : lat. *prae*, gr. παραί ;

cas de forme obscure : d'abord un cas en -ō̆, dont on retrouve l'équivalent dans plusieurs autres préverbes : skr. *pra*, zd *fra*, gr. προ, lat. *prō* (et *prŏ-*), lit. *pra-* (et *prō*), v. sl. *pro* (et *pra-*), et quelques autres formes : gr. παρα ; skr. *purā́* ; got. *faur* ; arm. *aṙ*.

Thème *ep- « à côté » :

locatif : skr. *ápi*, gr. ἔπι, arm. *ew* (ce dernier signifiant « et aussi », sens que présente à peu près skr. *ápi*) ;

génitif-ablatif : *pos, dans skr. *paç-cā́*, lit. *pas-kuĩ*, lat. *pos-t*, *pōne* (de *pos-ne) ; et peut-être avec prothèse *a- et désinence *-s, gr. ἄψ, lat. *abs* ;

cas en *-ō̆ : v. sl. *po* (et *pa-*), lit. *pa-*, *po*, lat. *po-* (dans *po-situs*), et, avec prothèse *a-, skr. *ápa*, zd *apa*, gr. ἄπο ; cf. lat. *ab*.

Thème *en- « intérieur » :

locatif : gr. ἔνι, ἐν (et, avec un -ς qui se retrouve dans beaucoup d'adverbes grecs, ἐνς, d'où ἐς, εἰς), lat. *in*, got. *in*.

Aucun autre cas n'est attesté clairement ; le préverbe *ni- qui indique mouvement de haut en bas a un sens trop divergent pour être cité ici avec certitude ; il est fréquent en indo-iranien ; le mot *ni-zdo-, étudié ci-dessus p. 66 et 226, en atteste l'existence en indo-européen, et en effet le slave et le germanique en ont des composés et des dérivés : l'adjectif v. sl. *nicĭ* (ainsi *pade nicĭ* « il est tombé la face contre terre »), en regard de l'ablatif véd. *nīcā́t* « d'en bas », et les adverbes v. sl. *nizŭ* « en bas » et v. h. a. *nidar* « en bas ».

Au groupe de gr. ἔνι « dans », etc., se rattachent les dérivés skr. *antár (antári-)*, lat. *inter*, et, avec une prothèse **a-* qui se retrouve dans v. pruss. *an* et v. sl. *ą-*, ombr. *ander* et v. sl. *ątrĭ* « à l'intérieur » ; au groupe de skr. *ni-* semblent se rattacher, à cause du sens, gr. ἔνερος « inférieur » et arm. *i ner-kbs* « au-dessous », tous deux avec suffixe **-ero-*.

Thème **et-* « au delà » :
locatif : skr. *áti*, v. perse *atiy*, gr. ἔτι, lat. *et*, got. *iþ* ;
génitif-ablatif : sans doute v. sl. *otŭ* de **at-os*, avec prothèse **a-* ; en regard de lit. orient. *ata-*, comparable, pour la forme, à gr. ἀπο, et de v. sl. *at-*, lit. *at-*, cas de forme obscure, formé comme lat. *ab*.

D'autres préverbes ne se ramènent pas à des formes casuelles définies. On a déjà vu que les formes en *-ō du type gr. πρό et ἀπό ne ressemblent à aucun cas connu ; leur *ō alterne avec *e* dans hom. -δε, en regard de v. sl. *do*, lit. *da-*, ags. *tó* (v. h. a. *zuo*) ; et les formes sans finale caractéristique, comme lat. *ab* en face de gr. ἀπό, lat. *(s)ub* en regard de skr. *úpa* « sous », gr. ὑπό, v. sl. *u*, en regard de indo-iran. *áva*, (indiquant mouvement de haut en bas) peuvent représenter le degré vocalique zéro de cette désinence, qui serait ainsi **-e*, **-o (-ō)*, zéro, et par suite parallèle à celle de génitif-ablatif **-es*, **-os*, **-s*.

Sur des préverbes tels que skr. *út* « en dehors de », zd *us-* (de **uts*), got. *ūt-*, *us-*, v. sl. *vy-*, ou gr. ἐξ « du dedans de », lat. *ex*, et v. sl. *jiz*, *jis*, lit. *isz*, ou hom. προτί, skr. *práti* « contre », ou v. perse *patiy*, dor. ποτί (même sens) il n'y a rien à dire.

Lorsque les préverbes se sont soudés étroitement aux

verbes au cours de l'histoire des diverses langues, les formes munies de préverbes ont tendu, dans certaines de ces langues, à prendre une valeur sémantique à peu près identique à celle d'un thème d'aoriste là où les formes correspondantes sans préverbe ont la valeur de thèmes de présent; ceci est particulièrement constant en slave où, par exemple, v. sl. *moliti sę* traduit gr. προσεύχεσθαι et v. sl. *pomoliti sę*, gr. προσεύξασθαι; cet effet est limité dans d'autres idiomes à certains préverbes seulement; ainsi *pa-* en lituanien, *ga-* en gotique, *cum-* en vieux latin, peut-être aussi *ro-* à date très ancienne en irlandais. Les formes sans préverbe (et toutes celles qui ont la même valeur sémantique) sont dites alors *imperfectives*; les formes à préverbe (et toutes celles qui, comme v. sl. *dati* « δοῦναι », got. *giban* « δοῦναι », lat. *dare*, ont, même sans préverbe, une valeur pareille, cf. ci-dessus, p. 168) sont dites *perfectives*. Le grec, l'arménien et l'indo-iranien n'ont pas trace de cette action des préverbes sur le sens.

Les particules se distinguent des préverbes par ceci qu'elles ne sont jamais identifiables à des formes casuelles connues. Ce sont souvent des sonantes isolées ou précédées d'une prothèse *$*a$*, ainsi :

$*\breve{\bar{u}}$: skr. *ŭ*, lit. *(ba-)u*, got. *u*, et gr. αὖ, got. *au-k* « aussi », lat. *au-t*;

$*r̥$: gr. ἄρ, ῥα, ἄρα; lit. *ir̃* « et »; prâkr. *ira*.

D'ordinaire c'est une consonne suivie de la voyelle *$\breve{e}/\breve{o}$*; une particule composée d'une sonante peut s'y ajouter et alors la voyelle précédente peut s'élider. Exemples :

skr. *ca* « et », gr. τε, lat. *que*, got. *-h* dans *nih* « et... ne... pas », cf. lat. *ne-que*; cette particule, qui signifie « et », n'était peut-être pas différente originairement d'une autre particule de forme identique appartenant à la famille de l'indéfini et interrogatif : skr. *ca* dans *káçca* « quelqu'un », lat. *quis-que*, arm. *o-kh* « quelqu'un », gr. τε dans beaucoup de phrases homériques. Avec une seconde particule, lat. *qu-om*; lat. *qu-am*, arm. *kh-an* « que »; lit. *-k-t*.

**wē* « ou » : skr. *vā*, zd *vā*, gr. (ϝ)ε dans hom. ἠ-έ « ou », lat. *ue*.

skr. *gha* et *ha*, v. sl. *go* (dans *ne-go* « comme »), et *že*, gr. -θε, dans εἰ-θε, αἴ-θε ; avec d'autres particules, lit. *-gi*, v. sl. *-ži*, et lit. *g-u*.

La négation de l'indicatif : skr. *na*, v. sl. *ne*, lat. *ne-(scio)*, *ne-que*, got. *ni(h)* « et... ne... pas », etc.; avec une autre particule **ne-i*: zd *naē(-čiš)*, v. sl. *ni(-kŭto)* « personne », lit. *nei* « ni », lat. *ni*. La négation prohibitive est **mē* : skr. *mā*, zd *ma*, gr. μή, arm. *mi*. — De la négation **ne* il faut distinguer **ne* « comme » : skr. *na*, et, avec **ei*, lit. *nei*, « comme », et aussi gâth. *(kas-)nā* « qui? », thessalien (τό-)νε, lat. *(sicci-)ne*, v. sl. *no* « mais » ; avec d'autres particules, lat. *n-um* et *n-am*, v. sl. *n-ŭ*, etc.

gr. κε, lat. *hoc-(ce)*, got. *(sa-)h* « celui-ci », lit. *(cìk-)sz* « (viens) ici ».

gr. γε, got. *-k* dans *(mi-)k* « moi », *(au-)k* « aussi ».

lat. *(quip-)pe* « car », lit. *(kai-)p* « comment » ; avec une seconde particule, gr. πε-ρ ; lat. *(quis)-p-i-am*.

Les particules de ce genre sont nombreuses ; on voit que plusieurs se rattachent à des thèmes de démonstratifs, d'indéfinis, etc. ; d'autres sont isolées ; toutes jouent dans la phrase indo-européenne un rôle très important.

L'exposé qui précède fait apercevoir combien est complexe la morphologie indo-européenne ; mais il est loin d'épuiser le détail des faits et indique seulement le plan général des formations dont le détail serait infini.

CHAPITRE V

LA PHRASE

A un point de vue purement linguistique, et abstraction faite de toute considération de logique ou de psychologie, la phrase peut être définie : un ensemble d'articulations liées entre elles par certains rapports grammaticaux et qui, ne dépendant grammaticalement d'aucun autre ensemble, se suffisent à elles-mêmes.

Le nombre et la nature des mots qui constituent cet ensemble peuvent varier d'une manière indéfinie : un simple vocatif tel que lat. *Aule*, employé pour appeler quelqu'un, ou un verbe tel que lat. *uenit*, employé pour annoncer que la personne attendue « vient », suffisent à constituer une phrase dans le type linguistique indo-européen, et d'autre part il n'y a pas de maximum au nombre des mots que la phrase peut comprendre.

On sait assez peu de chose sur le détail de la structure de la phrase indo-européenne, et l'on devra se borner ici à en esquisser les traits les plus généraux, en les illustrant de quelques exemples empruntés à l'une ou à l'autre des plus anciennes langues de la famille.

I. La phrase simple.

Le seul élément essentiel et constant de la phrase indo-européenne est le verbe, abstraction faite du cas tout particulier du vocatif constituant à lui seul une phrase; en effet le verbe indo-européen comprend l'indication de la personne et du nombre, et se suffit ainsi à lui-même : *uenio, uenis, uenimus,* etc. n'appellent aucun autre mot et constituent chacun une phrase entière.

De même aussi les verbes dont le sujet était une personnalité divine plus ou moins définie, comme skr. *várṣati,* gr. ὕει « il pleut » (cf. ci-dessus, p. 212 et suiv.) : c'est l'origine de la plupart des verbes impersonnels qui, dans les langues indo-européennes, n'ont pas de sujet exprimé.

Le verbe admet d'ailleurs toute une série de déterminations par les noms à divers cas : lat *donum fero, tibi placet, Tusculo proficiscor, Romae maneo,* ou par des adverbes tels que lat. *heri ueni,* ou enfin par les préverbes qui, comme on l'a vu (p. 163), servent à la fois à déterminer le verbe et le nom complément du verbe, et qui ont été rapprochés tantôt du verbe et tantôt du nom, prenant en ce dernier cas le rôle de prépositions. Toutes ces déterminations pouvaient naturellement s'accumuler en une seule et même phrase; par exemple chez Homère :

Α 369 ἐκ δ' ἕλον Ἀτρείδῃ Χρυσηΐδα

où il y a un préverbe et deux compléments.

Quand on veut insister sur la personne ou qu'on doit introduire une personne que le verbe ne suffit pas à indiquer ou une chose qui a besoin d'être nommée, la phrase comprend un second groupe, celui du sujet; ainsi chez Homère :

Α 180 σέθεν δ' ἐγὼ οὐκ ἀλεγίζω.
Α 178 θεός που σοὶ τόγ' ἔδωκεν.
Α 317 κνίση δ' οὐρανὸν ἷκε.

Un pronom tel que gr. ἐγώ a donc toujours en indo-européen la valeur d'un mot isolé et jamais celle d'une simple détermination du verbe, comme en français.

Le sujet est caractérisé par le cas auquel il est mis : le nominatif. La personne et le nombre du verbe sont déterminés par le sujet ; le verbe indo-européen n'a pas de genre, et l'accord est par suite limité au nombre et à la personne.

Au sujet, qu'il soit exprimé, ou qu'il soit simplement présent à la pensée des interlocuteurs et indiqué, en ce qui concerne la personne et le nombre, par la forme verbale seule, peuvent se rapporter aussi des prédicats qui déterminent l'ensemble de la phrase et qui s'accordent avec le sujet en nombre et en cas, ainsi :

A 43 — ὣς ἔφατ' εὐχόμενος.
A 327 — τὼ δ' ἀέκοντε βάτην παρὰ θῖν' ἁλός.
A 348 — ἡ δ' ἀέκουσ' ἅμα τοῖσι γυνὴ κίεν.
A 424 — χθιζὸς ἔβη κατὰ δαῖτα « il est allé hier à un festin ».

Le verbe peut alors n'avoir plus d'autre valeur que celle d'une simple copule, et c'est ce qui arrive en effet à skr. *ásmi,* gr. εἰμι, lat. *sum,* etc. :

A 280 — σὺ καρτερός ἐσσι.
A 259 — ἄμφω δὲ νεωτέρω ἐστὸν ἐμεῖο.
A 144 — εἷς δέ τις ἀρχὸς ἀνὴρ βουληφόρος ἔστω.

L'élément qui accompagne la copule peut aussi être un nom à un autre cas que le nominatif, et alors le sens varie suivant la valeur du cas :

A 63 — ὄναρ ἐκ Διός ἐστιν.
Ṛgveda, I, 4, 6 — *syā́méd índrasya çármaṇi* « soyons sous la protection d'Indra ».

Dans l'un et l'autre cas, la copule peut manquer :

Ṛ. V., 1, 3, 4 — *sutā́ imé tvā́yávaḥ* « ces pressurages sont à toi ».

Hom. A 174 — παρ' ἔμοιγε καὶ ἄλλοι.

Car la copule n'a pas de sens propre et l'on conçoit qu'elle ne soit pas exprimée quand le lien du sujet et du prédicat est assez net sans elle.

Construit avec certains verbes, le complément peut être accompagné d'un prédicat :

skr. *hatám vṛtrám vidma* « nous savons Vṛtra tué ».
gr. τὸν Μῆδον ἴσμεν ἐλθόντα « nous savons le Mède arrivé ».

Dans l'ensemble, la phrase indo-européenne est essentiellement constituée par la réunion d'un verbe, accompagné ou non de diverses déterminations, et d'un nom servant de sujet ; et le lien des deux éléments est marqué par l'accord en personne et en nombre. C'est ce qu'on doit attendre, a priori, d'après la constitution de la morphologie qui oppose d'une manière radicale le nom au verbe.

Rien n'indique que les phrases interrogatives et les phrases négatives aient été soumises à des règles particulières et aient eu un caractère propre. La proposition négative n'est marquée par rien autre que par la négation **ne* (skr. *na*, v. sl. *ne*, etc.) : lat. *ne-scio*, lit. *àsz négeriu* « je ne bois pas » ; skr. :

Ṛ. V., 1, 81, 5 — *ná tvā́vān indra káç caná*
ná jātó ná janiṣyate

« pas un pareil à toi, ô Indra,
n'est né, ne naîtra »,

ou par **mē* dans les phrases prohibitives, en grec et en arménien avec l'impératif, gr. μὴ φέρε, arm. *mi berer* « ne porte pas », en sanskrit, avec le subjonctif ou les formes dites d'injonctif (cf. ci-dessus p. 215). La proposition interrogative est caractérisée par le thème de l'interrogatif (gr. τίς, lat. *quis*, etc.), ou simplement par la manière générale de prononcer, par exemple :

E 872 Ζεῦ πάτερ, οὐ νεμεσίζῃ ὁρῶν τάδε καρτερὰ (Ϝ)έργα ;

Chaque nom peut, tout comme le verbe, être précisé par diverses déterminations ; ainsi, pour prendre des exemples chez Homère, par un nom au génitif :

Διὸς υἱός A 9

par un adjectif, qui se rapporte au substantif en genre, en nombre et en cas :

δῖος Ἀχιλλεύς A 7

ou par un démonstratif :

τὸν Χρύσην A 11

par un nom en apposition, qui s'accorde en cas seulement (ce nouveau nom pouvant lui-même être déterminé par un autre nom ou par un adjectif) :

Ἀτρεΐδης τε (Ϝ)άναξ ἀνδρῶν A 7

par un nom de nombre :

ἐρέτας ἔκρινεν ἐείκοσιν A 309

Les adjectifs admettent également des déterminations :

πόδας ὠκὺς Ἀχιλλεύς A 215
φιλοκτεανώτατε πάντων A 122
φίλα φρεσί A 107
οὔ (Ϝ)έθεν ἐστι χερείων A 114
οὐ δέμας οὐδὲ φυήν.

Ces diverses déterminations peuvent s'accumuler autour d'un même mot, et chacun des mots de la phrase en peut recevoir, si bien que la complexité d'une phrase indo-européenne n'a aucune limite précise :

τοῖσι δ' ἀνέστη | A 101
ἥρως Ἀτρεΐδης εὐρυκρείων Ἀγαμέμνων
ἀχνύμενος.
(*F*)έρδον δ' Ἀπόλλωνι τεληέσσας ἑκατόμβας | A 315
ταύρων ἠδ' αἰγῶν παρὰ θῖν' ἁλὸς ἀτρυγέτοιο.
ἀμφὶ δὲ κῦμα | A 481
στείρῃ πορφύρεον μεγάλ' ἴαχε νηὸς ἰούσης.

Enfin chacun des éléments de la phrase peut être multiple ; il peut y avoir deux ou plusieurs sujets, deux ou plusieurs compléments de chaque espèce, deux ou plusieurs adjectifs : on unit alors les deux éléments jouant le même rôle par des particules atones signifiant « et », « ou », « comme », etc.

Le mot signifiant « et » est skr. *ca*, gr. τε, lat. *que*; il s'ajoute, soit au premier mot de chacun des groupes qu'il unit, soit au premier mot de chaque groupe, à l'exception du premier :

(*F*)είδη τά τ' ἐόντα τά τ' ἐσσόμενα πρό τ' ἐόντα | A 70
ἔνθ' ἵππους ἔστησε πατὴρ ἀνδρῶν τε θεῶν τε | Θ 49
αὐτοὺς δὲ (*F*)ελώρια τεῦχε κύνεσσιν | A 4
οἰωνοῖσί τε πᾶσι
μάλα πολλὰ μεταξὺ | A 156
οὔρεά τε σκιόεντα θάλασσά τε (*F*)ηχήεσσα.

Si le sujet est multiple et qu'il s'agisse de personnes, le verbe sera, suivant le cas, au pluriel ou au duel ; ainsi au duel en védique dans :

Ṛ. V., IV, 51, 11 *tád dyaúç ca dhattâm pṛthivî ca devî*
« que le ciel et la déesse terre posent (*dhattâm*) ceci ».

S'il s'agit de choses, le singulier est possible :

ἀυτή τε πτόλεμός τε — Z 328
(Ϝ)ἄστυ τόδ' ἀμφιδέδηε.

Le mot signifiant « ou » est skr. *vā*, gr. -(Ϝ)ε, lat. *ue* ; il s'emploie exactement comme le précédent :

Lat. *dei hominesue* ou *deiue hominesue*.

Ṛ. V., I, 108, 7 *brahmáṇi rā́jani vā* « chez le brahmane ou chez le roi ».

Ṛ. V., I, 6, 10 *itó vā sātím ímahe*
divó vā pā́rthivād ádhi
índram mahó vā rájasaḥ

« nous nous adressons (*ímahe*) à Indra en vue d'une faveur (*sātím*) ou bien d'ici, ou bien du ciel terrestre, ou bien du vaste espace ».

Il est inutile d'entrer dans plus de détails : on voit assez par ce qui précède combien est variée la phrase indo-européenne. La lecture d'une page d'un texte védique ou grec ancien affermira cette impression. Il n'y a d'ailleurs dans tout cela rien qui soit vraiment caractéristique et spécial à l'indo-européen.

II. Emploi du ton et ordre des mots.

Les rapports entre les diverses parties de la phrase étaient suffisamment indiqués par la flexion ; l'ordre des mots ne servait donc nullement à indiquer ces rapports comme il le fait dans la plupart des langues modernes de l'Europe : les mots étaient placés de manière à attirer l'attention sur les parties de la phrase essentielles pour le sens. Ainsi l'ordre des mots avait une valeur purement expressive, et non syntaxique ; il dépendait de la rhétorique, et non de la grammaire.

Aucun mot n'a dans la phrase une place bien définie et constante ; ainsi chez Homère :

A 207 ἦλθον ἐγὼ παύσουσα τὸ σὸν μένος

ἦλθον est en tête de la phrase, parce que Athènè insiste sur sa venue ; dans la phrase suivante, c'est le préverbe qui est en tête :

A 208 πρὸ δέ μ' ἧκε θεὰ λευκώλενος Ἥρη

pour la même raison ; Athènè interdit alors à Achille de tirer l'épée :

A 210 μηδὲ ξίφος ἕλκεο χειρί

et le complément ξίφος est mis en évidence ; puis elle dit que c'est « ceci » qui doit être accompli :

A 212 τὸ δὲ καὶ τετελεσμένον ἔσται

c'est donc le sujet τό qui est le premier mot.

Même des mots unis par le sens peuvent fort bien être séparés ; ainsi chez Platon :

Phédon, 178, c μεγίστων ἀγαθῶν ἡμῖν αἴτιός ἐστιν

où les mots essentiels μεγίστων ἀγαθῶν sont mis en tête, précédant ἡμῖν qui est important par le sens, tandis que αἴτιός ἐστιν reste à la fin ; et, plus nettement encore :

ib., 184, b μία δὴ λείπεται τῷ ἡμετέρῳ νόμῳ ὁδός

où l'adjectif μία est séparé de son substantif ὁδός par tout le reste de la phrase. Mais tel n'est pas l'usage ordinaire, et les mots qui se déterminent les uns les autres sont d'habitude rapprochés.

Lorsque plusieurs mots forment ainsi un groupe, le déterminant se place assez ordinairement avant le déterminé : lat. *trēs hominēs*, gr. ἀγαθὸς ἀνήρ, skr. *devā́nāṃ dík* « région des dieux », etc. En renversant cet ordre, qui est le plus habituel, on attire l'attention sur le déterminant, ainsi lat. *hominēs trēs* signifie « des hommes au nombre de trois » plutôt que « trois hommes ».

Aussitôt après le premier mot de la phrase figurent d'abord les particules et les indéfinis atones, puis les pronoms personnels atones ; ces mots atones s'intercalent même entre les mots les plus naturellement unis par le sens ; ainsi chez Homère :

A 104 ὄσσε δέ (Ϝ)οι πυρὶ λαμπετόωντι (Ϝ)είκτην·
A 106 οὔ πώ ποτέ μοι τὸ κρήγυον εἶπες
A 150 πῶς τίς τοι πρόφρων (Ϝ)έπεσιν πείθηται Ἀχαιῶν ;

(les groupes de sens sont Ἀχαιῶν τις « l'un des Achéens » et (Ϝ)έπεσίν τοι « à tes paroles »). Les mots atones s'insèrent notamment entre les préverbes et les verbes, comme on l'a vu p. 163.

La phrase indo-européenne commençait donc nécessairement par un mot tonique : toute phrase védique commence par un mot tonique, et il en est de même de toute phrase grecque (hors le cas tout particulier de ἀλλά).

Mais les autres mots de la phrase pouvaient être soit toniques, soit atones. En fait on a pu lire ci-dessus, p. 122, un vers védique où le premier mot seul porte un ton, tous les autres étant atones.

La question de savoir quand le mot est tonique et quand il est atone se pose surtout pour le verbe : quand le verbe est placé en tête de la phrase, il est toujours tonique d'après la règle générale ; à l'intérieur, il est généralement atone en sanskrit (sauf un certain nombre de restrictions qu'il n'y a pas lieu d'examiner ici, parce que les règles sanskrites ne se retrouvent dans aucune autre langue) ; ce contraste est exactement conservé par le grec : ἔστι ayant le sens de « il y a » et commençant la phrase est tonique ; ἐστι servant de copule à l'intérieur de la phrase est atone ; d'ailleurs la place fixe du ton dans la plupart des formes verbales personnelles du grec a été fort bien expliquée par la fréquence de l'atonie dans ces formes en indo-européen.

Lorsque deux mots unis au point de vue du sens étaient juxtaposés dans la phrase, il arrivait souvent que l'un des deux seulement eût le ton, l'autre étant atone. Ceci est particulièrement clair pour le préverbe et le verbe : en sanskrit, si un verbe *bharati* est tonique, le préverbe qui le précède immédiatement est atone : *prabhárati* ; si le verbe est atone, le préverbe précédent est tonique : *prá bharati* ; le grec a fixé des règles d'accentuation trop rigides pour laisser transparaître cet état ancien ; mais on y observe encore l'application d'une curieuse règle indo-européenne : si un verbe atone est précédé de deux préverbes qui se suivent, celui des deux préverbes qui est immédiatement avant le verbe reçoit le ton : συμ-πρό-ες, cf. véd. *ví páreta* (c'est-à-dire *vi-párā-ita*) « partez ». S'il précède un nom et joue le rôle de « préposition », le préverbe est toujours atone en grec, et forme groupe avec le nom suivant : περὶ νηῶν (le baryton marquant absence d'élévation de la voix), en regard de νηῶν πέρι qui présente la forme tonique de πέρι ; en slave, il arrive souvent que, au contraire, ce soit la préposition qui soit accentuée et le nom qui soit inaccentué : russe *ná bereg* « sur le bord », *pó morju* « sur mer », et quelques rares formes fixées, comme gr. διάπεντε et ὑπέρμορον, montrent que pareil usage n'a pas été étranger au grec à une date très ancienne.

Quand il s'agit de deux noms, les exemples conservés sont moins nombreux et moins clairs ; mais il est remarquable que skr. *dvā-daça,* gr. δώ-δεκα « douze », littéralement « deux-dix », n'aient chacun qu'un seul ton, sur le premier des deux mots juxtaposés ; tel est aussi le cas pour gr. Νεάπολις, κυνόσουρα, etc. ; le védique a à la fois *jās-pátiḥ,* « chef de famille », avec les deux mots toniques, et *jās-patiḥ,* avec le premier mot tonique seulement. Tel démonstratif qui est souvent tonique, ainsi le génitif skr. *asyá,* ou le relatif slave *ji-(že)* est atone s'il est simplement anaphorique : génitif skr. *asya,* v. sl. *ji,* ainsi dans v. sl. *viditŭ ji* « il le voit ».

Le principe a donc une valeur universelle. Les exemples montrent assez que le ton n'a pas pour effet d'attirer particulièrement l'attention sur le mot qu'il frappe : le fait essentiel est qu'il y a pour l'ensemble du groupe une seule élévation de la voix, et non pas deux.

La parfaite liberté de l'ordre des mots toniques, la disposition des particules, des indéfinis et des pronoms atones après le premier mot de la phrase, et l'emploi des formes atones ou toniques pour indiquer l'union plus ou moins étroite des mots groupés ensemble sont parmi les traits les plus éminemment caractéristiques de l'indo-européen. Ils résultent immédiatement de la structure morphologique de la langue et de la nature du ton, qui diffère si essentiellement de l'accent d'intensité des langues modernes de l'Europe ; aussitôt que cette structure morphologique et la nature du ton ont changé, ces caractères se sont naturellement effacés, et l'on peut presque mesurer la fidélité d'une langue au type indo-européen par ce qu'elle conserve des trois traits indiqués ici. Les langues romanes ou germaniques modernes, avec leur ordre de mots fixe, n'ont presque plus rien d'indo-européen dans la construction générale de la phrase; les langues letto-slaves, au contraire, avec un ordre de mots relativement libre, des enclitiques encore placés après le premier mot de la proposition, des alternances de formes accentuées et inaccentuées, sont celles qui ont gardé le plus de survivances du type indo-européen.

III. Union de plusieurs phrases.

On n'a la trace d'aucune particule indo-européenne servant, suivant le terme technique, à coordonner deux phrases. Dans un grand nombre de cas, dans la plupart sans doute, dans tous peut-être, les phrases étaient simplement juxtaposées, comme elles le sont dans le *ueni, uidi, uici* de César, ou dans ces deux vers d'Homère :

A 106 μάντι κακῶν, οὔ πώ ποτέ μοι τὸ κρήγυον εἶπες,
αἰεί τοι τὰ κάκ' ἐστὶ φίλα φρεσὶ μαντεύεσθαι.

Les particules qui, dans les dialectes historiquement attestés, servent à marquer le passage d'une phrase à l'autre avaient, plus anciennement, pour rôle d'attirer l'attention sur un mot particulier; mais, comme ce mot était placé en tête de la phrase, d'après ce qui vient d'être vu, et immédiatement suivi de la particule atone, celle-ci a semblé marquer le passage d'une phrase à une autre. Ainsi δὲ servait à insister sur un mot, et cette valeur est encore nettement reconnaissable dans le démonstratif ὅ-δε, ἥ-δε, ou dans une phrase comme la suivante :

A 15 λίσσετο πάντας Ἀχαιούς,
Ἀτρείδα δὲ μάλιστα δύω, κοσμήτορε λαῶν

mais, dès l'époque homérique, ce même δὲ a pour rôle essentiel en grec d'opposer une phrase à une autre. Le gr. -χι dans οὐχί, μήχι, ναίχι sert seulement à insister sur οὐ, μή, ναί, et de même le correspondant skr. *hi* de cette particule dans *nahí* « non pas » ; mais skr. *hí* (toujours tonique) signifie d'ordinaire « car ».

Toutefois il est au moins possible que l'emploi de skr. *ca,* gr. τε, lat. *que* ou de lat. *ue,* skr. *vā*, pour unir des phrases, remonte à l'indo-européen. Il n'y a pas une différence absolue entre l'union de plusieurs mots ou groupes de mots à l'intérieur d'une phrase et l'union de deux phrases différentes ; deux phrases distinctes peuvent en effet avoir des mots communs ; ainsi chez Homère :

A 108 ἐσθλὸν δ' οὔτέ τί πω (Ϝ)εῖπες (Ϝ)έπος οὔτ' ἐτέλεσσας.

D'autre part l'union de deux mots peut être en même temps celle de deux phrases ; ainsi :

A 37 Χρύσην ἀμφιβέβηκας
Κίλλάν τε ζαθέην Τενέδοιό τε (Ϝ)ῖφι (Ϝ)ανάσσεις.

Il n'y a pas lieu d'insister ici sur ces faits qui ne présentent pas de particularités caractéristiques.

Une question beaucoup plus grave est celle de savoir dans quelle mesure les propositions subordonnées sont de date indo-européenne.

Il importe de constater dès l'abord que beaucoup de choses qui s'expriment ailleurs à l'aide de subordonnées pouvaient être indiquées en indo-européen, à l'intérieur de la phrase même, par diverses formes nominales. Et en effet, d'une part, chacun des thèmes verbaux avait, à côté des formes personnelles, un adjectif, qu'on nomme participe : ce participe est une forme purement nominale, mais il admet les mêmes compléments que les formes personnelles du thème verbal auquel il appartient ; d'autre part, les racines auxquelles se rattachent les verbes non dénominatifs fournissent en même temps des noms, et ces noms ont, de par leur nature même, une valeur très voisine de celle des verbes ; enfin, ces mêmes noms entrent en composition. Grâce à ces trois circonstances, il était inutile de recourir à des propositions subordonnées dans beaucoup de cas où la plupart des langues indo-européennes modernes, et notamment le français, y recourraient. Quelques exemples le montreront.

L'importance du participe dans les plus anciens textes des langues indo-européennes est immense. Le participe, comme tout adjectif, peut se rapporter à un membre quelconque de la phrase ; au sujet :

A 44 βῆ δὲ κατ' Οὐλύμποιο καρήνων χωόμενος κῆρ

à un complément direct (qui n'est pas nécessairement exprimé) :

A 56 κήδετο γὰρ Δαναῶν ὅτι ῥα θνήσκοντας ὁρᾶτο

« parce qu'elle voyait qu'ils mouraient » ; au complément d'un nom :

A 46 ἔκλαγξαν δ' ἄρ' ὀϊστοὶ ἐπ' ὤμων χωομένοιο,
αὐτοῦ κινηθέντος

Il peut être prédicat, comme dans skr. *stāyán manyate* « il croit qu'il est caché », et v. sl. *taję sę minitŭ* « il croit qu'il se cache ». Grâce à la liberté de l'ordre des mots, le participe se prête fort bien au récit d'une action : skr. (*Çat. Brah.*, I, 8, 1, 1) *tásyāvanénijānasya* (lire *tásya avanénijānasya*) *mátsyaḥ pāṇī ā pede* « tandis qu'il se lavait, un poisson lui est venu dans les mains », littéralement : « de celui-ci se lavant un poisson aux mains est venu ». Il se prête aussi à marquer des contrastes ; ainsi en védique :

Ṛ. V., VIII, 14, 8 *úd gā́ ājad áṅgirobhya*
āvíṣ kṛṇván gúhā satī́ḥ

« il a fait sortir les vaches pour les Angiras, en mettant en évidence celles-ci qui étaient cachées », littéralement : « dehors les vaches il a conduit pour les Angiras, en évidence faisant (celles-ci) en cachette étant ». Il faudrait multiplier beaucoup les exemples pour donner une idée de tout ce que les participes permettent d'exprimer et de l'extrême variété de leurs emplois.

Si les anciens textes permettent de se faire une idée nette du rôle des participes, il n'en est pas de même pour l'emploi des noms primaires ; aucune langue n'a conservé un emploi libre des noms à suffixe zéro et des autres noms primaires immédiatement rattachés à des racines. Toutefois les textes védiques laissent encore entrevoir quelque chose de cet usage. Soit par exemple :

Ṛ. V., VIII, 65, 3 *ā́ tvā gīrbhír mahā́m urúṃ*
huvé gā́m iva bhójase
índra sómasya pītáye

c'est-à-dire, littéralement, et en conservant l'ordre général des mots :

par mes chants, toi, grand, large,
je t'appelle comme une vache pour la jouissance,
Indra, en vue de boire le soma.

Cette phrase renferme trois noms verbaux primaires : *gīrbhíḥ*, instrumental pluriel de *gīr-* « chant », cf. *járate, gṛṇā́ti* « il chante, il loue », lit. *giriù* « je loue » ; *bhójase*, datif de *bhójas-* « jouissance », cf. le verbe à nasale *bhuṅkté* « il jouit » ; *pītáye*, datif de *pītí-* « action de boire », cf. gr. πίνω « je bois ». Pour deux au moins de ces noms, on emploierait en français une subordonnée, et l'on pourrait traduire : « Par mes chants, toi qui es grand, large, je t'appelle comme [on appelle] une vache afin qu'elle mange, ô Indra, afin que tu boives le soma ». Le védique est le seul de tous les dialectes indo-européens qui présente encore à date historique un pareil emploi des noms primaires.

Partout ailleurs, quelques-unes de ces formes ont été fixées pour chaque verbe ; dans certaines langues elles ont gardé un caractère presque purement nominal : c'est le cas de l'ancien irlandais ; en général elles ont été rattachées aux thèmes verbaux et ont fourni des infinitifs (voir ci-dessus, p. 253). En grec, chaque thème verbal a ainsi reçu son infinitif : -μεναι (dans hom. δόμεναι) est le datif d'un thème en *-*men-* et -μεν (dans δόμεν) le locatif du même thème ; cf. le datif skr. *dā́mane* du thème *dā́man-* « action de donner » ; lat. -*se* (issu de *-*si*), dans *es-se, lege-re, lēgis-se*, etc., est le locatif d'un thème en -*s-*, et -*ī*, issu de -*ai*, dans *legī*, le datif d'un thème à suffixe zéro ; en slave, -*ti*, par exemple dans *pi-ti* « boire », est le datif d'un thème en -*t-*, et en lituanien, -*ti*, par exemple dans *gér-ti* « boire », le locatif de la même sorte de thèmes. L'infinitif, dont la forme provient dans chaque langue d'un développement récent, joue dans une certaine mesure le rôle des anciens noms primaires, mais d'une manière moins libre, et avec un caractère plus ou moins essentiellement verbal.

Enfin quelques exemples homériques suffiront à indiquer comment les composés dispensent d'employer dans bien des cas les propositions relatives :

A 231 δημοβόρος βασιλεύς

« un roi qui dévore son peuple » ;

A 247 Νέστωρ
(Ϝ)ηδυ(Ϝ)επής

littéralement « Nestor qui a de douces paroles », c'est-à-dire « Nestor qui parle bien ». De même φθισίμβροτος « qui détruit les hommes », etc. Ici encore, le fait que les noms indo-européens primaires sont étroitement associés aux verbes tirés des mêmes racines a rendu facile l'emploi des formes nominales avec valeur presque complètement verbale.

D'un autre côté, un simple démonstratif placé en tête de la phrase suffit à en marquer le lien avec une phrase précédente ; le démonstratif **to-* joue très souvent ce rôle; ainsi chez Homère :

A 247 τοῖσι δὲ Νέστωρ
(Ϝ)ηδυ(Ϝ)επὴς ἀνόρουσε, λιγὺς Πυλίων ἀγορητής,
τοῦ καὶ ἀπὸ γλώσσης μέλιτος γλυκίων ῥέεν αὐδή·
τῷ δ' ἤδη δύο μὲν γενεαὶ μερόπων ἀνθρώπων
ἐφθίαθ'...

Le démonstratif ainsi employé a pu par la suite prendre la valeur et le rôle d'un relatif ; c'est ce qui est arrivé par exemple en allemand pour le démonstratif *der* ; mais, dans l'usage ancien, il était encore un simple démonstratif.

Toutefois il ne semble pas que l'indo-européen ignorât les propositions relatives proprement dites. En effet, au pronom relatif indo-iranien skr. *yáḥ, yā́, yát*, zd *yō, yā, yaṭ*, le grec répond par ὅς, ἥ, ὅ, et le vieux slave, par *ji-že, ja-že, je-že* ; le gotique a une forme adverbiale *ja-bai* « si », et toutes les langues indo-européennes font dès les plus anciens textes un usage régulier et fréquent de la proposition relative. Le relatif apparaît tantôt avec un démonstratif corrélatif dans la proposition principale :

R̥g Veda, III, 53, 21 *yó no dvéṣṭy ádharaḥ sáḥ padīṣṭa*

« celui qui *(yó)* nous hait, qu'il *(sáḥ)* tombe en bas ».

Yasna (gâthâ), xxxiv, 13 *təm advānəm..... yəm mōi mraoš*

« ce *(təm)* chemin que *(yəm)* tu m'as dit ».

Hom. E 319 οὐδ' υἱὸς Καπανῆος ἐλήθετο συνθεσιάων
τάων, ἃς ἐπέτελλε βοὴν ἀγαθὸς Διομήδης.

A 218 ὅς κε θεοῖς ἐπιπείθηται, μάλα τε κλύον αὐτοῦ.

tantôt sans aucun corrélatif :

Ṛ. V., x, 14, 10 *áthā pitṝ'n suvidátrān̐ úpehi*
yaména yé sadhamā́dam mádanti.

littéralement : « et va vers les pères qui partagent de beaux dons,
qui s'enivrent dans leur festin avec Yama. »

A 161 καὶ δή μοι γέρας αὐτὸς ἀφαιρήσεσθαι ἀπειλεῖς,
ᾧ ἔπι πολλὰ μόγησα.

On voit par ces exemples que la proposition relative se place indifféremment avant ou après l'antécédent, et que le relatif peut être ou ne pas être immédiatement voisin du mot auquel il se rapporte : ce sont de simples applications du principe général de la liberté de l'ordre des mots.

Les propositions relatives sont les seules subordonnées qu'on ait des raisons valables de tenir pour indo-européennes. Les autres types de subordonnées ont des formes différentes dans chacun des dialectes.

CHAPITRE VI

SUR LE VOCABULAIRE

Quand on rencontre dans plusieurs langues de même famille des mots qui se ressemblent de près et par la forme et par le sens, on doit tout d'abord se demander s'il n'y a pas emprunt de toutes ces langues à l'une d'entre elles ; ainsi pour la rançon, le châtiment, la peine, on trouve : gr. ποινή, lat. *poena,* v. irl. *pian,* gall. *poen,* v. h. a. *pīna* (all. *pein*), ags. *pīn* (angl. *pine, pain*), sl. *pěna* ; l'étude du mot révèle immédiatement qu'il ne s'agit pas ici d'un mot indo-européen conservé indépendamment par chacune de ces diverses langues : un *p* du celtique n'est jamais un *p* indo-européen, non plus qu'un *p* du germanique ; les mots irlandais, gallois, allemand, anglo-saxon et slave ont été empruntés au latin, et le mot latin lui-même au grec, dor. ποινά ; en effet le sens premier du mot est le prix payé en compensation d'un dommage causé à une famille, par exemple pour le meurtre d'un de ses membres ; le mot indo-européen **k*ʷ*oinā,* qui exprimait cette idée, a été conservé indépendamment par le zd *kaēnā-,* le gr. ποινά- et le sl. *cěna-* (cf. le dérivé lit. *kainė* « valeur, prix ») ; il appartient à la même racine que le verbe gr. τίν(Ϝ)ω « je paye, j'expie », fut. τείσω, dont le τ initial n'est pas un ancien *t,* mais un ancien *k*ʷ, comme suffit à l'indiquer la forme πεῖσαι de l'aoriste dans un dialecte qui, comme le thessalien, représente à l'initiale du mot *k*ʷ par π, même devant ε; et en effet gr. ἀπό-τεισις (avec -σι- issu de *-*ti*-) répond exactement à skr. *ápa-citiḥ* « représailles »; cf. aussi zd *čiθa* « expiation » (cf. ci-dessus p. 56); si le mot indo-européen était directement représenté en latin, il y aurait pris la forme **quoina*, **coina*, puis **cūna*.

Quand on a une fois éliminé les mots dont la ressemblance s'explique par des emprunts, il en reste un grand nombre qui, en tenant compte de l'action des lois phonétiques, se laissent identifier les uns aux autres, comme zd *kaēna*, v. sl. *cěna*, gr. ποινή. De ces concordances, la plupart proviennent sans doute de ce que les mots correspondants existaient déjà en indo-européen, mais d'autres peuvent s'expliquer par l'extension plus ou moins tardive de certains mots sur tout ou partie du domaine indo-européen; ainsi il n'est pas douteux que skr. *t(u)v-ám*, v.sl. *ty*, lat. *tū*, etc. supposent un mot i.-e. **tū* « toi », exactement comme fr. *tu*, ital. *tu*, esp. *tu*, etc. supposent lat. *tū*; mais il est imaginable que le nom du « sel » par exemple, lat. *sāl*, gr. ἅλς, v. sl. *solĭ*, arm. *al*, ait été inconnu à l'indo-européen et ait pénétré dans les divers dialectes à une date assez ancienne sans doute pour que toutes les innovations caractéristiques de chacun de ces dialectes y soient appliquées, mais telle toutefois qu'ils étaient déjà distincts et isolés les uns des autres; et divers faits archéologiques et philologiques ne permettent pas de douter que gr. κάνναβις (pour la première fois, chez Hérodote, IV, 74) et v. isl. *hanpr*, v.h.a. *hanaf* « chanvre », bien que présentant des correspondances phonétiques correctes, n'aient été empruntés indépendamment à une langue du Sud-Est de l'Europe. Ces deux cas, celui de l'identité originelle et celui de l'extension postérieure à la division dialectale (c'est-à-dire de l'emprunt), sont au fond absolument différents, mais il est impossible la plupart du temps de faire le départ de ce qui appartient à l'un et à l'autre ; et l'on en est réduit à entendre par mots indo-européens les mots communs à plusieurs dialectes indo-européens, à la seule condition qu'ils présentent toutes les altérations phonétiques et morphologiques caractéristiques des dialectes auxquels ils appartiennent, et que des témoignages précis n'en attestent pas le caractère récent ; toutefois, il importe de ne jamais l'oublier, le terme de *mots indo-européens* recouvre deux choses hétérogènes et qui ne restent confondues que par suite de l'absence d'un critère donnant le moyen de les distinguer.

Il y a au moins un cas particulier qui doit être envisagé à part : c'est celui des mots qui, entre toutes les langues indo-européennes, ne se trouvent que dans les dialectes les plus immédiatement voisins les uns des autres ; il y a ainsi des mots qui ne se rencontrent qu'en indo-iranien et en letto-slave, d'autres qui ne se trouvent que dans les langues d'Europe (et en arménien), à l'exclusion de l'indo-iranien, d'autres qui ne sont que letto-slaves, germaniques, celtiques et italiques, d'autres enfin qui ne sont que germaniques, celtiques et italiques. On verra ci-dessous quelques exemples de ces divers cas : il est clair qu'avec de pareils rapprochements on ne peut conclure qu'à l'existence du mot dans certains dialectes indo-européens, et non pas dans l'ensemble du domaine, les deux cas envisagés au paragraphe précédent (parenté originelle ou extension dialectale relativement récente) restant d'ailleurs ordinairement indiscernables.

Les rapprochements qui ne s'étendent pas à plus de deux dialectes doivent être tenus pour plus ou moins suspects, sauf raisons particulières ; car la ressemblance de deux mots exprimant le même sens dans deux langues différentes peut être due à une rencontre toute fortuite : c'est ainsi que l'anglais *bad* « mauvais » n'est nullement apparenté, même de loin, avec le persan *bad* signifiant aussi « mauvais » ; mais ce serait un hasard étrange que *bad* signifiât « mauvais » dans une troisième langue. La coïncidence de trois langues non contiguës suffit donc à garantir le caractère « indo-européen » d'un mot.

On peut toutefois affirmer la certitude d'un rapprochement, même limité à deux dialectes, dans certains cas particuliers ; ainsi le gr. πίων et le skr. *pívā* « gras » ne se retrouvent pas en dehors du grec et de l'indo-iranien ; mais la formation caractéristique du féminin, gr. πίειρα, skr. *pívarī*, jointe à la parfaite identité de sens, de flexion, de place du ton, exclut toute espèce de doute ; de même le v. perse *rādiy* et le v. sl. *radi* « à cause de » ne se trouvent pas dans une troisième langue, mais sont employés d'une manière identique, et font partie d'une assez longue série de termes particuliers au letto-slave et à l'indo-iranien.

Là où il n'existe pas de raisons spéciales, on doit, en bonne méthode, tenir systématiquement pour *douteux* tout rapprochement de mots qui ne porte que sur deux dialectes : si même le gr. ἅζεται « il a un respect religieux pour » était sûrement identifiable à skr. *yájati* « il sacrifie » — ce qui n'est pas, car gr. ʽ peut répondre à autre chose que skr. *y*, skr. *a* à autre chose que gr. α ; la formation des deux verbes n'est pas la même, et les sens ne concordent pas —, il faudrait se garder d'affirmer que les deux mots sont parents, et le rapprochement ne saurait être tenu que pour simplement possible.

Enfin, on devra se garder de croire, même sous le bénéfice des réserves précédentes, que la somme des rapprochements entre les divers dialectes indo-européens, telle qu'on peut la trouver dans un dictionnaire étymologique, donne du vocabulaire des tribus de langue indo-européenne une idée exacte, fût-ce approximativement : rien ne serait plus faux.

Sauf trois, l'indo-iranien, le grec et l'italique, tous les dialectes indo-européens sont attestés seulement plusieurs siècles après Jésus-Christ, et par des littératures romanisées et christianisées ; les langues italiques elles-mêmes n'apparaissent qu'après avoir subi l'influence hellénique : l'exemple, cité ci-dessus, du lat. *poena* qui s'est étendu sur l'Europe entière, et qui lui-même est un emprunt au grec, montre qu'il y a un vocabulaire européen dont l'extension coïncide avec celle de la civilisation gréco-romaine, à l'Europe entière.

Le sanskrit, l'iranien, le grec, le latin, présentent, dès le début, des formes littéraires déjà développées : aucun dialecte indo-européen ne donne une idée de ce qu'a pu être, au point de vue du vocabulaire, la langue des populations assurément peu civilisées qu'étaient les Indo-Européens.

Le procédé même par lequel on détermine le caractère indo-européen d'un mot exclut d'ailleurs et dès l'abord la connaissance de tout ce qui dans le vocabulaire était concret et précis, de ce qui servait à la vie de tous les jours : les seuls termes qui aient subsisté dans plusieurs dialectes différents sont les racines qui indiquaient les actions banales et universelles : « goûter », « porter », « aller », « connaître », « lier », etc., et les noms des notions les plus générales : le père, l'œil, le bœuf, etc., en un mot ce qui était commun à tous les parlers du domaine indo-européen, et non ce qui était propre à l'un ou à l'autre.

De plus, pour rapprocher les mots des diverses langues, on doit considérer ce qu'ils ont de commun, et par suite éliminer les nuances de sens dues à l'évolution propre de chaque dialecte : il ne reste plus alors qu'une abstraction qui fournit le moyen de justifier le rapprochement, mais non pas pour cela le sens premier du mot. A parcourir un dictionnaire étymologique, on a l'illusion que la langue indo-européenne procédait par mots et par racines d'une valeur abstraite et très générale, alors qu'on doit au contraire se représenter chaque parler indo-européen à l'image d'un parler lituanien moderne, pauvre en termes généraux et plein de termes précis indiquant toutes les actions particulières et tous les détails des objets familiers.

Enfin les termes techniques diffèrent pour la plupart d'une langue à l'autre parce que, entre l'époque indo-européenne et le moment où chaque dialecte est attesté, la civilisation a subi des transformations profondes et que les mots de ce genre ont changé à plusieurs reprises avec les techniques elles-mêmes.

Ce qui représente, pour le linguiste d'aujourd'hui, le vocabulaire indo-européen n'est qu'un petit noyau de termes généraux, infiniment précieux à cause des conclusions qu'il permet de tirer en phonétique et en morphologie, mais propre à égarer beaucoup plus qu'à guider ceux qui voudraient s'en servir pour essayer de se représenter ce qu'était en réalité le lexique d'un parler indo-européen. Du reste le vocabulaire de chacune des langues indo-européennes diffère profondément de celui d'une autre langue quelconque de la famille, et ce n'est qu'une petite minorité des mots de chaque idiome qui a une étymologie indo-européenne. On en jugera par un examen rapide des éléments principaux du vocabulaire indo-européen.

1° Racines.

La morphologie a donné occasion de voir assez d'exemples de racines pour qu'il n'y ait plus lieu d'en donner ici de nouveaux. On notera seulement combien peu de racines indo-européennes désignent des actions techniques et combien le sens de ces quelques racines est vague.

La racine de skr. *tákṣati* « il fabrique » paraît s'être appliquée à la confection de toutes sortes d'objets, et ce sens très général est conservé dans le gr. τέχνη ; le skr. *tákṣati* et le zd *tašaṭ* ont encore le sens général de « fabriquer », mais désignent surtout ce qui se fabrique avec la hache ; en fait, skr. *tákṣā*, zd *taša*, gr. τέκτων désignent le « charpentier », v. h. a. *dehsala* et irl. *tál*, la « hache », et v. sl. *tesati* et lit. *taszýti* signifient « travailler avec la hache ». On pourrait être tenté de croire que ce sens est le seul ancien si le lat. *texere* n'indiquait une tout autre industrie : le tissage. Le zd *taštəm* « écuelle », dont on peut rapprocher lat. *testa* « objet en terre, vase, etc. », ne prouve pas que cette racine ait jamais servi à indiquer le modelage de la terre ; car il est possible que ces mots aient désigné anciennement des vases en bois.

La racine qui signifie « donner une forme à la terre » est celle de got. *deigan*, lat. *fingere* ; mais il peut s'agir, ou bien de fabriquer de la poterie : lat. *figulus* « potier », got. *daigs*, v. h. a. *teig* « argile » ; ou bien, plus ordinairement, d'entasser de la terre pour élever des murs : skr. *dehī* « rempart », zd *daēzayeiti* « il amasse », v. perse *didā* « fortification », arm. *dēz* « monceau », gr. τεῖχος, τοῖχος, osq. feíhúss « muros ».

Une racine **snē-* « filer » est attestée par lat. *nēre*, gr. νέω, aor. ἔννη, νῆμα « fil », irl. *sním* « action de filer », *snáthe* « fil », peut-être aussi par skr. *snā́va* « lien », v. h. a. *snuor* « lien » ; mais v. h. a. *nājan* signifie « coudre ».

La racine de v. h. a. *weban* « tisser » a un sens précis en grec, ὑφαίνω, et en iranien, zd *ubdaēna-* « tissu » ; mais le véd. *unap* signifie simplement « il attachait », et le sens de « tisser » n'apparaît nettement en sanskrit que dans (*ūrṇa-*) *vā́bhiḥ* « araignée », littéralement « qui tisse (de la laine) ».

La notion de « coudre » est très nettement indiquée

par : skr. *syūtáḥ* « cousu », *sívyati* « il coud » ; lit. *siúti*, v. sl. *šiti*, got. *siujan*, lat. *suere*, gr. *κασ-σύειν* « coudre » ; lat. *sūbula* (de **sūdhlā*) et v. sl. *šilo* (pol. *szydło*) « alène ».

« Conduire un char » est exprimé par skr. *váhati*, zd *vazaiti*, v. sl. *vezą*, lit. *vežù*, lat. *uehō* ; le « char », par v. sl. *vozŭ*, gr. (*F*)*ὄχος*, v. h. a. *wagan*, irl. *fén* ; le chemin où passent les chars, par got. *wigs*, v. h. a. *weg* et lat. *uia* ; le verbe germanique signifie simplement « mettre en mouvement », ainsi got. *ga-wigan*. D'autre part le skr. *yâti*, le v. sl. *jadą*, le lit. *jóju* indiquent l'idée de « aller dans un véhicule [char ou bateau] » (on a vu p. 134 la racine qui signifie « ramer ») ; et en regard de cette racine indo-iranienne et letto-slave, un mot purement occidental pour cette idée de « aller dans un véhicule » est attesté par v. h. a. *rītan*, ags. *rīdan*, v. isl. *ríða*, irl. *ríadaim*, et par gaul. *rēda* « char ».

Les langues de l'Europe ont pour « labourer » une même racine attestée par v. sl. *orją*, lit. *ariù*, got. *arja*, irl. *airim*, lat. *arō*, gr. *ἀρόω*, et l'arménien même a *arawr* « charrue » = lat. *arātrum*. Mais l'indo-iranien ignore ce mot, soit que les tribus indo-iraniennes l'aient perdu à la suite d'une période transitoire de vie nomade, soit, ce qui est moins probable, qu'elles ne l'aient jamais connu, et qu'il ne se soit répandu en indo-européen qu'après la séparation complète de ces tribus.

Le verbe qui signifie « forger » a un domaine plus restreint encore : v. sl. *kovą*, lit. *káuju*, v. h. a. *houwōn*, et, avec un élargissement, lat. *cūdō* ; comme un certain nombre d'autres mots « de civilisation », il est inconnu au grec, à l'arménien et à l'indo-iranien, et limité aux dialectes septentrionaux et occidentaux de l'indo-européen, ce qui mérite attention et n'a d'ailleurs rien d'imprévu. Le sens, non technique, de « frapper » transparaît encore nettement.

Skr. *krīṇâmi*, v. russe *krĭnu*, v. irl. *crenim*, gall. *prynaf* attestent l'existence d'un verbe à infixe nasal signifiant « j'achète », d'une racine dont le skr. *krayáḥ* « achat » et le gr. πρίαμαι « j'achète » fournissent d'autres formes. Mais il ne suit pas de là, bien entendu, que les notions de « vendre » et « d'acheter » fussent nettement opposées ; les mêmes langues ne présentent pas pour « vendre » un terme commun ; le gr. πέρνημι, πιπράσκω « je vends » est à rapprocher peut-être de irl. *renim* « je donne », mais les autres langues ne fournissent rien de clair.

La racine *peik$_1$- signifiait sans doute « faire des marques », au moyen d'incisions, et aussi au moyen de taches de couleur ; elle a fourni : skr. *piṃçáti* « il orne, il arrange », v. perse *ni-pis-* « écrire », v. sl. *pišą* « j'écris », skr. *péçaḥ* et zd *paēsō* « forme, couleur », lit. *pẽszas* « tache de suie », v. h. a. *fēh*, ags. *fāh*, got. *filu-faihs* « de couleurs variées », synonymes de gr. ποικίλος et de v. sl. *pĭstrŭ* (tandis que gr. πικρός signifie « amer », littéralement « mordant, coupant », comme got. *baitrs*, all. *bitter*).

Rien n'est plus imprécis ni plus fuyant, on le voit, que les renseignements que pourrait fournir un examen des racines de l'indo-européen à qui voudrait tenter de déterminer par là les conditions d'existence des populations qui parlaient cette langue. La plupart des racines n'enseignent d'ailleurs rien, sinon que la langue distinguait « vivre » et « mourir », « boire » et « manger », « dormir » et « veiller », « lécher » et « mordre », « prendre » et « laisser », « voir » et « entendre », etc.

Il n'y a lieu de faire ici quelques remarques qu'à propos des racines qui présentent des séries remarquables de développements de sens remontant à l'indo-européen ; la plus curieuse à cet égard est assurément *bheudh- ; le sens premier est sans doute celui de « veiller », qui est fort bien conservé dans : skr. *budhyáte* « il est éveillé, il s'éveille », v.

sl. *bĭditŭ* « il veille » (infin. *bĭdĕti*), lit. *budĕti* « veiller » ; skr. *bodháyati* « il éveille », v. sl. *buditŭ* « il éveille » (infin. *buditi*) ; v. sl. *bŭnąti* « s'éveiller », lit. *bundù* « je m'éveille » ; lit. *budrùs* signifie « éveillé » ; mais le v. sl. *bŭdrŭ* « vif », traduisant πρόθυμος, a pris un sens déjà plus éloigné du sens premier ; le skr. *bódhati* ne signifie pas seulement « il veille », mais aussi « il est en éveil, il fait attention, il remarque » ; ce dernier sens est le seul que présentent le v. sl. *bljudą* « j'observe, je garde » (avec *l* développé normalement entre labiale et le *j* de *ju* représentant i.-e **eu*) et le gr. πυνθάνομαι, πεύθομαι « je m'enquiers », aor. ἐπυθόμην ; de même le zd *baoδah-* signifie « conscience » ; l'irl. *buide* a développé le sens particulier de « reconnaissance » (conscience d'un bienfait) ; du sens de « j'observe » on passe à celui de « je sens », ainsi le zd *baoδəntō*, yašt XIX,69, et, en particulier, « je sens une odeur » ; d'où zd *baoiδi-* « odeur » : yašt XVII, 6, *hubaoiδiš baoδaite nmānəm* « une bonne odeur embaume la maison » ; d'un autre côté, avec valeur factitive, on a le sens de « donner l'éveil, attirer l'attention », d'où « présenter, offrir, inviter » dans v. isl. *bioda*, v. h. a. *biotan*, et, avec préverbe, got. *ana-biudan*, v. h. a. *gi-biotan* « ordonner », got. *faur-biudan* « défendre » (all. *ver-bieten*) ; c'est de la même valeur factitive que vient le sens « réprimander, punir » de lit. *baudžiù baũsti*.

Le sens le plus concret, et sans doute le plus ancien, de la racine **g₁eus-* paraît subsister dans le gr. γεύομαι « je goûte » et le lat. *gustus* ; mais en indo-iranien, le sens est « prendre avec plaisir, aimer », ainsi skr. *juṣáte* « il prend volontiers, il aime », v. perse *dauštar-* « ami », et de même en albanais où *deša* signifie « j'aimais » ; d'autre part c'est le sens de « choisir » qui s'est développé dans v. irl. *do-roi-gu* « il a choisi » et dans got. *kiusan*, causatif *kausjan* « examiner, choisir », mais anciennement « goûter », sens bien conservé dans le mot slave emprunté *vŭ-kusiti* « goûter », tandis que le verbe français *choisir*, aussi emprunté au germanique, reproduit seulement le nouveau sens.

Comme les mots des langues actuellement observables, les racines ne peuvent être définies que par des formules très vagues, mais, en réalité, chacune d'elles tenait le plus souvent des emplois fixes et de valeur très définie ; par exemple **prek₁-* signifie « demander, interroger, prier », de là skr. *pṛcchấti*, v. sl. *prositi*, lit. *prašýti*, got. *fraihnan*, v. h. a. *frâgên*, lat. *poscō*, arm. *harçanem*, tous verbes signifiant « demander, interroger » d'une manière générale ; mais il y avait un emploi particulier : « demander une femme », attesté par lat. *procus*, lit. *piršti* « demander en mariage », serbe *pròsiti* (même sens), arm. *harsn* « fiancée, bru ». La racine **wedh-* signifie « conduire » dans zd *vādayeiti* « il conduit », v. sl. *vedą*, lit. *vedù*, irl. *fedim*, mais en particulier « conduire la fiancée à la maison » (lat. *uxorem dūcere*), d'où skr. *vadhū́ḥ* « bru », *váhate* (issu de **vádhate*, à distinguer de *váhate* « uehitur ») « il épouse », zd *vādayeiti* « il épouse », lit. *vedù* « j'épouse », gall. *dy-weddio* « se marier ». La racine de gr. φέρω, lat. *ferō*, etc. signifie « porter », et très souvent « porter » au sens de « être grosse », ainsi zd *barəθri* « femme enceinte », gr. φορός « enceinte », ἔφερσεν· ἐκύησεν chez Hesychius, v. sl. *brěžda* « grosse, enceinte », lat. *forda* ; got. *gabairan*, v. isl. *bera* « enfanter » (all. *gebären*). On n'a une idée exacte de la valeur d'une racine indo-européenne que si l'on connaît ces emplois particuliers, de même qu'on ne connaît vraiment un mot d'une langue que si l'on sait dans quelles phrases il s'emploie d'ordinaire.

2° Mots isolés.

Moins intéressants que les racines au point de vue de la

structure générale de la langue, les mots isolés donnent sur le vocabulaire indo-européen des notions plus précises et plus immédiates. Si on les utilise avec la réserve qui convient et en se gardant toujours de serrer de trop près les conclusions, on en peut tirer quelques indications sur l'état social et sur la civilisation des hommes qui parlaient l'indo-européen. On s'en rendra compte si l'on passe en revue quelques catégories.

A. Termes de parenté.

Il y a toute une série de termes de parenté dont le sens se laisse bien déterminer, quoique parfois il se soit étendu dans certains dialectes :

père : skr. *pitár-*, gr. πατήρ, lat. *pater*, v. irl. *athir*, got. *fadar*, arm. *hayr*.

mère : skr. *mātár-*, v. sl. *mater-*, gr. dor. μάτηρ, lat. *māter*, v. irl. *máthir*, v. isl. *móđer*, arm. *mayr*.

frère : skr. *bhrấtar-*, v. sl. *bratrŭ*, gr. φράτωρ, φράτηρ (membre d'une φρατρία), lat. *frāter*, v. irl. *bráthir*, got. *broþar*, arm. *ełbayr*.

sœur : skr. *svásar-*, lit. *seser-*, v. sl. *sestra*, lat. *soror*, v. irl. *siur*, got. *swistar*, arm. *khoyr*.

fils : skr. *sūnúḥ*, v. sl. *synŭ*, lit. *sūnùs*, got. *sunus* (all. *sohn*); cf. gr. υἱύς, υἱός.

fille : skr. *duhitár-*, gr. θυγάτηρ, v. sl. *dŭšter-*, lit. *dukter-*, arm. *dustr*, got. *dauhtar*.

père du mari : skr. *çváçuraḥ*, zd *hvasura-*, lit. *szèszuras*, hom. ἑκυρός, lat. *socer*, alb. *vjehər*, et v. sl. *svekrŭ*, got *swaihra*.

mère du mari : skr. *çvaçrū́ḥ*, v. sl. *svekry*, lat. *socrus*, v. h. a. *swigar*, et gr. ἑκυρά, arm. *skesur*; got. *swaihro*, gall. *chwegr*.

frère du mari : skr. *devár-*, v. sl. *dèverĭ*, lit. *dëveris*, gr. δαήρ, lat. *leuir*, ags. *tácor*, arm. *taygr*.

sœur du mari : gr. γάλως, lat. *glōs*, russe *zólva*, serbe *zãova*, supposant sl. **zŭlŭva*, (et arm. *tal*, avec *t* d'après *taygr* « frère du mari »).

femme du frère du mari : skr. *yā̆tar-*, v. sl. *jętry*, lit. *jenter-*, *inter-*, hom. εἰνατέρες (et le datif ἐνατρι sur une inscription de basse époque), lat. *ianitrīcēs*.

veuve : skr. *vidhávā*, zd *viδava*, v. sl. *vŭdova*, v. pruss. *widdewū*, got. *widuwo*, irl. *fedb*, lat. *uidua*.

Tous les degrés de parenté immédiate dans la famille de l'homme sont donc désignés par des termes précis dont la forme est aisée à déterminer, et dont la plupart appartiennent à un même type, celui des thèmes en *-r̥-* ; le mot qui désigne le mari est le même qui signifiait « maître » (de la maison) : skr. *pátiḥ*, zd *paitiš*, gr. πόσις, lit. dial. *patis*, cf. got. *(brūþ-)faþs* « fiancé » ; un féminin de ce mot désigne la femme en tant que maîtresse de la maison en sanskrit : *pátnī* (cf. gr. πότνια), et en lituanien : *pati*.

Aussitôt qu'il s'agit de la famille de la femme, tout devient vague et incertain ; les sens divergent d'une langue à l'autre, et les formes varient : le gr. πενθερός, qui désigne le père de la femme, appartient à la racine de got. *bindan* « lier », zd *bandaiti* « il lie » et signifie par suite « allié », comme lit. *beñdras*, dont le sens actuel est « associé », et skr. *bándhuḥ* « parent du côté de la femme » (*cognatus* au sens le plus général). Le « gendre » s'appelle : skr. *jāmātar-*, zd *zāmātar-*, — v. sl. *zętĭ*, lit. *žéntas*, lat. *genta* (mot de glossaire), alb. δενδερ, — lat. *gener*, — gr. γαμβρός, toutes formes où l'on discerne un certain fond de ressemblance, sans pouvoir les ramener à un original commun.

Il n'y a pas de termes précis pour la parenté non immédiate. Lat. *auos* signifie grand-père, paternel ou maternel ; lat. *auonculus*, oncle ; gall. *ewythr*, oncle, v. h. a. *ōheim*, frère de la mère, got. *awo*, grand'mère, v. pruss. *awis* et v. sl. *ujĭ*, frère de la mère, arm. *haw*, grand-père. L'indo-iranien *nápat-* désigne le descendant et, en particulier, le petit-fils, hom. νέποδες les descendants, lat. *nepōs*, *neptis* le petit-fils, la petite-fille, irl. *niæ*, *necht* le fils, la fille de la sœur, v. h. a. *nevo* le neveu, v. lit. *nepotis* le petit-fils, le neveu, serbe *nĕc'āk* le fils de la sœur, etc.

Tout s'accorde à indiquer un état social où la femme entrait dans la famille de son mari, mais où le mari n'avait avec la famille de sa femme que des rapports d'amitié, et non une parenté définie.

Il manque d'ailleurs de termes généraux pour désigner les groupes sociaux un peu étendus. La maison forme déjà un groupe social commandé par un « chef de maison » : skr. *pátir dán* ou *dámpatiḥ*, gr. δεσπότης (de **dems-pot-ā-* « chef de la maison »). Un terme plus compréhensif est celui de « village » que présentent, avec diverses nuances de sens, skr. *viç-*, zd *vīs-*, v. perse *viþ-*, v. sl. *vĭsĭ*, got. *weihs*, lat. *uīcus*; gr. Ϝοῖκος a le sens de « maison » ; le nom de « chef de village », skr. *viç-pátiḥ*, zd *vīs-paitiš*, a pris en baltique le même sens général que celui de « chef de maison », δεσπότης, en grec, et l'on a lit. *vẽszpats* « maître, seigneur », v. pruss. *waispattin* « maîtresse ». — Le « roi » a un nom attesté seulement en sanskrit : *rāj-*, *rājan-*, et dans les dialectes les plus occidentaux : lat. *rēx*, celt. *rīg-* (le mot germanique attesté par got. *reiks* « chef », etc. est sans doute emprunté au celtique). — Un mot désignant tout un peuple est attesté seulement dans les dialectes de l'Ouest, jusqu'en baltique, et ne se trouve ni en slave, ni en indo-iranien, ni en arménien, ni en grec : v. pruss. *tauto* « pays », lette *tauta* « peuple », got. *þiuda*, v. irl. *túath* « peuple », osq. *touto* « cité ».

Il n'y a pas de mot désignant la « ville » : skr. *pūḥ* (génit. *puráḥ*), lit. *pilìs* signifient « lieu fortifié », et le mot grec correspondant πόλις (avec un suffixe secondaire) avait primitivement ce même sens qui transparaît encore dans ἀκρόπολις.

B. Noms d'animaux et de plantes.

Des noms d'animaux, les uns s'appliquent à des animaux domestiques, tels que le mouton ou le bœuf, d'autres à des animaux sauvages; mais, dans quelques cas, on ne saurait faire le départ entre les uns et les autres; il convient donc de se borner à une simple énumération des noms les mieux attestés :

troupeau : skr. *páçu, paçúḥ*, v. lit. *pekus*, v. pruss. *pecku*, lat. *pecu, pecus*, got. *faihu*, v. h. a. *fihu*.

bœuf (vache) : skr. *gáuḥ*, zd *gāuš*, arm. *kov* (vache), lette *gůws* (vache), gr. βοῦς, lat. *bōs* (mot de paysan samnite, et non pas proprement latin), irl. *bó*, v. h. a. *chuo* (vache). Le nom du « taureau », gr. ταῦρος, lat. *taurus*, v. pruss. *tauris*, v. sl. *turŭ*, ne se trouve pas partout, et notamment pas en indo-iranien; le skr. *ukṣán-*, zd *uxšan-*, got. *auhsa*, v. h. a. *ohso*, gall. *ych* est sans doute une ancienne épithète du « taureau » (celui qui accroît, qui fait croître?). Le jeune bœuf, la génisse sont désignés par gr. πόρις, v. h. a. *farro* (masc.), m. h. a. *verse* (féminin), skr. *pṛthukaḥ*, arm. *orth*, gr. πόρτις, πόρταξ.

mouton (brebis) : skr. *áviḥ*, lit. *avis*, gr. ὄις, lat. *ouis*, irl. *oi*, v. h. a. *ouwi*; v. sl. *ovĭnŭ* « bélier »; *ovĭca* « brebis » (= skr. *avikā*). L'agneau a deux noms, l'un : skr. *úraṇaḥ*, pehlvi *varrak*, arm. *garn*, gr. *Ϝαρήν, Ϝαρνός, et l'autre v. sl. *agnĭcĭ*, gr. ἀμνός, lat. *agnus*, irl. *úan*.

cheval : skr. *áçvaḥ*, zd *aspō*, ags. *eoh*, lat. *equos*, irl. *ech*, gaulois *epo-*; féminin skr. *áçvā*, lit. *aszva*, lat. *equa* « jument ».

bouc (chèvre) : skr. *ajáḥ* « bouc », *ajā* « chèvre »; lit. *ożỹs* « bouc », *ożkà* « chèvre »; un terme différent, mais voisin, est attesté par gr. αἴξ, arm. *ayc* « chèvre », zd *izaēna-* « de peau » (étymologiquement « de peau de chèvre », cf.

skr. *ajinam* « peau », en regard de *ajáḥ*, et v. sl. *azno* « cuir » en regard de lit. *ožỹs*). Zd *būza-*, v. h. a. *boc*, v. isl. *bokkr*, irl. *bocc* désignent le « bouc » (mais arm. *buc* l'« agneau »). Les dialectes occidentaux ont des mots particuliers : lat. *caper*, gall. *caer-*, v. isl. *hafr* —, et lat. *haedus*, got. *gaits*. Il n'y a donc pas pour le bouc et la chèvre cette unité de dénominations observée pour les animaux précédents.

porc, sanglier : lat. *sūs*, gr. ὗς, v. h. a. *sū*, *swīn*, gall. *hwch*, v. sl. *svinija*, zd *hū-*, skr. *sūkaráḥ* (sanglier) ; et un mot désignant exclusivement le porc domestique, mais seulement européen du Nord et de l'Ouest, non attesté en indo-iranien, en arménien et en grec (cf. ci-dessus, p. 351) : lat. *porcus*, irl. *orc*, v. h. a. *farah*, lit. *paršzas*, v. sl. *prasę*.

chien : skr. *çvā* (génit. *çúnaḥ*), zd *spā* (génit. *sūnō*), lit. *szů* (gén. *szuñs*), gr. κύων (gén. κυνός), irl. *cú* (gén. *con*), got. *hunds*.

loup : skr. *vŕkaḥ*, zd *vəhrkō*, v. sl. *vlĭkŭ*, lit. *vilkas*, got. *wulfs* (et gr. λύκος, lat. *lupus*).

souris : skr. *mūḥ*, v. sl. *myšĭ*, gr. μῦς, lat. *mūs*, v. h. a. *mūs*.

cerf : v. sl. *jelenĭ*, lit. *élnis*, arm. *eln*, gr. ἔλαφος, ἐλλός ; l'irl. *elit* (féminin) signifie « chevreuil ». Le cerf est souvent désigné par son épithète de « cornu » (ἔλαφος κεραός, Homère, Γ 24) ; de là lat. *ceruos*, v. h. a. *hiruz*.

oiseau : skr. *vi-*, zd *vi-*, lat. *auis*, arm. *haw* ; cf. aussi gr. οἰωνός. Très peu de noms d'oiseaux se retrouvent dans plusieurs langues.

aigle : v. sl. *orĭlŭ*, lit. *erēlis*, got. *ara*, gall. *eryr* ; le gr. ὄρνις signifie « oiseau » d'une manière générale.

oie : gr. χήν, χηνός (dor. χάν, χανός), lit. *żąsis*, v. sl. *gąsĭ*, v. h. a. *gans*, lat. *anser* (mot rural, avec chute de *h* initiale) ; le skr. *haṃsáḥ* signifie « flamant, cygne ».

canard : lat. *anas*, *anatis*, v. h. a. *anut*, lit. *ántis*, v. sl.

ąty, et gr. νῆσσα, dor. νᾶσσα ; cf. skr. *ātíḥ* « sorte d'oiseau aquatique ».

poisson : les langues indo-européennes divergent beaucoup ; il y a un mot occidental : lat. *piscis*, irl. *íasc*, got. *fisks* ; puis, au centre du domaine indo-européen, un autre mot, gr. ἰχθῦς, arm. *jukn*, lit. *žuvìs* ; enfin sl. *ryba* et skr. *mátsyaḥ*, persan *māhī* sont isolés. Aucun nom particulier de poisson n'est indo-européen. Il semble résulter de là que la pêche n'était pas pratiquée ; ceci est d'autant plus digne de remarque que deux noms d'oiseaux sûrement anciens se rapportent à des oiseaux aquatiques, et que l'on a aussi dans skr. *udráḥ*, zd *udrō*, v. sl. *vydra*, lit. *údra*, v. h. a. *ottar* un dérivé du nom de l'eau, désignant un animal aquatique, d'ordinaire la « loutre » (mais gr. ὕδρος, ὕδρα « serpent d'eau »), et dans v. sl. *bĭbrŭ*, *bobrŭ*, lit. *bẽbrus*, v. h. a. *bibar*, gaul. *bibro-*, *bebro-* (dans des noms propres), lat. *fiber*, *feber* un dérivé de l'adjectif « brun » (lit. *bė́ras*) signifiant « castor » (ou un animal analogue dans skr. *babhrúḥ* et zd *bawriš*). On a donc plusieurs noms d'oiseaux et de mammifères aquatiques tandis qu'on n'a pas de noms de poissons.

serpent : skr. *áhiḥ*, zd *aži*š, gr. ὄφις, arm. *iž* (de **ĕgʷhi-*), et lat. *anguis*, irl. *(esc-)ung* (anguille), lit. *angìs*, polon. *wąż* (représentant **ąžĭ*).

mouche : v. sl. *mucha* (et *mŭšica* « moucheron »), lit. *musė̃*, gr. μυῖα, lat. *musca*, arm. *mun*.

frelon : v. sl. *srŭšenĭ* (serbe *sȑšljēn*), lit. *szìrszů* (génit. *szirszeñs*) et *szirszlỹs* (accus. *szìrszlį*), lat. *crābrō* (de **crāsrō*), gall. *creyryn*.

guêpe : lit. *vapsà*, v. sl. *osa* (altéré de **vosa*), v. h. a. *wafsa*, lat. *uespa* (de **wopsā*).

miel : le mot. i.-e. **médhu* signifie à la fois « miel » et « boisson fermentée faite avec le miel, hydromel » (et parfois ensuite, dans les pays où la vigne a été introduite, « vin ») dans les dialectes orientaux : skr. *mádhu*, zd *maδu*, v. sl. *medŭ*, lit. *medùs*, *midùs*; le sens de « hydromel » (ou « vin ») a seul subsisté dans les autres langues : gr. μέθυ, v. h. a. *meto*, irl. *mid* ; un autre mot désigne proprement le « miel » : gr. μέλι, μέλιτος, got. *miliþ*, lat. *mel*, irl. *mil*, arm. *melr*. Comme il n'y a pas de nom indo-européen de l'abeille, on doit croire que les Indo-Européens n'en élevaient pas, et se bornaient à recueillir le miel sauvage.

ver : skr. *kŕmiḥ*, pers. *kirm*, lit. *kirmis*, irl. *cruim*, gall. *pryf*, et lat. *uermis*, v. h. a. *wurm*, gr. ῥόμος.

A fort peu d'exceptions près, ces noms, comme aussi les noms de parenté, sont irréductibles à des racines verbales. On pourrait ajouter d'autres exemples, mais ceux qui viennent d'être énumérés sont les mieux établis et ceux dont l'extension est le plus grande sur le domaine indo-européen.

Les noms de végétaux ont moins souvent une étymologie indo-européenne que les noms d'animaux, et, là même où ils sont indo-européens, ils se rencontrent d'ordinaire dans un nombre moindre de dialectes. Le fait que la « forêt » n'ait pas de nom qui puisse être sûrement tenu pour indo-européen mérite une mention. Les mots qui sont conservés sont ceux qui désignent les objets dont on tire parti journellement ; il y a donc un nom pour :

le bois : skr. *dâru* « bois », *dárviḥ* « cuiller » ; gr. δόρυ « bois, bois de lance, lance », δένδρον « arbre » (avec redoublement intensif à forme nasale, v. ci-dessus p. 142), δρῦς « chêne » ; v. sl. *drěvo* « bois, arbre » ; lit. *dervà* « bois de sapin » ; got. *triu* « arbre » ; v. irl. *daur* « chêne » ; etc.

Très peu d'arbres ont un nom ancien :

bouleau : skr. *bhūrjaḥ*, v. sl. *brěza* (r. *berëza*), lit. *bérżas*, v. h. a. *biribha*, v. isl. *bjǫrk* ; et sans doute aussi lat. *fraxinus*, et *farnus* « frêne ».

saule : zd *vaēitiš* (pers. *bēd*), v. pruss. *witwan*, gr. Ϝιτέα, v. h. a. *wīda* ; en réalité, il s'agit de la branche flexible qui peut être utilisée de toutes sortes de manières, et c'est ce sens de « branche flexible » qui apparaît dans skr. *vetasáḥ* « bambou », v. sl. *vĕtvĭ, vĕtvĭje*, lit. *výtis*, irl. *féith*, etc. ; le mot appartient à la racine de skr. *váyati* « il tresse, il entrelace, il tisse », lit. *vejù* « je tourne » (une corde), lat. *uiēre, uītis*, etc. Un nom propre du « saule » se retrouve sans doute dans lat. *salix*, v. irl. *sail* (génit. *sailech*), v. h. a. *salaha*, gr. ἑλίκη.

chêne : v. h. a. *forha*, lat. *quercus* (de **perqʷus*, comme *quinque* de **penqʷe*), et v. h. a. *eih*, ags. *ác*, cf. lat. *aesculus* (?), gr. αἰγίλωψ « sorte de chêne » (?). Il n'y a donc pas de nom indo-européen à vrai dire ; mais il y en a un pour « gland » : lat. *glans*, gr. βάλανος, lit. *gìlė*, v. sl. *žełądĭ*, arm. *kałin*.

hêtre : lat. *fāgus*, v. isl. *bók*, v. h. a. *buohha* ; le gr. φηγός (dor. φᾱγός), féminin comme le mot latin correspondant, désigne une sorte de chêne.

L'existence de quelques noms de plantes herbacées semble garantir la culture de certaines céréales, ce qui s'accorde bien avec l'existence d'une racine signifiant « labourer » (cf. ci-dessus p. 351) et de quelques autres termes relatifs à l'agriculture : skr. *yávaḥ*, zd *yavō* désigne les céréales, et surtout l'orge, de même, lit. *javaĩ* désigne « les grains », l'hom. ζειαί une sorte de graines, irl. *eorna* l'orge ; l'orge a d'ailleurs son nom propre dans gr. κρῖ, κριθή, v. h. a. *gersta*, lat. *hordeum*, arm. *gari* (formes assez malaisées à ramener à un type commun). Les mots de ce genre ont changé de sens suivant le progrès de la culture ; par exemple le gr. πυρός et le lit. *pūrai* désignent du « froment », mais le v. sl. *pyro* traduit ὄλυρα, κέγχρος. Tout ce qu'il est permis de conclure de ces rapprochements, c'est donc l'existence de céréales cultivées ; mais la linguistique ne permet pas de décider lesquelles. Il y a aussi un mot pour la « paille » : skr. *palâvaḥ*, v. sl. *plěva*, v. pruss. *pelwo*, lit. *pelaĩ*, lat. *palea*. Le nom du « grain » (v. sl. *zrŭno*, v. pruss. *syrne*, got. *kaurn*, v. irl. *grán*, lat. *grānum*) n'est attesté, par une coïncidence curieuse, que dans les langues qui possèdent la racine **sē-* « semer » (v. sl. *sěti*, lit. *sěti*, got. *saian*; v. irl. *síl* « semence », lat. *sēmen*) et n'existe par suite ni en indo-iranien, ni en arménien, ni en grec; ces langues sont aussi les seules où se trouve le nom de la « pomme » et du « pommier » : v. sl. *ablŭko* « pomme », lit. *óbůlas* « pomme », *obelis* « pommier », v. h. a. *apful* « pomme », v. irl. *aball* « pomme »; et sans doute *Abella* en Campanie (pays de langue osque) est la « ville des pommes », car Virgile la qualifie de *malifera*; le nom de la pomme, propre aux dialectes septentrionaux et occidentaux, a été remplacé en Italie par le nom dorien μᾶλον, d'origine inconnue, (d'où lat. *mālum*) qui désignait une pomme cultivée; on observe ici un effet de la substitution de la civilisation méditerranéenne et hellénique à celle de l'Europe du Nord qui était originairement celle des Latins et des Osco-Ombriens.

Les mots cités suffisent à garantir pour l'époque indo-européenne la culture de quelques plantes; mais l'imprécision du sens et le petit nombre des noms attestés contrastent d'une manière frappante avec la valeur précise et l'abondance des termes qui désignent des animaux; on peut conclure de là quels étaient les principaux moyens de subsistance pour les Indo-Européens, et ce qui était pour eux l'accessoire. La « chair » des animaux sauvages ou domestiques (skr. *māṃsám*, v. sl. *męso*, arm. *mis*, got. *mimz*) en formait sans doute la plus grande part, avec le lait (dont les noms ont des formes assez divergentes, quoiqu'en partie au moins apparentées les unes avec les autres); lat. *iūs*, skr. *yūḥ*, v. sl. *jucha* (et lit.

jūszė) désignent une préparation de la viande avec une sauce.

C. Noms relatifs à la religion.

Si l'on met à part les astres, comme le soleil, ou les phénomènes naturels, comme l'aurore, le tonnerre, le feu, etc., qui, sous leur nom ordinaire, sont tenus pour divins dans l'Inde et la Grèce antiques, on peut dire que pas un nom de dieu n'est indo-européen : véd. *Indraḥ* n'a pas de correspondant en dehors de l'indo-iranien, gr. Ἀπόλλων n'en a pas en dehors du grec. Quelques rapprochements au premier abord spécieux, comme celui de véd. *Gandharváḥ*, zd *Gandarəwō* et de gr. Κένταυρος ou de véd. *Saraṇyū́ḥ* et de gr. Ἐρινύς, ne s'étendent pas au delà de deux langues, ce qui suffit à les rendre douteux a priori, et d'ailleurs ne résistent pas à une critique phonétique un peu sévère ; ainsi, pour *Gandharváḥ* et Κένταυρος, on notera : 1° que la place du ton diffère ; 2° que skr. *g* ne répond pas à gr. κ ; 3° que l'*a* de *Gandharváḥ* peut représenter *a* ou *o*, mais non *e*, car autrement on aurait à l'initiale *j*, et non *g* ; 4° que skr. *dh* ne répond pas à gr. τ ; 5° que skr. *-arvaḥ* ne répond pas à gr. -αυρος ; si donc il y a des raisons de rapprocher le mythe des Gandharvas de celui des Centaures, ce qu'il n'y a pas lieu de rechercher ici, il n'est du moins pas légitime de rapprocher les noms. — Aucun mot indo-européen bien établi ne désigne ni le sacrifice, ni aucun rite ; il est assez séduisant de comparer le *brahmán-*, prêtre hindou, au *flāmen* latin, mais ce rapprochement, limité à deux langues et où les correspondances phonétiques sont ambiguës, est indémontrable. — Tout ce que la linguistique peut enseigner sur la religion indo-européenne, c'est l'existence d'une certaine conception de la divinité.

En effet le nom indo-européen de « dieu » est bien conservé dans plusieurs langues : skr. *deváḥ*, lit. *dė̃vas*, v. pruss. *deiwan* (accusat.), v. isl. *tívar* « les dieux », gaul. *dēvo-*, *dīvo-*, lat. *deus* (gén. *dīvī*); de là est dérivé un adjectif: skr. *divyáḥ*, gr. δῖος (de *διϝyος), lat. *dīus*. Or, ce mot signifie « brillant » et ne saurait être séparé du nom du jour, du ciel lumineux, très souvent divinisé: skr. *dyā́uḥ* « ciel, jour », gr. Ζεύς, ΔιϝόϚ, lat. *Iuppiter* (= Ζεῦ πάτερ « ô ciel père »; le père ciel, skr. *pitā́ dyā́uḥ*, s'oppose à la mère terre, skr. *mātā́ pṛthivī́*, par exemple *Ṛgveda*, I, 89, 4; gr. Δημήτηρ renferme le mot « mère » précédé d'un premier terme obscur), lat. *Iouis* (génit.) et *diēs* « jour », v. h. a. *Zīo*, arm. *tiw* « jour ». Les hommes sont mortels et terrestres, les dieux sont immortels et célestes; cette opposition s'exprime dans le nom des hommes qu'on appelle tantôt « mortels »: skr. *mártaḥ* « mortel, homme », gr. μορτός· ἄνθρωπος, θνητός (Hesych.) et hom. βροτός, v. perse *martiya* et zd *mašyō* (de **mártya-*) « homme », arm. *mard* « homme », tantôt « terrestres » (ἐπιχθόνιοι, Homère, θ 479): lat. *homō*, got. *guma*, lit. *žmogùs* (cf. lit. *žėmė* « terre », etc.). Les dieux sont riches et distributeurs de richesses (δωτῆρες ἐάων); de là sans doute le nom propre du dieu védique *Bhágaḥ* (littéralement « le partageur » ou « le bien partagé, le riche ») et le nom commun v. perse *baga* « dieu », v. sl. *bogŭ* « dieu » (cf. v. sl. *u-bogŭ* « pauvre », *bogatŭ* « riche »): l'accord de l'iranien et du slave ne semble pas fortuit; car d'autres termes relatifs à la religion sont communs à ces deux langues, notamment zd *spəntō* = v. sl. *svętŭ*, lit. *šventas* « saint », et zd *sravō* = v. sl. *slovo* « parole » (tandis que skr. *çrávaḥ* et gr. κλέ(ϝ)ος signifient « gloire »), et, dans ces deux cas au moins, l'hypothèse d'un emprunt du slave à l'iranien, qu'on pourrait soutenir pour sl. *bogŭ*, est exclue.

Nulle part en somme les vocabulaires des diverses langues indo-européennes ne divergent plus complètement que pour les termes relatifs à la religion; nulle part on ne rencontre moins de rapprochements certains; et, par suite, la linguistique ne saurait apporter à la mythologie comparée aucun témoignage solide.

D. Du nom de quelques objets.

Les noms d'objets sont éminemment sujets à changer avec le temps, et en conséquence les mêmes noms ne se retrouvent qu'en petit nombre dans les diverses langues. Aussitôt que le commerce ou l'imitation des voisins introduit une nouvelle forme ou un nouveau perfectionnement, de nouveaux noms soit étrangers soit indigènes s'introduisent et remplacent les anciens, et, avec le temps, les noms d'objets analogues et servant aux mêmes usages se trouvent différer dans des langues assez voisines par ailleurs. Le nom de la « hache » illustrera la chose.

La « hache » était sûrement connue des Indo-Européens; mais ses noms diffèrent presque d'une langue à l'autre. La racine de skr. *tákṣati* « il fabrique, il charpente » a fourni v. sl. *tesla*, v. h. a. *dehsala*, v. irl. *tál*; la racine de lat. *secō*, v. sl. *sěkǫ* « je coupe » a fourni lat. *secūris* et v. sl. *sekyra*; le got. *aqizi* rappelle gr. ἀξίνη et lat. *ascia*, mais ces trois formes se laissent difficilement ramener à un original commun; le skr. *svádhitiḥ* rappelle aussi d'assez loin lit. *vedegà*, v. pruss. *wedigo*; le rapprochement le plus frappant est celui de skr. *paraçúḥ* et de gr. πέλεκυς, mais le mot a un aspect si peu indo-européen qu'il est difficile de n'y pas voir un emprunt très ancien: en fait, on rapproche assyrien *pilakku* « hache ». Aucun des noms de la hache ne se trouve dans plus de deux ou trois langues.

Il suffira d'indiquer ici quelques autres noms d'objets dont l'extension sur le domaine indo-européen est particulièrement large.

Le nom de la « roue » dans les dialectes occidentaux: lat. *rota*, v. irl. *roth*, v. h. a. *rad*, lit. *rãtas*, n'est connu ni du slave, ni de l'arménien, ni du grec; et, en indo-iranien, le mot correspondant, skr. *ráthaḥ*, zd *raϑō*, signifie « char »; les deux sens se rattachent indépendamment l'un de l'autre à celui d'une racine **reth-* « courir » : v. irl. *rethim* « je cours », lit. *ritù* « je roule ». Skr. *cakrám*, zd *čaxra-*, ags. *hweohl*, gr. κύκλος, et, avec la forme non redoublée, v. sl. *kolo*, v. pruss. *kelan*, v. isl. *hvel* représentent sans doute un nom indo européen commun de la roue; le sens premier est celui d'objet qui tourne; la racine est la même que celle de skr. *cárati* « il circule », cf. hom. περιπλομένων et περιτελλομένων ἐνιαυτῶν « avec le retour des années », ἀμφίπολος « serviteur » (litt. « qui circule autour »); le gr. πόλος « axe » et le lat. *colus* « quenouille » appartiennent à la même famille de mots. Le gr. τροχός et l'irl. *droch* « roue » sont de même apparentés à gr. τρέχω « je cours », fut. θρέξομαι. Les noms de la « roue » sont donc assez divergents. Au contraire l' « essieu » a partout un même nom, le thème **aks-* élargi par divers suffixes secondaires : skr. *ákṣaḥ*; gr. ἄξων, v. h. a. *ahsa*; v. isl. *ǫxull*; v. sl. *osĭ*, lit. *aszis*, gall. *echel* (de **aksi-lā*), lat. *axis*.

La pierre qui sert à écraser, à moudre se nomme : skr. *grā́van-*, irl. *bró*, gall. *breuan*, lit. *girnos*, v. sl. *žrŭny*, got. *qairnus*, arm. *erkan*.

Le seul nom de métal attesté est : skr. *áyaḥ*, zd *ayō* « bronze (?), fer », got. *aiz*, v. h. a. *ēr*, v. isl. *eir*, lat. *aes* « bronze », et aussi « cuivre ». Il faut citer de plus un autre nom : skr. *lohāḥ* « cuivre, fer », pers. *rōi* « cuivre », v. sl. *ruda* « métal », et v. isl. *rauði*, lat. *raudus* « minerai ».

E. Noms de nombre.

Le système de numération indo-européen est le système décimal; il y a d'abord dix noms bien distincts les uns des autres pour les dix premiers nombres; on compte ensuite par dizaines : deux dizaines, trois dizaines, etc., en remplissant les intervalles par les unités comme dans fr. *dix-sept*, *vingt-huit,* etc. ; enfin il y a un nom pour « cent ». — Les ordinaux sont dérivés des cardinaux par addition de suffixes secondaires, avec certaines variations vocaliques (voir ci-dessus p. 249).

I. Les noms des unités forment trois groupes distincts :

a. Un :

Il n'y a pas accord entre les diverses langues ; les unes ont un dérivé de **oi-* : skr. *ékaḥ* — zd *aēvō,* v. perse *aiva* (cf. gr. οἶϝος « seul »), — lat. *ūnus,* v. irl. *óen,* got. *ains,* v. pruss. acc. *ainan* (cf. gr. οἰνή « as » [au jeu de dés]) ; d'autres emploient **sem-,* attesté par skr. *sa-kṛ́t* « une fois » ; lat. *semel, simplex,* etc. ; gr. εἷς, μία (de *σμια), ἕν ; arm. *mi.* — Pour l'ordinal, on recourt à un dérivé de la racine de gr. πέρι, πάρος, προ, etc., c'est-à-dire à un mot signifiant « ce qui est avant » : skr. *prathamáḥ* — skr. *pūrv(i)yáḥ,* v. sl. *prŭvyjĭ,* gr. πρῶτος (de *πρώϝατος) — lit. *pìrmas* — lat. *prīmus* — etc.

b. « Deux », « trois » et « quatre » :

Ces trois noms sont fléchis, d'après le témoignage concordant de l'indo-iranien, de l'arménien, du letto-slave et du grec. Ils ont des formes particulières pour chacun des genres, masculin, neutre et féminin.

Deux : masc. véd. *d(u)vā́, d(u)vā́u,* zd *dva,* v. sl. *dŭva,* hom. δύω (gr. δύο), arm. *erku,* lat. *duo,* v. irl. *dau, dá* ; féminin skr. *d(u)vé,* zd *duyē,* v. sl. *d(ĭ)vě,* lit. *dvì,* lat. *duae* ; neutre skr. *d(u)vé,* v. sl. *d(ĭ)vě.* La forme employée en composition est **dwi-* : skr. *dvi-pā́t,* gr. δί-πους, lat. *bi-pēs,* ags. *twi-fēte,* cf. lit. *dvi-kójis* « à deux pieds », arm. *erkeam* « de deux ans » *(erki-am).* Il y a de plus un mot signifiant « les deux » qui est fléchi comme **duwō(u),* mais dont l'initiale a des formes très divergentes suivant les langues : skr. *ubhā́u, ubhé,* gâth. fém. *ubē* ; v. sl. *oba, obě,* lit. *abù, abi* ; gr. ἄμφω, lat. *ambō* ; got. *bai.* — « Deux fois » se dit : skr. *dviḥ,* zd *biš* (avec *b* représentant **dv* comme en latin), gr. δίς, lat. *bis.* — Pour l'ordinal, on rencontre soit un dérivé du cardinal : skr. *dvitīyaḥ* « second », zd *bit(i)yō*, soit la forme du mot « autre » à suffixe **-tero-, -tro-* : got. *anþar*, lit. *añtras*, soit d'autres mots.

Trois : masc. skr. *tráyaḥ*, gr. τρεῖς, v. sl. *trije*, arm. *erekh*, lat. *trēs*, got. (accus.) *þrins*, v. irl. *trí*, etc. ; neutre véd. *trī*, v. sl. *tri*, gr. τρία, lat. *tria* ; le féminin ancien n'est conservé qu'en indo-iranien et en celtique : skr. *tisráḥ*, zd *tišarō*, v. irl. *teoir*, m. gall. *teir*. — « Trois fois » se dit : skr. *tríḥ*, zd *θriš*, gr. τρίς. Zd *θrit(i)yō*, gr. τρίτος, arm. *erir* représentent des formes normales de l'ordinal ; mais il y a aussi des ordinaux où manque l'*i* du thème : skr. *tṛtīyaḥ*, v. pruss. *tirtis*, lit. *trẽčias*, v. sl. *tretĭjĭ* ; les formes des autres langues sont plus ou moins ambiguës.

Quatre : masc. skr. *catvā́raḥ*, accusat. *catúraḥ* ; dor. τέτορες, att. τέτταρες, béot. πέτταρες ; v. sl. *četyre* ; arm. *čorkh* ; v. irl. *cethir*, v. gall. *petguar* ; fémin. skr. *cátasraḥ*, zd *čatanrō*, v. irl. *cetheora*, m. gall. *pedeir*. — « Quatre fois » se dit skr. *catúḥ*, zd *čaθruš*, lat. *quater*. — L'ordinal a des formes assez divergentes ; le vocalisme zéro était anciennement celui de la première syllabe : **kʷtur-* : skr. *turī́yaḥ*, zd *tūiryō* (cf. zd *ā xtūirīm* « pour la quatrième fois »), gr. ταρτο- dans ταρτημόριον, chez Hesychius ; l'*e* a été rétabli presque partout : skr. *caturthā́ḥ*, gr. τέταρτος, v. sl. *četvrŭtŭ*, lit. *ketvir̃tas*.

c. De « cinq » à « dix » :

De « cinq », qui représente le nombre des doigts d'une main, à « dix », qui représente le nombre des doigts des deux mains, on a une nouvelle série de mots, non déclinés et dépourvus de genre :

5 : skr. *páñca*, arm. *hing*, gr. πέντε, lat. *quinque*, v. irl. *cóic*.

6 : skr. *ṣáṣ*, zd *xšvaš*, arm. *vec*, gr. Ϝέξ (ἕξ), lat. *sex*, v. sax. *sehs*, v. irl. *sé*, gall. *chwech*.

7 : skr. *saptá*, arm. *ewthn*, gr. ἑπτά, lat. *septem*, v. irl. *secht n-*.

8 : véd. *aṣṭā́*, *aṣṭā́u* (avec *ṣṭ* issu de *k_1t*), arm. *uth*, gr ὀκτώ, lat. *octō*, got. *ahtau*, v. irl. *ocht n-*.

9 : skr. *náva*, arm. *inn*, gr. ἐννέ(Ϝ)α, lat. *nouem*, got. *niun*, v. irl. *nói n-*.

10 : skr. *dáça*, arm. *tasn*, gr. δέκα, lat. *decem*, got. *taihun*, v. irl. *deich n-*.

Ces six noms sont remplacés en slave par des abstraits : *pętĭ* « le groupe de cinq », *šestĭ* « le groupe de six », etc.

De « dix » à « vingt », on a des juxtaposés de chacune des unités et de « dix » : gr. ἕνδεκα, δώδεκα, etc.

Il n'y a pas lieu d'entrer ici dans l'énumération des ordinaux.

II. Les dizaines.

Les dizaines sont exprimées par des dérivés du mot « dix » précédés du nom de chacune des unités ; sous leur forme indo-européenne, ces dérivés, qui sont de genre neutre, ont le suffixe *-t-* et la forme à vocalisme zéro de la première syllabe ; de là provient une forme à initiale compliquée **dk_1ṃt-*, **dk_1omt-*, qui s'est réduite à **k_1ṃt-*, **$k_1$omt-* ; il résulte de cette réduction que la combinaison a cessé d'être comprise. En germanique, en baltique et en slave, la forme complète du nom de la dizaine a été rétablie : « trente » est v. sl. *tri desęti*, lit. *trỹs dẽszimtys*, got. *þrins tiguns* (accus.), v. h. a. *drīzug*. En arménien, en grec et en latin, l'initiale réduite a subsisté, mais l'ancienne forme de nominatif-accusatif a été généralisée, et, sous l'influence du caractère non fléchi des noms de nombre précédents, sert pour tous les cas : « vingt » est un ancien nominatif-accusatif duel neutre : arm. *khsan* (de **gisan*), dor. béot. Ϝίκατι, lat. *uīgintī*, zd *vīsaiti* (cf. ci-dessus p. 269 et 282) ; les dizaines suivantes sont des pluriels neutres ; ainsi « 30 » : arm. *eresun*, gr. τριάκοντα, lat.

trigintā ; l'indo-iranien et le celtique emploient des formes dérivées, fléchies au singulier ; ainsi pour 30 : v. irl. *tricha* (suivi du génitif), zd *θrisat-*, skr. *triṃçát-*. Nulle part la flexion du duel **wī-k₁ṃtī* « 20 » ou du pluriel **trī-k₁omtə* « 30 », etc. n'est conservée.

Le premier terme appelle peu d'observations ; dans i.-e. **wī-k₁ṃtī* « 20 », **wī* doit être un mot signifiant « deux » ; on notera la longue de i.-e. **penkʷē-* dans : skr. *pañcā-çát-* « 50 », zd *pančā-sat-*, gr. πεντή-κοντα, arm. *yisun* (de **hingi-sun*) « 50 ».

« Cent » est exprimé par un dérivé de **dék₁ṃ*, de genre neutre, à suffixe **-to-*, régulièrement fléchi : **(d)k₁ṃtó-* : skr. *çatám*, zd *satəm*, v. sl. *sŭto*, lit. *szim̃tas* (passé au masculin par suite de la disparition du neutre en lituanien) ; le lat. *centum* est l'ancien nominatif-accusatif singulier devenu forme invariable ; de même gr. ἑ-κατόν (littéralement « une centaine »), got. *hund*, gall. *cant*.

Pour « mille » il n'y a pas de nom indo-européen : le rapport de skr. *sahásram*, zd *hazaṅrəm* et de dor. χήλιοι, lesb. χέλλιοι, att. χίλιοι n'est pas clair ; celui de got. *þūsundi*, v. h. a. *dūsunt* et de v. sl. *tysǫšta*, v. pruss. *tūsimtons*, lit. *túkstantis* est plus obscur encore.

CONCLUSION

I

Aux dates plus ou moins basses où sont connus les divers groupes dialectaux indo-européens conservés, chacun d'eux apparaît très distinct de tous les autres et caractérisé par des innovations propres aussi importantes que nombreuses. Les groupes les plus anciennement attestés ont donc, dès le commencement de leur histoire, un aspect déjà très différent de l'indo-européen. Dès avant les plus anciens textes, l'indo-iranien a bouleversé le vocalisme indo-européen ; dès avant Homère, le grec a mutilé et transformé tout le consonantisme. En somme, au début même de la tradition, chaque dialecte forme un système original dont l'indo-européen a fourni les éléments, mais qui est essentiellement autre que le système indo-européen.

Cette différenciation avait commencé, on l'a vu, au temps de vie commune des dialectes indo-européens, mais c'est sans doute après la séparation que les différences dialectales anciennes sont devenues plus profondes. Puis, à l'intérieur de chaque grand groupe, il y a eu de nouvelles divergences qui ont abouti à la formation de dialectes dans ce groupe même. On désigne sous le nom de grec commun, de slave commun, de germanique commun, etc., l'ensemble des particularités propres à tous les dialectes grecs, slaves, germaniques, etc., c'est-à-dire à chacun des groupes en son entier; le grec commun est donc à l'ionien, au dorien, à l'éolien, etc., ce que l'indo-européen est au grec, au slave, au germanique, au celtique, etc. Il importe de noter qu'un fait grec commun par exemple n'est pas nécessairement antérieur à toute division dialectale ; ainsi le passage de $*k^w$ à π est grec commun ; néanmoins il est postérieur à l'altération de $*k^w$ devant ε au commencement du mot, qui a lieu en ionien et en dorien, mais non en éolien : le $*k^w$ initial du nom de nombre « quatre » aboutit donc à τ dans att. τέτταρες, mais à π dans béot. πέτταρες.

On est encore trop peu fixé sur les conditions générales dans lesquelles les langues se transforment pour qu'il soit licite de rien affirmer sur les causes des innovations propres à chaque groupe dialectal indo-européen. Mais tout ce qu'on sait conduit à penser que certains traits au moins résultent du mélange de populations de langue indo-européenne avec des populations parlant d'autres langues. Si, par exemple, à date tout à fait préhistorique, le grec a réduit à cinq les huit cas de la déclinaison indo européenne, si ni Homère ni aucun dialecte ne présente un sixième cas, on ne peut attribuer cette remarquable innovation qu'à une influence particulière de la population à laquelle se sont mêlés les colons de langue indo-européenne établis sur le sol hellénique ; car là où elle a rencontré des conditions plus favorables à sa persistance, la déclinaison s'est fort bien maintenue, et l'arménien, le lituanien et le slave ont aujourd'hui encore une riche déclinaison : le lituanien, le polonais, le russe et aussi l'arménien oriental moderne distinguent sept des huit cas indo-européens.

Mais partout où ils se sont établis, les dialectes indo-européens ont éliminé les langues parlées auparavant, si bien que le plus souvent on ne sait rien des idiomes non indo-européens dont ils ont pris la place. Et là où il a subsisté, dans le voisinage des dialectes indo-européens, des langues sans doute apparentées aux idiomes des anciens occupants du pays, on n'a pas encore étudié l'ensemble des faits, et l'on n'a guère fait plus que signaler certaines ressemblances, principalement entre le sanskrit et les langues dravidiennes de l'Inde, entre l'arménien et les langues du Caucase. — D'ailleurs le changement de langue n'est ni la seule ni sans doute la principale des causes qui déterminent les innovations linguistiques : la différence des habitats, des conditions d'existence (nutrition, etc.), de l'étendue des groupes sociaux, et des institutions a sans doute largement contribué à provoquer des développements divergents d'un seul et même idiome ; pour ne citer qu'un exemple, on conçoit que l'apprentissage du langage par les enfants, et par suite l'évolution de la langue qui en est la conséquence, ait lieu de manière fort différente dans un petit groupe social, tel qu'une cité grecque antique, où les membres du même groupe se marient uniquement entre eux, ou dans un groupe très étendu, tel que l'empire romain, ou enfin dans des populations pratiquant l'exogamie, comme celles de l'Australie. — En l'état actuel des connaissances, on ne peut donc que définir les innovations propres à chaque dialecte indo-européen, sans prétendre à en déterminer les causes d'une manière précise et détaillée.

II

Si le caractère éminemment original de chacune des langues dénonce l'influence des populations de langues diverses auxquelles les dialectes indo-européens sont venus s'imposer, en revanche l'unité d'origine se manifeste par le parallélisme de leur évolution. Dans le détail, chacune des langues indo-européennes a son histoire propre, et, comme on doit l'attendre, toutes les particularités de phonétique, de morphologie, de vocabulaire deviennent plus différentes de l'une à l'autre au fur et à mesure qu'on s'éloigne de l'ancienne période d'unité. Mais, dans l'ensemble, leur développement a été parallèle, et par suite les langues modernes, dont le matériel grammatical est si absolument propre à chacune, ont beaucoup plus de traits généraux en commun que ne le ferait présumer la parfaite indépendance de leurs développements respectifs.

On s'explique sans peine que partout la flexion très riche et le mécanisme grammatical infiniment délicat de l'indo-européen aient été simplifiés. D'une part, la mutilation constamment progressive des finales tendait sans cesse à altérer les désinences et même à les faire disparaître : celles des langues qui, comme l'arménien et la plupart des dialectes slaves, ont actuellement une déclinaison à cas nombreux, ont dans une très large mesure refait des désinences nouvelles, et leurs désinences n'ont plus avec celles de l'indo-européen que peu de chose de commun. D'autre part, dès qu'une langue s'étend à des populations nouvelles, comme l'a fait l'indo-européen, elle tend à perdre les particularités qui constituent son originalité : l'accent de hauteur, avec sa mobilité dans la flexion, et les alternances vocaliques, avec le jeu des sonantes (*y, w, r, l, m, n*), étaient des choses trop délicates pour être assimilées complètement par des populations parlant des langues tout autrement constituées ; en fait, ces traits essentiels de l'indo-européen, que la comparaison du védique et du grec ancien permet de déterminer avec une certaine précision, s'effacent dans les langues connues à date plus basse, et, seuls, le baltique et le slave, si singulièrement conservateurs, en ont gardé des traces nettes jusqu'à l'époque moderne.

Ce qui est plus remarquable, c'est que l'altération du système indo-européen ait produit des systèmes aussi exactement comparables les uns aux autres. Ainsi, au lieu des thèmes verbaux multiples et indépendants qu'a conservés si nettement l'indo-iranien et dont la langue homérique et même l'attique laissent encore entrevoir quelque chose, il tend partout à se constituer des *conjugaisons* comprenant seulement deux thèmes dont les rapports mutuels sont plus ou moins définis. En grec, la substitution de la conjugaison à deux thèmes à la variété ancienne des thèmes rattachés indépendamment à la racine se passe en pleine période historique : de la racine i.-e. **men-* « rester », le grec ancien avait deux présents : μένω et μίμνω, un futur μενέω (att. μενῶ), un aoriste ἔμεινα, un parfait μεμένηκα, soit cinq thèmes distincts ; le grec moderne n'a plus que deux thèmes, celui de μένω et celui de ἔμεινα, et, comme le rapport de μένω et de ἔμεινα n'est pas clair pour le sujet parlant, sur ἔμεινα il a été refait un présent μείνω. En latin, l'institution de la conjugaison à deux thèmes est antérieure aux plus anciens documents : de la même racine, on a, d'une part, un thème de présent *maneō,* auquel appartiennent, outre le présent proprement dit, l'impératif *manē,* le subjonctif *maneam,* l'imparfait *manēbam,* le subjonctif imparfait *manērem,* le futur *manēbō,* l'infinitif *manēre,* le participe *manens* ; d'autre part, un thème de prétérit, auquel appartiennent le prétérit *mansī,* le subjonctif *manserim,* le plus-que-parfait *manseram,* le subjonctif plus-que-parfait *mansissem,* le futur antérieur *manserō,* l'infinitif *mansisse,* le participe *mansus,* le supin *mansum* ; et encore, il faut ajouter que *maneō* est un verbe anomal puisque la forme du prétérit ne se déduit pas immédiatement de celle du présent : dans tous les verbes réguliers tels que *amāre, audīre,* etc., la forme du présent suffit à faire prévoir celle du prétérit. Ce qui est vrai du grec et du latin l'est aussi plus ou moins des autres langues, et tout exposé bien fait de la conjugaison des langues indo-européennes à partir d'un certain moment, variable pour chacune, met en évidence ce système, bien caractéristique, de la conjugaison à deux thèmes : c'est une phase par où toutes les langues indo-européennes ont passé ; le slave, le baltique, l'arménien en fournissent des exemples excellents, mais qui n'ajouteraient rien à la netteté des cas grecs et latins.

La conjugaison une fois constituée, d'abord complexe, comme en grec ancien, puis plus simple et réduite progressivement à deux thèmes, les noms cessent de se rattacher directement aux racines : ils s'isolent entièrement, comme le lat. _mens_ qui n'a plus rien à faire avec _monēre_ ni avec _reminiscor_, ou bien ils sont tirés de certaines formes de la conjugaison : l'indo-européen avait de la racine *_$g_1$eus-_ « goûter » un abstrait en *_-tei-_, attesté par skr. _juṣṭiḥ_ « satisfaction », got. _(ga-)kusts_ « examen » ; le grec n'a plus que γεῦσις qui est refait sur γεύομαι. Inversement, le latin a conservé un abstrait en *_-teu-_ de la même racine, _gustus_, cf. got. _kustus_, mais il a perdu le verbe ancien et emploie un dénominatif _gustāre_. Ces deux cas, celui de gr. γεῦσις et celui de lat. _gustāre_ indiquent bien les deux possibilités : persistance du verbe d'où se tirent des noms, ou persistance du nom d'où se tirent des verbes ; ce qui ne subsiste pas, c'est la racine indo-européenne, avec ses formations à la fois verbales et nominales ; à cet égard encore, les exemples grecs et latins représentent ce qui s'est passé sur le domaine indo-européen tout entier.

Ce n'est pas ici le lieu de suivre en détail l'histoire de ces faits ; en effet, si le principe du développement est, dans sa formule la plus générale, le même partout, le détail concret diffère entièrement d'une langue à l'autre, et l'on doit par suite instituer autant d'histoires qu'il y a de langues différentes. Ce qui fait l'intérêt de la grammaire comparée générale des langues indo-européennes, c'est précisément que, seule, elle rend possible l'étude de ces développements indépendants et parallèles. La détermination de la langue commune dont les langues indo-européennes représentent des formes postérieures n'a pas pour but de satisfaire la vaine curiosité de ceux qui voudraient connaître l'aspect de cette langue : un pareil but ne saurait d'ailleurs être atteint. Cette détermination n'est pas l'objet de la grammaire comparée, ce n'est pour elle qu'un moyen.

L'histoire des langues indo-européennes forme ainsi un vaste ensemble : la grammaire comparée générale permet de décrire avec une précision souvent très grande la partie comprise entre la période d'unité et les plus anciens documents de chaque groupe ; d'autre part, grâce à l'examen détaillé des textes de toutes les dates et de toutes les régions et en même temps des parlers vivants, on peut suivre jusqu'aujourd'hui le développement des grands groupes qui se sont constitués à une époque préhistorique. La plus grande partie du travail reste à faire ; néanmoins les principaux traits de cette histoire sont dégagés partout, et sur quelques points le détail commence à être précisé. Si le groupe indo-européen est le plus important du monde, c'est aussi celui dont le développement est le moins mal connu et qui laisse le mieux entrevoir dès maintenant les lois générales du développement des langues.

C'est en effet pour expliquer les faits particuliers observables à date historique qu'a été constituée la grammaire comparée : *il est, ils sont* est en français une flexion inexplicable ; *est, sunt* n'est pas plus explicable en latin, mais y trouve déjà quelques analogues perdus aujourd'hui, comme *fert, ferunt* ; ce n'est qu'en indo-européen que la flexion verbale maintenant représentée par le seul *il est, ils sont* a été normale : c'est donc en indo-européen seulement que ce verbe français s'explique, en prenant l'aspect d'une formation normale. Tel est le premier service rendu par la grammaire comparée : elle permet de rendre compte d'une foule de faits historiquement attestés.

Mais en même temps, par cela même que pour trouver l'explication des faits linguistiques on en a dû suivre minutieusement l'histoire depuis la période d'ancienne unité jusqu'aujourd'hui, il a été réuni un recueil immense d'observations sur le développement des langues. Et à côté de l'histoire proprement dite des divers idiomes où il n'y a, comme dans toute histoire, qu'une succession de faits *particuliers*, il se forme, à l'aide de ces matériaux, une théorie *générale* des conditions dans lesquelles évoluent les langues, c'est-à-dire que l'*histoire* du groupe indo-européen, maintenant connue en ses grandes lignes, fournit les meilleures observations qu'elle puisse encore utiliser à la *science* du langage qui commence enfin à se constituer ; à son tour, cette science, en déterminant les lois générales du langage, permettra de remplacer l'empirisme actuel des explications par des doctrines cohérentes et systématiques. Les faits qu'on vient de passer rapidement en revue apparaîtront alors sous un aspect nouveau ; mais, tels qu'ils sont, les résultats acquis par la grammaire comparée sont, dans leur ensemble, certains ; la science nouvelle qui se crée les éclairera, elle ne les ébranlera pas.

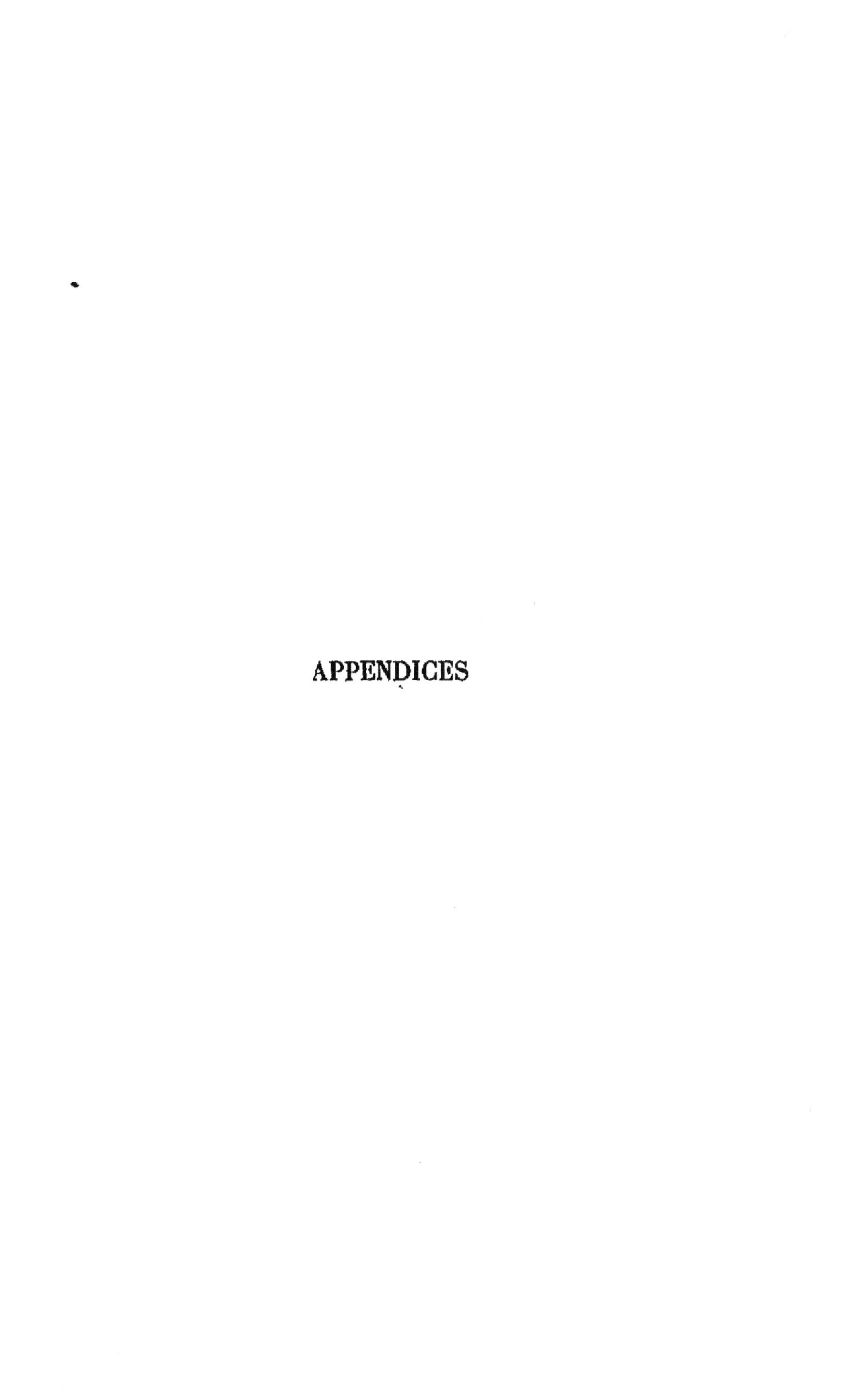

APPENDICES

I. — Aperçu du développement de la grammaire comparée

La grammaire comparée a été créée au début du XIXe siècle par des savants allemands et danois.

Les Grecs ont été en rapports étroits avec une foule de peuples étrangers dont la langue avait avec la leur les ressemblances les plus frappantes ; ils n'y ont prêté aucune attention, ou, s'ils les ont remarquées, ils n'y ont vu que de pures curiosités et n'ont tiré de ces observations isolées aucune doctrine. La perte qui résulte de là est immense et irréparable : les Grecs auraient pu observer et fixer des langues qui ont disparu plus tard sans laisser de traces ou qui se sont gravement altérées par la suite ; si l'on avait des notions précises sur les dialectes iraniens, phrygiens, arméniens, thraces, illyriens, italiques, celtiques du IIIe ou du IVe siècle av. J.-C., tels que des interprètes helléniques n'ont pu manquer de les connaître, la grammaire comparée des langues indo-européennes serait tout autrement exacte et complète qu'elle ne l'est et ne pourra l'être jamais. Mais les Grecs n'ont pas eu l'idée que tous ces idiomes barbares fussent des formes d'une même langue et eussent rien à faire avec le leur ; ils n'ont jamais imaginé que le seul moyen de rendre compte des particularités de leur propre langage fût de le rapprocher des parlers variés que leurs colons et leurs marins rencontraient de tous côtés. La seule langue qu'ils aient étudiée est la leur, et ils y ont assez bien réussi à beaucoup d'égards : quand ils ont eu à l'écrire, ils ont su ne pas emprunter tel quel l'alphabet syllabique des Phéniciens et, en notant les voyelles, créer l'écriture alphabétique qui, seule, convient aux langues indo-européennes : pour apprécier comme il faut le service qu'ils ont ainsi rendu, il suffit de songer à ce que répandent d'obscurité sur les textes iraniens l'écriture araméenne pour le pehlvi, l'écriture arabe pour le persan. Les philosophes grecs ont exactement reconnu les catégories de la grammaire de leur langue ; les grammairiens ont décrit les particularités dialectales des textes littéraires. Mais ils ne sont pas allés au delà de la simple constatation des faits, et de leurs tentatives d'explication, purement a priori, rien n'a subsisté ; car ils n'ont jamais vu dans quelle direction on peut chercher à rendre compte d'un fait linguistique.

Les Hindous n'ont sans doute pas eu occasion d'étudier de près d'autre langue indo-européenne que l'iranien, lequel était un dialecte très semblable au leur à tous égards, et, à l'époque d'Alexandre et du royaume de Bactriane, le grec : ils n'en ont rien tiré. En revanche, ils ont observé leur propre idiome avec une précision admirable ; des détails infiniment menus de l'articulation n'ont pas échappé à l'attention de leurs grammairiens ; ils ont reconnu exactement tous les traits essentiels de leur morphologie, si bien que, à beaucoup d'égards, la grammaire comparée a simplement appliqué à l'indo-européen les observations qu'ils avaient su faire sur le sanskrit. Comme les Grecs enfin, ils ont dès le début adapté au caractère de leur langue l'alphabet qu'ils empruntaient, et ont noté avec soin les voyelles.

Aux Hindous comme aux Grecs, il a manqué la notion du développement historique. Au xviie et au xviiie siècles cette notion était encore aussi complètement ignorée qu'au temps d'Aristote ou de l'Hindou Pāṇini ; pour rendre compte d'un fait linguistique on ne recourait pas à l'observation des faits antérieurs, mais seulement à des conceptions a priori ;

la théorie de la phrase était une application de la théorie des propositions et des jugements, la grammaire générale une application de la logique formelle : la grammaire de Port-Royal et la grammaire de Condillac en fournissent d'illustres exemples.

Au début du XIXe siècle, une idée nouvelle apparaît de toutes parts et dans tous les domaines ; on cesse de prendre de simples conceptions logiques pour des explications ; l'observation et l'étude abstraite des phénomènes mécaniques, physiques et chimiques, déjà instituées par les Grecs et reprises avec une activité nouvelle depuis le XVe siècle, donnaient des résultats chaque année plus précis et plus nombreux, et permettaient de prévoir d'une manière toujours plus sûre, d'utiliser d'une manière toujours plus complète l'action des forces matérielles. Les faits que présentent les êtres organisés et les sociétés restaient obscurs, parce qu'on prétendait les étudier en leur appliquant des idées a priori ; on a compris alors qu'il fallait les observer en eux-mêmes, comme on faisait pour les faits physiques ou chimiques.

Mais les phénomènes que présentent les êtres vivants et surtout les sociétés sont infiniment complexes ; ils ne se laissent pas, pour la plupart, ramener à des formules abstraites comme un fait de physique. Quand on observe une institution sociale, on aperçoit aisément qu'elle est le produit de toute une série d'actions successives ; on ne peut donc l'expliquer sans en faire l'histoire ; cet examen méthodique des antécédents historiques est ce que le siècle dernier a apporté de plus original et de plus neuf : en mécanique, en physique, on a tiré des méthodes d'Archimède, de Galilée, de Descartes, de Newton une infinité de résultats nouveaux, mais la méthode même était déjà parvenue à sa perfection, et il n'y a eu qu'à l'appliquer avec rigueur à tous les objets qu'elle permet d'étudier ; la méthode de l'explication historique a été au contraire une création du XIXe siècle (et déjà, en quelque mesure, de la fin du XVIIIe). L'écorce terrestre, les êtres organisés, les sociétés et leurs institutions sont apparus comme les produits de développements historiques dont le détail ne pouvait jamais être deviné a priori, et dont on ne pouvait rendre compte qu'en observant et en déterminant exactement la succession des faits particuliers par lesquels ils se sont réalisés. Et c'est seulement à l'aide des observations ainsi réunies qu'on commence à poser les théories générales relatives au développement des êtres organisés et des sociétés.

La grammaire comparée n'est qu'une partie du grand ensemble des recherches méthodiques que le XIXe siècle a instituées sur le développement historique des faits naturels et sociaux.

Elle s'est constituée lorsqu'on s'est mis à rapprocher systématiquement le sanskrit du grec, du latin et du germanique. Aussitôt que les relations régulières établies entre l'Inde et l'Europe ont donné à quelques Européens l'occasion d'étudier le sanskrit, on en a reconnu la parenté avec les langues européennes ; le fait est indiqué par le jésuite français Cœurdoux dans une note adressée en 1767 à l'Académie des inscriptions, par l'Anglais William Jones dans un discours à la Société de Calcutta en 1786, par le jésuite allemand Paulin de Saint-Barthélemy vers le même temps. Enfin l'attention a été attirée en Europe sur l'importance du sanskrit au point de vue linguistique par le livre fameux de Fr. Schlegel, *Ueber die Sprache und die Weisheit der Indier* (Heidelberg, 1808).

La connaissance du sanskrit a été décisive à deux points de vue pour la constitution de la grammaire comparée. Tout d'abord, le sanskrit a conservé une morphologie très archaïque et un système consonantique qui seuls permettent de se faire une idée un peu nette de ce qu'a pu être l'indo-européen et sans lesquels une foule de traits essentiels de cette langue seraient toujours restés inconnus ou mal connus. En second lieu, les grammairiens de l'Inde avaient analysé avec une précision extrême jusqu'aux détails les plus menus de la phonétique et de la grammaire de cet idiome si archaïque ; dès le début du XIXe siècle, les grammaires de Colebrooke, de Wilkins (1808), de Carey, de Forster, la liste des racines de Wilkins (1815), la publication de l'Amarakoça et autres lexiques, provoquée par Colebrooke (Calcutta, 1807), mettaient à la disposition des savants européens les principaux résultats du travail des grammairiens hindous ; dans la mesure très large où le sanskrit représente la phonétique et la morphologie indo-européennes, on avait déjà là une analyse grammaticale de l'indo-européen, absolument indépendante des théories grecques, qui suffisait à renouveler toutes les notions linguistiques et qui avait le mérite essentiel de reposer sur l'observation même des faits.

C'est Franz Bopp, né à Mayence en 1791, qui a le premier tiré des rapprochements du sanskrit avec les langues de l'Europe un ensemble de doctrines. Après un séjour à Paris, qui était alors le principal centre d'études orientales, et où il avait appris le sanskrit en grande partie seul et avec des moyens fort insuffisants (le dictionnaire de Wilson n'a paru qu'en 1819), Bopp publie en 1816, à Francfort-sur-le-Mein, son premier ouvrage : *Ueber das Conjugationssystem der Sanskritsprache, in Vergleichung mit jenem der griechischen, lateinischen, persischen und germanischen Sprache, nebst Episoden des Ramajan und Mahabharat in genauen metrischen Uebersetzungen aus dem Originaltexte und einigen Abschnitten aus den Veda's* (8°, XXXXVI-312 p.). La grammaire comparée était créée. « Nous devons, disait Bopp, apprendre à connaître avant tout le système de conjugaison du vieil indien, parcourir en les comparant les conjugaisons du grec, du latin, du germanique et du persan ; ainsi nous en apercevrons l'identité, en même temps nous reconnaîtrons la destruction progressive et graduelle de l'organisme linguistique simple et nous observerons la tendance à le remplacer par des groupements mécaniques, d'où a résulté une apparence d'organisme nouveau, lorsqu'on n'a plus reconnu les éléments de ces groupes ». Dès ce premier ouvrage, l'objet essentiel des recherches de Bopp est fixé : il rapproche les formes grammaticales des diverses langues indo-européennes, en se servant particulièrement du sanskrit, et sa justesse de coup d'œil à cet égard est admirable ; mais ces rapprochements ne sont pour lui qu'un moyen, et ce qu'il se propose avant tout, c'est d'expliquer les formes en en déterminant l'aspect le plus ancien, le moins mutilé, le plus primitif qu'il est possible. Déjà dans ce livre, Bopp explique le futur en *-sya-* du sanskrit par l'addition du verbe « être », skr. *as-*, à la racine verbale : c'est le premier essai de ces explications par agglutination qui devaient tenir tant de place dans l'œuvre ultérieure de Bopp ; l'analyse imaginaire, mais alors usuelle, du verbe en copule et prédicat lui faisait d'ailleurs paraître toute naturelle une division de skr. *tap-sya-ti* « il brûlera » en « il sera brûlant ». La comparaison des langues attestées donne à ses yeux un moyen de remonter à un *état primitif* où les formes grammaticales se laissent expliquer directement et où il est possible de les analyser ; en ce sens, Bopp est encore un homme du XVIIIe siècle ; il prétend remonter au commencement même des choses dont les progrès de la science créée par lui ont fait comprendre à ses successeurs qu'on pouvait seulement connaître le développement historique. La détermination de l'identité fondamentale des langues indo-européennes n'est donc pas pour lui la fin de la grammaire comparée, et il ne voit dans les changements qui se sont produits depuis l'époque d'unité qu'une corruption progressive de l'organisme ancien. Bopp a trouvé la grammaire comparée en cherchant à expliquer l'indo-européen, à peu près comme Christophe Colomb a découvert l'Amérique en cherchant la route des Indes.

Appelé à l'Université de Berlin en 1821 sur la recommandation de Guillaume de Humboldt, Bopp poursuit dès lors régulièrement ses recherches. Il en expose les premiers résultats dans une série de six mémoires, présentés de 1824 à 1833 à l'Académie de Berlin, qui portent en commun le titre bien caractéristique de : *Analyse comparative du sanskrit et des langues congénères*. Dès ce temps la publication de grammaires lituaniennes et le développement de la philologie slave lui donnent le moyen de joindre le letto-slave au sanskrit, au grec, au latin et au germanique; le déchiffrement du zend par les méthodes rigoureuses d'Eugène Burnouf permettait au même moment de remplacer le persan par une langue iranienne beaucoup plus archaïque, celle de l'Avesta. En 1833 paraît la première livraison de la grammaire comparée du sanskrit, du zend, du grec, du latin, du lituanien, du gotique et de l'allemand, qui ne devait être terminée qu'en 1849 ; le vieux slave figure sur le titre à partir du second volume ; le début de la préface de ce livre (cité ici d'après la belle traduction de M. Bréal) donnera des vues de l'auteur l'idée la plus précise : « Je me propose de donner dans cet ouvrage une description de l'organisme des différentes langues qui sont nommées sur le titre, de comparer entre eux les faits de même nature, d'étudier les lois physiques et mécaniques qui régissent ces idiomes et de rechercher l'origine des formes qui expriment les rapports grammaticaux. Il n'y a que le mystère des racines ou, en d'autres termes, la cause pour laquelle telle conception primitive est marquée par tel son et non par tel autre, que nous nous abstiendrons de pénétrer... A la réserve de ce seul point, nous chercherons à observer le langage en quelque sorte dans son éclosion et dans son développement... La signification primitive et par conséquent l'origine des formes grammaticales se révèlent la plupart du temps d'elles-mêmes, aussitôt qu'on étend le cercle de ses recherches et qu'on rapproche les unes des autres les langues issues de la même famille, qui, malgré une séparation datant de plusieurs milliers d'années, portent encore la marque irrécusable de leur descendance commune. »

Bopp a créé ainsi de toutes pièces la grammaire comparée des langues indo-européennes ; il a vu presque tous les rapprochements qu'on peut faire entre les formes grammaticales des diverses langues et, à ce point de vue, n'a plus laissé qu'à glaner à ses successeurs ; aucune des langues de la famille n'a échappé à son attention ; il fait figurer l'arménien dans le titre de la seconde édition de la grammaire comparée (1857-1861) ; il a publié sur le vieux prussien et sur l'albanais des mémoires particuliers ; il n'a pas négligé le celtique même. — Toutefois si pénétrante qu'ait été son intuition, si large qu'ait été le champ de ses recherches, il laissait naturellement beaucoup à faire : son mérite essentiel a été de s'en tenir aux faits positifs en évitant les généralités vagues ; et c'est par là qu'il a renouvelé l'étude des langues ; mais, faute d'idées générales arrêtées, il ne semble pas avoir pris nettement conscience de sa méthode, et il lui est arrivé d'attribuer à la famille indo-européenne les langues malayo-polynésiennes et les langues caucasiques du Sud qui n'y appartiennent pas. Il s'est attaché presque exclusivement à la morphologie et, dans la morphologie, à l'analyse de la flexion ; mais il a toujours négligé l'étude de l'évolution phonétique et les règles précises qui y président ; il n'a examiné ni l'emploi des formes, ni la structure de la phrase, ni le vocabulaire. Après Bopp, il restait à suivre le développement de chaque langue dans le détail, à constituer toute la phonétique, toute la théorie de l'emploi des formes et de la phrase, toute l'étymologie, à poser des règles rigoureuses et surtout à éliminer toutes les spéculations vaines sur les origines, où Bopp poursuit des idées anciennes bien plus qu'il n'est vraiment un initiateur.

Ce grand travail a commencé du vivant même du maître, et dès le moment où ont été publiés ses premiers travaux.

En même temps que Bopp, et d'une manière tout à fait indépendante, le Danois Rask avait reconnu la parenté des langues germaniques avec le grec, le latin et le letto-slave, et exposé cette doctrine dans une étude, intitulée *Recherches sur le vieux norrois (Undersögelse om det gamle Nordiske)*, qui était achevée dès 1814, mais qui a paru seulement en 1818, à Copenhague, et dont la seconde partie a été traduite et a paru en allemand dans les *Vergleichungstafeln der europäischen Stammsprachen* de Vater, sous le titre de : *Ueber die thrakische Sprachclasse* (Halle, 1822). Rask a vis-à-vis de Bopp la grave infériorité de ne pas faire intervenir le sanskrit ; mais il démontre parfaitement l'identité originelle des langues qu'il rapproche, sans se laisser aller à de vaines tentatives d'explication des formes primitives ; il est satisfait quand il a pu constater que « chaque terminaison de la langue islandaise semble se retrouver plus ou moins clairement en grec et en latin », et, à ce point de vue au moins, son livre produit une impression singulièrement plus scientifique, plus rigoureuse, plus moderne que ceux de Bopp.

Tandis que Bopp a toute sa vie négligé les idées générales pour s'attacher à la détermination des détails précis, Guillaume de Humboldt au contraire n'a jamais exposé dans ses publications que des idées générales ; mais son action personnelle sur le développement de la grammaire comparée a été immense ; partant de l'idée que la langue est une activité, une ἐνέργεια, et non un ἔργον, il voyait dans l'idiome de chaque population la manifestation caractéristique de son activité intellectuelle et il estimait par suite que toute langue devait être étudiée pour elle-même. Les faits que ces observations ont mis en évidence n'ont pas permis de déterminer les caractères propres de l'activité psychique de chaque peuple, comme l'espérait G. de Humboldt ; mais l'examen des choses telles qu'elles sont et des particularités propres de chaque idiome a abouti à la création d'une science rigoureuse et précise.

Comme il était naturel puisque la transformation de la linguistique était faite par des savants de langue germanique, c'est le groupe des langues germaniques qui a été le premier étudié suivant les nouvelles méthodes. Déjà en 1811, le Danois Rask écrit dans la préface de sa grammaire islandaise : « Une grammaire n'a pas à ordonner comment on doit former les mots, mais à décrire comment ils sont formés et comment ils changent », et, en rendant compte de ce livre en 1812, Jacob Grimm (né en 1785, mort en 1863) écrivait : « Toute individualité doit être tenue pour sacrée, même dans le langage ; il est à souhaiter que chaque dialecte, fût-ce le plus petit, le plus méprisé, soit abandonné à lui-même, que toute violence lui soit épargnée, car il a certainement ses supériorités cachées sur les plus grands et les plus estimés.. » Suivant ce principe il fallait s'attacher à décrire le plus précisément possible chacune des formes du germanique, et surtout les formes les plus anciennes où, conformément aux idées de ce temps, on s'attendait à trouver l'esprit national dans sa pureté, la langue dans sa perfection native. La grammaire de Grimm, dont le premier volume a paru en 1819 (quatorze ans avant le premier volume de la grammaire comparée de Bopp), a été la première description de tout un groupe de dialectes depuis les formes les plus anciennes qui soient attestées, et a par là servi de modèle à toutes les études qu'on a faites ensuite des autres groupes de dialectes attestés par des documents anciens ; les détails les plus délicats y sont relevés avec le soin ou, pour mieux dire, avec la piété d'un dévot ; mais le jeu subtil et infiniment complexe d'actions et de réactions par lesquelles s'expliquent les faits linguistiques n'est pas encore mis en lumière ; c'est un recueil d'observations plutôt que d'explications. Les lois de la *lautverschiebung*, en vertu desquelles tout le système consonantique a été pour ainsi dire transposé d'un degré, germ. *f*, *þ*, *h* répondant à gr. π, τ, κ ou lat. *p*, *t*, *k* ; germ. *p*, *t*, *k* à gr. β, δ, γ, lat. *b*, *d*, *g* ; ht all. *d* à got. *þ*, etc., sont reconnues et exposées en 1818 par Rask, en 1822 par J. Grimm lui-même : elles donnent le premier exemple et le premier modèle des lois phonétiques sur la connaissance desquelles repose au fond toute la linguistique moderne ; elles ont été le premier fruit de l'observation précise des dialectes et de la recherche des traits originaux qui caractérisent chaque langue.

Pott (1802-1887), de onze ans plus jeune que Bopp, a profité des travaux de ses devanciers, mais il s'est choisi dès l'abord son domaine propre, l'étymologie, et il y a travaillé d'une manière entièrement indépendante, en y apportant une merveilleuse érudition. La première édition de ses *Etymologische forschungen* est de 1833 pour le premier volume, de 1836 pour le second, exactement contemporaine par conséquent de la première édition de la grammaire de Bopp. Sans règles précises de correspondance entre les langues rapprochées, l'étymologie n'est qu'un pur jeu d'esprit et ne comporte pas de démonstrations ; Pott l'a bien vu, et dès 1833, il écrit ces phrases décisives : « la lettre est un guide plus sûr dans le labyrinthe de l'étymologie que la signification, souvent sujette aux sauts les plus hardis » et « l'exposition qu'a faite Grimm des transformations phonétiques dans les langues germaniques a plus de valeur à elle seule que plusieurs philosophies du langage ». Pott a créé à la fois l'étymologie et la phonétique comparée des langues indo-européennes ; et, ce qui montre les progrès de la méthode linguistique en peu d'années, son œuvre renferme déjà relativement moins de parties caduques que celle de Bopp.

En même temps que la grammaire comparée était créée, plusieurs philologies se constituaient : celles du sanskrit, de l'iranien ancien, du germanique, du slave, etc. ; elles ont profité des nouvelles méthodes linguistiques et ont contribué chacune pour leur part au rapide progrès de la nouvelle discipline. La philologie classique s'est montrée plus rebelle : on n'en doit pas être surpris ; aujourd'hui encore, les philologues classiques sont, de tous, ceux qui ignorent le plus la grammaire comparée et ceux qui, lorsqu'ils essaient de l'apprendre, en pénètrent le moins bien la méthode. Lorsque la grammaire comparée s'est fondée, la philologie classique était déjà en plein renouvellement ; après Wolf (1759-1824) qui avait commencé à étudier la philologie pour elle-même et s'était inscrit à l'Université comme *studiosus philologiae*, des hommes tels que G. Hermann (1772-1848), chef de l'école proprement philologique, et A. Boeckh (1785-1867), véritable fondateur de l'école archéologique et initiateur des grands recueils d'inscriptions, ne se sont pas intéressés à la grammaire comparée ou même lui ont été hostiles : il leur était pénible de voir des nouveaux venus prononcer sur des questions de grammaire grecque ou latine, à l'aide de langues mal connues et au nom de méthodes impossibles à contrôler pour un helléniste ou un latiniste et d'ailleurs encore mal définies ; les comparatistes inspiraient d'autant moins de confiance que leurs connaissances en philologie classique manquaient souvent de précision (Bopp était un médiocre latiniste) et qu'ils négligeaient la syntaxe, si essentielle aux yeux d'un philologue. Cette mauvaise humeur, fort explicable, n'empêche pas que les travaux de ces savants et de leurs disciples n'aient beaucoup profité à la grammaire comparée. Buttmann a pu ignorer toujours que l'ᾱ dorien représente l'état panhellénique et l'η ionien une altération récente dans le contraste entre dor. ἵσταμι et ion. att. ἵστημι; mais sa grammaire grecque (1re édit. 1819 — 2e édit. 1830) a été infiniment utile aux comparatistes, de même que les travaux de Lobeck, disciple de G. Hermann, et la réédition du *Thesaurus* grec d'Henri Etienne par la maison Didot de Paris (de 1831 à 1865) sous la direction de Hase et avec la collaboration de quelques autres savants allemands. Pour n'avoir pas été inspirés par les méthodes de la grammaire comparée, ces ouvrages qui apportaient de riches collections de faits exacts n'en ont pas moins largement contribué à en déterminer les progrès.

En 1852 a été fondée la *Zeitschrift für vergleichende Sprachforschung* par Adalbert Kuhn, dont l'activité personnelle a eu pour principal objet la mythologie comparée : quand on en parcourt le premier volume, on est frappé de tout ce que les principes ont encore de flottant et d'incertain à ce moment. Une nouvelle génération de linguistes allait les préciser et les fixer, et les volumes suivants de cet important périodique révèlent un progrès continu de la méthode linguistique.

A. Schleicher (1821-1868) est animé d'un tout autre esprit que Bopp. Bopp était un *philologue* qui rapprochait les unes des autres les formes grammaticales des anciennes langues indo-européennes ; Schleicher, tout pénétré des méthodes des sciences naturelles, a été en quelque sorte un *naturaliste* qui a systématisé les faits acquis et s'est attaché à poser des lois générales. Dès ses débuts, il s'applique à la phonétique, et, dans ses *Sprachvergleichende Untersuchungen* (1848), il essaie de déterminer les règles d'évolution des groupes qui comprennent un *y* ; il veut poser des lois valables universellement, et non pas propres à telle ou telle langue, tentative alors prématurée, mais qui devait être reprise un jour.

Il ne se borne pas aux langues anciennes : un séjour dans la Lituanie prussienne lui donne le moyen d'étudier la plus archaïque de toutes les langues indo-européennes actuellement vivantes, le lituanien, et, en 1856, il publie à Prague sa grammaire lituanienne, qui est aujourd'hui encore la description la plus complète et la mieux ordonnée de cette langue ; la phonétique est ici étudiée pour elle-même, au même titre que la formation des mots et la flexion ; le chapitre qui lui est consacré a 79 pages contre 85 accordées à la flexion ; et, comme elle repose sur une observation directe de la langue parlée, et non sur l'examen des vieux textes, elle porte, innovation décisive, sur l'*articulation* et les changements d'articulation, non sur les *lettres* et les changements de lettres d'une langue à l'autre ; une syntaxe détaillée complète cette grammaire, vraiment admirable, qui a fait prendre au lituanien la place qui lui revient dans la comparaison des langues indo-européennes ; l'année suivante, en 1857, Schleicher publie les matériaux sur lesquels reposait la grammaire, son précieux recueil de contes, de chansons, d'énigmes et de proverbes lituaniens, accompagnés d'un glossaire : aux langues littéraires étudiées jusqu'alors se joignait enfin une vraie langue populaire. Et par le sujet, et par la manière dont il est traité, le *Handbuch der litauischen Sprache* marque dans le développement de la grammaire comparée l'une des dates les plus importantes.

Du fait que le développement linguistique était tenu par Schleicher pour soumis à des règles fixes et constantes résultait la possibilité de remonter des langues historiquement attestées à une forme plus ancienne, la forme commune supposée par les concordances qu'on y observe : Schleicher a été le premier à tenter de restituer l'indo-européen et d'en suivre le développement sur chaque domaine : c'est l'objet du *Compendium der vergleichenden grammatik der indogermanischen sprachen. Kurzer abriss einer laut-und formenlehre der indogermanischen ursprache, des altindischen, alteranischen, altgriechischen, altitalischen, altkeltischen, altslawischen, litauischen und altdeutschen.* La 1re édition a paru en 1861 — l'année même où a été terminée la 2e édition de la grammaire de Bopp — et l'ouvrage répondait si bien à un besoin urgent que, en moins de 15 ans, il en a été publié trois autres éditions. La phonétique occupe tout un tiers de l'ouvrage ; les explications de formes indo-européennes qui étaient pour Bopp l'essentiel figurent encore, mais ne jouent plus qu'un rôle secondaire. Bopp et Pott avaient posé les rapprochements et institué la comparaison : Schleicher a posé nettement la langue commune, en a déterminé les traits essentiels et l'évolution ; il a eu le tort de voir dans cette évolution une pure décadence, il n'a pas su toujours être fidèle au principe de la régularité qu'il admettait d'une manière générale, mais la méthode qu'il a créée a été dès lors celle de tous les linguistes et a dominé le développement ultérieur de la science.

Peu d'années après la publication du *Compendium*, en 1868, M. Fick publiait la première édition de son dictionnaire étymologique de la langue indo-européenne ; chacun des rapprochements indiqués y était déjà défini nettement par un prototype indo-européen : la notion de l'indo-européen avait donc pris corps d'une manière définitive. Cet ouvrage a eu depuis trois autres éditions (la 4° est datée de 1890), que l'auteur a tenues au courant avec une singulière jeunesse d'esprit.

Cependant, le matériel de faits sur lequel repose la grammaire comparée s'élargissait, se complétait et se précisait sur tous les domaines.

C'est du sanskrit classique que l'on s'était servi dans les premiers temps de la grammaire comparée ; les publications sanskrites de Bopp (grammaire, glossaire, textes) portent uniquement sur la langue classique, et de même celles de W. Schlegel, Lassen, Burnouf. En 1848 Benfey publie son édition du *Sāmaveda,* avec traduction et glossaire ; en 1849 Max Müller commence son édition du *Ṛgveda,* en 1861-63 M. Aufrecht donne une nouvelle édition plus maniable du même texte ; en 1849-59 le *Çatapathabrāhmaṇa* est édité par les soins de A. Weber ; en 1856 l'*Atharvaveda,* par Roth et Whitney : vers 1860, les principaux textes védiques étaient publiés. La grammaire complète de Benfey (1852) tient compte de la langue védique ; enfin le monumental dictionnaire de Saint-Pétersbourg, par Böhtlingk et Roth, embrasse tout le vocabulaire sanskrit depuis les plus anciens textes védiques. — L'Avesta était édité à la même époque par Westergaard (1852) et par Spiegel (1853-1858), et en 1864 M. Justi donnait dans son Manuel de la langue zende un recueil complet de tous les mots et de toutes les formes grammaticales de l'Avesta. — D'autre part, le déchiffrement des inscriptions achéménides a été achevé vers 1850. — Dès lors tous les plus anciens documents de l'indo-iranien étaient complètement à la disposition des linguistes ; on pouvait utiliser les hymnes si parfaitement conservés du Ṛgveda pour l'Inde et, pour la Perse, la reproduction immédiate de longs morceaux émanés de la chancellerie même de Darius et de ses successeurs ; et ces textes d'une authenticité certaine présentent les formes grammaticales les plus variées et les plus archaïques. Il suffisait de tirer parti de ces matériaux pour renouveler presque toutes les questions.

La philologie classique avait ignoré la grammaire comparée ; mais l'étude des dialectes, à laquelle l'impulsion était donnée par le livre d'Ahrens *De graecae linguae dialectis* (1839-1843) et qu'imposait la découverte de nombreuses inscriptions dialectales, mettait en évidence les inconvénients de ce parti pris : les formes que présentent les divers parlers ne s'expliquent pas les unes par les autres, tandis qu'on en rend compte aisément en remontant au grec commun et à l'indo-européen. C'est Georg Curtius (1820-1885) qui a eu le mérite de faire connaître la grammaire comparée aux philologues classiques et d'introduire en linguistique les résultats bien établis que les hellénistes avaient obtenus. Ses *Grundzüge der griechischen Etymologie* (1858-1862) ont été le premier bon dictionnaire étymologique qu'on eût d'aucune langue ancienne : les rapprochements y sont mieux contrôlés, les faits philologiques plus complètement indiqués que dans le *Griechisches Wurzellexikon*, déjà bien précieux, de Benfey (paru en 1839-1842). G. Curtius n'a apporté aucune idée générale essentiellement nouvelle ; mais par ses connaissances philologiques et par son effort pour expliquer le détail de la langue grecque au moyen de la grammaire comparée, il a contribué aux progrès de la science d'une manière éminente et a accompli une œuvre qui était nécessaire : le succès de son dictionnaire étymologique grec, qui a eu cinq éditions (la dernière en 1879), et la fécondité de son enseignement attestent l'importance du rôle qu'il a joué.

Pour le latin, Corssen a fait avec moins d'éclat ce que Curtius a fait pour le grec. La *Grammatica celtica* de Zeuss (1853 ; rééditée en 1871 par Ebel) a fourni pour la première fois un exposé complet des langues celtiques. Enfin les publications de Schleicher et surtout de Miklosich font connaître le vieux slave : le *Lexicon palaeoslovenico-graeco-latinum* de Miklosich a paru en 1862-1865. D'autre part, les belles recherches de M. Thomsen sur les mots germaniques empruntés par le finnois montraient ce que l'on peut tirer des emprunts pour éclairer l'histoire des langues (1870).

De tous côtés, on le voit, les faits précis affluaient, et surtout, au lieu d'envisager des formes relativement récentes des langues, on remontait aux plus anciens documents de chacune.

Deux traits principaux résument tout ce développement de la grammaire comparée : la constitution de la notion de l'indo-européen par Schleicher, et un large accroissement du nombre, de la précision et de l'antiquité des faits considérés.

C'est seulement à la fin de cette période que la grammaire comparée des langues indo-européennes, jusque-là cultivée par les seuls savants allemands (et par quelques Danois tels que Madvig), a commencé de se répandre hors de l'Allemagne. De 1866 à 1872, M. Michel Bréal traduit en français la grammaire de Bopp, en la faisant précéder d'introductions lumineuses ; et c'est aussi en 1866 que se constitue définitivement la Société de linguistique de Paris ; en 1875, M. Bréal publie une édition, une traduction et une étude complète des tables eugubines.

Au moment même où la grammaire comparée se répandait ainsi, allait s'ouvrir une nouvelle période de son développement.

Par le fait même qu'on étudiait toute la succession des textes depuis les plus anciens jusqu'aux parlers modernes et qu'il se constituait par là des grammaires comparées des langues néo-latines (Diez), des langues slaves (Miklosich), des langues germaniques, etc., se perdait peu à peu la vieille idée que l'explication des formes serait l'objet essentiel des recherches linguistiques, et l'on s'attachait avant tout à suivre de près l'évolution de chaque langue. D'autre part, les procédés de démonstration qu'on emploie pour établir des faits positifs relativement à l'histoire des langues ne sauraient servir à prouver l'exactitude des analyses des formes indo-européennes, et, au fur et à mesure que ces procédés devenaient plus rigoureux, on pouvait moins se dissimuler l'impossibilité de fournir une preuve quelconque en matière d'explication des formes grammaticales indo-européennes. Après 1875, ces explications ne tiennent plus de place dans les publications nouvelles : la scission entre les conceptions du XVIIIe siècle et celles de la grammaire comparée était définitive.

D'autre part, l'étude précise des formes prises par une même langue à chaque moment en chaque région montrait que les changements ne se produisent pas d'une manière sporadique et arbitraire, mais qu'ils sont soumis à des règles rigoureuses.

Les progrès de la grammaire comparée faisaient apparaître une application stricte des règles connues là où un coup d'œil superficiel ne laisse voir qu'une anomalie. Dès 1863, dans le volume XII de la *Zeitschrift* de Kuhn, le mathématicien Grassmann avait exposé comment s'explique l'anomalie apparente de la correspondance skr. *b*, gr. π, got. *b* dans un cas tel que skr. *bódhate* « il observe », hom. πεύθεται « il se renseigne », got. *-bindan* « ordonner » ; cette explication a été reproduite ci-dessus p. 25.

Les occlusives sourdes *p, t, k* de l'indo-européen sont représentées en germanique entre sonantes (voyelles ou sonantes proprement dites) tantôt par *f, þ, h,* tantôt par *ƀ, đ, γ* (got. *b, d, g*) ; on s'est longtemps borné à poser ce double traitement ; en 1877, dans le volume XXIII de la *Zeitschrift* de Kuhn, le Danois K. Verner démontre que la spirante sourde est conservée si la tranche vocalique précédente est tonique, qu'elle devient sonore si cette tranche est atone : à skr. *bhrātā* « frère », gr. φράτωρ, le gotique répond par *broþar* « frère », tandis qu'il a *fadar* « père » en regard de skr. *pitā*, gr. πατήρ.

Cette découverte qui, en même temps qu'elle établissait la persistance du ton indo-européen en germanique commun, rendait compte d'une foule de faits de la grammaire germanique, apportait une confirmation éclatante à la doctrine que M. Leskien avait formulée l'année précédente dans son livre sur la déclinaison en letto-slave (Leipzig, 1876) : « Dans la recherche, je suis parti du principe que la forme qui nous est transmise d'un cas ne repose jamais sur une exception aux lois phonétiques suivies par ailleurs... Admettre des déviations arbitraires, fortuites, impossibles à coordonner, c'est dire au fond que l'objet de la recherche, la langue, est inaccessible à la science. » Le principe était dans l'air ; il était en effet le terme dernier des tendances de Schleicher et de Curtius ; Scherer l'avait déjà indiqué en 1875 ; MM. Osthoff et Brugmann lui donnaient la forme la plus rigoureuse dans la préface du premier volume de leurs *Morphologische Untersuchungen* (1878) : « Tout changement phonétique, en tant qu'il procède mécaniquement, s'accomplit suivant des lois sans exceptions, c'est-à-dire que la direction du changement phonétique est toujours la même chez tous les membres d'une même communauté linguistique, sauf le cas de séparation dialectale, et que tous les mots dans lesquels figure le son soumis au changement sont atteints sans exception. » Ce principe a provoqué dès l'abord de vives discussions, et la valeur théorique n'en pourra être entièrement déterminée que le jour où la nature exacte et les causes des changements phonétiques auront été reconnues. Mais il était conforme aux aits observés, parfaitement vrai dans l'ensemble et très propre à servir de règle de méthode : il a dominé toutes les recherches faites depuis, et même ceux des linguistes qui font des réserves sur sa portée théorique l'appliquent rigoureusement ; les travaux où il n'en est pas constamment tenu compte sont négligeables.

L'attention qu'on s'était mise enfin à accorder aux procédés physiologiques de l'articulation, et dont les *Grundzüge der Phonetik* de M. Sievers (1re édit. 1876) étaient un brillant témoignage, conduisait d'ailleurs tout naturellement à traiter la phonétique avec une rigueur jusqu'alors inconnue.

Le principe de la constance des lois phonétiques a renouvelé toutes les conceptions sur le système phonétique de l'indo-européen.

Après Bopp, Schleicher avait admis que l'indo-européen avait trois voyelles : *a, i, u,* comme le sémitique. Dès 1864, Curtius remarquait que, dans certains mots tels que lat. *decem,* gr. δέκα, v. sax. *tehan,* etc., toutes les langues d'Europe s'accordent à présenter *e* en regard de l'*a* de skr. *dáça* ; mais on se bornait à conclure de là que les langues d'Europe avaient à un moment donné formé une unité, en un temps où l'indo-iranien s'était déjà isolé. Dans son grand ouvrage sur le vocalisme, paru en 1871-1875, Joh. Schmidt (1843-1901), le principal disciple de Schleicher, n'avait élucidé que des questions de détail. Vers 1874, on sent de tous côtés l'impossibilité d'admettre qu'un phonème unique se scinde en plusieurs autres, dans une même situation. De 1874 à 1876, Amelung et, en 1876, M. K. Brugmann (né en 1849) reconnaissent que la distinction de *e, o* et *a,* telle qu'elle apparaît en grec ε, ο, α, en latin *e, o, a,* en celtique *e, o, a,* et, avec confusion de *o* et de *a,* en germanique et en letto-slave, représente l'état indo-européen ; l'indo-iranien avait d'ailleurs, d'après M. Brugmann, une trace de l'existence de i.-e. *o* en ceci que c'est *ā* et non *ă* qui répond, dans nombre de cas, à gr. ο, lat. *o*, etc. ; par malheur cette doctrine était incertaine, elle est contestée encore actuellement, et le caractère purement phonétique de cet *ā* indo-iranien paraît difficilement admissible. C'est une autre observation qui a fourni la preuve décisive du fait que la distinction de *e* et de *o* est indo-européenne : à *k*, *g* du lituanien, le sanskrit répond tantôt par *k*, *g*, *gh*, tantôt par *c*, *j*, *h*, et l'iranien tantôt par *k*, *g*, tantôt par *č*, *j* : on s'aperçoit de toutes parts vers 1877 que skr. *k*, zd *k* apparaissent devant un *a* indo-iranien qui répond à *a* ou *o* des autres langues, skr. *c*, zd *č* devant un *a* indo-iranien qui répond à un *e* des autres langues ; ainsi skr. *ca* « et » = gr. τε, lat. *que*, mais *káḥ* « qui ? » = lit. *kàs* ; l'observation est publiée pour la première fois par M. Collitz et par M. F. de Saussure, enseignée par J. Schmidt, Tegnér (en Suède), Verner et M. V. Thomsen (en Danemark). Du coup, le vocalisme du grec se révélait comme le meilleur représentant du vocalisme indo-européen, et il devenait nécessaire de faire toujours reposer la grammaire comparée sur la comparaison de toutes les langues, sans qu'on eût le droit d'attribuer à l'indo-iranien une importance prépondérante ; en même temps, comme la seule grande particularité commune à toutes les langues d'Europe et étrangère à l'indo-iranien se trouvait ainsi représenter l'état indo-européen, il n'y avait plus lieu d'admettre une période d'unité européenne postérieure à la séparation de l'indo-iranien. Toutes les spéculations sur le caractère primitif des trois voyelles fondamentales *a*, *i*, *u* étaient écartées sans qu'il y eût plus à les discuter. Enfin le principe de la constance des lois phonétiques recevait la confirmation la plus éclatante : le scindement arbitraire de *a* en *a*, *e*, *o* dans les langues d'Europe, de *k* en *k* et *č* sur le domaine indo-iranien ne pouvait plus être admis par personne, et dès lors on a tenu pour invraisemblable a priori tout scindement de ce genre.

Le consonantisme indo-européen se compliquait en même temps. Schleicher n'attribuait à l'indo-iranien qu'une seule série de gutturales. Mais un éminent linguiste italien, M. Ascoli, a reconnu deux séries de correspondances distinctes :

skr. *k* (*c*) = lit. *k* = lat. *qu* = gr. π (τ)
— *ç* = — *sz* = — *c* = — κ

M. Fick, M. L. Havet et J. Schmidt ont amené à la pleine clarté l'idée que l'indo-européen avait deux séries de gutturales et que ces deux séries sont des phonèmes distincts tout comme les labiales et les dentales. Comme ces phonèmes ont des traitements différents en indo-iranien, en baltique, en slave, en arménien et en albanais d'une part, en grec, en latin, en celtique et en germanique de l'autre, on a pu entrevoir ainsi une distinction dialectale très nette à l'intérieur de l'indo-européen.

Dès 1876, M. Brugmann a montré que des phonèmes indo-européens définis par les correspondances : skr. *a*, gr. α, lat. *en*, got. *un*, lit. *in*, et skr. *a*, gr. α, lat. *em*, got. *um*, lit. *im*, ont joué dans les éléments morphologiques qui comprennent *n* et *m* le même rôle que joue skr. *r̥* dans les éléments qui comprennent *r* : en d'autres termes il y a eu *n̥* et *m̥*, c'est-à-dire *n* et *m* voyelles, en regard de *n* et *m* consonnes. Cette constatation a largement contribué au progrès des notions sur le vocalisme indo-européen, en établissant combien l'*a* du sanskrit et l'α du grec renferment d'éléments hétérogènes. Et surtout elle a permis de définir la notion des *sonantes* et de poser la théorie du vocalisme indo-européen.

C'a été l'œuvre de M. Ferdinand de Saussure : son *Mémoire sur le système primitif des voyelles dans les langues indo-européennes*, daté de 1879 et paru en 1878, a tiré toutes les conclusions des découvertes des dernières années et posé d'une manière définitive la théorie du vocalisme indo-européen ; *i* et *u* cessaient d'être considérés comme des voyelles et devenaient simplement les formes vocaliques de *y* et *w*, exactement comme *r̥*, *l̥*, *n̥*, *m̥* sont les formes vocaliques de *r*, *l*, *m*, *n* ; l'indo-européen n'a proprement qu'une seule voyelle qui apparaît avec les timbres *e* et *o* ou qui manque : chaque élément morphologique a un vocalisme du degré *e*, du degré *o* ou du degré sans voyelle ; l'importance de ces alternances vocaliques dans la morphologie indo-européenne apparaissait dès lors en pleine lumière. De l'observation de ces alternances résultait une théorie complète d'un phonème jusque-là négligé : au degré sans *e* des adjectifs comme skr. *çrutáḥ* = gr. κλυτός ou skr. *tatáḥ* = gr. τατός (de **tn̥tós*), des racines **k₁leu*- « entendre » et **ten*- « tendre », répond dans la racine **sthā*- « se tenir », la voyelle skr. *i* = gr. α = lat. *a* de skr. *sthitáḥ* = gr. στατός = lat. *status*. Le degré sans *e* des racines à voyelle longue est donc un phonème que définit la correspondance skr. *i* = gr. α (resp. ε, ο) = lat. *a*, etc. Or, ce phonème, qu'on a désigné ici par *ə*, à l'exemple de M. Brugmann, apparaît en seconde syllabe de certaines racines comme skr. *jani*- = gr. γενε- « engendrer » : il y a donc des racines dissyllabiques ; le vieux dogme du monosyllabisme des racines indo-européennes était ruiné. En se combinant avec une sonante précédente, il donne des sonantes voyelles longues (sur la nature phonétique desquelles M. F. de Saussure n'insistait pas et n'avait pas à insister, car elle n'intéresse pas le système) : *ū* est *u* + *ə* : skr. *pūtáḥ* « purifié » apparaît à côté de *pávitum* « purifier », tandis que l'on a *çrutáḥ* « entendu » à côté de *çrotum* « entendre » (skr. *o* représentant *a* + *u*) ; on peut donc appeler *n̥̄*, *r̥̄* les groupes *n* + *ə*, *r* + *ə* : le sanskrit a *jā-táḥ* « né » = lat. *nātus* en regard de *jáni-tum* « naître », mais *hă-táḥ* « tué » en regard de *hán-tum* « tuer ». M. F. de Saussure établissait ainsi le système complet du rôle joué par *ə* en indo-européen. Ses vues recevaient à ce même moment une intéressante confirmation d'une découverte très originale faite par un savant russe, M. Fortunatov : le grammairien lituanien Kurschat avait reconnu que les voyelles longues et les diphtongues du lituanien sont susceptibles de deux intonations ; M. Fortunatov a constaté que les diphtongues *ir, il, in, im* ont l'une ou l'autre, suivant qu'elles répondent à skr. *ṛ, a* ou à skr. *ir* (*ūr*), *ā* (lesquels représentent précisément les sonantes longues de M. de Saussure) : lit. *miȓtas* répond à skr. *mṛtáḥ* « mort », mais c'est *gìrtas* « ivre » qui se trouve en face de skr. *giṛṇáḥ* « avalé » (avec un autre suffixe). La réalité des sonantes longues était donc établie par une tout autre voie que celle suivie par M. F. de Saussure. En même temps qu'il résumait toutes les découvertes antérieures sur le vocalisme, le *Mémoire* apportait, par une innovation capitale et vraiment décisive, un système cohérent qui embrassait tous les faits, mettait à leur véritable place les faits connus et en révélait une foule de nouveaux. Dès lors il n'était plus permis d'ignorer jamais, et à propos d'aucune question, que chaque langue forme un système où tout se tient, et a un plan général d'une merveilleuse rigueur. Les travaux publiés depuis sur le vocalisme, notamment par M. Hübschmann et M. Hirt, ont précisé beaucoup de détails, mais laissé intacte la doctrine posée par M. F. de Saussure.

Le principe de la constance des lois phonétiques n'a pas été fécond seulement pour la phonétique même et pour la théorie du vocalisme ; il a déterminé à deux points de vue un progrès décisif.

Tout d'abord, il a obligé les linguistes à tenir compte de l'importance de l'analogie ; sans doute on reconnaissait d'une manière générale que l'analogie joue un certain rôle ; mais, aussi longtemps que l'on admettait la possibilité de changements phonétiques sporadiques, il n'existait aucun moyen de déterminer ce qui lui était dû ; du jour où l'on a dû définir précisément quelle forme était attendue phonétiquement, il a fallu expliquer le reste, et l'on a vu que la plus grande partie de ce reste provenait d'influences analogiques. Si un ancien *k* est représenté en sanskrit par *k* devant *a* issu de *o* et devient *c* devant *a* issu de *e*, on devrait avoir skr. *sácate* « il suit » en face de gr. ἕπεται, mais **sakante* en face de gr. ἕπονται, lat. *sequontur*; or on a skr. *sácante* par *c* : ce *c* est dû à l'analogie de *sácate*; inversement le π grec de ἕπεται est dû à l'analogie de ἕπομαι, ἕπονται, etc.. On le voit, la grande découverte relative au *k* et au *c* du sanskrit imposait l'emploi de l'analogie dans une mesure étendue. En 1880, M. Paul, dans ses *Principien der Sprachgeschichte*, expose une théorie psychologique de l'analogie; MM. Osthoff et Brugmann ont donné de nombreux exemples d'innovations dues à l'analogie dans leurs *Morphologische Untersuchungen* (1878 et suiv.; voir aussi le livre de M. Osthoff sur le parfait, daté de 1884), et M. V. Henry a, dès 1883, exposé toute l'action de ce facteur dans son *Étude sur l'analogie en général et sur les formations analogiques de la langue grecque*.

L'analogie ne rend pas compte de tout ce qui est en contradiction avec les lois phonétiques. Beaucoup de difficultés s'expliquent par ceci qu'il ne s'agit pas de formes indigènes, mais de formes empruntées à une langue voisine ou à un autre dialecte ou même à des textes littéraires. Le principe de la constance des lois phonétiques obligeait donc à analyser avec soin toutes les influences historiques dont chaque langue a conservé les traces. On a vu ainsi par exemple que le latin est plein de mots grecs, le germanique de mots latins, etc. Le résultat le plus brillant de cette série d'observations est dû à M. Hübschmann : en faisant le départ des mots empruntés à l'iranien, M. Hübschmann a montré, dans le volume XXIII de la *Zeitschrift* de Kuhn (celui qui contient aussi l'article de Verner), que l'arménien renfermait un élément original irréductible à l'indo-iranien et par suite formait un groupe à part : il a pu dès lors constituer la grammaire comparée de l'arménien.

L'application des idées relatives à la constance des lois phonétiques, au système vocalique, à l'analogie et aux emprunts et les découvertes qui en avaient été la conséquence obligeaient d'ailleurs à reprendre entièrement la grammaire comparée de chaque langue et à en reviser tous les détails. Outre les savants dont le nom a déjà été indiqué, il convient de rappeler ici les noms de MM. Mahlow pour l'indo-européen, Bartholomae pour l'indo-iranien, Wackernagel, Solmsen, W. Schulze pour le grec, Stokes, Windisch, Thurneysen, Zimmer pour le celtique, Paul, Kluge, Sievers pour le germanique, Bezzenberger pour le baltique, bien d'autres encore. Le moment n'est pas venu de marquer ce qui revient à chaque linguiste dans les découvertes qui ont été faites alors, bien moins encore d'apprécier le rôle de ceux qui sont arrivés immédiatement après, comme MM. Kretschmer, Meringer, Streitberg, Hirt, Johansson, Ul'janov, Pedersen, etc. : les mérites de M. Leskien pour le letto-slave, de M. L. Havet pour le latin et de M. Hübschmann pour l'arménien, par exemple, n'ont pu être mis dans le relief convenable en une esquisse aussi brève et dont l'unique objet est de marquer les moments essentiels du développement de la grammaire comparée.

De 1875 à 1880, la transformation a été complète ; une 4ᵉ édition du *Compendium* était utile en 1874 : en 1880, une réédition des ouvrages de Bopp et de Schleicher n'aurait plus eu qu'un intérêt historique. La grammaire grecque de Gustav Meyer, en 1880, est le premier manuel où les nouvelles doctrines sont résumées. En 1886 commence à paraître le grand *Grundriss* de M. Brugmann qui résume et complète le travail des dix années précédentes ; grâce aux recherches de G. Meyer et de M. H. Hübschmann, l'albanais et l'arménien occupaient pour la première fois la place exacte qui leur revient dans un manuel de grammaire comparée des langues indo-européennes. Dans le *Grundriss*, M. Brugmann n'a fait que la phonétique et la morphologie ; mais une partie nouvelle qui manque encore chez Bopp et chez Schleicher était devenue nécessaire ; on sentait l'importance des questions de sémantique sur lesquelles M. Bréal en particulier attirait l'attention ; M. B. Delbrück avait posé, dans plusieurs publications, les bases de la syntaxe comparée, et c'est lui qui a composé pour le *Grundriss* de M. Brugmann une syntaxe, devenue indispensable : le dernier volume de cette syntaxe comparée est daté de 1900. Les questions de sens ont ainsi pris enfin la place qui leur revient ; en même temps M. Bréal analysait avec une rare finesse des changements de signification de formes grammaticales et surtout de mots dans une série de notes et dans son récent *Essai de sémantique*.

Il n'y a pas lieu d'examiner ici tout le travail fait depuis 1880 ; dans le détail, une infinité de résultats précieux ont été obtenus, notamment par J. Schmidt, et il a paru des manuels excellents sur divers domaines ; mais ni les savants qui ont pris part aux débuts du grand mouvement de 1875 ni ceux qui se sont joints à eux depuis n'ont introduit de principes nouveaux, et, dans l'ensemble, on a surtout tiré les conclusions des principes déjà posés.

En un sens au moins, il semble qu'on soit parvenu à un terme impossible à dépasser : il n'y a pas de langue, attestée à date ancienne ou récente, qui puisse être ajoutée au groupe indo-européen ; rien non plus ne fait prévoir la découverte de textes plus anciens des dialectes déjà connus ; les inscriptions grecques, indiennes, etc., qu'on découvre de temps à autre trouvent naturellement leur place dans les séries établies et n'apportent que des nouveautés de détail ; seule, une trouvaille d'espèce inattendue pourrait apporter des faits qui renouvellent l'idée qu'on se fait de l'indo-européen ; il ne vient plus à la grammaire comparée des langues indo-européennes de matériaux vraiment neufs.

Mais, si les limites et la structure de l'indo-européen sont fixées en l'état actuel des documents connus, on commence seulement à suivre le développement de chaque dialecte dans son ensemble, à déterminer le détail des influences historiques, à ramener les faits à leurs principes généraux et à en déterminer les causes.

Par cela même que l'histoire des idiomes indo-européens n'apparaît plus comme une simple décadence et que l'importance des innovations propres à chaque langue se révèle égale ou supérieure à celle des pertes, il ne suffit plus de décrire le système indo-européen et de montrer ce qu'est devenu sur chaque domaine chacun des éléments de ce système : chacune des langues présente à chacun des moments de son histoire un système original qu'il est nécessaire de décrire et d'expliquer dans son ensemble ; il appartient à la grammaire comparée de montrer par quelles voies le système indo-européen s'est transformé sur chaque domaine en un système entièrement nouveau ; et l'on ne peut prendre une idée de l'originalité profonde de chacun de ces systèmes qu'en en suivant l'évolution depuis le début de l'époque historique, en observant dans les parlers actuels les particularités subtiles de la langue vivante et en éclairant par là les obscurités des faits qu'attestent les textes écrits du passé. Sans parler des langues connues seulement à date récente, comme l'albanais, où les observations personnelles de G. Meyer et, ensuite, de M. Pedersen ont seules permis d'esquisser une histoire, il faut surtout citer ici les beaux travaux de M. F. de Saussure sur le lituanien : dans son article du volume IV des *Indogermanische Forschungen*, M. F. de Saussure a montré, par un exemple, tout ce qu'il faut de critique avant d'affirmer une interprétation d'une forme d'un vieux texte ; par ses recherches sur l'intonation lituanienne, il a établi tout à la fois la nécessité d'observer les parlers actuels et l'impossibilité où l'on est de rien expliquer sans poser une doctrine qui embrasse tous les faits.

Avec le temps, les langues indo-européennes en sont venues à se ressembler de moins en moins ; ceci tient en partie à l'indépendance de leurs développements, mais aussi à la différence des influences historiques auxquelles elles ont été soumises. Et, d'un autre côté, comme plusieurs d'entre elles ont subi des influences communes, celles-ci présentent des ressemblances qui ne s'expliquent pas par l'unité du point de départ : depuis l'extension du christianisme et de la civilisation gréco-latine, toutes les langues de l'Europe ont une grande qualité de traits communs dans le vocabulaire et dans le sens des mots : de là vient qu'il est plus facile d'apprendre une langue européenne moderne qu'une langue ancienne ou une langue orientale. On démêle peu à peu les actions et réactions multiples et complexes qui sont dues aux événements historiques.

Les changements phonétiques ou morphologiques qu'on trouve dans chaque langue ne sont jamais que des faits particuliers, bien qu'ils aient lieu chez un nombre indéfini de personnes. Mais on a observé maintenant un grand nombre de ces faits particuliers ; au cours de l'histoire déjà longue des divers idiomes depuis l'indo-européen jusqu'à l'époque moderne ; à côté de la grammaire comparée des langues indo-européennes, il s'en est constitué d'autres pour le sémitique, l'ougro-finnois, le berbère, le bantou, etc. On dispose ainsi d'une vaste collection de faits, et l'on peut étudier les conditions générales de l'évolution du langage ; le livre, si neuf, de M. Grammont sur la *Dissimilation consonantique dans les langues indo-européennes et dans les langues romanes* (1895) a été un premier essai dans cette direction. En 1891, dans son *Évolution phonétique du langage étudiée dans le patois d'une famille de Cellefrouin*, M. Rousselot avait, pour la première fois, exposé, d'après des observations précises, comment se produisent les innovations phonétiques. Grâce à la connaissance de plus en plus certaine de la physiologie des mouvements articulatoires, grâce à l'exactitude que permettent d'atteindre les procédés de la phonétique expérimentale (Rosapelly, Pipping, et surtout Rousselot), une interprétation rigoureuse des faits historiques devient possible. Le système nerveux, sa structure et ses fonctions se révèlent ; la psychologie perd son caractère abstrait et s'attache à établir des faits positifs ; on entrevoit ainsi la possibilité de ne plus recourir à des faits d'association psychique sans principe défini et pour se tirer d'embarras dans les cas désespérés, comme on l'a fait trop longtemps, et le moment n'est sans doute plus très éloigné où l'on appliquera en cette matière des règles bien définies. Enfin les conditions d'existence et de développement des sociétés sont l'objet de recherches méthodiques et commencent à être déterminées ; or, le langage, qui est un fait social d'une manière éminente, ne saurait être compris que si l'on tient compte de ce caractère, et la définition même de la loi phonétique, on l'a vu, ne se conçoit que si l'on admet des innovations communes à tout un groupe social.

Partie, au commencement du XIXe siècle, de la grammaire générale, la linguistique revient à poser des principes généraux, qui seuls peuvent en effet être objets de science ; mais, au lieu que la grammaire générale reposait sur la logique et qu'on s'efforçait d'expliquer a priori les faits primitifs d'une période organique imaginaire, la linguistique actuelle repose sur l'examen des faits du passé et du présent, et elle cherche à déterminer non pas comment le langage s'est formé, mais seulement dans quelles conditions, suivant quelles lois constantes et universellement valables les faits observés coexistent et se succèdent.

II. — Indications bibliographiques

En indiquant ici les principaux ouvrages auxquels le lecteur pourra recourir pour compléter et vérifier les notions enseignées ci dessus, on a omis à dessein les publications antérieures au dernier quart du XIXe siècle, qui toutes n'ont plus aujourd'hui qu'un intérêt historique, comme les livres de linguistique de Max Müller, et naturellement aussi les travaux, même les plus nouveaux, dont les auteurs n'appliquent pas une méthode correcte, ceux de M. P. Regnaud par exemple. Il était impossible d'entrer dans le détail, et seuls les livres généraux les plus récents, surtout ceux qui ont paru depuis 1890 environ, ont été signalés ; les noms de savants tels que MM. Fortunatov, L. Havet, Osthoff, Zimmer, Bloomfield, Solmsen, Pedersen, Zupitza, ne figureront donc pas ici, simplement parce qu'ils n'ont pas composé de manuels et ne dirigent pas de revues.

Les livres cités contiennent des indications bibliographiques plus ou moins abondantes ; à l'aide de celles-ci il sera aisé de retrouver les travaux auxquels on doit recourir pour chaque question. Les ouvrages en langue française ont été mentionnés beaucoup plus largement que les autres, parce qu'ils seront plus aisément accessibles à plusieurs lecteurs ; mais la connaissance de l'allemand est nécessaire pour étudier sérieusement la grammaire comparée.

1° Généralités.

H. Paul, *Prinzipien der Sprachgeschichte*, 3e édit., Halle, 1898 (résumant les idées qui ont dominé le mouvement linguistique dans le dernier quart du xixe siècle).

Wundt, *Völkerpsychologie*, 1er volume (en deux tomes), *Die Sprache*, Leipzig, 1900; avec la critique de M. Delbrück, *Grundfragen der Sprachforschung...*, Strasbourg, 1901, et la réponse de M. Wundt, *Sprachgeschichte und Sprachpsychologie*, Leipzig, 1901; voir aussi quelques observations dans l'*Année sociologique* de M. Durkheim, 5e année (Paris, 1902), p. 595 et suiv.

Rousselot, *Les modifications phonétiques du langage étudiées dans le patois d'une famille de Cellefrouin*, Paris, 1892 (très important pour l'étude des évolutions phonétiques).

Jespersen, *Progress in language*, Londres, 1894.

V. Henry, *Antinomies linguistiques*, Paris, 1896 (excellente réfutation de quelques graves erreurs trop répandues).

M. Bréal, *Essai de sémantique*, Paris, 1897.

Wechssler, *Giebt es Lautgesetze?*, Halle, 1900, extrait de la *Festgabe für H. Suchier* (le meilleur exposé des questions qui se posent à propos des lois phonétiques; avec bibliographie).

H. Oertel, *Lectures on the study of language*, New-York et Londres, 1901 (superficiel et souvent contestable).

W. Meyer-Lübke, *Einführung in das Studium der romanischen Sprachwissenschaft*, Heidelberg, 1901 (bonnes notions générales à propos des faits romans).

Mélanges linguistiques offerts à M. A. Meillet par Barbelenet, Dottin, Gauthiot, Grammont, Laronde, Niedermann, Vendryes, Paris, 1902 (recueil d'articles dont plusieurs touchent à des questions générales).

Sur la phonétique, les livres les plus propres à donner une idée des diverses tendances sont :

E. SIEVERS, *Grundzüge der Phonetik,* 5e édit., Leipzig, 1901.

P. PASSY, *Étude sur les changements phonétiques,* Paris, 1890.

ROUSSELOT, *Principes de phonétique expérimentale,* Paris, 1897-1901 (encore inachevé ; l'exposé des expériences personnelles de l'auteur y tient une grande place).

E. WHEELER SCRIPTURE, *The elements of experimental phonetics,* New-York et Londres, 1902 (résumé des connaissances que doit avoir un linguiste en physique, anatomie et physiologie).

2° Grammaire comparée générale des langues indo-européennes.

Il n'y a qu'un seul exposé qui résume l'état actuel des connaissances pour l'ensemble de la grammaire comparée des langues indo-européennes :

K. BRUGMANN und B. DELBRÜCK, *Grundriss der vergleichenden Grammatik der indogermanischen Sprachen,* Strasbourg, 1er volume, *Einleitung und Lautlehre,* 2e édit., 1897 ; 2e volume consacré à la morphologie, 1888-1892, par M. Brugmann, — 3e, 4e et 5e volumes consacrés à la syntaxe, 1893-1900, par M. Delbrück.

M. BRUGMANN a commencé la publication d'une *Kurze vergleichende Grammatik der indogermanischen Sprachen,* reposant sur le grand ouvrage précédent, mais beaucoup plus courte, et où sont étudiées en détail seulement les langues les plus connues : sanskrit, grec, latin, germanique et slave ; la première livraison, représentant environ un tiers de l'ouvrage, a paru à Strasbourg, 1902, in-8, 280 p.

Ces ouvrages renferment une multitude infinie de doctrines correctes et de renseignements bien contrôlés.

Les ouvrages élémentaires à employer sont :

V. Henry, *Précis de grammaire comparée du grec et du latin*, 5e édit., Paris, 1894 (précis de grammaire comparée générale appliquée au grec et au latin, le seul bon manuel de grammaire comparée générale qui existe en langue française).

Meringer, *Indogermanische Sprachwissenschaft*, Leipzig, 1897 (très bref, vulgarisation).

Giles, *A short manual of comparative philology for classical students*, Londres; traduction allemande, Leipzig, 1896.

Riemann et Goelzer, *Grammaire comparée du grec et du latin*, 2 volumes, Paris, 1897-1901 (simple grammaire parallèle du grec et du latin; les notions de grammaire comparée sont toutes de seconde main et souvent erronées).

Il n'existe qu'un dictionnaire étymologique de l'ensemble des langues indo-européennes :

A. Fick, *Vergleichendes Wörterbuch der indogermanischen Sprachen*, 1er vol., 4e édit., Gœttingue, 1890 (livre précieux et original, mais trop succinct et d'une disposition incommode; doit être utilisé avec critique; car il renferme nombre de fautes, et l'auteur n'a pas toujours en phonétique une rigueur suffisante).

Il faut citer aussi :

O. Schrader, *Reallexikon der indogermanischen Altertumskunde*, Strasbourg, 1901 (résumé commode de ce que l'on sait sur les noms d'animaux, d'objets, d'institutions, etc.; pas toujours sûr, soit au point de vue linguistique, soit au point de vue archéologique).

Pour se préparer à comprendre la grammaire comparée, on pourra consulter :

B. Delbrück, *Einleitung in das Sprachstudium*, 3e édit., Leipzig, 1893 (intéressant pour l'histoire de la grammaire comparée).

Fr. Bechtel, *Die Hauptprobleme der indogermanischen*

Lautlehre seit Schleicher, Gœttingue, 1892 (même observation que pour le précédent).

S. Reinach, *L'origine des Aryens*, Paris, 1892.

H. d'Arbois de Jubainville, *Les premiers habitants de l'Europe*, 2e édit. en 2 volumes, Paris, 1889-1894.

P. Kretschmer, *Einleitung in die Geschichte der griechischen Sprache*, Gœttingue, 1896 (discussion intéressante de nombreuses questions générales dans la première partie du livre).

V. Thomsen, *Sprogvidenskabens historie*, Copenhague, 1902 (exposé de toute l'histoire de la linguistique, fait avec la largeur de vues et la sûreté qui caractérisent l'auteur).

Ratzel, *Geographische Prüfung der Thatsachen über den Ursprung der Völker Europas (Berichte der sächsischen Gesellschaft der Wissenschaften, phil.-hist. Cl.*, année 1900, p. 25 et suiv.).

M. Much, *Die Heimath der Indogermanen im Lichte der urgeschichtlichen Forschung*, Berlin, 1902.

Il convient de citer enfin quelques ouvrages relatifs à des questions particulières, mais qui touchent à beaucoup de questions générales :

Ferdinand de Saussure, *Mémoire sur le système primitif des voyelles dans les langues indo-européennes*, Leipzig, 1879 ; reproduction, Paris, 1887 (exposé des principes fondamentaux du vocalisme indo-européen ; ouvrage capital et encore essentiel à méditer malgré sa date déjà ancienne).

H. Hübschmann, *Das indogermanische Vocalsystem*, Strasbourg, 1885.

Joh. Schmidt, *Die Pluralbildungen der indogermanischen Neutra*, Weimar, 1889 (personnel et plein de faits).

H. Hirt, *Der indogermanische Akzent*, Strasbourg, 1895 (des hypothèses inutiles et indémontrables et des erreurs, avec un grave manque de rigueur et de critique, mais clair, plein d'idées, de rapprochements neufs et d'intéressantes suggestions, et avec des idées générales très justes sur le développement linguistique).

H. Hirt, *Der indogermanische Ablaut*, Strasbourg, 1900 (mêmes observations).

M. Grammont, *La dissimilation consonantique dans les langues indo-européennes et dans les langues romanes*, Dijon, 1895.

Dottin, *Les désinences verbales en r en sanskrit, en italique et en celtique*, Rennes, 1896.

Audouin, *De la déclinaison dans les langues indo-européennes*, Paris, 1898.

Trois périodiques allemands sont spécialement consacrés à la grammaire comparée des langues indo-européennes :

Zeitschrift für vergleichende Sprachforschung auf dem Gebiete der indogermanischen Sprachen, 1852 et suiv., d'abord Berlin, et ensuite Gütersloh, fondée par Ad. Kuhn (d'où le nom de *Journal de Kuhn*, *Kuhn's Zeitschrift*, en abrégé *K. Z.*), puis dirigée par M. E. Kuhn et par Joh. Schmidt, et actuellement par MM. E. Kuhn et W. Schulze ; le 38e volume est en cours de publication.

Beiträge zur Kunde der indogermanischen Sprachen, Gœttingue, 1877 et suiv. ; fondés par M. Ad. Bezzenberger (d'où le nom de *Bezzenberger's Beiträge*, en abrégé *B. B.*) ; actuellement dirigés par MM. Bezzenberger et Prellwitz ; le volume XXVII est en cours de publication.

Indogermanische Forschungen (en abrégé *I. F.*), *Zeitschrift für indogermanische Sprach- und Altertumskunde*, fondée et dirigée par MM. K. Brugmann et W. Streitberg, Strasbourg, 1892 et suiv. ; le volume XIV est en cours de publication.

Ces trois importants périodiques renferment quelques articles en anglais et en français. La plupart des articles français sur la grammaire comparée paraissent dans les :

Mémoires de la Société de linguistique de Paris (dont le

secrétaire est M. Bréal), Paris, 1868 et suiv. (en abrégé *M. S. L.*) ; le volume XII est en cours de publication.

M. V. Henry a aussi publié des articles dans la :

Revue de linguistique et de philologie comparée, Paris, 1868 et suiv., actuellement dirigée par M. Vinson.

Quelques travaux en anglais ont paru dans :

The American Journal of Philology, Baltimore, 1880 et suiv. et des travaux en italien dans les *Supplementi periodici* de l'*Archivio glottologico* dirigé par M. Ascoli.

La bibliographie annuelle des publications relatives à la grammaire comparée se trouve dans :

Anzeiger für indogermanische Sprach- und Altertumskunde, édité par M. Streitberg, supplément aux *Indogermanische Forschungen*, citées ci-dessus (indication complète de tous les travaux parus chaque année sur toutes les anciennes langues indo-européennes ; le dernier cahier donne les publications de 1900 ; abrégé en *I. F. Anz.*)

Orientalische Bibliographie, maintenant rédigée par M. L. Schermann ; Berlin, 1888 et suiv. (seulement les travaux relatifs à la grammaire comparée générale et aux groupes indo-iranien et arménien, mais toujours au courant).

Les revues de comptes-rendus, notamment la *Revue critique* en France, le *Litterarisches Centralblatt* et la *Deutsche Literaturzeitung* en Allemagne, annoncent et discutent les principaux ouvrages de grammaire comparée peu après leur publication. On pourra recourir aussi au *Jahresbericht über die Fortschritte der klassischen Altertumswissenschaft* de Bursian, depuis 1873.

3° Grammaire comparée de chacune des langues.

On n'a indiqué ici que les publications relatives d'une manière spéciale à la grammaire comparée. Les grammaires purement descriptives, comme l'admirable grammaire sanskrite de Whitney, ou le livre, si utile, du même auteur sur les racines sanskrites, ou encore la grande grammaire des prâkrits de M. Pischel (dans le *Grundriss der indo-arischen Philologie* qui doit fournir un tableau d'ensemble de toute la philologie indienne) ou le récent ouvrage de M. Franke sur le moyen indien (*Pāli und Sanskrit*, Strasbourg, 1902), n'y figureront donc pas.

A. Indo-iranien.

a. Sanskrit.

J. Wackernagel, *Altindische Grammatik, I: Lautlehre*, Gœttingue, 1896 (livre excellent, avec une bibliographie détaillée de chaque question ; la morphologie n'a malheureusement pas encore paru).

Uhlenbeck, *Kurzgefasstes etymologisches Wörterbuch der altindischen Sprache*, Amsterdam, 1898 (recommandable ; très bref et sans indications bibliographiques).

b. Iranien.

Grundriss der iranischen Philologie, dirigé par MM. Geiger et E. Kuhn, Strasbourg, 1er volume, 1895-1901 (ce premier volume fournit un exposé complet du développement des dialectes iraniens depuis l'indo-européen jusqu'aujourd'hui ; M. Bartholomae y a développé avec une rare compétence toute la grammaire comparée de l'iranien).

Bartholomae, *Altiranisches Wörterbuch*, sous presse, pour paraître en 1903 à Strasbourg (dictionnaire complet des anciens dialectes iraniens, avec indication sommaire de l'étymologie ; destiné à être le fondement de toutes les recherches pendant longtemps).

Horn, *Grundriss der neupersischen Etymologie*, Strasbourg, 1893, avec la critique de M. Hübschmann, *Persische Studien*, Strasbourg, 1895, où l'on trouvera de plus une excellente histoire phonétique du persan.

B. Grec.

G. Meyer, *Griechische Grammatik,* 3ᵉ édit., Leipzig, 1896 (phonétique et morphologie seulement; un peu vieillie, mais des collections de faits toujours précieuses).

K. Brugmann, *Griechische Grammatik,* 3ᵉ édit., Munich, 1900; fait partie du *Handbuch der klassischen Altertumswissenschaft* de M. I. von Müller (cette 3ᵉ édition, très augmentée; le meilleur exposé, méthodique et complet, qu'on ait de la grammaire comparée d'une langue indo-européenne).

H. Hirt, *Griechische Laut- und Formenlehre,* Heidelberg (bonnes bibliographies critiques; clair et très intéressant; malheureusement encombré d'hypothèses indémontrables, et souvent discutable).

Kühner, *Ausführliche Grammatik der griechischen Sprache,* 3ᵉ édit., Hanovre, 1ʳᵉ partie, revue par Blass, 2 vol., 1890-1892 (bonne description de la morphologie grecque, mais les notions de grammaire comparée sont dénuées de toute valeur); 2ᵉ partie, revue par Gerth, 1ᵉʳ vol., 1898 (syntaxe, nullement comparative).

Hoffmann, *Die griechischen Dialekte,* Gœttingue, 3 volumes parus, 1891-1898.

A. Thumb, *Die griechische Sprache im Zeitalter des Hellenismus,* Strasbourg, 1901.

G. Curtius, *Grundzüge der griechischen Etymologie,* 5ᵉ édit., Leipzig, 1879 (vieillis, mais encore très utiles).

Prellwitz, *Etymologisches Wörterbuch der griechischen Sprache,* Gœttingue, 1892 (à employer avec critique).

Leo Meyer, *Handbuch der griechischen Etymologie,* Leipzig, 4 volumes, 1901 et suiv. (manqué; quoique récent, représente l'état de la science étymologique il y a trente ans).

C. Italique.

a. Latin.

F. Stolz, *Historische Grammatik der lateinischen Sprache*, I, *Einleitung, Lautlehre, Stammbildungslehre*, Leipzig, 1894.

F. Stolz et Schmalz, *Lateinische Grammatik*, 3e édit., Munich, 1900 ; fait partie du *Handbuch* de M. I. von Müller (les livres de M. Stolz renferment d'abondantes bibliographies et beaucoup de matériaux ; la syntaxe du *Handbuch*, rédigée par M. Schmalz, n'est pas comparative).

Lindsay, *The latin language*, Oxford, 1894 ; en traduction allemande (revue, corrigée et augmentée), *Die lateinische Sprache*, traduit par Nohl, Leipzig, 1897 (bonne exposition, faite surtout au point de vue latin, sans syntaxe).

F. Sommer, *Handbuch der lateinischen Laut- und Formenlehre*, Heidelberg, 1902 (clair et précis, bien au courant et en même temps personnel; sans bibliographie, sans syntaxe).

Wharton, *Etyma latina*, Londres, 1890 (bref, incomplet, et à employer avec précaution).

Thesaurus linguae latinae, Leipzig, 1900 et suiv. (dictionnaire monumental de la langue latine, avec des indications précises et rigoureuses, mais un peu trop sommaires, de M. Thurneysen sur l'étymologie).

L. Job, *Le présent et ses dérivés dans la conjugaison latine*, Paris, 1893.

J. Vendryes, *Recherches sur l'histoire et les effets de l'intensité initiale en latin*, Paris, 1902 (traite une question particulière, mais qui domine toute l'histoire du latin).

b. Osco-ombrien.

R. von Planta, *Grammatik der oskisch-umbrischen Dialekte*, 2 volumes, Strasbourg, 1892-1897 (livre fondamental).

R. S. Conway, *The italic dialects*, 2 vol., Cambridge, 1897.

D. Celtique.

W. Stokes und A. Bezzenberger, *Wortschatz der keltischen Einheit, Urkeltischer Sprachsatz*, Gœttingue, 1894; forme la seconde partie de la 4ᵉ édition du *Vergleichendes Wörterbuch* de M. Fick, signalé ci-dessus (livre essentiel, mais à utiliser avec critique).

Macbain, *An etymological glossary of the gaelic language*, Inverness, 1896.

V. Henry, *Lexique étymologique des termes les plus usuels du breton moderne*, Rennes, 1900.

H. d'Arbois de Jubainville, *Éléments de la grammaire celtique, déclinaison, conjugaison*, Paris, 1903 (simple et clair).

La *Revue celtique*, dirigée par M. H. d'Arbois de Jubainville, à Paris; les *Annales de Bretagne*, de Rennes, et la *Zeitschrift für celtische Philologie* annoncent et apprécient les ouvrages relatifs à la linguistique celtique.

E. Germanique.

Grundriss der germanischen Philologie, dirigé par M. H. Paul, 1ᵉʳ volume, 2ᵉ édition, Strasbourg, 1897, avec une remarquable *Vorgeschichte der altgermanischen Dialekte* de M. Kluge et une étude de chacun des dialectes germaniques par MM. Kluge, Noreen, Behaghel, Te Winkel, Siebs.

V. Henry, *Précis de grammaire comparée de l'anglais et de l'allemand*, Paris, 1893.

Noreen, *Abriss der urgermanischen Lautlehre*, Strasbourg, 1894 (très personnel).

Streitberg, *Urgermanische Grammatik* (2ᵉ édit. sous presse, Heidelberg, 1903; clair, précis et systématique).

Uhlenbeck, *Kurzgefasstes etymologisches Wörterbuch der gotischen Sprache*, 2ᵉ édit., Amsterdam, 1900 (commode et exact).

Fr. Kluge, *Etymologisches Wörterbuch der deutschen Sprache,* 6e édit., Strasbourg, 1899 (livre excellent, mais que l'auteur, dans la dernière édition, n'a pas tenu tout à fait au courant au point de vue linguistique).

Jahresbericht über die Erscheinungen auf dem Gebiete der germanischen Philologie, Leipzig, 1880 et suiv. (compte-rendu annuel très bien fait).

Il convient de signaler ici les deux excellentes collections de grammaires des anciens dialectes germaniques, l'une dirigée par M. Braune (chez l'éditeur Niemeyer, à Halle) et l'autre par M. Streitberg (chez l'éditeur Winter, à Heidelberg), bien que la comparaison y tienne peu de place.

Les divers périodiques de philologie germanique contiennent des articles de grammaire comparée du germanique, principalement les *Beiträge zur Geschichte der deutschen Sprache und Litteratur,* fondés à Halle en 1874 par MM. Paul et Braune et actuellement dirigés par M. Sievers (cités en abrégé *PBB.* ou *PBSB.*).

F. Baltique.

Berneker, *Die preussische Sprache, Texte, Grammatik, etymologisches Wörterbuch,* Strasbourg, 1896 (à utiliser avec quelque critique).

Wiedemann, *Handbuch der litauischen Sprache,* Strasbourg, 1897 (médiocre, ne dispense jamais de recourir à la *Litauische Grammatik* de Schleicher, Prague, 1856, et à la *Grammatik der littauischen Sprache* de Kurschat, Halle, 1876).

A. Leskien, *Der Ablaut der Wurzelsilben im Littauischen,* extrait du volume IX des *Abhandlungen der philologisch-historischen Classe der kön. sächsischen Academie der Wissenschaften*; et *Die Bildung der Nomina im Littauischen,* extrait du volume XII du même recueil (deux ouvrages excellents, avec beaucoup d'indications bibliographiques).

R. Gauthiot. *Le parler de Buividze*, Paris, 1903 (bon exemple d'étude sur un parler lituanien, avec d'importantes observations générales).

G. Slave.

A. Leskien, *Handbuch der altbulgarischen Sprache*, 3e édit., Weimar, 1898 (livre fondamental, mais surtout descriptif; la 3e édition reproduit, avec très peu de changements, la seconde de 1886).

Vondrak, *Altkirchenslavische Grammatik*, Berlin, 1900 (la phonétique seule est comparative; au courant, mais sans méthode sûre et avec des erreurs).

Miklosich, *Etymologisches Wörterbuch der slavischen Sprachen*, Vienne, 1886 (fait surtout au point de vue slave; vieilli, mais non remplacé).

Věstník slovanské filologie a starožitnosti, rédigé par MM. Niederle, Pastrnek, Polívka, Zubatý; 1er volume, Prague, 1901 (bon compte-rendu annuel des publications relatives à la philologie letto-slave).

Des comptes-rendus des principaux travaux de linguistique slave et des articles originaux paraissent, notamment, dans l'*Archiv für slavische Philologie*, dirigé par M. Jagić, dans les *Listy filologické*, de Prague, et dans les *Izvěstija otdělenja russkago jazyka i slovesnosti imp. akad. nauk*, de Pétersbourg.

H. Albanais.

G. Meyer. *Etymologisches Wörterbuch der albanesischen Sprache*, Strasbourg, 1891 (avec bibliographie étendue).

G. Meyer. *Albanesische Studien*, III. *Lautlehre der indogermanischen Bestandtheile des Albanesischen*, Vienne, 1892 (extrait des *Sitzungsberichte* de l'Académie de Vienne, *phil.-hist. Cl.*, vol. 125). L'*Albanesische Grammatik* du même auteur n'est pas comparative.

I. Arménien.

H. Hübschmann, *Armenische Grammatik.* I. Theil, *Armenische Etymologie*, Leipzig, 1895 (excellent modèle de dictionnaire étymologique).

A. Meillet, *Esquisse d'une grammaire comparée de l'arménien classique,* Vienne (Autriche), 1903 (sommaire).

Zeitschrift für armenische Philologie, dirigée par M. Fr. Nik. Finck, Marbourg, 1er volume en cours de publication, 1901 et suiv. (avec des articles de grammaire comparée et des comptes-rendus).

ERRATA

P. 33, l. 14, lire : *aryānām* au lieu de : *āryānām*.

P. 36, l. 1 du bas, *lire* : été *au lieu de* : té.

P. 37, l. 13. A la fin de l'alinéa, *ajouter* : C'est à cette langue que l'on donne en français le nom impropre, mais commode et usuel, de *zend*.

P. 59, l. 11 du bas, lire : *gonim* au lieu de : *gonin*.

P. 83, dans la colonne de zend, l. 6, 12 et 18, lire : *an* au lieu de : *ən*.

P. 112, l. 3, lire : *atone*.

P. 126, l. 9, la forme χεύσω n'existe pas, mais on a ἔχευ-α, et d'autre part ῥέ(*F*)ω, ῥεύσομαι, ῥυτός.

P. 131, l. 1 et suiv. ; la racine de πέταμαι « je vole » et celle de πίπτω « je tombe » ont été considérées comme identiques suivant un usage ancien, mais sans doute fautif. La racine signifiant « voler » est **petə-*, **ptā-*, tandis que la racine signifiant « tomber » est **petə-*, **ptē-* ; en effet aucun des verbes à *ā* radical ne présente en grec le vocalisme *ō* au parfait ; πέπτωκα suppose donc que l'η de hom. πεπτηώς soit un η panhellénique ; et en effet l'ε du futur πεσέομαι (πεσοῦμαι), lequel est altéré de *πετε-σομαι, n'est intelligible que s'il alterne avec un η (ancien *ē*), et non s'il alterne avec ᾱ de dor. ἔπταν, etc. Il y a donc deux racines distinctes.

P. 132, l. 9, lire : *$p\bar{l̥}$- au lieu de : *$pl̥$-, et de même p. 132, l. 3 du bas, *$g_1\bar{n̥}$- au lieu de : *$g_1n̥$- ; p. 133, l. 9, *$g_1\bar{n̥}$- au lieu de : *$g_1n̥$- ; p. 133, l. 18, *$g^w\bar{r̥}$- au lieu de : *$g^wr̥$- ; p. 134, l. 8 du bas, *$t\bar{m̥}$- au lieu de : *$tm̥$-.

P. 136, l. 10 du bas, après ἔτλη, etc., ajouter : les parfaits, comme skr. *papráu* « il a empli », hom. τέτλη-κα, τέτλα-μεν, etc.

P. 136, l. 3 du bas, lire : *ān-áṃça*.

P. 139, l. 15, lire : *$\bar{o}$: *$\breve{o}$.

P. 141, l. 3, lire : *ō* au lieu de : *əō*.

P. 201, l. 9, lire : *labrī-ther*.

P. 202, l. 6 du bas, après lit. *eĩ-k*, ajouter la traduction « va ».

P. 234, l. 7 et 8, lire : στραβών, στραβῶνος.

P. 237, l. 12 du bas, lire : *ṝdhnaḥ*.

P. 250, l. 15, entre ags. et *hweowol*, ajouter : *hweohhol*.

P. 256, l. 16, avant *jánitar-*, ajouter : *janitár-*.

P. 272, l. 4 du bas, lire : *áçmā* au lieu de : *açmā*.

P. 272, l. 8 du bas, lire : *mātā́* au lieu de : *mótā*

P. 280, l. 15 du bas, lire : 1° Vocalisme *e*, et au moins...

P. 284, l. 9 du bas, supprimer l'astérisque devant *cunr*.

P. 358, l. 6 du bas, ajouter : La « laine » a un nom très bien attesté : v. sl. *vlŭna*, lit. *vilnos*, got. *wulla*, skr. *ū́rṇā*, lat. *lāna*.

INDEX DES TERMES DÉFINIS

TABLE DES MATIÈRES

CHARTRES. — IMPRIMERIE DURAND, RUE FULBERT

www.ingramcontent.com/pod-product-compliance
Lightning Source LLC
LaVergne TN
LVHW020552110826
845149LV00002B/244

9782011260659